고구려 금관의 정치사

박선희

景仁文化社

고구려 금관의 양식사적 이해

우리나라는 금관왕국이다. 고대 금관이 우리나라에 집중 분포되어 있기 때문이다. 세계적으로 고대 금관은 모두 12점으로 알려져 있다. 이 가운데 7점은 신라 금관이고 2점은 가야 금관이며, 나머지 3점만 외국 금관이다. 신라와 가야 금관을 제외하면 세계 금관은 거의 없는 것이나 같다. 이처럼 세계 금관의 대부분은 경주를 중심으로 한반도에 분포되어 있으므로 한국은 금관왕국이라 해도 지나치지 않다. 그러나 이러한 사실은 한국 금관에 대한 성급한 단정일 뿐이다. 왜냐하면 한국에는 금관이 이보다 훨씬 더 많기 때문이다.

신라 금관만 하더라도 금관과 같은 양식의 금동관이 수십 점이나 있으며, 아직 발굴되지 않은 신라 고분에 금관이 얼마나 매장되어 있을 지 알 수 없다. 따라서 신라 금동관과 발굴되지 않은 금관을 고려하면 신라는 금관왕국이라 하지 않을 수 없다. 더 중요한 점은 같은 시기에 신라뿐만 아니라 고구려에도 금관이 있었다는 사실을 지나치고 있다는 것이다. 고구려에는 금동관만 있었던 것으로 알려져 있으나 금관도 다수 있었던 사실을 발굴유물을 통해 확인할 수 있다.

고구려에 금관이 존재한 사실은 고분에서 발굴된 금제관식 유물들이 입증한다. 현재까지 출토된 금제관식은 '傳동명왕릉', 우산 992호 무덤, 마선 2100호 무덤, 천추 무덤, 태왕릉 등에서 발견된 것이다. 따라서 이 5기의 고분에 수장되었을 금관과

'傳강서군금관'을 포함한다면 고구려에는 적어도 6점의 금관이 존재하는 셈이다. 그러므로 고구려 금관과 함께 금동관, 은관, 아직 발굴되지 않은 채 고분 속에 잠자는 신라 금관까지 고려하면, 한국은 세계 금관의 중심지로서 금관왕국이 아니라 금관천국이라 일컬어야 제격이다.

그럼에도 금관하면 곧 신라 금관만 떠올린다. 금관은 신라에만 있고 고구려에는 없다는 전제가 상식화되어 있기 때문이다. 이 책은 고구려에 금관이 없다는 잘못된 상식을 바로잡기 위해서 쓰여진다. 따라서 고구려 금관의 실체를 밝히는 것이 이 책의 중요 목적이다. 그렇지만, 더 중요한 것은 금관을 해석하는 관점의 확립이다. 금으로 만들었는가 아닌가 하는 소재주의 관점에서 금관을 해석하는 것이 아니라, 관모의 양식이 어떻게 형성되었으며 역사적 상황과 어떤 관계를 맺고 있는가 하는 양식사적 관점에서 금관을 해석하는 것이다.

고구려 금관은 없는 것이 아니라 오히려 신라 금관보다 먼저 존재했다. 소재주의가 아니라 양식주의 관점에서 주목해 보면 한국 관모사는 고조선 관모에서부터 비롯된다는 사실을 알 수 있다. 고구려의 금관과 금동관은 관모양식과 관장식의 양식 및 상징성 등에서 고조선으로부터 통시적인 발전과정을 보여주는 관모들이다. 즉 고구려 관모에 기본적으로 나타나는 절풍양식은 고조선 관모양식을 이은 것으로 신라 금관에 이르기까지 속관양식으로 일관되게 나타난다. 고구려 금관과 금동관의 관테둘레에 나타나는 다양한 양식의 크고 작은 점열문양식도 마찬가지이다. 고구려 금관의 점열문은 신라 금관에서 표현된 것보다 다양하고 화려하다.

최근의 신라 금관 연구에 의하면, 수목양식의 세움장식은 곧 김알지가 출현한 계림을 상징적으로 형상화함으로써, 김씨계 왕실을 신성시하고 왕권을 강화하는 기능으로 해석된다. 이러한 해석과 같은 시각에서 보면, 고구려 금관의 관식에서 보이는 말과 새장식도 새롭게 해석된다. 시조 동명왕의 탄생신화에서 말과 새가 등장하여 큰 역할을 수행했던 내용을 관식에 형상화한 것이 고구려 금관의 중요 양식이다. 이처럼 시조신화의 중요한 내용을 왕관장식으로 형상화한 것은 신라 금관의 세움장식양식과 크게 닮았다. 다만, 신라 금관이 일관되게 계림을 형상화한 수목형 세움장식을 올린 것과 달리, 고구려 금관은 고구려 사람들이 추구했던 정치이념을 정치사의 변화와 맞물려 그때마다 양식을 변화시켜나갔다는 차이를 지닌다. 그러므로 고구려 금관의 양식 변화는 당대 정치사의 변화를 읽는 긴요한 상징물 구실을 한다고 할 수 있다.

고구려는 건국부터 멸망할 때까지 주변의 국가들과 줄곧 전쟁을 했다. 고구려의 대외전쟁은 영토 확장만을 위한 것이 아니고 고조선의 천하질서를 회복하기 위한 것이었다. 소수림왕시기 금관은 왕의 신성한 출현을 세움장식에 형상화하여 왕권의 신성성을 강화하며 국가의 기틀을 다지려한 것으로 여겨진다. 반면에 광개토대왕시기 왕관이 일반적으로 널리 사용된 절풍양식이었던 것은 당시의 대내외정책과 밀접한 관련이 있다고 생각된다. 즉 고구려는 이 시기 한반도와 만주 그리고 일본까지 형식적이지만 통치권 안에 넣어 조공을 바치도록 함으로써 한반도와 만주를 전 지역으로 하는 천하질서를 확립했다. 이처럼 고구려가 고조선의 계승자로서 천하질서를 확립해 나간 것은 건국초기부터 국가시책으로 추진하여 광개토대왕시기에 명분상으로 일단 완성되었다고 해석된다. 따라서 이러한 상황은 광개토대왕시기 왕관양식으로 고조선과 이후 여러 나라들이 썼던 절풍양식을 택하게 된 까닭이 될 것이다. 왕관이 고구려왕의 권위를 강화하는 상징물일 뿐만 아니라 고조선을 계승한 나라로서 통치 기능을 발휘하는 구실도 했던 것이다.

고구려는 장수왕시기로 오면 한반도와 만주 지역을 직접지배 영역으로 만들고자 전쟁에 주력하면서 왕권을 강화하고 국가의 정통성을 확립하여 고조선시기의 천하질서를 재건하는데 주력했다. 이러한 장수왕시기 금관양식과 그곳에 나타났을 정치이상의 관계를 규명할 수 있는 것이 '전강서군금관'이다. 이 금관은 7개의 화려한 세움장식이 해모수의 출현을 상징하는 태양을 형상화하여 고구려가 추구했던 천하관과 왕실의 신성한 권위를 나타내고 있다. 이 금관을 통해 왜 고구려는 평양천도 이후 금관에 천제 즉 단군의 아들로서 주몽을 부활시켰을까? 고구려에서 단순히 신라 금관처럼 건국신화에 보이는 태양신 해모수를 상징적으로 형상화하여 왕실혈통과 왕권을 신성하게 강화해 나가고자 불꽃문양 세움장식의 금관을 만들었다고 해석되진 않는다. 따라서 고구려의 평양천도 이후 왕권이 구체적으로 발휘하고자 했을 초월적인 통치력을 강화하고자한 구실을 찾아보고자 했다.

그 결과로 고구려 금관의 세계사적인 위상을 찾아낼 수 있었다. 그리고 금관을 구성했던 관장식의 양식과 상징성 등 고조선시기로부터 통시적인 발전과정에서 우리나라 금관의 원류가 통설에서처럼 전파론적 관점에서 시베리아 샤먼을 비롯한 유라시아 여러 종족들의 문화적 전통에서 시작되었다고 해석되는 것은 비판적으로 극복되어어함을 확인했다. 또한 비교사의 관점에서 역사왜곡을 일삼는 중국은 11세기 무렵 요나라 때에 가서야 비로소 매장용으로 금관을 처음 만든 사실을 밝혔다. 다시 말하면 고대 중국에는 금관이 전혀 없었다는 말이다.

『고구려 금관의 정치사』는 우리나라 금관의 지리적 분포와 역사적 기원을 새롭게 밝힌 책이다. 이 연구가 디딤돌이 되어 우리 문화의 북방기원설이나 남방문화전래설에 매몰되어 민족적 창조력을 부정해온 식민사관을 극복하고 한민족 문화는 우리 땅에서 자생적으로 창조되었다는 민족문화의 정체성을 재인식할 수 있는 계기가 되기를 바란다. 아울러 이 책이 한국은 세계적으로 금관왕국이며 종주국이라는 사실을 인식하고 고구려 문화의 정체성과 고구려가 추구하던 천하질서를 이해하는데 도움을 줄 수 있다면 큰 다행이겠다. 고구려 금관이 고조선시대부터 사용했던 관모의 고유양식을 계승하여 만들어낸 자생적 관모라는 사실로부터 한민족 금관문화의 독창성과 주체성을 재인식하게 되면, 중국의 동북공정에 맞서는 실증적 구실도 하게 될 것이다.

이 책을 쓰는 데는 그동안 학계에서 소개되지 않은 많은 자료들이 이용되었다. 희귀한 고구려 금관 자료는 분주하게 쫓아다녀도 구할 수 없는데, 오히려 이번에는 편안하게 앉아서 자료를 제공 받을 수 있어서 연구자로서 행운을 누린 셈이다. 2008년에 『우리 금관의 역사를 밝힌다』는 단행본이 시중 서점에 나가자 여러 사람들의 반응이 있었는데, 그 가운데 고구려 금관 자료를 가지고 있는 문화재 소장가로부터 놀랄 만한 소식이 있었다. 이 분은 금관 연구의 진전에 반가워하는 한편, 고구려 금관에 대한 논의가 크게 미흡한 사실을 안타깝게 여기며, 관련 자료들을 충분히 제공해주면서 고구려 금관에 관한 연구를 독려해 주었다. 고구려뿐 아니라 신라와 가야 금관에 관한 많은 자료를 소장하고 자유롭게 열람할 기회를 주는 동시에 높은 식견의 도움 말씀을 주어서, 그 동안 어떤 저서보다 수월하게 집필을 마칠 수 있었다. 그러므로 자료제공과 다양한 도움을 주신 이 분께 깊은 감사의 말씀을 올리지 않을 수 없다. 원고를 보고 흔쾌히 출판을 맡아준 경인문화사 한정희 사장님과 좋은 책을 만들고자 정성을 기울여준 편집진 여러분들께도 감사한다.

이 연구의 다음 작업은 고구려 금관 해석에서 얻은 관점과 방법을 유물 일반으로 확대하는 것이다. 최근 발굴보고서를 보면, 중국학자들이 고조선과 고구려의 문화유산을 중국 또는 북방민족 문화로 잘못 해석하고 있는 사례가 상당히 많다. 이러한 중국 중심의 역사연구와 문화해석 오류를 바로잡는 것이 시급한 과제이다. 그러므로 고구려 금관 연구를 계기로, 고대 역사 유적과 발굴유물을 새롭게 점검하고 총체적으로 해석하는 다음 단계의 연구로 나아가지 않을 수 없게 되었다. 고조선 문화유산의 정체를 오롯이 밝히려는 다음 저서의 집필은 복식사 연구자로서 적지 않은 부담인 동시에 벅찬 꿈이기도 하다. 이제 고구려 금관의 짐을 내려놓고 고조선 문명 연구를 위한 구상을 하며 머리말을 맺는다.

2013년 9월 4일
자하관 연구실에서
朴仙姬

고구려 금관의 정치사

차 례

제1장

고조선 관모 전통과
고구려금관

1. 고조선 관모양식의 지속성

고구려는 우리나라에서 가장 먼저 금관을 사용했다. 그러나 지금까지 연구에서는 고구려가 관 전체를 금으로 만든 금관이 없는 것으로 생각했다.[1] 또한 고구려는 신라처럼 금관을 만들 수 있는 '技藝가 부족하였을 것으로' 생각하여 금관을 만들지 못했을 것으로 추정했다.[2] 그리고 고구려 유적에서는 아예 관테둘레가 있는 관이 출토된 것이 없다고 하여[3] 당연히 금관은 만들어지지 않았을 것으로도 해석되었다.

그러나 현재까지의 고고학 연구성과를 검토하면 대부분의 고구려 무덤들

---

1 이한상, 『황금의 나라 신라』, 김영사, 2004, 59쪽.
2 黃浿根, 『韓國裝身具美術硏究』, 一志社, 1976, 97쪽.
3 충청남도 역사문화원, 「新羅와 百濟 帽冠의 比較」, 『충청학과 충청문화』 5권 2호, 2006, 충청남도 역사문화원, 45~68쪽.

이 도굴되거나 훼손되었으나 관식과 관련된 유물들이 일부 남아있음을 알 수 있다. 2세기 무렵으로 추정되는 칠성산 871호 무덤에서는 청동으로 만든 점열문이 있는 관테둘레와 달개장식이 출토되었다. 서천왕(270~292년)의 무덤으로 추정되는 3세기 무렵의 칠성산 211호 무덤에서는 금동으로 만든 관테둘레와 조합을 이루었을 여러 양식의 금동제관식들이 출토되었다. 미천왕 무덤으로 추정되는 서대 무덤에서도 금동제관식들이 출토되었다. 고국원왕의 무덤으로 추정되는 4세기 무렵의 우산 992호 무덤과 소수림왕의 무덤으로 추정되는 마선 2100호 무덤에서는 보다 발전된 양식의 금동 관테둘레, 즉 긴 띠모양 테두리 일부와 금제관식들이[4] 출토되었다. 관식으로는 말장식과 새장식이 있다.[5]

뿐만 아니라 고국양왕의 무덤으로 추정되는 천추 무덤에서는 금동으로 만든 폭이 넓은 관테둘레와 달개장식이 달린 좁은 관테둘레 및 금제관식들이 함께 출토되었다. 5세기에 속하는 광개토대왕릉에서도 鎏金과 金으로 만든 절풍양식 왕관과 그 부속물이었을 관테둘레와 새깃모양 관식 등 다양한 장식물이 출토되었다.[6] 鎏金은 도금 공예법으로 금을 잘게 조각낸 후 수은을 이용하여 가열하면 수은은 증발되고 금만 남게 된다. 이것을 여러 차례 두드리고 마찰하면 번쩍 번쩍 빛나는 높은 품질의 금동[7]이 만들어진다. 이를 중국학자들은 鎏金으로 분류한다.

고구려 금관 가운데 가장 온전하게 보존되고 발전된 양식을 보이는 것이

---

4 吉林省文物考古研究所·集安市博物館 編著, 『集安高句麗王陵』-1990~2003年 集安高句麗王陵 調査報告, 文物出版社, 2004, 138~167쪽.

5 위와 같음.

6 吉林省文物考古研究所·集安市博物館 編著, 위의 책, 168~334쪽.

7 唐愼微, 『證類本草』; 孔平仲, 『談苑』; 孫 機, 『漢代物質文化資料圖說』, 文物出版社, 1991, 372~375쪽 참조.

장수왕시기에 만든 것으로 생각되는 '傳강서군금관'이다. 이 금관은 꽃문양이 새겨진 관테둘레에 7개의 불꽃문양이 세움장식으로 세워져[8] 화려하고 역동적인 조형미를 갖추었다.

그 외에 지금의 평양에 위치한 동명왕 무덤에서는 금관을 구성했던 금제 관식들이 100여 점 출토되었다.[9] 따라서 동명왕 무덤에서 출토된 금관장식이 동명왕 재위 시에 만들어졌다면, 관테둘레의 출현 여부는 알 수 없으나 고구려에서 금관을 만든 시기가 적어도 서기전 1세기에서 1세기에 속할 가능성을 생각하게 된다. 이에 관해서는 2장에서 상세히 다루고자 한다.

칠성산 871호 무덤에서 출토된 점열문이 있는 청동 관테둘레와 달개장식 그리고 현재까지 출토유물을 종합하면 고구려는 늦어도 2세기 무렵 이전부터 금속으로 관테둘레를 돌리고 관식을 꽂거나 세워 장식한 금속관모를 사용했을 가능성이 충분히 있다. 그리고 적어도 3세기 무렵인 서천왕시기(270~292년)부터는 금동으로 만든 관테둘레가 있는 왕관을 만들기 시작했다고 생각된다.[10] 4세기 무렵에 속하는 우산 992호 무덤에서는 금동관테둘레와 함께 금으로 만든 다양한 관식들이 출토되었다. 이것은 고구려에서 금관이 출현한 시기가 적어도 4세기 무렵일 가능성을 추정하게 한다. 금제관식이 있다는 것은 금관이 존재했음을 알려주는 것이라 생각된다. 금동관에 금제관식이 장식되지 않기 때문이다.

---

8 박선희, 「신라 금관에 선행한 고구려 금관의 발전 양상과 금관의 주체」, 『白山學報』 90號, 白山 學會, 2011, 95~157쪽.

9 전제헌, 『동명왕릉에 관한 연구』, 과학백과사전출판사, 1994, 10~11쪽 ; 채희국, 『고구려 역사 연구-평양 천도와 고구려의 강성-』, 김일성종합대학출판사, 1982, 88~90쪽.

10 박선희, 『우리 금관의 역사를 밝힌다』, 지식산업사, 2008 참조.

현재 남아있는 고구려 금동관들의 제작 시기는 대부분 4세기 말~5세기 초에 속하는 것으로 설명되고 있다.[11] 이로 보면 금동관은 금관에 이어 官階에 따라 금속의 서열을 달리하여 만들어졌을 것으로 생각된다. 그러나 2세기 무렵으로 추정되는 칠성산 871호 무덤에서 점열문이 있는

그림 1 평양시 력포구역 룡산리 7호 무덤 출토 절풍양식 금동관

청동관테둘레와 달개장식이 출토된 점으로 보면 금동관의 제작 시기는 보다 이른 시기일 가능성이 있다. 또한 고구려에서 신라보다 금관을 먼저 만들었다면,[12] 금동관의 경우도 신라와 가야에서 금관과 금동관 및 은관을 만들었다고 추정되는 5세기 무렵[13]보다 당연히 앞서게 될 것이다.

지금까지 출토된 금속으로 만든 고구려의 관모양식은 折風모양과 관테둘레에 세움장식을 올린 두 가지이다. 이 가운데 절풍양식은 하나의 개체로도 사용되지만 관테둘레가 있는 관모는 절풍양식의 관모와 반드시 한 벌로 사용된다. 이는 고구려 사람들의 머리양식에서 비롯된다.

고구려 금속관모의 실제 양식에서 이를 살펴보기로 한다. 4세기 말~5세기 초로 추정되는 평양시 력포구역 룡산리 7호 무덤에서는 절풍모양의 금동관(그림 1)이 출토되었다. 이 금동절풍[14]은 길이가 22.5cm로 가운데의 동그라

11· 조선유적유물도감편찬위원회, 『조선유적유물도감』-고구려편(2), 민족문화, 1993, 161·170·267·269쪽 ; 金元龍, 『韓國美術史』, 汎文社, 1968, 64~65쪽.

12 주 8·10과 같음.

13 위와 같음.

14 조선유적유물도감편찬위원회, 앞의 책, 170쪽 : 김병모, 『금관의 비밀』, 푸른역사, 1998, 91쪽.

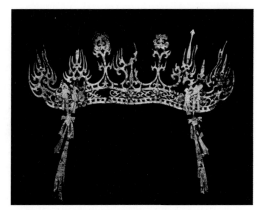

그림 2 평양시 대성구역 청암리 토성 출토 금동관

미 안에 해를 상징하는 삼족오가 날개를 활짝 편 모습을 형상화해 놓았다. 그 둘레에는 바람에 날려가는 불길 같은 구름무늬와 봉황무늬를 새겼으며, 바깥 둘레에는 원형의 작은 장식을 한 테두리를 두 겹으로 둘렀다. 이를 관모장식으로 분류해 '해뚫음무늬 금동장식'이라고도 부르지만,[15] 이것은 관모장식이 아니라 상투를 가리던 절풍이다. 그림과 같이 금동절풍테둘레의 남은 부분은 다른 부분과 연결했을 것으로 겹쳐지는 부분으로 생각된다.

또한 절풍양식 금동관의 금동투각판 뒤에는 나무판을 댔는데, 그 사이의 둥근 원안에는 견직물 조각이 남아있고, 겉둘레에는 금록색 비단벌레의 속날개를 깔아 장식한 흔적이 남아있다.[16] 이는 금동절풍이 실제로 쓰였던 것임을 말해준다. 비단벌레의 속날개를 장식에 쓰는 방법[17]은 고구려와 백제, 신라 등

---

15 위와 같음.

16 조선유적유물도감편찬위원회, 앞의 책, 170쪽 : 梅原沫治·藤田亮策, 『朝鮮古文化綜鑑』 第四卷 '42, 金銅透彫玉虫翅飾金具', 1966, 23~24쪽.

17 고대인들이 풍뎅이(비단벌레) 종류의 곤충을 신성시 여긴 것은 풍뎅이들의 행동양식과 번식시기 때문이었다. 풍뎅이류 곤충들은 늦여름에 가축의 배설물을 모아서 만든 먹이 안에 알을 낳고, 그 알을 땅속에 보관한다. 알에서 깨어난 유충은 먹이를 먹으며 땅속에서 성장하여 이듬해

그림 3 룡산 무진리 출토 금동절풍
그림 4 전 평양부근 출토 금동관

우리 민족이 옷이나 마구를 장식하는데 사용한 공예의 한 전통기법이다.

평양시 대성구역에서 출토된 불꽃뚫음무늬 금동관은 4~5세기 무렵에 만든 것으로 추정된다(그림 2). 이 금동관은 폭이 26.5cm로 세움장식이 9개이고 좌우로 옷고름 같은 장식을 늘어뜨려 무게중심을 맞추었다. 이 관은 청동으로 만들고 그 위에 아말감도금을 한 것으로, 도금층이 청동과 완전히 밀착되어 도금면이 매끈하고 두께가 일정하다.[18] 이 금동관과 함께 절풍모양이었을 것으로 생각되는 꽃잎모양 뚫음무늬 금동장식품이 출토되어[19] 관테둘레에 세움장식이 있는 금동관과 한 벌이었을 가능성을 생각하게 한다.

또한 같은 시기에 만든 것으로 추정되는 뚫음무늬 절풍양식 금동관이 평양시 력포구역 룡산 무진리 16호 무덤에서 출토되었다(그림 3). 이 금동절풍은 높이가 13cm이다. 한편, 전 평양부근 출토 금동절풍도 있는데, 이것은 관테둘

봄에 성충이 되어 땅위로 나온다. 풍뎅이의 이러한 습성을 관찰한 고대인들은 땅속에 들어가 죽은 풍뎅이가 이듬해 봄에 다시 살아나오는 것이라 생각해서 풍뎅이를 불멸과 환생의 상징으로 삼았다.

18 조선유적유물도감편찬위원회, 앞의 책, 267쪽.
19 조선유적유물도감편찬위원회, 앞의 책, 269쪽.

그림 5
무용총 무용도 기마인이 전 평양
부근 출토 금동관을 써본 모습

레 안쪽으로 금동판에 투조한 장식이 弁과 같은 형태로 이어진 화관형의 금동관이다(그림 4).[20]

이 금동관은 그림에서 보이듯이 가는 관테 둘레 위에 타오르는 듯한 불꽃문양을 투조한 두 개의 장식이 변의 양식으로 위를 맞대어 세워져있고, 꽃잎문양으로 투조된 낮은 세움장식이 옆으로 대칭되어 뒷부분까지 자연스레 연결되어 있다. 이 금동관의 높이는 15cm이고 직경은 16cm로[21] 앞부분은 변모양을 띠지만 그 크기로 보아 절풍과 마찬가지로 상투만을 가린 크기와

양식이다. 현재 앞부분 장식이 없어진 것으로 보인다. 이 변양식의 화관형으로 된 금동관은 머리전체를 덮는 관이 아니라 상투머리만을 덮은 것으로 이를 형상화하면 그림 5와 유사할 것이다. 이러한 내용들로 보아 고구려에서 금동절풍은 신라와 백제, 가야에서와 마찬가지로 모두 변과 절풍양식을 기본으로 한다고 하겠다.

절풍과 변은 고조선 이전시기인 홍산문화시기부터 고조선문명권[22]에서 오

---

20 金元龍,『韓國美術史』, 汎文社, 1968, 64~65쪽 ; 梅原末治,「韓三國鼎立時代の金銅の沓と冠帽」,『朝鮮半島の考古學』, 美術史學會, 1964(昭和 39년), 16~29쪽(일본 천리대 참고관 소장).

21 위와 같음.

22 愼鏞廈,「韓國民族의 기원과 형성」,『韓國學報』, 일지사, 2000, 211~323쪽 ; 愼鏞廈,「고조선 '아사달'문양이 새겨진 산동 대문구문화 유물」,『韓國學報』第102輯, 一志社, 2001, 2~23쪽 ; 愼鏞廈,「고조선문명권의 삼족오 태양 상징과 조양 원태자벽화묘의 삼족오 태양」,『韓國 原民族 形成과 歷史的 傳統』, 나남출판, 2005, 89~111쪽 ; 박선희,「복식으로 본 고조선문명과 고대사 체계의 재정립」,『고조선단군학』제26호, 고조선단군학회, 2012, 81~158쪽 ; 박선희,『고조선 복식문화의 발견』, 지식산업사, 2011, 84~110쪽(최근 중국에서는 홍산문화를 포함한 만주의 고대문화를 총칭하여 하나의 강 이름으로 포괄하여 '요하문명'이라 부르며 이를 중국의 황제문

그림 6 우하량 유적 출토 옥고
그림 7 홍산문화 유적 출토 인형장식

랫동안 써왔던 모자로 고구려로 계승된 것이다. 고조선 이전시기 홍산문화(서기전 4,500~서기전 3,000년)의 牛河梁 1호 적석총 M4와 M15 유적 등에서는 玉箍(그림 6)들이 출토되었다. 옥고는 원통형으로 윗부분이 아래 부분보다 약간 넓으며, 아래 부분의 양쪽에는 각기 1개의 작은 구멍이 있어 머리꽂이를 꽂는 것이 가능하다. 발굴자들은 옥고가 束髮具로 쓰였을 것으로 추정했다. 정수리에서 묶은 머리를 옥고로 덮고 머리꽂이로 관통시켜 고정하여 미끄러지는 것을 방지한 것으로 보았다. 또한 이 옥장식이 머리장식품일 뿐만 아니라 신분을 나타내는 상징물의 구실도 했을 것으로[23] 보았다.

실제로 홍산문화 유적에서 출토된 조개껍질로 만든 인형의 머리모양은 틀어 올려진 상투머리양식이고 맨상투 위에 옥고를 씌워 매무새를 갖춘 두발양

화로 포함시키려 하고 있다. 그러므로 우리가 '요하문명'이라는 용어를 그대로 사용한다면 중국학계의 단순한 설명을 용납하고 동북공정을 따르는 것이나 다름없게 된다. 우리는 이 문화를 반드시 '고조선문명'이라 불러야 할 것이다).

23 周亞利, 「紅山文化祭祀舞踏考」, 『中國考古集成』 東北卷 新石器時代(二), 北京出版社, 1997, 1573쪽.

그림 8, 8-1 홍룽구 유적 출토 남신상

식으로 보인다(그림 7).[24]

　　신석기시대의 한반도와 만주지역 유적들에서는 머리를 틀어 올리면서 꽂았을 머리꽂이가 골고루 출토된다. 신석기시대의 머리꽂이는 주로 새의 뼈와 동물의 뿔 등 가벼운 재료로 만들었고, 옥이나 돌, 토기조각으로도 만들었다.[25] 틀어 올린 머리양식은 옥인장이 출토된 나만기 유적[26]과 가깝게 위치한 적봉시 오한기 홍룽구 홍산문화 유적에서 출토된 陶塑男神像(그림 8, 8-1)에서도 보인다. 발굴자들은 이 인물상이 서기전 3,300년 무렵에 속한다고 했다.[27]

　　남신상의 틀어 올린 머리양식은 매우 특징적인데, 머리를 뒤에서 땋아 세

24　戴 煒·侯文海·鄭耿杰,『眞賞紅山』, 內蒙古人民出版社, 2007, 190쪽.
25　朴仙姬,「유물자료로 본 고조선 이전시기의 복식문화 수준」,『단군학연구』제20호, 2009, 101~109쪽.
26　朴仙姬,「홍산문화 유물에 보이는 인장의 기원과 고조선문화」,『比較民俗學』第49輯, 比較民俗學會, 2012, 45~99쪽.
27　적봉시 오한기 홍룽구 유적 출토, 赤峰博物館 소장, 김대환 사진.

번 돌리면서 정수리로 올려 끝자락을 이마 바로 위까지 내려 장식으로 마무리하였다. 당시 옥문화가 발달하고 머리장식이 출토되었던 예로 보아 땋은 머리자락을 마무리한 장식은 옥장식일 가능성이 크다.[28] 따라서 당시 틀어 올린 머리양식이 정형화되었음을 알 수 있다. 이 시기 머리를 덮어씌웠을 옥고가 출현한 것으로 보아 머리를 틀어 올려 위의 인물상처럼 끝부분을 옥장식으로 마무리하거나, 또는 옥고를 씌우는 머리양식이 유행했던 것으로 생각된다. 이러한 머리양식은 한민족의 고유한 습속으로 중국에서는 보이지 않는다.[29]

한민족의 고유한 습속은 다리를 접고 앉아 있는 남신상의 자세에서도 찾아진다. 중국에서는 남신상처럼 다리를 접고 앉거나 쭈그리고 앉는 것 혹은 가부좌, 무릎을 꿇고 앉는 습속을 夷俗으로 생각하였다. 즉, 『論語』「憲問」에 "原壤夷矣"의 '夷'자를 朱子는 『論語章句集註』에서 '蹲踞'라 해석하여, 원양이 예의 없이 구부리고 앉아서 공자를 기다렸다고 보았다. 吳大澂은 『字說』에서 이 '夷'자에 대하여 갑골문의 夷자와 人자가 서로 유사한 것으로 분석해 東夷로 해석하였고, 蹲踞는 예의 없는 동이의 습속으로 중국과 구별된다고 보았다.[30]

---

28 인물상의 머리양식을 관모로 보는 견해도 있으나 이 양식은 관모일 수 없다. 대부분의 조소품은 머리와 이마를 구분하기 위해 이마와 머리 사이를 이중 면으로 입체감 있게 표현하는 것이 일반적이다. 불상의 경우가 좋은 예가 된다. 조소품에서 머리카락을 달리 묘사하지 않는 경우면을 나누어 표현할 수밖에 없기 때문이다. 우하량 유적에서 출토된 여신상의 경우도 면을 나누어 이마와 머리 부분을 달리 표현했다.

29 박선희, 『한국고대복식-그 원형과 정체』, 지식산업사, 2002, 221~292쪽.

30 『字說』, "夷爲東方之人, 丿(夷)字與乄(人)字相似, 象人曲窮蹲踞形; 白虎通, 夷者尊, 夷無禮義. 論語原壤夷矣, 集解引馬注, 夷踞也, 東夷之民, 蹲踞無禮義, 別其非中國之人 … ." 그러나 李濟는 안양 후가장의 은허 유적에서 출토된 대리석으로 만든 侯家莊象의 꿇어앉은 모습과 小屯에서 출토된 두 다리를 쭈그리고 앉은 大理石象의 모습을 商代의 두 가지 습속으로 보았다. 그는 중국 經典에서 蹲踞와 箕踞의 모습을 예의 없는 東夷의 습속이라고 보는 관점에 대하여 그것은 周人의 관점으로부터 商人의 습속을 본 견해라고 밝히면서, 이를 뒷받침할 수 있는 자료로서 갑골문의 상형문자에 묘사된 跪坐蹲踞의 모습을 제시했다(李濟, 「跪坐蹲居與箕踞」, 『李濟考古學論文集 上』, 聯經出版事業公司, 臺北, 1977, 563~588쪽). 李濟의 견해대로 상주시대의

그림 9
무용총의 절풍을 쓴 기마인

이러한 이유로 남신상의 머리양식과 앉은 자세는 이 유물을 중국 문화로 분류할 수 없게 한다. 또한 고조선 이전시기 한반도와 만주에서 거주하던 사람들이 머리꽂이[31]를 사용해 일정한 머리양식을 갖추기 시작했음을 알 수 있다.

머리꽂이는 틀어 올리는 머리양식 때문이기도 하지만 홍산문화에서 옥고를 고정시키는 구실을 했던 것처럼 고조선과 고구려, 신라, 백제, 가야 등에서 널리 사용된 틀어 올린 머리를 덮는 변이나 절풍[32](그림 9)과 같은 관모를 고정시키는 역할을 했을 것이다.

홍산문화의 우하량 유적에서는 작은 크기의 절풍모양 옥장식품이 출토되었다(그림 10).[33] 이 옥장식품이 절풍을 조각한 것이라면, 절풍은 고조선보다 앞선 시기부터 사용되었음을 의미한다. 따라서 홍산문화에서 출토된 옥고는 고조선시대에 널리 사용되던 절풍의 초기형태로 볼 수 있을 것이다. 이러한

옥으로 만든 조소품에는 준거와 꿇어앉은 모습이 여럿 보인다(上海市戲曲學校中國服裝史硏究編著, 周 汎·高春明 撰文, 『中國服飾五千年』, 商務印書館香港分館, 1984, 17·18쪽). 이 옥 조소품과 거의 같은 시기인 武丁 말기에서 祖庚시기로 추정되는(李學勤, 「論'婦好'墓的年代及有關問題」, 『文物』, 1977年 第11期, 32~37쪽) 1976년 하남성 안양 은허 婦好墓에서 출토된 무릎을 꿇고 앉은 모습의 玉人의 모습도 좋은 예가 된다(上海市戲曲學校中國服裝史硏究編著, 周 汎·高春明 撰文, 앞의 책, 18쪽). 1929년 하남성 안양에서 발굴된 小屯石像(李 濟, 「民國十八年秋季發掘殷墟之經過及其重要發現」, 『安陽發掘報告』 第2期, 249~250쪽)과 四盤磨石造像(陳仁濤, 『金匱論古初集』, 香港亞洲石印局印, 1952)도 두 다리를 쭈그리고 앉아 있는 모습이다. 따라서 이러한 내용으로 본다면 홍산문화에서 보이는 한민족의 앉는 자세에 대한 습속은 중국 商文化에 영향을 주었고 周代에 이르기까지 지속되었음을 알 수 있다.

31 笄는 주로 틀어 올린 머리를 고정시키는 머리꽂이를 가리키지만, 『說文解字』에서 "簪也"라 했듯이, 후에 簪으로 불리며 관이 벗어지지 않도록 고정시키는 역할을 하기도 했다.

32 박선희, 『우리 금관의 역사를 밝힌다』, 지식산업사, 2008 참조.

33 朝陽市文化局·遼寧省文物考古硏究所, 『牛河梁遺址』, 學苑出版社, 2004, 53쪽.

사실들은 고조선과 고구려시대의 틀어 올린 머리
와 관모양식이 신석기시대부터 형성되어진 것임
을 알게 한다.

그림 10 우하량 유적 출토 절풍모양 옥장식

실제로 『後漢書』와 『三國志』, 『晋書』 등[34]
에는 고대 한민족이 머리를 틀어 올렸음을
설명하고 있다. 이 기록들은 고조선이 붕
괴된 후의 韓에 관한 것이지만, 이러한
머리양식은 고조선으로부터 계승되었을 것이다.

틀어 올린 머리양식은 머리꽂이를 다양하게 발달시켜 준다. 고조선시대에
는 머리꽂이를 금속으로 만들기도 하는데, 서기전 6세기 무렵에 속하는 요령
성 금서 사과둔 유적에서는 금으로 만든 18cm 길이의 머리꽂이가 출토되기
도 했다.[35] 이처럼 금으로 머리꽂이를 만들어 사용했던 것은 당시 틀어 올린
머리양식이 복식에서 큰 의미를 가졌다고 생각된다. 같은 시대의 고조선 유적
인 오한기 초보산 제사 유적에서 출토된 남자상[36]은 머리를 정수리 위에 틀어
올리고 그 위에 절풍과 같은 상투만을 덮는 모자를 쓴 모양이다(그림 11). 농
경문청동기에 보이는 농기구를 들고 있는 두 사람도 모두 머리를 틀어 올린

---

34 『後漢書』 卷85 「東夷列傳」 韓條. "대체로 머리를 틀어 묶어 상투를 드러낸다(大率皆魁頭露紒)." ;
   『三國志』 卷30 「烏丸鮮卑東夷傳」 韓傳. "그들의 성질은 굳세고 용감하며 머리카락은 틀어 묶어
   상투를 들어내는데 마치 날카로운 병기와 같다(基人性彊勇, 魁頭露介如炅兵)." ; 『晋書』 卷97 「列
   傳」 馬韓條. "남자들은 머리를 틀어 상투를 드러냈다(其男子科頭露紒)."

35 韓立新, 「錦西沙鍋屯發現春秋晚期墓葬」, 『中國考古集成』 東北卷 靑銅時代(二), 北京出版社,
   1997, 1580쪽.

36 昭國田, 『敖漢旗文物精華』, 內蒙古文化出版社, 2004 참조.

37 국립중앙박물관 소장.

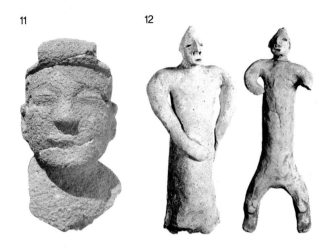

그림 11 오한기 초보산 제사 유적 출토 남자상
그림 12 신라시대 초기 토우

모양이다.[37] 신라 초기 토우들의 머리모양(그림 12)[38]도 마찬가지이다.

　이를 통해 고조선시대 한반도와 만주지역에서 변이나 절풍과 같이 상투머리만을 덮는 폭이 좁고 높이가 있는 모자를 썼던 것은, 홍산문화시대부터 형성되어 널리 사용된 머리양식임을 알 수 있다. 또한 변과 절풍은 크기와 양식으로 보아 머리전체가 아니라 틀어 올린 상투머리만을 가리운 모자인 것을 알 수 있다.

　고대 한민족의 관에 대하여『후한서』「동이열전」"序"에서, "동이는 거의 모두 토착민으로서, 술 마시고 노래하며 춤추기를 좋아하고, 변을 쓰거나 錦으로 만든 옷을 입었다"[39]고 하여 동한시대 한반도와 만주에 거주하던 한민족이

38　秦弘燮,『土器 土偶 瓦塼』-韓國美術全集 3, 同和出版公社, 1974, 96쪽 그림 90(국립경주 박물관소장).

39　『後漢書』卷85「東夷列傳」序. "東夷率皆土著, 憙飮酒歌舞, 或冠弁衣錦."

그림 13 납포달림 유적 출토 화피인형식
그림 14 우산 2110호 무덤 출토 청동굴대

공통으로 변을 관으로 사용했으며 이들은 모두 토착인이라 했다. 따라서 고
조선시대부터 사용해왔을 것으로 생각된다. 변은 『釋名』의 釋首飾에서 두 손
을 서로 마주칠 때와 같은 모습으로[40] 설명되어 고깔의 모습이었을 것으로 생
각된다. 이 같은 변은 고조선이 멸망한 후 열국에서 모두 사용했던 것으로 다
음과 같이 나타난다.

　동부여의 경우 동한 초기에 속하는 흑룡강성 액이고납우기 랍포달림의 무
덤에서 출토된 자작나무 껍질로 만든 인형장식(그림 13)에서[41] 그 모습이 실제

---

40 『釋名』「釋首飾」. "弁如兩手相合抃時也."

41 內蒙古文物考古硏究所·呼倫貝爾盟文物管理站·額爾古納右旗文物管理所,「額爾古納右旗拉布達
林鮮卑墓郡發掘簡報」,『中國考古集成』東北卷 兩晋至隋唐(一), 北京出版社, 114~122쪽. 발굴자
들은 이 유적을 선비족의 유적으로 추정하지만 이 시기 이 지역에는 동부여가 위치하고 있었
기 때문에 樺皮 人形飾은 동부여의 유물이다. 이 유적의 M24 무덤에서 출토된 銅鈴은 고조선
동령의 특징인 타원형을 하고 있고, M6 무덤에서 출토된 잔줄무늬 銅境 및 청동장식단추 등도

로 확인된다. 고구려 변의 실제 모습은 집안의 임강 무덤과 칠성산 211호 무덤, 우산 2110호 무덤 등에서 출토된 청동굴대에서 보인다(그림 14).[42] 이 청동굴대는 동일한 변양식의 모자를 쓰고 있는데 고구려 왕릉의 중요한 표지유물이기도 하다. 이 청동굴대의 변은 상투만을 가릴 정도로 작은 크기이며, 턱밑에서 묶는 끈이 없다.

그림 15 부여 출토 백제토기편에 보이는 변

백제에서도 변을 사용했음이 부여에서 출토된 토기편(그림 15)[43]에서 확인되는데 양쪽에서 纓을 내려 턱밑에서 묶었음을 알 수 있다. 신라 초기 토우들의 머리모양도 모두 크고 작은 머리꽂이를 사용하여 틀어 올린 맨머리를 변이나 절풍으로 씌워 꾸몄다. 경주 황남리에서 출토된 남자 토우들이 대부분 고깔 모습을 한 관을 쓰고 있어(그림 16, 16-1) 고조선을 이어 변을 썼음을 알 수 있다.

고조선 붕괴 이후 삼국시대로 오면서 부여와 고구려, 신라, 백제, 가야 등에서 상투머리에 변과 함께 절풍을 많이 썼음이 고분벽화에 보이는 관모와

고조선 유물의 특징을 그대로 하고 있어 이 유적이 동부여의 것임을 뒷받침한다(박선희, 『한국고대복식-그 원형과 정체』, 지식산업사, 2012, 226~228쪽). 동부여는 고조선 멸망 이후 북부여의 지배세력이 동쪽으로 이동하여 세운 나라로서 지금의 길림성 북부와 내몽고자치구 동부의 일부지역 및 흑룡강성지역을 차지하고 있었다(윤내현, 『한국열국사연구』, 지식산업사, 1998, 56~83쪽 참조).

42 吉林省文物考古硏究所·集安市博物館, 『集安高句麗王陵-1990~2003年 集安高句麗王陵調査報告』, 文物出版社, 2004.

43 부여 박물관 소장, 백제 토기편.

출토된 유물들에서 확인된다. 절풍은 홍
산문화시대의 머리양식과 고조선시대
변의 모양에서 부분적인 변화를
가진 것으로 꼭대기 부분이 둥글
거나 각이 진 모양으로[44] 나타난다.

실제로 부여사람들의 틀어 올린
머리양식에서도 이러한 사실을 알 수
있다. 길림시 모아산 유적에서 출
토된 청동으로 만든 사람(그림
17)[45]의 머리모양에서 나지막한

그림 16, 16-1 변을 쓴 신라 토우들

절풍양식이 나타난다. 또한 같은 머리양식이 부여와 고구려의 금동가면에서
도 보인다. 길림시 동단산에서 출토된 입체감 있게 만든 금동가면은 머리 부
분이 훼손되었지만, 복원한 그림을 보면 분명히 상투머리양식이다(그림 18,
18-1).[46] 또한 고구려 가면 역시 윗부분이 손상되었으나 정수리부분이 올라간
같은 양식이다(그림 19).[47]

대안리 1호 고분벽화에 보이는 사람은 윗부분이 둥근 절풍을 썼다. 각저
총과 장천 1호 고분벽화의 사람들도 마찬가지이다. 삼실총 행렬도의 서있는

---

44 절(折)은 구부러진다는 의미(『禮記』「玉藻」. "折還中矩"의 折에 대한 주석에서 "曲行也"라 했
다)와 꺾어진다는 의미(『詩經』「鄭風」將仲子. "無折我樹杞.")를 모두 갖고 있어 절풍이라 이름
하였을 것으로 윗부분이 둥근 것과 각이 진 것으로 분류할 수 있다.

45 黃 斌 · 黃 瑞, 『走進東北古國』, 遠方出版社, 2006, 72쪽.

46 李文信, 「吉林市附近之史迹及遺物」, 『中國考古集成』 東北卷 綜述(二), 北京出版社, 1997, 1364
쪽 ; 黃 武 · 黃 瑞, 앞의 책, 67쪽 ; 馬德謙, 「談談吉林龍潭山 · 東團山一帶的漢代遺物」, 『中國考古集
成』 東北卷 秦漢之三國(二), 北京出版社, 1997, 1248~1250쪽.

47 遼寧省博物館 · 遼寧省文物考古硏究所, 『遼河文明展』, 2006, 115쪽.

그림 17 모아산 유적 출토 청동인의 머리양식
그림 18, 18-1 동단산 유적 출토 금동으로 만든 동부여의 가면과 모사도

주인공 남자들은 모두 윗부분이 각이 진 절풍을 썼다(그림 20). 무용총 수렵
도의 기마인들은 윗부분이 둥근 절풍을 썼다. 이러한 예로 보아 절풍은 변으
로부터 변화를 가지며 윗부분이 둥근 것과 각이 진 두 양식으로 발전해 나갔
으며 고구려에서 이 두 관모양식이 가장 많이 쓰였던 것을 알 수 있다.

　고구려에서는 위에서 설명한 변과 절풍 이외에 책을 썼다. 고구려의 경우 백
성들은 변을 쓰고,[48] 대가와 주부는 모두 중국의 책과 비슷한 관을 쓰며 소가
는 절풍을 썼다.[49] 이 책과 절풍의 모습에 대해 『후한서』 「동이열전」 고구려전에

---

48 『舊唐書』 卷199 「列傳」 高(句)麗傳. "國人衣褐載弁."; 『新唐書』 卷220 「列傳」 高(句)麗傳. "庶人
衣褐, 在弁."

49 『後漢書』 卷85 「東夷列傳」 高句麗傳. "大加·主簿皆著幘, 好冠幘而無後, 其小加著折風, 形如弁(
대가와 주부는 모두 책을 쓰는데, 冠幘과 같기는 하지만 뒤로 늘어뜨리는 부분이 없다. 소가는
절풍을 쓰는데, 그 모양이 고깔과 같다)."; 『三國志』 卷30 「烏丸鮮卑東夷傳」 高句麗傳. "大加主
簿頭著幘, 如幘而無餘, 其小加著折風, 形如弁(大加와 主簿는 머리에 책을 쓰는데, 책과 흡사하
지만 뒤로 늘어뜨리는 부분이 없다. 소가는 절풍을 쓰는데, 그 모양이 고깔과 같다)."

서는, '대가와 주부는 모두 책을 썼는
데, 책과 같기는 하지만 뒤로 늘어뜨리
는 부분이 없다. 소가는 절풍을 썼는
데, 그 모양이 변과 같다'[50]고 했다.

『南齊書』「열전」 고구려전에서는,
'고(구)려인의 습속은 통이 큰 바지를
입고 梁이 하나인 절풍을 썼는데 책이
라 했다. 오경을 읽을 줄 알았다. (고구
려) 사신이 경사에 있을 때 중서랑 왕
융이 그를 희롱하여 '입은 것이 적합

그림 19 북표 출토 고구려 금동으로 만든 가면

하지 않는 것은 몸의 재앙이라는 말이
있는데, 머리 위에 얹은 것은 무엇인가?' 라고 했다. (고구려 사신이) '이것은
바로 옛날 변의 남은 모습이다'라고 대답했다'[51]고 했다.

이 두 기록에서 다음 사실을 알 수 있다. 고구려 대가와 주부의 관은 중국
의 책과 비슷하나 뒤에 늘어뜨리는 것이 없어 중국의 책과 구분된다. 또한 절
풍의 모양은 변과 같고 책이라고도 부르며, 책과 절풍은 옛날 변의 남은 모습
이라고 한 점으로 보아 책과 절풍은 변에서 변화를 가졌음을 알 수 있다. 또
한 중국 사신이 머리 위에 얹은 것이 무엇이냐고 물었던 점으로 보아 고구려
의 책은 중국에는 없는 모자 형태임을 알 수 있고, 머리에 썼다기 보다는 상
투만을 덮은 얹어 놓은 것처럼 보인 것이라 하겠다. 요령성 여순시 철산구의

---

50 위와 같음.

51 『南齊書』卷58「列傳」高(句)麗傳. "高麗俗服窮袴, 冠折風一梁, 謂之幘." 知讀五經. 使人在京師,
中書朗王融戲之日 : "服之不夷, 身之災也. 頭上定是何物?" 答曰 : "此卽古弁之遺像也."

그림 20 삼실총 행렬도 서있는 사람이 쓴 각이 진 절풍
그림 21 여순시 출토 책을 쓴 도용들

고구려 옛 무덤에서 출토된 흙으로 만든 도용들(그림 21)[52]의 모습은 관끈이
없이 머리 위에 올려진 상태로 고구려 사람들이 썼던 책의 모양을 잘 보여 주
고 있다. 동암리 고분벽화에 화려한 기하학문양의 옷을 입은 두 사람도 모두
붉은색의 책을 쓰고 있다(그림 22).

고구려 대가와 주부의 관은 중국의 책과 비슷하나 뒤에 늘어뜨리는 것
이 없어 중국의 책과 구분된다고 하는 것은, 한민족은 대체로 머리를 틀어
올려 상투를 하였기 때문이며,[53] 이는 고구려의 경우도 마찬가지였다. 즉 머
리를 위로 올려 머리카락이 머리 뒤에서 목부분으로 흘러내리지 않기 때문
에 늘어뜨린 것이 없다는 것이다. 실제로 고구려 고분벽화 여러 곳에서 상투
를 한 모양이 보이는데, 무용총 수박희도의 인물, 삼실총 제3실 벽화의 장
사, 각저총의 씨름하는 장사 등이 그렇다. 고구려의 경우 여자들도 머리를

52 于臨祥,「考古簡訊-旅順老鐵山發現古墓」,『考古通訊』, 1956年 3期, 60~61쪽.
53 『後漢書』卷85「東夷列傳」韓傳. "大率皆魁頭露紒(그들은 대체로 머리를 틀어 묶어 상투를 드
    러냈다).";『晋書』卷97「馬韓傳」. "其男子科頭露紒(남자들은 머리를 틀어 상투를 드러냈다)."

정수리 위에 틀어 올렸음이 점문양 옷을 입은 고구려 도용(그림 23)[54]에서 확인된다. 그러므로 고구려 고분벽화에 보이는 절풍을 쓴 사람들의 대부분은 상투가 절풍으로 가려진 상태로 머리가 아래로 흘러내리지 않았다.

그림 22 동암리 고분벽화의 책을 쓴 사람

고구려는 고조선을 계승했으므로 고구려인들이 착용하였던 이 같은 책과 절풍은 변과 마찬가지로 고조선 때부터 사용했던 것이라 하겠다. 실제로 고조선시대의 유적인 함경북도 무산군 무산읍 범의구석 유적 청동기 문화층에서 출토된 남자조각품은 머리 위가 둥근 모습으로 높이 올라가 있어[55] 절풍을 쓴 것으로 보인다. 서포항 유적 청동기문화층의 두 곳에서 출토된 흙으로 만든 남자 인형은 모자를 쓴 것으로 보이는데, 머리의 윗부분이 양쪽 옆으로 퍼져 각을 이루고 있어(그림 24) 책의 모습과 흡사하다.[56] 이와 동일한 모습의 인형장식(그림 25)이 길림성 통유현 오포산 신석기시대 유적에서도 출토되었다.[57] 이러한 유물들이 갖는 공통성은 한민족을

---

54 개인소장. '晉永和乙巳年'(345년)의 연대와 '大兄'의 관직이 새겨진 고구려 陶俑.

55 조선유적유물도감편찬위원회, 『조선유적유물도감』1-원시편, 조선유적유물도감편찬위원회, 1998, 148쪽.

56 김용간·서국태, 「서포항 원시유적 발굴보고」, 『고고 민속 논문집』4, 사회과학원출판사, 1972, 118쪽·131쪽.

57 王國范, 「吉林通楡新石器時代遺址調查」, 『中國考古集成』東北卷 新石器時代(二), 1933~1938

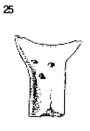

그림 23 고구려 도용(등에 연대와 관직이 새겨져있다)
그림 24 서포항 유적 출토 도용
그림 25 오포산 유적 출토 인형식

형성했던 주체세력이 일찍부터 한반도와 만주에 거주했던 토착인들이었음도 알게 해준다.

2. 금제관식의 전통과 상징성

한민족이 고조선시대부터 널리 써왔던 변과 책, 절풍에는 장식이 더해졌다. 북부여에서는 관에 새깃을 꽂았다.[58] 고구려 사람들도 머리에는 절풍을 썼다. 절풍의 모양은 변과 비슷하고, 양옆에 새의 깃을 꽂았는데, 귀천에 따라 차이가 있다[59]고 하여, 남자들은 모두 변과 비슷한 모양의 절풍을 썼으며 양쪽 옆에 새의 깃을 꽂아 귀천을 가렸음을 알려준다. 그 차이와 절풍의 재료에 대하여 『隋書』에서는, '사람들은 모두 가죽관을 쓰고, 使人은 새의 깃을 더 꽂았다'[60]고 했고, 『北史』에서는, '사람들은 모두 머리에 절풍을 썼고, 그 모양은 변과 같으며, 士人은 두 개의 새깃을 더 꽂았다'[61]고 하여 고구려에서는 주로 가죽으로 절풍을 만들었음을 알 수 있다. 士人과 일반인들 모두 새의 깃

쪽; 戴麗君,「敖包山遺址的陶人」,『中國考古集成』東北卷 新石器時代(二), 1943쪽. 이 지역은 고조선의 강역에 포함되는 곳으로 여기서 출토된 질그릇은 모두 고조선 질그릇의 특징인 之字무늬·새김무늬·점선무늬 등을 나타낸다.

58 李奎報,『동국이상국집』,「東明王篇」, "漢 神雀 3년 壬戌年에 하느님이 태자를 보내어 扶余王의 옛 도읍에 내려가 놀게 했는데 解慕漱라 이름했다. … 熊心山에 머물다가 십여 일이 지나서야 비로서 내려왔다. 머리에는 烏羽冠을 쓰고 허리에는 용광의 칼을 찼다(漢神雀三年壬戌歲, 天帝遣太子降遊扶余王古都号解慕漱, … 止熊心山經十餘日始下. 首戴烏羽之冠, 腰帶龍光之劍)."

59 『魏書』卷100「列傳」高句麗條. "頭著折風, 其形如弁, 旁挿鳥羽, 貴賤有差."

60 『隋書』卷81「列傳」高(句)麗傳. "人皆皮冠, 使人加挿鳥羽(사람들은 모두 가죽관을 쓰고, 사인은 새의 깃을 더 꽂았다)." 위의 '使人'을 『北史』卷94「列傳」高句麗傳에서는 '士人'이라 했다."

61 『北史』卷94「列傳」高句麗傳. "人皆頭著折風, 形如弁, 士人加挿二鳥羽(사람들은 모두 머리에 절풍을 썼고, 그 모양이 변과 같은데 사인은 두 개의 새깃을 더 꽂았다)."

그림 26, 27 무용총에 보이는 기마인이 쓴 절풍

을 꽂았는데, 사인들은 새깃을 두 개 더 꽂았다. 이는 무용총 수렵도 의 기마인들 모습에서도 확인된다. 즉 기마인들은 윗부분이 둥근 절풍을 썼는데, 절풍의 모양을 보면 오른쪽이나 왼쪽에 새의 꼬리털을 수북이 꽂은 것과(그림 26), 절풍의 앞부분에 양쪽으로 나란히 새깃을 꽂은 것이다(그림 27). 또한 무용도의 무용하는 사람이 절풍에 몇 가닥의 새털을 꽂은 모습에서도 확인 할 수 있다.

고구려의 경우 樂工人도 성글게 짠 자줏빛 씰크로 만든 모자(紫羅帽)를 쓰고 새깃으로 장식했다.[62] 백제도 제사 지낼 때 절풍에 새의 깃을 꽂았던 것으로[63] 보아 고구려와 마찬가지로 일반인들도 새의 깃을 사용했음을 알 수 있다. 이와 같이 모자에 새깃을 꽂는 풍습은 신라의 경우도 마찬가지였다. 그 예가 천마총 출토 금관식(그림 28)에서 보인다. 단지 백제에서는 모를 관이라 하고[64] 신라에서는 관을 유자례라고 불렀기 때문에[65] 명칭에 차이가 있을 뿐이다.

한반도와 만주지역의 여러 나라들이 모두 새깃을 꽂는 것은 고조선의 풍속을 이은 것으로 고구려의 상징이 되었다. 그러나 이런 풍습은 고구려 멸망으로 점차 사라져 갔다. 1922년 낙양에서 출토된 泉男産의 묘지명을 보면, "나이

---

62 『舊唐書』 卷29 「志」 音樂 二. "高麗樂, 工人紫羅帽, 飾以鳥羽."
63 『北史』 卷94 「列傳」 百濟傳. "若朝拜祭祀, 其冠兩廂加翅, 戎事則不(朝拜나 제사 지낼때에는 관의 양쪽끝에 (새의) 깃을 꽂았으나 군사 일에는 그렇지 않았다)."
64 『南史』 卷79 「列傳」 百濟傳. "呼帽曰冠(모를 관이라 부른다)."
65 『南史』 卷79 「列傳」 新羅傳. "其冠曰遺子禮(그들은 관을 유자례라고 한다)."

30세에 태대막리지가 되니 官位는 곧 따라 높았으나 총애는 왕부에서 받지 못하니, 절풍에 새깃을 꽂는 영예는 고향 (고)구려와 끊어졌다"고[66] 했다. 이를 통해 고구려에서는 벼슬한 사람의 경우 절풍을 쓰고 새의 깃을 꽂는 풍습이 나라의 멸망과 함께 사라져 갔음을 알 수 있다.

그림 28 천마총 출토 금관식

고구려의 상징인 새깃을 꽂은 절풍은 관끈 없이 틀어 올린 머리 위에 씌워진 상태인데 어떠한 구조로 머리 위에 고정될 수 있는지, 또한 절풍의 어느 부분에 어떻게 새깃과 같은 관식을 꽂을 수 있는지 알아보기로 한다.

고구려의 대안리 1호 고분 현실 서벽 벽화의 서있는 사람은 검은색의 테두리가 있고 옅은 색을 띤, 윗부분이 둥근 절풍을 썼다(그림 29). 이 절풍은 머리를 충분히 덮는 것이 아니라 머리 위에 올려놓은 것처럼 보인다. 따라서 절풍을 고정시키는 턱밑에서 묶을 끈이 없는 것으로 보아 검은색 테두리가 고정시키는 장치였을 것으로 생각된다. 각저총 각저도의 서 있는 사람도 윗부분이 둥근 옅은 색의 절풍을 썼다. 장천 1호

---

66 『泉男産 墓誌銘』. " … 卅爲太大莫離支. 官以地遷, 寵非王署, 折風揷羽, 榮絶句麗之鄕." 천남산은 연개소문의 아들 3형제 중 막내로서 668(보장왕 27)년 형인 莫離支 男建과 함께 평양성에서 나당연합군을 맞아 한 달 남짓 싸운 끝에 패하였다. 그 후 보장왕 및 형들과 함께 당나라의 장안으로 끌려갔다. 그는 당나라에서 司宰少卿으로 봉해졌으며, 무덤은 중국 하남성 洛陽 북쪽에 있다.

고분의 야유수렵도에 보이는 사람은 윗부분이 둥근 옅은 색의 절풍을 쓰고 있는데 역시 고정 장치를 대신했을 것 같은 검은 색 테두리가 있고, 뒷부분에 깃털을 꽂거나(그림 30) 옆부분에 깃털 두

그림 29 대안리 1호 고분벽화에 보이는 절풍을 쓴 사람
그림 30 장천 1호 고분벽화에 보이는 깃털 꽂은 절풍을 쓴 사람

개를 꽂았다. 그 실제 도용에 사용하였을 절풍 유물이 연천군 전곡읍 신답리 한탄강 현무암 단애부 상면의 아우라지 마을에 위치한 봉토 석실분 2기에서 출토되었다. 여기서 출토된 절풍은 흙으로 빚어 만든 윗부분이 둥근 것으로 겉에 고정 장치로 생각되는 부분으로 싸여져 있으며, 양옆에 새깃모양 관식을 꽂은 형태이다(그림 31).[67]

벽화에서 볼 수 있는 절풍은 모두 상투만을 덮는 작은 크기의 모자라는 점과 고정 장치인 관끈이 없다는 점을 특징으로 한다. 대안리 1호 고분의 현실 서벽 벽화에 보이는 서 있는 사람은 검은색의 테두리가 있고 옅은 색을 띤, 윗부분이 둥근 상투만을 덮은 절풍을 썼다. 무용총 수렵도와 무용도에 보이는 사람의 절풍도 머리를 충분히 덮는 것이 아니라 머리 위의 상투만을 덮었다. 따라서 절풍을 고정시키기 위한 묶을 끈이 없는 것으로 보아 검은색 테두리가 고정시키는 장치였을 것으로 생각되며, 이곳에 관장식을 꽂았을 것으로 생각된다. 이 절풍의 구조를 분리해 보면(그림 32) 다음의 양상을 나타낸다.

---

67 한국토지공사 토지박물관, 『연천 신답리 고분 발굴조사 약보고서』, 2001.

31

32

그림 31 신답리 유적 출토 흙으로 만든 새깃을 꽂은 절풍
그림 32 절풍 구조를 분리해 본 모습

신라의 식리총과 금관총, 금령총, 천마총 등에서는[68] 윗부분이 둥근 것과 각이 진 두 가지 형태의 절풍이 출토되었다. 이들 절풍은 자작나무 껍질로 만들고 실크천을 덧붙인 다음 그 위에 금실과 은단추 혹은 채색문양, 금박 등으로 장식했다. 천마총(그림 33)과 금관총에서는 금절풍이 출토되었다. 윗부분

68 梅原末治,「慶州金鈴塚飾履發掘調査報告」,『大正十三年度古蹟調査報告』, 朝鮮總督府, 1932, 216~217쪽 ; 濱田靑陵,「第6, 金銅冠其他の帽幘」,『慶州の金冠塚』, 慶州古蹟保存會, 1932, 30~37쪽 ; 濱田耕作·梅原末治,「慶州金冠塚と其遺寶」,『古蹟調査特別報告』第3冊, 朝鮮總督府, 1924 ;『1924年度古蹟調査報告』第1冊,「前編 金鈴塚-白樺樹皮制冠帽」, 1932, 73~77쪽 ; 梅原末治,「慶州金鈴塚飾履塚發掘調査報告」,『大正十三年度古蹟調査報告』, 朝鮮總督府, 1932 ;『天馬塚 發掘調査 報書』,「白樺樹皮製 冠帽-三角形 冠帽」, 문화재 관리국, 1974 ; 馬場是一郎·小川敬吉,「梁山夫婦塚と其遺物」,『古蹟調査特別報告』第5冊, 朝鮮總督府, 1926.

그림 33 천마총 출토 금절풍

이 둥근 절풍은 윗부분이 각진 절풍보다 높고 하단 폭은 17~18cm 정도로 비슷하다.[69] 이들 절풍이 '크기가 매우 작고 너비가 너무 좁아 머리에 쓰기에는 도저히 불가능하다'고 분석하는데[70] 이는 잘못이다. 이 절풍은 머리 정수리 부분에 틀어 올린 상투만을 덮게 되므로 머리 전체에 쓴 모자보다 그림 32에서처럼 크기가 작은 것이다.

이 가운데 고정 장치가 없는 절풍은 양쪽 옆에 끈이 달려있어 이를 귀 앞부분에서 턱밑으로 늘어뜨려 턱밑에서 묶게 된다. 이러한 착용방법을 보여주는 것으로 개마총의 개마를 끌고 가는 사람의 붉은색 모자와 경주 금령총에서 출토된 기마인물형토기가 있다. 기마인물형토기의 기마인이 쓴 투구 안에 보이는 절풍(그림 34) 역시 두 가닥의 관끈을 턱 아래에서 묶었다. 이 기마인은 절풍양식의 속관을 쓰고 그 위에 겉관을 썼는데 속관에 관끈을 하였다. 관끈은 섬서성 건현에 위치한 章懷太子 무덤에 보이는 '客使圖'의 고구려 사

---

69 천마총에서는 자작나무 껍질로 만든 관모가 6개 이상이 출토되었다. 그 중에서 2개는 원형을 알 수 있고 나머지 4개 관모의 잔여구성물은 부식이 심한 파편으로 전체적인 원형을 알 수 없다. 이 중에서 윗부분이 둥근 절풍모양의 관모는 높이가 17.2cm이고 하단 폭이 17.6cm인데 하단 주변에 약 2~3mm의 간격으로 구멍이 뚫려있다. 아마도 이 구멍들은 위에서 이야기한 겉부분의 고정 장치 역할을 한 부분과 연결된 부분이었을 것이다. 윗부분이 각이 진 관모는 높이가 14.5cm이고 상단 폭이 9cm, 하단 폭이 17.5cm이며 관테둘레 폭이 3cm이다. 금령총에서도 자작나무 껍질로 만든 관모 2개가 출토되었다. 윗부분이 둥근 관모의 높이는 20cm 정도이고 하단 폭은 21.1cm 정도이며, 윗부분이 각이 진 모자의 높이는 12.1cm이고 하단 폭은 18.2cm이다 (문화재관리국, 『天馬塚 發掘調査 報告書』, 문화재관리국, 1974, 204쪽).

70 이한상, 『황금의 나라 신라』, 김영사, 2004, 8쪽.

그림 34 금령총 출토 기마인

신이 쓴 절풍(그림 35)[71]에서도 보인다. 이들 절풍은 고정장치가 없기 때문에 절풍에 끈이 연결되어 턱밑에서 묶어 늘어뜨렸다. 이러한 절풍은 앞부분에 부분적으로 이중구조가 있어 이곳에 관장식을 꽂았다.

그러나 장천 1호 고분의 야유수렵도에 보이는 사람은 윗부분이 둥근 옅은 색의 가죽절풍을 쓰고 있는데, 역시 고정 장치를 대신 했을 것 같은 검은

---

71 객사도에 보이는 새깃을 꽂은 절풍을 쓴 사신을 일부학자들은 신라사신일 것으로 보기도 하지만(권덕영,「조우관을 쓴 사절 그림 이야기」,『고대로 부터의 통신』, 푸른역사, 190~214쪽, 2004), 그 복식으로 보아 불가능한 추론이다. 신라는 진덕여왕 2(648)년에 김춘추가 당에 가서 당의 복제를 따르겠다고 말하고 돌아온 뒤인 진덕여왕 3(649)년부터 당의 복제를 받아들였다. 이처럼 복식을 바꾸면서 남자들은 관 대신 천으로 만든 幞頭를 쓰기 시작했다. 그 실제 예가 신라의 토우들에서 확인된다. 이 벽화가 만들어진 것은 당나라 神龍 2(706)년이기 때문에 신라의 사신이라면 중국 복식을 했을 것이다. 이 벽화가 장회태자 李 賢이 생전하던 당나라 永徽 5(654)년에서 文明 원년(684) 사이에 있었던 일을 그렸다고 한다 해도 마찬가지이다. 고구려는 668년 멸망할 때까지 한민족의 복식을 그대로 고수했으므로, 이 벽화는 시간상으로 장회태자 이 현의 생전에 있었던 일을 그린 것으로 새깃이 달린 절풍을 쓴 사신은 고구려 사신으로 추정된다.

그림 35 객사도에 보이는 고구려 사신

색 테두리가 있고 뒷부분에 깃털을 꽂거나 옆부분에 깃털 두 개를 꽂았고 끈을 묶지 않았다. 무용총의 무용도에 보이는 춤추는 사람(그림 36)은 윗부분이 둥근 절풍을 썼는데 앞부분 양쪽에 가느다랗고 크게 휘어지는 장식을 꽂았다.

이러한 사실로 보아 새깃 혹은 새날개 등의 장식은 대부분 절풍 겉면의 앞이나 옆부분에 꽂았을 것으로 생각된다. 실제 예는 양산부부총에서 출토된 윗부분이 둥근 금동제절풍과 절풍 앞에 꽂았던 금동제조우와 자작나무 껍질로 만든 절풍과 앞에 꽂았던 새볏모양의 은제세움장식이다(그림 37, 37-1).[72] 새날개모양 관식의 경우는 금관총의 은제관식(그림 38)[73]을 들 수 있다. 이러

---

72 馬場是一郎·小川敬吉, 「梁山夫婦塚と其遺物」 『古蹟調査特別報告』 第5冊, 朝鮮總督府, 1926, 39~44쪽.

73 奈良県立橿原考古学研究所附屬博物館, 『1500年前のシルクロード新沢千塚の遺宝とその源流』, 奈

한 구조를 금속으로 표현한 것이 금관총(그림 39)과 천마총(그림 33)에서 출토된 금절풍으로 이중구조로 되어 있으며 관식을 꽂을 수 있게 하였다.

그림 36 무용총 무용도에 보이는 춤추는 사람의 절풍과 관식

관모에 장식한 새깃 등은 차츰 다양한 재질의 금속으로 만들었는데, 금속의 서열에 따라 官階를 구분했다. 고구려에서 귀한 사람은 절풍에 꽂는 새깃을 금으로 만들었고 책에도 금으로 만든 장식이 사용되었다.[74] 세움장식을 꽂았던 절풍은 자작나무 껍질이나 가죽으로 만들고 그 위에 실크천을 붙였기 때문에 부패되어 세움장식이나 관을 둘러쌌던 테두리만 남아있는 경우도 있다. 국립중앙박물관에 있는 집안 출토 세 개의 세움장식(그림 40)도 관테둘레와 절풍이 없어진 경우이다. 이 장식은 가장자리를 촘촘히 오려낸 다음, 하나하나를 꼬아 새의 깃털 혹은 불빛처럼 표현했다. 확대된 부분의 그림은 불꽃을 연상케하는 문양으로 환두대도의 손잡이 부분 혹은 11장에서 서술하게 될 '傳강서군금관'의 세움장식 등에 자주 보인다. 사슴귀장식으로는 길림성 집안에서 출토된 금동관장식[75]을 들수 있다. 이들 관장식은 가죽 등으로 만든 절풍의 앞이나 옆에 꽂았던 것으로 생각된다.

良県立橿原考古学研究所附屬博物館, 1992, 23쪽 그림 6.

74 『翰苑』「蕃夷部」高句麗傳. "佩刀礪碼, 而見等威, 金羽以明貴賤 …… 貴者冠幘, 而後以金銀爲鹿耳, 加之幘上(칼과 숫돌을 차서 등급을 알 수 있고 금과 깃으로 귀천을 분명히 했다." …… 귀한자는 책을 쓰는데, 후에 금과 은으로 사슴 귀를 만들어 책의 위에 꽂았다)."

75 조선유적유물도감편찬위원회, 『조선유적유물도감』-고구려편(2), 민족문화, 1993, 272쪽.

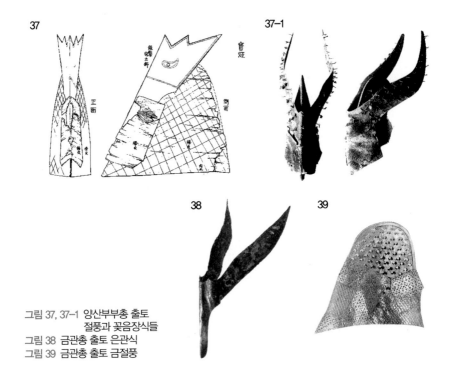

그림 37, 37-1 양산부부총 출토
절풍과 꽂음장식들
그림 38 금관총 출토 은관식
그림 39 금관총 출토 금절풍

　중국 길림성 화룡시 용해촌에 있는 발해의 룡두산 고분군에서 발해 3대
문왕의 부인인 孝懿황후 무덤과 9대 간왕의 부인인 順穆황후 무덤이 발굴되
었다. 이 발굴과 함께 부부합장 무덤으로 추정되는 M12 무덤과 M14 무덤에
서는 길림성 집안시에서 출토된 높이 약 40cm의 고구려 관장식(그림 41)과[76]
유사한 양식의 금제관식(그림 42)[77]이 출토되었다. 이러한 꽂음관식의 양식에
서 발해가 고구려를 그대로 계승하고 있음을 알 수 있다.

　고구려의 절풍에 꽂았을 또 다른 꽂음장식으로는 금으로 만든 꽃가지모양

76　徐秉昆·孫守道,『東北文化』, 上海遠東出版社 商務印書館, 1998, 54쪽 그림 188.
77　吉林省文物考古硏究所·延邊朝鮮族自治區文物管理委員會辦公室,『考古』, 2009年 第6期 참조.

의 관장식을 들 수 있다. 관장식과 여러 장
식물이 3~4세기 사이에 고구려 영역의 여
러 지역에서 출토되었다.

그 예로 요령성 북표현 방신촌에서 출토
된 금제관식(그림 43)이 있다.[78] 2개의 꽃가지
양식의 금제관식은 밑부분이 긴 네모모양으
로 불꽃문양이 투조되어 있으며, 아래 부분
의 주변은 점열문으로 이어졌다. 불꽃문양과
점열문 기법은 고조선 초기 유적에서부터 보
이기 시작한 것으로 한반도와 만주지역에 거
주한 한민족 고유의 장식기법이다.

또한 십이태향 원태자촌에 위치한 王子
墳山墓群의 台 M8713 : 1 무덤에서는 방신

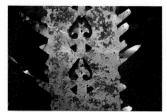
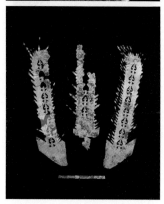

그림 40 집안 출토 금동제세움관식

촌에서와 거의 같은 모습의 金으로 만든 관식이 출토되었다.

2장에서 금으로 만든 유사한 양식의 관장식이 출토된 3개 무덤 가운데 왕
자 분산묘군의 태 M8713 : 1 무덤의 연대가 3세기 초기~3세기 중엽으로 가
장 이르고 방신촌 무덤과 그 이외의 전초구 무덤은 3세기 말기에서 4세기 초
기에 속하는 것으로 정리했다. 그리고 무덤 주인은 고구려의 동천왕(227~248
년)시기부터 고국원왕(331~371년) 재위 초기에 살았던 고구려 왕족들로 추정
했다. 이에 관해서는 3장에서 상세히 밝혔다.

이들 유적에서 출토된 금으로 만든 관장식은 아래 네 귀 부분에 모두 구

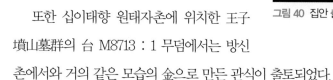

78　陳大爲, 「遼寧北票房身村晋墓發掘簡報」, 『考古』, 1960年 1期, 401~403쪽.

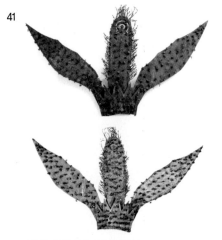

그림 41 집안 출토 금동제관식
그림 42 발해 금제관식

멍이 뚫려 있어 관의 앞부분이나 옆부분에 꽂거나 매달아 고정시켰던 것으로 추정된다. 그러나 이러한 관식이 한 개일 경우에는 위와 같은 방법이 가능하지만, 두 개 정도를 세움장식으로 꽂고 다른 장식을 더할 경우에 가죽관이나 羅관에 연속해 달기에는 받치는 힘이 약해 어렵게 된다. 따라서 관식은 금속으로 관테둘레를 만들어 그 위에 고정시켰을 것으로 생각된다. 실제로 방신촌 무덤에서는 2개의 서로 다른 크기의 금제꽂음장식과 함께 관테둘레 및 부속장식들(제3장의 그림 2·3 참조)이 출토됐다.

주목할 것은 현재까지 고구려의 유물자료로 보아 가장 이른 시기의 관테둘레는 2세기 무렵에 해당하는 칠성산 871호 무덤에서 출토된 청동으로 만든 점열문이 있는 관테둘레와 달개장식으로 생각된다. 또한 3세기 무렵에 해당하는 칠성산 211호 무덤에서 금동으로 만든 관테둘레와 다양한 양식의 관식들이 출토되었고 방신촌 유적에서 금으로 정교하게 만들어진 관테둘레가 출토된 사실이다.

고구려 초기 금관의 구성물들은
절풍양식 관과 여기에 꽂았을 금제관
식으로 크게 구분되고, 금제관식은
새깃양식 혹은 나뭇잎모양과 줄기부
분으로 구성된 꽃가지양식이었을 것
으로 생각된다. 앞에 서술한 관장식
들은 다음의 공통점을 가진다.

첫째는 꽃가지양식의 관식은 아래

그림 43 방신촌 출토 금제관식

부분이 불꽃문양으로 이루어진 점이
다. 이 같은 양식은 이 시기 갑자기 출현한 것이 아니고 그 이전시기부터 여럿
보이고 있다. 가장 이른 것으로는 고조선문화로 분류되는 하가점하층문화[79]
인 내몽고자치구 오한기의 대전자 유적에서 이 같은 대칭된 불꽃문양이 채색
질그릇[80]에 보인다. 요령성 조양현 과좌중기 육가자 무덤에서 출토된 약 2~4
세기 초에 속하는 금동으로 만든 허리띠장식(그림 44)에서도[81] 금제관식에서
와 같은 양식의 대칭된 불꽃문양이 보인다.[82] 이 같은 양식은 3세기 초에서 3

---

79 최근에 고고학자들은 夏家店下層文化를 비파형동검문화의 전신으로 보며 고조선문화로 분류
   하고 있다(한창균, 「고조선의 성립배경과 발전단계 시론」, 『國史館論叢』 第33輯, 國史篇纂委員
   會, 1992, 7·20쪽 ; 林炳泰, 「考古學上으로 본 濊貊」, 『韓國古代史論叢』1, 駕洛國史蹟開發研究院,
   1991, 81~95쪽 참조). 내몽고자치구의 敖漢旗 大甸子 유적은 서기전 1440±90년(3390±90
   B.P.)·1470±85년(3420±135 B.P.)으로 교정연대는 서기전 1695±135년·1735±135년이다
   (中國社會科學院考古研究所 編著, 『中國考古學中碳十四年代數據集』, 文物出版社, 1983, 25쪽).
80 劉觀民, 「內蒙古東南部地區靑銅時代的幾個問題」, 『中國考古集成』 東北卷 靑銅時代(一), 北京出
   版社, 1997, 628~631쪽.
81 張柏忠, 「內蒙古科左中旗六家子鮮卑墓群」, 『考古』 1989年 第5期, 430~438쪽.
82 발굴자들은 이 무덤을 동한 후기에서 西晉시대에 속하는 선비족의 것으로 분류했다. 이 육가자

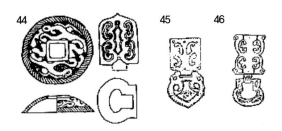

그림 44 육가자 무덤 출토 금동제장식 모사도
그림 45, 46 집안현 동구 고구려 무덤 출토 허리띠장식 모사도

세기 말에 속하는 길림성 집안현 우산의 고구려 무덤에서 출토된 허리띠장식
(그림 45)[83]에서도 나타난다. 이보다 늦은 시기인 3~5세기 무렵에 속하는 길
림성 집안현 동구에 위치한 고구려 무덤에서도 금동으로 만든 허리띠장식이
출토되었는데(그림 46)[84] 역시 관식과 같은 양식이다. 이것은 한반도의 남부지
역에서 출토되었다고 전하는 청동방울의 문양(그림 47)[85]에서도 나타난다. 이
와 같이 불꽃문양이 한반도와 만주의 전 지역에서 사용된 것으로 보아 이 양

지역은 원래 고조선의 영역이었으나 서기전 107년 西漢 武帝가 고조선을 침략하여 대릉하와
지금의 요하 사이에 현도군을 설치할 때 포함되었다. 그러나 이후 105년부터 고구려는 고조선
의 영토를 수복하기 위한 정책으로 요서지역에 진출하기 시작하여, 315년에 지금의 난하 유역
까지를 그 영토에 포함시켜 서쪽의 고조선 영토를 수복하는데 성공했다(윤내현, 『한국열국사
연구』, 지식산업사, 1998, 297~326쪽 참조). 따라서 약 2세기에서 4세기 초 무렵까지 이 지
역에는 선비족이 진출하지 못했으며 이 지역은 고구려의 활동 영역이었다. 이는 이 지역 무덤에
서 출토된 대부분 유물들의 특색이 고조선 양식을 하고 있는 점에서도 증명된다. 질그릇의 경
우 새김무늬를 특색으로 한다. 동경도 잔줄무늬와 운문을 특색으로 하며, 금단추와 청동방울
이 그 좋은 예이다. 또한 이 무덤과 근접한 지역인 같은 조양현 육가자공사 동산대대 동령강에
서는 고조선 유물의 특징인 비파형동검이 출토되었다(新楓毅, 「論中國東北地區含曲刃青銅短劍
的文化遺存」, 『考古學報』, 1982年 4期, 387~426쪽 참조).

83 集安縣文物保管所, 「集眼高句麗墓葬發掘簡報」, 『考古』 1983年 第4期, 301~307쪽.

84 吉林省文物工作隊·集安文管所, 「1976年集安洞溝高句麗墓清理」, 『中國考古集成』 東北卷 兩秦至
隋唐(二), 北京出版社, 1997, 546~550쪽.

85 小泉顯夫·梅原末治·藤田亮策, 「慶尙南北道忠淸南道古蹟調査報告」, 『大正11年度古蹟調査報告』
第1册, 朝鮮總督府, 1922.

식은 고조선의 고유양식으로 이후 삼국시대에 이르기까지 지속적으로 발달해 갔음을 알 수 있다.

둘째는 나무가지를 뻗어나가게 하고 꽃가지와 끝부분에 원형과 나뭇잎양식의 달개식을 매달은 점이다. 뻗어 올라간 나무가지의 모습은 고조선 중기에 해당하는 소조달맹에서 출토된 청동칼집[86]에 새겨

그림 47 한반도 남부 출토 청동방울에 보이는 문양

진 문양에서 보인다. 또한 고조선 후기에서 고구려 초기에 속하는 요령성 서풍현에 위치한 서차구 무덤(서기전 206~서기전 약 70년 무렵)에서 출토된 여러 개의 청동편에서 나무가 뻗어 올라간 모습의 문양이 나타난다.[87] 이와 같이 뻗어 올라간 나무모양의 끝부분을 나뭇잎양식으로 장식하게 되면 금관의 나무줄기양식이 가능하다.

그리고 원형과 나뭇잎양식의 달개장식은 고조선 초기 유적에서 널리 보이기 시작하여 지속적인 발달을 보이는 고대 한민족의 표지 유물이다.[88] 이같이 줄기의 끝부분이 나뭇잎양식으로 마무리 되는 것은 금관뿐만이 아니라 허리

---

86 李逸右, 「內蒙昭烏達盟出土的銅器調査」, 『考古』 1959年 第6期, 276~277쪽.

87 이 서차구 무덤은 발굴자들이 흉노족의 유적으로 분류하기도 하고 부여족의 유적으로 분류하기도 한다(孫守道, 「西岔溝古墓群被發掘事件的教訓」, 『中國考古集成』 東北卷 秦漢之三國(二), 1997, 929~932쪽 ; 孫守道, 「匈奴西岔溝文化'古墓群的發現」, 『文物』 1960年 8·9期, 25~35쪽). 그러나 필자는 이 유적이 고조선 말기부터 고구려 초기에 해당하는 한민족의 유적으로 밝힌 바 있다(박선희, 「열국시대의 갑옷」, 『한국고대복식』, 지식산업사, 2002, 제3부 제12장 참조).

88 박선희, 『고조선 복식문화의 발견』, 지식산업사, 2011 참조.

띠장식과 마구장식에서도 마찬가지이며 고구려·백제·신라의 공통양식으로 자리 잡는다. 이러한 내용들로부터 나뭇잎양식과 원형의 달개장식을 사용하는 양식은 고조선시대부터 줄곧 이어 내려온 것이며 나무줄기양식도 고조선의 것을 계승한 것임을 알 수 있다.

셋째는 머리에 바로 꽂을 수 있는 보요식이 아닌 관에 꿰매거나 매달아 고정시켜야 하는 관식인 점이다. 조양 왕자 분산묘군 태 M8713에서 출토된 金步搖飾으로 분류된 관식은 대부분 네 귀부분에 구멍이 뚫려 있어 관에 매달았던 것으로 추정된다. 따라서 이는 금보요식이 아니라 금제관식으로 분류되어야 할 것이다. 이 같은 금제관식에서 발전한 고구려 금관은 신라와 백제의 금관에 크게 영향을 끼쳤다. 따라서 신라와 백제 금관에서 보이는 금으로 만든 관식과 절풍, 원형과 나뭇잎양식 달개장식, 나무줄기양식, 나뭇잎양식의 끝마무리장식, 곡옥과 새장식[89] 등이 외부로부터 영향이라는 종래의 견해[90]는 수정되어야 할 것이다. 이 양식들은 고대 한반도와 만주지역의 신석기시대 유적에서부터 널리 나타나고 이후 고조선문화에서 다양한 발달사를 보이고 있다.

고구려 무덤들에서 빠짐없이 출토되는 관식은 달개장식이다. 대부분의 관식에는 모두 달개장식을 달았는데 이 달개장식은 고조선 이전부터 고조선을 이어 고구려로 계승된 한민족의 고유한 양식이다.

다음으로 장식단추 혹은 달개장식은 언제부터 사용되고 어떠한 의미를 가지는지 살펴보기로 한다. 중국 고고학자들은 청동 달개장식을 '銅泡'라

---

89 곡옥과 새장식은 고대 한국의 한반도와 만주지역의 신석기시대 유적에서부터 널리 보이고 있어 이 장식들이 외부로부터의 영향이라는 종래의 견해는 수정되어야 할 것이다. 이 문제는 12장에서 다루기로 한다.

90 이한상, 앞의 책 ; 김병모, 앞의 책 참조.

부르고, 서양학자들은 이것이 단추와 비슷하다고 하여 '청동단추(bronze button)'라고 부른다. 고조선의 경우 이를 옷·신발·활집·투구·마구 등 여러 곳에 장식용으로 사용했기 때문에, 필자는 청동장식단추로 분류하고자 한다. 이것은 단추양식으로 만들어 단추와 장식으로 사용되거나 변두리에 구멍을 내어 달개장식으로 사용되기도 했다. 달개 혹은 장식단추로 쓰였던 이 장식은 고조선 이전시기부터 이용한 복식기법이다. 신석기시대 초기부터 시작된 달개 장식 혹은 장식단추는 뼈와 뿔·토기·돌·조개껍질·옥 등을 재료로 독창적이고 입체적인 양식들을 표현하면서 크게 발전했다. 이후 고조선시기로 오면 고조선의 강역인 한반도와 만주 전 지역에서[91] 옥과 청동 및 철을 재료로 한 것들이 주류를 이루면서 화려해진다. 옥은 다양한 장신구의 재료가 되었고, 청동과 철은 둥근 모양과 나뭇잎모양의 장식단추로 만들어져 의복 위에 달아 여밈새를 처리하거나 달개장식으로 사용되었다. 또한 이것은 다시 여러 나라와 삼국시대의 문화로 이어져 한층 화려하고 세련된 조형미를 이어나갔다.

꽂음장식 이외에 부여를 비롯하여 고구려·백제·신라·가야 등에서는 금과 은·옥 등으로 모자를 장식했다.[92] 고조선 초기에는 모자 위에 신석기시대부터 많이 사용되었던 뼈와 조개껍질로 만든 장식과, 다양한 색상의 돌·옥·흙으로 구워 만든 구슬 장식품을 청동장식과 함께 사용했다. 이후 청동기술이 발달하면서 모자 위에 뼈구슬과 함께 청동을 재료로 하는 장식을 보다 많이 사용하여 이전보다 화려해진다. 이처럼 모자에 다양한 장식을 한 양식은 고조선의 여러 유적에서 골고루 나타난다. 예를 들어 고조선 초기 유적인 요

---

91 張錫瑛, 「東北地區鏡形器之管見」, 『中國考古集成』 東北卷 青銅時代(一), 北京出版社, 1997, 243쪽.
92 『三國志』 卷30 「烏丸鮮卑東夷傳」 扶餘傳. "以金銀飾帽."

령성 창무현 평안보 3기 문화층에서는 뼈로 만든 구슬이 625개 출토되었다. 대부분이 무덤 주인의 머리와 목 부분에서 출토되어 모자에 달고 목에 둘렀던 장식품으로 판단된다.[93] 이처럼 모자에 달았던 장식과 목걸이를 같은 종류의 재질로 만들어 사용한 차림새는 서기전 11세기 무렵에 속하는 요령성 객좌 화상구 무덤에서도 나타난다. 이 무덤에서는 비파형동검과 함께 직경 0.2mm 인 청동실로 만든 목걸이가 목부분에서 출토되었고, 이 목걸이와 함께 사용했을 모자 위에서 직경 1.7cm의 청동장식단추들이 출토되었다.[94]

서기전 11~서기전 9세기 무렵에 속하는 하가점상층문화인 적봉 약왕 무덤 M11 유적에서는 다양한 모양의 머리꽂이와 함께 뼈구슬 289개와 청동장식단추, 여러 모양의 청동구슬이 모두 105개 출토되었다. 서로 다른 재질과 모양의 장식들은 주로 무덤 주인의 머리와 목·가슴·다리 위에서 출토되었다. 발굴자들은 청동장식단추의 뒷면에 천이 붙었던 흔적이 있어 모자와 의복 위에 장식했던 것으로 추정했다. 특히 연이은 구슬모양의 청동장식단추는 마실로 꿰어 모자에 장식했던 것으로 생각되는데 모두 80줄이나 된다.[95] 이처럼 약왕 무덤 유적에서는 다양한 크기의 장식단추를 모자와 의복 위에 자유롭게 장식한 갖춤새가 보인다. 이후 고조선을 계승한 고구려에서는 의복뿐만 아니라 금관과 관장식에 일정하게 장식단추모양의 달개장식을 사용했다.

---

93 遼寧省文物考古研究所·吉林大學考古學系,「遼寧彰武平安堡遺址」,『中國考古集成』東北卷 青銅時代(二), 1997, 1554쪽.
94 遼寧省文物考古研究所·喀左縣博物館,「喀左和尙溝墓地」,『中國考古集成』東北卷 青銅時代(二), 北京出版社, 1997, 1458쪽.
95 中國科學院考古研究所內蒙古工作隊,「赤峰葯王廟, 夏家店遺址試掘報告」,『中國考古集成』東北卷 青銅時代(一), 北京出版社, 1997, 663쪽. 청동장식단추는 가장 큰 것의 직경이 3~3.3cm로 뒷면에 꼭지가 있고 줄문양을 새겼으며, 중간크기의 것은 직경 1.7~1.8cm로 문양이 없고, 작은 크기의 것은 반원모양으로 문양이 없으며 직경 0.8~0.9cm이다.

길림성 진래현 탄도북강자에 위치한 춘추시대에
서 전국시대에 걸쳐있는 무덤 유적에서는 청동장식
단추 41개가 출토되었다. 청동장식단추 가운데 작은
크기의 것은 무덤 주인인 여성의 머리부근에서 집중
출토되었는데 매우 화려한 장식의 모자였을 것으로
생각된다. 같은 지역의 M5와 M3 두 무덤에서도 머리
부분에서 청동장식단추가 출토되었는데, 뒷면에 작
은 마직품 조각이 붙어있거나 麻線의 흔적이 남아있
어[96] 당시 모자에 화려한 장식을 하는 장식기법이 유
행했을 것으로 생각된다.

그림 48 오금당 유적 출토
청동장식단추

이처럼 고조선 초기에는 직물이나 가죽 또는 자
작나무 껍질로 만든 모자 위에 뼈로 만든 구슬, 옥으로 만든 장식품, 다양한
모양의 청동장식(그림 48)[97] 등을 사용하여 화려하게 장식했다. 이러한 장식품
의 배열은 크기와 양식의 차이, 기하학적인 선의 방향을 달리하여 자연스럽게
표현되면서 독창적 장식기법을 이루었다. 고조선 중기 이후부터 뼈와 옥으로
만든 장식이 적어지고, 청동으로 만든 장식품들이 주류를 이루며 그 양도 이
전보다 현저하게 많아진다. 청동장식단추의 모양은 원형과 나뭇잎모양을 주
로 하고 네모모양과 반원모양 등으로 변화를 주었다. 또한 철기를 사용했던
시기에도 청동장식품을 많이 사용했는데, 이것은 철이 쉽게 녹이 나는 것과
달리 청동은 금보다 더욱 빛나는 성격을 가지고 있어 장식효과를 크게 가지

---

96 郭 民·李景冰·劉雪山·韓淑華, 「吉林省鎭來縣坦途北崗子青銅時代墓葬清理報告」, 『中國考古集
    成』東北卷 青銅時代(三), 北京出版社, 1997, 2522쪽.
97 조선유적유물도감편찬위원회, 『조선유적유물도감』2-고조선·진국·부여편, 44쪽 그림 51.

기 위함일 것이다.

고조선에서 복식에 매어단 장식단추 혹은 달개장식은 다양한 모양으로 둥근 것 이외에 네모와 세모, 마름모 등이다. 그 가운데 둥근 양식이 가장 많이 사용되었다. 또한 관모에는 웃옷이나 아래옷 또는 겉옷에서와 달리 주로 둥근 양식의 것만 사용된 것이 특징적이다.[98] 둥근 양식의 달개사용이 고조선 영역 전반으로 확산된 것은 이 시기 복식문화의 시대적인 조형특징으로 볼 수 있다. 하지만 달개장식의 사용이 고조선 이후시기인 고구려의 의복(그림 49)[99]과 금관에 이르기까지 지속적으로 나타나는 양상은 태양신을 섬기는 천신신앙의 문화적인 전통이 계승되어진 것으로 해석되어야 할 것이다. 달개장식에 관해서는 12장에서 보다 상세히 다루기로 한다.

고조선의 건국주체인 환웅은 천제 환인의 아들이고 단군은 천제의 손자이다. 고조선 건국이전 환인과 환웅의 신시에서 이미 천제 하느님을 믿는 태양신앙이 자리 잡고 있었다. 고구려 건국 이전인 해모수와 해부루 부자를 계보로 하는 부여국에서 또한 천제 해모수를 믿는 태양신앙이 한층 발전되었다.[100] 고구려는 고조선을 계승하여 하늘을 섬기고 태양을 숭배하는 천신신앙의 전통을 고스란히 이어간 나라이다.

주몽이 해모수 곧 천제 태양신의 아들이라는 의미를 보다 구체적으로 나타내는 자료가 『삼국유사』「기이」 고구려조이다. 여기서 해모수와 유화의 관계

---

98 박선희, 『고조선 복식문화의 발견』, 지식산업사, 2011, 319~414쪽.

99 조선유적유물도감편찬위원회, 『조선유적유물도감』4-고구려(2), 조선유적유물도감편찬위원회, 1998, 280쪽 그림 483.

100 임재해, 「신시고국 환웅족 문화의 '해' 상징과 천신신앙의 지속성」, 『단군학연구』 제23호, 단군학회, 2011, 371~375쪽.

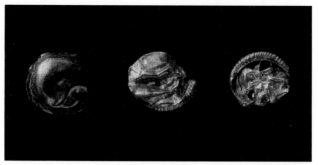

그림 49 황해북도 수안군 출토 고구려 금단추

와 유화의 주몽잉태 과정에서 모두 태양빛에 의한 것으로 서술하고 있다. 또한 『동국이상국집』에서는 해모수가 천제의 아들일 뿐만 아니라, "아침이면 일을 보고 저녁이면 하늘로 올라갔으므로 세상에서 天王郎이라 했다"는 사실에서 잘 드러난다. 해모수의 행동양식은 곧 아침저녁 해의 출몰과정과 같다. 세상 사람들이 일컬은 천왕랑이라는 이름도 해를 뜻한다.[101]

중요한 것은 고구려 사람들이 고조선을 계승하여 태양을 숭배하는 전통을 원형의 달개장식을 매개체로 하여 태양의 기능인 열과 빛의 모습을 복식 등에 표출했을 것으로 생각된다. 따라서 고구려 무덤들에서 일정하게 출토되는 달개장식 역시 불꽃과 열, 빛을 한꺼번에 나타낸 것[102]으로 해석된다.

태양을 숭배하는 천신신앙의 전통은 앞에서 서술한 룡산리 7호 무덤에서 출토된 금동절풍에 투각된 삼족오에서도 나타난다. 삼족오는 이 절풍뿐만 아니라 고구려 고분벽화의 여러 곳에서 보이고 있다. 고조선을 계승한 고구려는

---

101 위와 같음.

102 신라 금관 세움장식의 달개장식은 세움장식이 나무로 해석되어 가지에 달린 나뭇잎으로 볼 수 있지만, 이 나무는 신성한 나무이므로 빛을 발하는 모습을 형상화하기위한 장식의 의미로 해석되어도 자연스러울 것이다.

고조선문명권의 삼족오를 벽화의 여러 곳에 남겨 놓았다. 예를 들어, 각저총의 '삼족오 태양', 오회분의 '삼족오 태양', 덕화리 1호분의 '삼족오 태양', 조양원태자 무덤벽화[103]의 '삼족오 태양' 등이 그렇다.

고조선족과 고조선문명권의 원민족들은 '태양'과 '새'를 결합하여 태양신을 상징적으로 형상화할 때는 '三足烏', '세발까마귀'로 표현했다. '까마귀'를 신성시하는 원시부족은 사회사에 가끔 보이지만, '삼족오', '세발까마귀'는 오직 고조선문명권만이 가졌던 '태양신'의 상징이었다.[104] 룡산리 7호 무덤에서 출토된 금동절풍은 해뚫음무늬와 삼족오 문양이 핵심을 이루고, 평양시 대성구역에서 출토된 금동관은 불꽃뚫음무늬 양식으로 장식되어 있다. 이것들은 모두 고구려 건국신화인 주몽신화 가운데서 특히 해모수의 출현을 상징한다. 주몽의 아버지인 해모수는 天帝의 아들로서 하늘로부터 지상세계로 내려오는데, 다섯 마리의 용이 끄는 수레를 타며 머리에는 새깃을 꽂은 관을 쓰고 허리에는 용광검을 차고 있다.[105] 그리고 주위에서 해모수를 옹위하는 사람들은 모두 흰고니를 타고 있다. 용과 새는 모두 하늘을 나는 천상의 존재이면

103　遼寧省博物館文物隊·朝陽地區博物館文物隊·朝陽縣文化館, 「朝陽袁台子東晉壁畵墓」, 『文物』 1984年 第6期, 29~45쪽. 원태자 무덤의 발굴자들은 이 무덤이 4세기 초에서 4세기 중엽에 속하는 東晉의 무덤이라 하였다. 무덤 주인의 국적은 막연히 북방민족일 것으로 보고있다. 그러나 필자가 보기에는 벽화 구성원들의 일반복과 개마복식 및 출토된 대다수의 유물들(질그릇, 청동기, 복식품, 마구장식 등)의 성격이 고구려의 특징들을 보이고 있어, 고구려의 무덤일 것으로 추정된다. 이 무덤 벽화에 삼족오 태양과 검은 곰이 그려져있다.

104　愼鏞廈, 『韓國 原民族 形成과 歷史的 傳統』, 나남출판, 2005, 99~104쪽. "오직 고조선 문명권에서만 태양신 또는 태양신의 천사를 '삼족오(三足烏)'로 표현하였다. 왜 '삼족'(세발)일까? 필자는 이것이 삼신(三神)을 상징화한 것이라고 생각한다. 고조선 문명권에서는 '삼족오' 자체가 실재하지 않는 까마귀이기 때문에 처음부터 '신' 자체였으며, '삼족오'는 삼신을 상징화한 것이었다고 본다. 고조선의 '삼신'은 널리 아는바와 같이 '환인·환웅·단군'으로 인지되었다."; 김주미, 『한민족과 해속의 삼족오』, 학연문화사, 2010 참조.

105　주 58과 같음.

서, 하늘의 신성한 존재를 지상으로 실어다 주는 매개자의 구실을 한다. 해모수는 곧 태양신을 상징하는 존재이기 때문이다.

이상의 내용으로부터 고조선 이전부터 한반도와 만주에 거주하던 사람들은 머리꽂이를 사용해 틀어 올린 상투머리를 하였고, 홍산문화시기에는 상투 위에 옥고 등을 씌워 우아한 머리양식을 갖추기 시작했음을 알 수 있다. 이후 고조선시기로 오면 옥고 대신 상투머리를 덮을 수 있도록 폭이 넓지 않고 높이가 있는 변과 윗부분이 둥글거나 각이 진 절풍과 같은 모자가 발달하게 되었다. 변이나 절풍은 주로 가죽과 자작나무 껍질 또는 누에천(실크)[106]을 사용했으며, 그 위에 장식이 더해졌고, 이후 금과 은, 금동 등으로 만들어 신분을 상징하기도 했다. 고구려의 금동관과 꽂음관식들, 광개토대왕이 썼던 관 전체를 금동으로 만든 절풍과 새깃장식 등이[107] 좋은 예가 될 것이다.

따라서 고구려 금관은 고조선 이전시대부터 오랫동안 지속된 상투머리의 전통과 그 위에 썼던 변과 절풍 및 책의 변화 위에, 고조선 초기부터 계승된 한민족의 고유한 관식양식과 태양을 숭배하는 전통을 원형의 달개장식을 매개체로 하여 발전시켜 나간데 있음을 알 수 있다. 이러한 고조선의 고유한 양식과 금속을 다루는 정교한 세공기법은 고구려 금관으로 이어져 금관에 관식

106　고대한국의 누에천(실크)생산은 중국의 영향과 무관하게 신석기시대로 거슬러 올라가며 독자적으로 발전되었다(박선희, 『한국고대복식-그 원형과 정체』, 지식산업사, 2002, 125~188쪽 참조). 고대한국에서 누에실로 짠 옷감은 종류와 특징이 다양하여 명칭도 여러 가지이다. 錦·絹·縣·紬·繪·帛·綾·綺·紈·羅·紗·緞·練·縠·絹 등이 그것이다. 이들 직물들은 모두 직조와 가공방법이 다르다. 예를 들어 비단은 붉은색의 두터운 조직의 누에천을 가리킨다. 일반적으로 이들의 다양한 특성을 정확히 구분하지 않고 막연히 견 또는 비단, 주단, 명주 등으로 부르고 있다. 이는 중국을 대표하는 중국품종의 누에 실로 짠 중국 천들의 명칭인 것이다. 따라서 이 글에서는 고대한국의 실크를 총칭하는 단어로 '누에천'을 사용하려고 한다.

107　吉林省文物考古硏究所·集安市博物館 編著, 『集安高句麗王陵』-1990~2003年 集安高句麗王陵 調査報告, 文物出版社, 216~334쪽.

을 더하거나 세움장식을 세우고 달개장식을 달며 그 위에 문양을 더하여 독창적인 조형미를 발전시켜 나갔다.

달개장식의 장식기법은 신석기시대부터 삼국시대까지 복식의 미학적 형상성을 고스란히 보여주며 발전해온 한민족 복식의 고유한 양식이다. 고대 관모와 금관의 달개장식은 뼈와 뿔, 비취옥, 청동, 철 등을 재료로 만든 장식품과 함께 절제 있게 혼합해, 고유하고 다양한 조합방식을 추구했다. 이러한 특징들이 고구려의 금동관과 금관에 고스란히 이어져 한민족의 중요한 문화적 정체성을 이루어 나갔다고 하겠다.

우리나라 금관의 기본양식은 홍산문화로부터 비롯된 고조선문화를 계승한 절풍양식을 기본으로 발전해 나간 고구려문화의 전통에서 그 실체와 정체성을 재인식할 수 있다. 그리고 절풍에 관테둘레를 두르고 세움장식을 세운 고구려 금관은 고구려 왕권이 추구하고자 했던 정치이념을 부여한 구체적인 지표 구실을 했던 것이다.

제2장

'傳동명왕릉' 출토
금제관식과 '다물'

1. 동명왕릉 위치와 '전동명왕릉' 축조시기

지금의 평양시 력포구역 룡산리에는 '傳동명왕릉'이 있다. '전동명왕릉'은 1940년 일본인들에 의해 도굴되었고, 이후 1974년 북한에서 발굴조사를 진행하였으며, 1994년 큰 규모로 개건되었다. '전동명왕릉'에서는 금관을 구성했던 금제관식들이(그림 1, 1-1, 1-2) 109점 출토되었다.[1] 이 금제관식들은 1974년 발굴 당시 무덤앞칸의 문턱과 무덤안길에서 출토된 것의 일부이다.

금관 구성물들은 주로 원형과 나뭇잎양식의 달개장식이다. 원형의 달개장식은 크기에 따라 7종류로 구분된다. 나뭇잎양식의 달개장식에는 구슬이 달

---

1 전제헌, 『동명왕릉에 관한 연구』, 과학백과사전출판사, 1994, 10~11쪽. 과거에는 이곳을 평안도 중화군 용산 혹은 중화군 진파리라고 불렀다 ; 조선유적유물도감편찬위원회, 『조선유적유물도감』4-고구려(2), 조선유적유물도감편찬위원회, 1998, 271쪽 그림 464.
2 필자는 달개장식을 매어단 부분의 관식을 달개집으로 부르고자 한다.

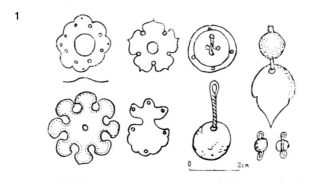

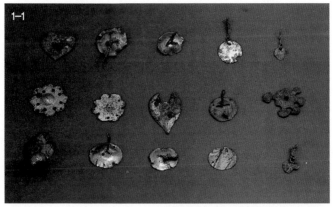

그림 1 '전동명왕릉' 출토 금제관식 모사도
그림 1-1 '전동명왕릉' 출토 금제관식

려있는데 5종류이다. 달개와 달개집²은 구멍이 있고 청동실로 만든 달아맨 끈이 있는 것과 고리가 있는 것의 두 가지이다. 북한학자들은 금으로 만든 다양한 양식의 달개로 금관을 장식했을 것으로 보았다.

그 외에 각종 꽃문양 장식품들이 출토되었는데 금과 금동으로 만든 것이 11 종류로 다양하다. 꽃양식의 관식은 금동과 금으로 만든 것들로 그 형식과 크기가 매우 다양하다. 가장 큰 것은 직경 9.6cm이고 가장 작은 것은 직경 1.1cm이며 대부분의 것이 직경 2.2cm이다. 꽃양식은 그림에서와 같이 4~16

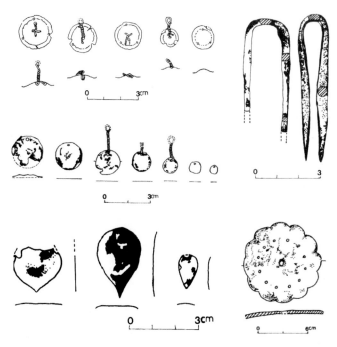

그림 1-2 '전동명왕릉' 출토 금제관식과 구성물 모사도

꽃잎과 꽃송이양식, 부채양식 등 다양하다. 나뭇잎양식의 달개관식과 머리꽂이, 청동실, 금구슬, 청동구슬도[3] 출토되었다.

가장 많은 것은 원형장식으로 70여 개나 된다. 이 원형장식은 청동에 금을 입힌 것으로 테두리 안의 한 면을 도드라지게 했다. 테두리에 같은 간격으로 3개의 구멍이 있고 그곳에 청동실을 꼬아 고리를 만들었다. 발굴자들은 장식에 구멍과 고리가 함께 있는 것으로 보아 이것을 어떠한 면에 부착시키고 그 위에 달개를 달았을 것으로 생각했다. 실제로 금제관식을 부착하는데 사

---

3 최무장·임연철, 『高句麗壁畵古墳』, 신서원, 1990, 410~418쪽.

용했을 작은 금동못들이 출토되었다.[4]

『삼국사기』「고구려본기」와 『광개토왕릉비문』에 따르면 동명왕은 서기전 19년에 죽은 후 卒本의 龍山에 장사지냈다.[5] 이들 자료에서 동명왕 무덤은 당시 수도인 졸본(현재의 桓仁)의 용산에 세워졌을 것으로 추정된다.

현재 환인시 용두산 서남쪽 산 중턱 하고성자성터에는 7기의 옛 무덤이 있다. 이 무덤들은 요령성문물고고연구소와 본계시박물관 및 환인현문물관리소에서 함께 조사한 결과 모두 도굴된 것으로 밝혀졌다. 무덤 중에서 4호 무덤이 규모가 가장 크고 중앙에 독립적으로 위치해 있다. 이 무덤에서는 질그릇과 청동방울, 철로 만든 차굴대, 청동반지와 팔찌, 각종 구슬로 만든 장신구들이 출토되었다. 특히 瑪瑙구슬과 錄松石구슬 및 白石구슬 등을 꿴 것이 총 길이가 3.23m나(그림 2, 2-1, 2-2, 2-3) 되어 주변 다른 무덤의 부장품과 크게 비교된다. 이러한 이유로 중국학자들은 이 무덤을 동명왕 무덤으로 추정했다.[6]

중국학자들이 왜 환인시 용두산 서남쪽 산 중턱 하고성자에 있는 무덤 중 하나를 동명왕릉으로 추정하는지 알아보자.

『삼국사기』「고구려본기」시조 동명성왕조에는 " … 그들과 함께 卒本川에

---

4 채희국, 『고구려 역사 연구-평양 천도와 고구려의 강성-』, 김일성종합대학출판사, 1982, 88~90쪽.

5 『三國史記』卷13 「高句麗本紀」東明聖王 19年條. "秋九月, 王升遐, 時年四十歲. 葬龍山, 號東明聖王."; 「廣開土王陵碑文」, "王於忽本東岡, 履龍首升天."(韓國古代社會硏究所 編, 『譯註 韓國古代金石文』제1권, 駕洛國史蹟開發硏究院, 1992, 3~35쪽; 張福有, 『好太王碑雜識及碑文考箋』, 吉林文史出版社, 2004 참조). 현재 요령성 환인지역에 거주하는 사람들은 '龍山'을 '東岡'·'龍岡'·'龍山'·'龍頭山' 등으로도 부른다(張福有·孫仁杰·遲 勇, 『高句麗王陵通考』, 香港亞洲出版社, 2007, 84쪽).

6 張福有·孫仁杰·遲 勇, 『高句麗王陵通考』, 香港亞洲出版社, 2007, 81~85쪽.

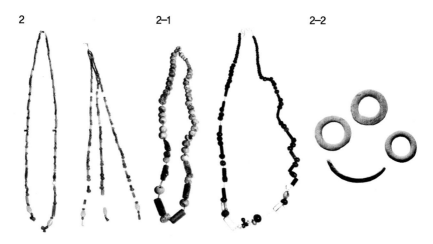

그림 2, 2-1, 2-2 하고성자성터 4호 무덤 출토 장식물

이르렀다. 그 토양이 비옥하고 아름다우며 山河가 險固함을 보고 마침내 그곳에 도읍하고자 하였으나 궁실을 지을 겨를이 없어 단지 沸流水 가에 집을 짓고 그곳에 거주하면서 나라 이름을 高句麗라 하고 그로 인하여 高로 성을 삼았다"[7]고 하여 추모왕이 북부여[8]에서 남쪽으로 이주하여 고구려를 건국하는 과정을 서술하고 있다.

　　이 내용에 대하여『삼국사기』에서는, "일설에 주몽이 卒本夫餘에 이르렀는

---

7 『三國史記』卷13「高句麗本紀」東明聖王 元年條. " … 與之俱至卒本川, 觀其土壤肥美, 山河險固, 遂欲都焉. 而未遑作宮室, 但結盧於沸流水上居之. 國號高句麗, 因以高爲氏."

8 『廣開土王陵碑文』. "옛적 시조 추모왕이 나라를 세웠는데 (왕은) 북부여에서 태어났으며, 천제의 아들이었고 … 惟昔始祖鄒牟王之創基也, 出自北夫餘天帝之子 …)."; 『牟頭婁墓誌』. "하백의 손자이며 해와 달의 아들인 추모성왕이 원래 북부여에서 나셨으니(河伯之孫, 日月之子, 鄒牟聖 王元出北夫餘)."; 『三國史記』卷23,「百濟本紀」始祖 溫祚王條. "백제 시조 온조왕은 그 아버지가 추모인데 혹은 주몽이라고도 한다. 주몽이 북부여로부터 난을 피하여 졸본부여에 이르렀다(百濟始祖溫祚王, 其父鄒牟, 或云朱蒙, 自北扶餘逃難, 至卒本扶餘)." 『삼국사기』「고구려본기」시조 동명성왕조에서는 추모왕이 태어난 부여를『광개토왕릉비문』과『모두루묘지』및『삼국사기』「백제본기」시조 온조왕조에서 북부여라고 하는 내용과 달리 동부여라고 했다.

데 왕이 아들이 없어 주몽을 보고 그가 보통 사람이 아님을 알고 그의 딸을 아내로 삼게 하였다. 왕이 죽자 주몽이 그 자리를 이었다[9]고 주석을 달았다.

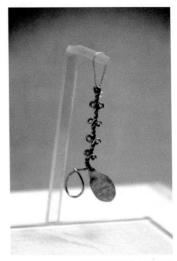

그림 2-3 하고성자성터 4호 무덤 출토 금제장식물

『삼국유사』 「기이」 고구려조는 『삼국사기』 「고구려본기」 시조 동명성왕조와 같은 내용의 고구려 건국과정을 전하면서 고구려는 "곧 卒本夫餘이다. … 卒本州는 요동 경계에 있었다 … "라고 기록하였다.[10] 『위서』 「고구려전」에도 『삼국사기』 「고구려본기」와 비슷한 내용을 전하고 있으나 다소 다른 부분이 있다. 즉, 『삼국사기』에서는 고구려가 건국된 곳을 卒本川유역 또는 卒本扶餘라 했으나 『위서』에서는 紇升骨城이라 하였다.[11] 이들 자료에서 '卒本扶餘'는 부여의 거주민 일부가 지금의 요동지역으로 이동하여 세운 나라였는데, 그곳에서 추모왕이 고구려를 건국했던[12] 것임을 알 수 있다. 그리고 '卒本川'은 강을 가리키는데 환인에 있는 큰강은 단지 혼강 뿐이며, 위치상으로 혼강은 오녀산성의 동쪽에 있다.

『광개토왕릉비문』에는 "(그는) 沸流谷의 忽本 서쪽 산 위에 城을 쌓고 도

---

9 『三國史記』 卷13 「高句麗本紀」 始祖 東明聖王條의 편찬자의 주석. "一云, 朱蒙至卒本扶餘, 王無子, 見朱蒙, 知非常人, 以其女妻之, 王薨, 朱蒙嗣位."

10 『三國遺事』 卷1 「紀異」 高句麗條. "高句麗, 卽卒本扶餘也. 或云今和州, 又成州等, 皆誤矣. 卒本州在遼東界."

11 『三國史記』 卷13 「高句麗本紀」 東明聖王 元年條.;『魏書』 卷100 「列傳」 高句麗傳 참조.

12 윤내현, 『한국열국사연구』, 지식산업사, 1998, 61~68쪽.

읍을 세웠다."[13]고 했다. 즉 혼강 서쪽에 오녀산성을 쌓고 도읍을 세웠다는 것으로 방위상 부합한다. '沸流谷'은 혼강과 환인을 포괄하는 통칭이다.[14]

그러나 고구려는 건국초기 沸流水에서 궁실을 지을 겨를이 없어 그냥 살다가 동명왕 4(서기전 34)년 "가을 7월에 성곽과 궁실을 건축하였다"[15]고 한 내용으로 보아 건국 당시에는 궁궐을 짓지는 못했지만 첫 도읍은 평지에 있었다고 해석된다. 고구려의 첫 도읍은 비류수 가의 평지에 있었으며 방어 목적으로 서쪽 산위에 오녀산성을 쌓았다고 생각된다. 따라서 3년 후 가을에 비류수 가에 건축한 성곽과 궁실은 바로 산등성이에서 가장 높은 곳에 있는 오녀산성이 아니라, 성안이 비교적 평지인 하고성자성인 것이다. 오녀산성은 하고성자성의 부속시설이었을 것이다.

발굴자들은 하고성자성 유적에서 출토된 석기와 도기, 축성방법과 연대 등을 통해 유물들이 고구려 특징을 가지는데 연대는 초기부터 보다 늦은 시기의 것까지 편년 된다고 했다.[16] 그리고 편년에 따라 고구려가 이 성을 초기부터 중기에 이르기까지 사용했던 것으로 보았다.[17]

그 까닭은 다음의 내용으로 해석될 수 있을 것이다. 즉, 서기전 3년에 유리명왕은 졸본성에서 국내성으로 도읍을 옮겼다. 이후 20년 대무신왕은 즉위 초에 東明王廟를 세운다. 동명왕묘가 세워진 이후 신대왕, 고국천왕, 동천왕,

---

13 『廣開土王陵碑文』. "惟昔始祖鄒牟王之創基也, 出自北夫餘天帝之子, 母河伯女郎, 剖卵降世, 生而有聖德. …… 巡幸南下, 路由夫餘奄利大水. 王臨津言曰, 我是皇天之子, 母河伯女郎, 鄒牟王, 爲我連葭浮龜. 應聲即爲連葭浮龜, 然後造渡. 于沸流谷忽本西, 城山上而建都焉."

14 張福有·孫仁杰·遲 勇,『高句麗王陵通考』, 香港亞洲出版社, 2007, 82쪽.

15 『三國史記』卷13「高句麗本紀」東明聖王 四年條. "秋七月, 營作城郭宮室."

16 張福有·孫仁杰·遲 勇,『高句麗王陵通考』, 香港亞洲出版社, 2007, 82~83쪽.

17 遼寧省文物考古研究所,『五女山城』, 文物出版社, 2004년 참조.

중천왕, 고국원왕은 즉위 초 모두 졸본에 가서 시조묘에 제사를 지냈다.[18] 이러한 상황은 동명왕의 무덤과 동명왕묘가 모두 졸본에 있었음을 나타낸다.

이처럼 즉위의례 후 얼마 지나지 않아 이루어진 始祖廟 참배는 군주가 공적인 권위를 얻는데 필요한 의례이며, 그 권위가 정당성을 가진 것임을 공적으로 표시하는 의례이기도 하다. 시조묘 참배와 제사는 국가 정체성과 왕권을 강화하며 대내외적으로 왕권의 안정을 도모하기 위한 의례로서의 정치적 기능을 가진다.

장수왕의 평양 천도 이후에도 안장왕과 평원왕, 영류왕은 모두 즉위 초 졸본에 가서 시조묘에 제사를 지내고 평양으로 돌아왔다.[19] 고구려 말기까지 동명왕의 무덤위치는 알 수 없지만 처음 세운 동명왕廟는 졸본에 그대로 있었음을 말해준다. 그러나 무덤과 달리 동명왕廟는 졸본성 이외에 평양성과 요동성, 백제 등 여러 곳에 설치되었다.[20] 이 같은 사실에서 졸본성에 있다는 동명왕廟는 바로 하고성자산성에 있을 것으로 추정된다.

이러한 사실과 함께 중국학자들은 『광개토왕릉비문』의 "(이에) 왕은 忽本 동쪽 언덕에서 龍의 머리를 딛고 서서 하늘로 올라갔다"는 내용과[21] 『동국여지

---

18 『三國史記』卷14「高句麗本紀」大武神王 3年條;『三國史記』卷16「高句麗本紀」新大王 3年條;
   『三國史記』卷16「高句麗本紀」故國川王 2年條;『三國史記』卷17「高句麗本紀」東川王 2年條;
   『三國史記』卷17「高句麗本紀」中川王 13年條;『三國史記』卷18「高句麗本紀」故國原王 2年條;
   『三國史記』卷32「雜志」祭祀 참조.

19 『三國史記』卷19「高句麗本紀」安臧王 3年條;『三國史記』卷19「高句麗本紀」平原王 2年條;『三
   國史記』卷20「高句麗本紀」榮留王 2年條;『三國史記』卷32「祭祀」참조.

20 『三國史記』卷21「高句麗本紀」寶臧王 4年條;『三國史記』卷23「百濟本紀」溫祚王 元年條;『三
   國史記』卷23「百濟本紀」多婁王 2年條;『三國史記』卷24「百濟本紀」仇首王 4年條;『三國史記』
   卷24「百濟本紀」責稽王 2年條;『三國史記』卷24「百濟本紀」汾西王 2年條;『三國史記』卷24
   「百濟本紀」比流王 9年條;『三國史記』卷32「雜志」祭祀;『三國史記』卷25「百濟本紀」阿莘王 2
   年條;『三國史記』卷25「百濟本紀」腆支王 2年條.

21 『廣開土王陵碑文』. "王於忽本東罡, [履]龍頁昇天."

승람』에 동명왕의 무덤이 龍山에 있다는[22] 기록을 종합하여 4호 무덤은 그 연대와 위치, 부장품의 규모 등에서 동명왕의 무덤일 것이라 추정했던[23] 것이다.

중국학자들이 하고성자 유적을 초기 성곽과 궁실이 있었던 곳으로 보는 것은 타당성이 있다. 그러나 중국학자들은 지금의 평양에도 용산이 있으며 장수왕의 평양 천도와 함께 동명왕의 무덤을 평양으로 옮겼다는 사실을 소홀히 했다. 또한『동국여지승람』은 동명왕의 무덤이 지금의 평양에 있다는 단정적인 입장을 가지는 조선시대에 편찬되었다는 시대적인 상황도 고려하지 않았다. 그리고 무덤을 옮겼다면 이렇게 여러 부장품들을 남겨 놓을 리 없어 이 무덤의 주인을 동명왕으로 보는 중국학자들의 견해에는 동의할 수 없게 된다. 따라서 이 무덤들은 동명왕의 무덤이 아니라 고구려 왕족의 무덤일 가능성이 크고 장신구가 많은 것으로 보아 여성의 무덤일 것으로 생각된다.

그런데 졸본에 위치한 동명왕의 무덤과 동명왕廟가 고려시대에 쓰여진『帝王韻紀』와『高麗史』에서는 평양의 용산에 위치한다[24]고 기록되어 있다. 이후 조선시대에 쓰여진『조선왕조실록』에서도 동명왕의 무덤과 사당이 지금의 평양에 있다고 했다.[25] 조선시대에 편찬된『고려사』「지리지」에 다음의 내용들은 동명왕의 무덤이 고구려 도읍지인 평양에 있다는 것으로 단정적이다.

"동명왕 무덤은 부의 동남쪽 中和의 경계 龍山에 있다. 속칭 眞珠墓라

---

22 『東國輿地勝覽』. "東明王墓在龍山, 俗號眞珠墓."
23 張福有·孫仁杰·遲 勇, 『高句麗王陵通考』, 香港亞洲出版社, 2007, 81~85쪽 ; 張福有, 『高句麗王陵通鑑』, 香港亞洲出版社, 2007, 12쪽.
24 『高麗史』志 卷20 地理3 西京留守官 平壤府 ;『帝王韻紀』下卷「高句麗紀」.
25 『朝鮮王朝實錄』卷154 地理志 平安道 平壤.

고 한다. 또 仁里坊에 祠宇가 있는데, 고려에서 때로 御押을 내리어 朔
望으로 제사를 지내게 하였고, 관리로 하여금 제사를 행하게 했다. 고
을 사람들이 지금도 일이 있으면 번번히 비는데, 대대로 전하기를 東明
聖帝의 廟라고 한다."[26]

그리고 『조선왕조실록』「지리지」의 동명왕묘에 대한 주석에서도 다음과 같
이 동명왕묘를 진주묘라 부르며 그 위치를 평양으로 단정하고 있다.

"모두 畵班石으로 광을 조영하였다. 세상 사람들이 이르기를 眞珠墓라
고 한다. 李承休가 동명왕의 사적을 기록하기를 '하늘에 올라서 다시
운경에 돌아오지 아니하고, 옥편을 더하여 장사지내고 무덤을 이루었
다'는 것은 곧 이것이다. 또 人里坊에 祠宇가 있는데, 고려에서 때로 御
押을 내리어 삭망으로 제사를 지내게 하였고, 관리로 하여금 제사를
행하게 했다. 고을 사람들이 지금도 일이 있으면 번번히 비는데, 古老
들이 전하기를 '東明聖帝의 廟'라고 한다."[27]

위의 기록들에서 동명왕의 무덤이 평양에 있다고 단정 짓게 된 것은 『삼국
사기』「고구려본기」에 동명왕을 장사지냈다는 龍山이란[28] 지명이 지금의 평양
에도 있기 때문이다. 또한 더 큰 요인으로는 고구려와 고구려를 계승한 발해
가 멸망한 이후 졸본지역에 대한 영유권을 상실했기 때문이다.

---

26 『高麗史』志 卷20 地理3 西京留守官 平壤府.
27 『朝鮮王朝實錄』卷154 地理志 平安道 平壤 東明王墓 細註.
28 『三國史記』卷13「高句麗本紀」東明聖王 19年條.

북한학자들은 廟와 달리 무덤은 여러 곳에 있을 수 없기 때문에 수도를 옮기면서 무덤도 옮겼을 것이라고 했다. 그 예로 고국원왕이 미천왕의 시신을 찾아온 것과 고려가 몽골과의 항전에서 일시적으로 수도를 강화도로 옮겼을 때 시조왕의 영구를 강화도로 가지고 갔었고 개경으로 돌아올 때 다시 옮겨 왕릉에 안치했던 사실을[29] 들었다. 따라서 동명왕릉은 고구려가 427년 수도를 평양으로 천도할 때 함께 옮겼다는 것이다.

이러한 북한학자들의 견해를 받아들인다면, 고려시대부터 조선시대에 이르기까지 인식된 동명왕릉은 졸본의 용산에서 평양의 용산으로 이장된 무덤을 가리킨 것이라 하겠다. 그런데 앞에 서술했듯이 고구려왕들이 졸본에 있는 동명왕廟에 제사를 지내고 돌아왔다는 기록은 있으나 동명왕릉을 찾았다는 내용이 없는 것은 졸본에 반드시 동명왕 무덤이 있다고 하기 어려운 부분이다.

그렇다면 평양에 위치한 '전동명왕릉'은 언제 축조되었을까? 발굴자들은 '전동명왕릉'의 축조연대에 관해서는 '전동명왕릉' 일대 고구려 무덤의 외형과 내부구조, 내부장식, 형식의 변천 등에 관한 고찰을 통해 4세기 후반에서 5세기 전반기에 만들어졌을 것으로 추정했다.

덕흥리 벽화고분은 묘지명에 근거하여 408년의 절대연대를 가지므로 '전동명왕릉'의 연대를 추정하는데 좋은 비교 기준이 된다. 덕흥리 벽화고분의 방향은 서쪽으로 5도 치우친 남향인데, '전동명왕릉'은 서쪽으로 9도 치우친 남향이다. 따라서 북한학자들은 전동명왕릉이 덕흥리 벽화고분보다 앞선 시기의 무덤일 것으로 판단했다. 이러한 내용들을 종합하여 '전동명왕릉'은 4세

---

29 『高麗史』 卷23 高宗 10年·『高麗史』 卷28 忠烈王 2年 ; 전제헌, 앞의 책, 14~15쪽.

기 후반(375년 무렵 전후)인 소수림왕 때 축조된 것으로[30] 보았다.

소수림왕대에 '전동명왕릉'을 축조한 요인으로는 고국원왕대인 342년 환도성으로 도읍을 옮겼던 일과 같은 해 11월 연나라의 침략으로 환도성이 폐허가 되어 평양의 동황성으로 옮겨왔던 상황 및 이 전쟁으로 인해 고국원왕이 미천왕의 시체를 빼앗겼다 다시 찾아온 일을 들 수 있다. 이러한 역사적인 배경에서 소수림왕이 시조 무덤의 훼손을 염려하여 지금의 평양시 력포구역 룡산리에 축조하였을 것이라는[31] 견해는 타당성이 있다.

왜냐하면 필자는 5장에서 중국 고고학자들의 서대 무덤에 대한 여러 방면의 분석과, 북한학자들이 고구려가 삼국통일을 추진하기 위해 고국원왕 때부터 남방진출을 위한 전진기지로 황해남도 신원 일대를 개발했다는 '남평양설'을 참고하여, 중국학자들에 의해 고국원왕의 무덤일 가능성이 제기되었던 우산 992호 무덤 주인을 미천왕으로 추정했다. 즉 고국원왕은 모용황으로부터 되돌려 받은 미천왕의 유골을 자신의 무덤으로 준비한 우산 992호 무덤에 안치한 것이다. 그리고 황해남도 신원일대에서 북쪽에 가까운 안악군 오국리에 위치한 안악 3호 무덤은 벽화에 나타나는 복식 등의 분석을 통해 무덤의 주인이 동수가 아니라 고국원왕일 것으로 추정하였다.

북한학자들은 '전동명왕릉'이 소수림왕 때 축조되었으나 장수왕의 평양 천도와 함께 시조 무덤을 옮겨왔을 것으로 보았다. 즉 필자의 견해대로 안악 3호 무덤의 주인이 고국원왕이라는 점과 북한학자들의 남평양설을 종합해 보면, 소수림왕은 고국원왕을 안악 3호 무덤에 모시고, 이전 목적으로 시조왕

---

30 전제헌, 앞의 책, 40~50쪽.
31 전제헌, 앞의 책, 50~51쪽.

의 무덤을 평양지역에 축조하였다고 추정된다. 즉 평양에 있는 '전동명왕릉'은 소수림왕 때 축조되었고, 장수왕 때 평양천도와 함께 졸본에서 옮겨진 것이라고 하겠다.

동명왕릉이 소수림왕 때 축조되었다는 추정은 정릉사 건축지에서 채취한 탄소시료에 대한 측정결과에서도 확인된다. 정릉사는 궁전건축과 사원건축이 결합한 큰 규모의 건축물이다. 정릉사 행궁건축과 정릉사 우물(그림 3)[32] 8각 정자의 축조연대가 372±50년으로 '전동명왕릉'의 축조연대인 375년 무렵에 가깝다. 또한 정릉사 제 10호의 건축 연대는 396±50년으로 『삼국사기』 「고구려본기」 광개토대왕 2(393)년에 "평양에 9개의 절을 지었다"는[33] 내용과 부합한다.

정릉사는 고구려 고유의 1탑 3금당식의 건축물로 건축사적인 특징과 출토된 기와의 양식과 문양, 투구와 방패, 고조선의 양식을 가지는 고구려 벽돌, 겉면에 '復興'이라는 글자를 새기고 금도금을 한 청동제칼집, '고구려'라는 글자가 새겨진 질그릇, 회색 도자기 등 다양한 유물에서 고구려 고유의 양식을 살펴볼 수 있다. 이상의 사실에서 정릉사의 전신인 행궁건물의 건립연대가 동명왕릉을 옮긴 것과 거의 같은 시기인 4세기 중엽으로 추정되며, 정릉사의 건축연대는 광개토대왕이 교서를 내려 불교를 숭상케 하고 평양에 9개의 절을 지었다고 하는 4세기 말에서 5세기 초로[34] 추정된다.

'전동명왕릉'은 1994년 개건되기 이전, 릉의 규모에 있어서도 시조왕릉으로의 여러 특징들을 갖추고 있었다. 발굴자들이 개건 이전의 '전동명왕릉'을

---

32 전제헌, 앞의 책, 184쪽.
33 『三國史記』 卷18 「高句麗本紀」 廣開土王 2年條. "創九寺於平壤."
34 전제헌, 앞의 책, 95~145쪽.

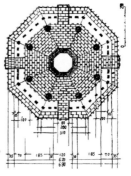

그림 3 정릉사 팔각우물터와 우물 평면 복원도

시조왕릉으로 보는 근거는 다음과 같다.

첫째는 이 무덤에서 1974년 발굴당시 벽화가 발견된 점이다. 특징적인 것은 붉은 자주색 바탕에 연꽃문양을 전면적으로 그린 점이다. 널방 벽과 천장 고임에 그려진 연꽃은 모두 6엽 2겹인 12엽의 평면양식의 연꽃으로 규칙적으로 교차해서 배열하였으며 현재 104송이가 남아있다.[35] 고구려는 官階에 따라 의복의 색상을 달리 했는데 붉은 자주색은 왕의 옷을 상징하는 색상으로 왕릉이 아니면 무덤벽면에 바탕색으로 칠할 수 없다는 점이다. 이처럼 붉은 자주색으로 바탕색을 칠한 것은 다른 무덤과 차별화되는 특징으로 시조왕의 무덤일 가능성이 있다는 것이다.[36]

둘째는 1940년 일본인들이 이 무덤을 도굴하였으나 출토 유물을 공개하지 않아 그 내용을 알 수 없었다. 그러나 1974년 발굴 때 금관의 잔여물이 100여 점이나 나와 이 무덤의 주인이 왕으로 추정되었다. 셋째는 무덤의 구조가 왕

---

35 김일성종합대학 편, 『동명왕릉과 그 부근의 고구려유적』, 김일성종합대학출판사, 1976.
36 전제헌, 앞의 책, 36~49쪽.

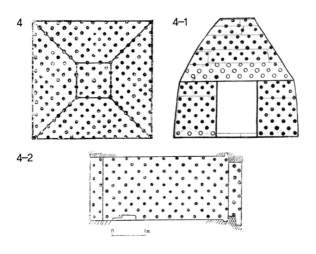

그림 4, 4-1, 4-2 전동명왕릉 안칸천정, 안칸남벽, 안칸서벽 벽화 복원도

릉급에 해당한다는 점이다. 무덤의 내부구조가 무덤길과 앞칸, 안칸으로 되어있고 안칸에 각각 문이 있으며 앞칸문의 문확은 쇠문확으로 되어 있는 특수한 형식이며 무덤 내부를 쌓은 돌의 가공 기술도 매우 높은 수준이라는 점이다. 넷째는 무덤의 위치이다. 동명왕릉을 중심으로 주변에 많은 무덤 떼들이 호위하는 듯 둘러싸고 있는 점이다. 다섯째는 벽화복원 모사도(그림 4, 4-1, 4-2)에서 보이듯이 동서남북쪽의 벽과 안칸 천정, 앞칸 서벽에 나타나는 꽃문양이 모두 1,000개라는 점이다.[37] 북한학자들은 1,000이라는 숫자가 나타내는 의미를 '천추만세'와 상통하는 것으로 해석했다.

여섯째로 정릉사지에서 출토된 질그릇 가운데 문자를 새긴 것이 많이 있는데 이 중에서 '定陵寺'라는 문자가 발견되었다. 정릉사는 구조내용과 형식에서 궁전건축과 사원건축이 결합한 큰 규모의 건축물이다. 즉 정릉사 건축군

---

37 전제헌, 앞의 책, 62~68쪽.

의 평면구성이 크게 5개 구역으로 등분된 것과 기본건물들을 회랑건물로 둘러쌓은 점은 안학궁성 건축군과 같은 특징이다. 또한 정릉사 건축에서 건축 공간을 넓게 조성하기 위해 기둥을 앞과 뒤로 두 줄씩 좁게 세운 것도 안학궁의 건축과 일치한다. 정릉사 건축에서 자연암반을 이용한 후원을 가지고 있는 점도 안학궁의 복궁구역과 같은 형식이다. 이러한 여러 특징들은 정릉사 건축군의 구조가 궁전건축 형식을 나타내고 있는 것을 증명한다.[38]

위의 내용들에서 『후한서』 「동이열전」과 『삼국지』 「오환선비동이전」의 고구려가 장례를 미리 준비하는 습관과[39] 장례를 후하게 치루는 풍습이 있다는[40] 내용을 다시 확인 할 수 있게 한다. 또한 평양에 있는 '전동명왕릉'은 소수림왕 때 축조되었다는 사실과 장수왕 때 와서 평양천도와 함께 시조묘가 졸본에서 옮겨왔을 충분한 가능성을 확인할 수 있다.

3장에서는 다양한 유물들의 분석을 통해 평양 낙랑지역에 한사군의 낙랑군이 설치되지 않았다는 사실과 동천왕이 천도한 평양성은 지금의 평양이 아니라 요동지역이었음을 밝혔다. 이러한 내용들로부터 평양에 있는 '전동명왕

---

38 전제헌, 앞의 책, 111~114쪽.

39 고구려에서는 장례를 미리 준비하는 습관이 있었다. 『후한서』 卷85 「동이열전」 고구려전에 "장례에 사용할 물건들을 조금씩 미리 준비한다("便稍營送終之具")"고 했고, 『삼국지』 卷30 「오환선비동이전」 고구려전에는 "남녀가 결혼하면 곧 죽어서 입고 갈 수의를 미리 조금씩 만들어둔다("男女已嫁娶, 便稍作送終之衣")"고 하였다.

40 고구려와 부여에서는 장례를 후하고 정성스럽게 치르는 습관이 있었다. 『후한서』 부여전에 "그 나라 왕의 장사에는 玉匣을 사용한다(『後漢書』 卷85 「東夷列傳」 夫餘國傳. "其王葬用玉匣."; 『三國志』 卷30 「烏丸鮮卑東夷傳」 夫餘傳. "漢時, 夫餘王葬用玉匣.")"고 하였고, 『삼국지』 부여전에는 "여름에 사람이 죽으면 모두 얼음에 넣어 장사지내며 사람을 죽여서 순장을 하는데 많을 때는 100명 가량이나 된다. 장사를 후하게 지낸다("其死, 夏月皆用冰, 殺人徇葬, 多者百數, 厚葬."; 『後漢書』 卷85 「東夷列傳」 夫餘國傳에도 순장에 대한 기록이 보인다)"고 하였으며, 『후한서』 고구려전에는 "장례를 치를 때에는 금과 은 및 재물을 모두 써 厚葬을 하며 돌을 쌓아 봉분을 만들고 소나무와 잣나무를 심는다("金銀財幣盡於厚葬, 積石爲封, 亦種松柏.")고 했다.: 『三國志』 卷30 「烏丸鮮卑東夷傳」 高句麗傳에도 표현은 다소 다르지만 같은 내용이 보인다.

릉'은 소수림왕 때 축조되었고, 장수왕 때 평양천도와 함께 졸본에서 옮겨졌다는 사실이 보다 분명해진다.

2. '전동명왕릉' 금관 제작시기와 정치기능

'전동명왕릉'에서 금관을 구성했던 금제관식을 비롯한 관장식이 100여 점이나 출토된 것으로 보아 금관이 존재했던 것은 분명한 사실이다. 문제는 금관이 만들어진 시기이다.

금관은 무덤을 이장할 때 매장된 것이지만, 그것이 만들어진 시기에 관해서는 다양한 연대 추정이 가능하다. 첫째는 금관이 동명왕 재위 시 만들어져 사용되었을 가능성이다. 둘째는 장수왕이 평양으로 수도를 옮겨와 동명왕릉이 이장될 때 새롭게 만들어져 매장되었을 또 다른 가능성이다. 앞의 경우 금관은 동명왕의 재위연대인 서기전 37~19년에 만들었을 가능성이 있으나, 후자의 경우로 보면 장수왕 평양천도 시기인 427년 무렵에 만들었을 수 있다.

'전동명왕릉' 출토 금관의 제작연대를 알기 위해서는 금관이 생전에 왕들이 사용하던 것인지 아니면 장례용 부장품인지가 판단되어야 할 것이다. 장례용으로 만들어졌다면 동명왕릉 사후 혹은 평양으로 옮겨지는 시기에 만들었을 가능성이 크다. 하지만 왕이 생전에 의례용 등으로 사용하던 것이라면 동명왕 재위 시에 만들어진 것으로 보아야 한다.

---

41 濱田靑陵,『慶州の金冠塚』, 慶州古蹟保存會, 似玉堂, 1932 ; 馬目順一,「慶州古新羅王族墓 立華飾付黃金制寶冠編年試論」,『古代探叢』IV, 1995, 601쪽.

지금까지 금관 연구에서는 금관의 용도를 장례용으로 해석하는 경우가 대부분이다. 이러한 견해는 일본학자들로부터 시작되어[41] 이후 한국학자들에게 큰 영향을 미쳤다. 연구자들은 금관을 장례품으로 해석하면서 왕은 금관을 쓰지 않았다고 보았다.[42] 금관을 의식을 거행할 때 실제 사용했던 것으로 생각하면서도 장례용으로 보는 경우가 있고,[43] 의식용이 아닌 죽은 이의 장송을 위한 것으로 보기도 한다.[44]

그러나 필자는 금관의 구조와 고유양식에 관한 연구를 통해 고구려와 백제 신라에서 금관과 금동관이 장례용이 아닌 의식용으로 쓰였음을 밝힌 바 있다.[45] 또한 신라 금관의 정체와 실용성에 관한 상세한 연구를 통해 신라 금관은 왕의 주검을 위해 마련한 장례용 관이 아니라 왕권을 상징하는 의전용

---

42 이한상, 『황금의 나라 신라』, 김영사, 2004, 81쪽 ; 이기환, 「왕은 금관을 쓰지 않았다」, 『경향신문』 2004년 6월 19일자.

43 金元龍, 『韓國考古學槪說』, 一志社, 1997, 182쪽("卽位式 또는 國家的인 祭祀 때에 祭主로서의 國王이 잠깐 쓰던 것이거나, 그렇지 않으면 죽은 王에게 씌우는 특별한 葬送冠일 가능성이 있다") ; 金元龍, 「장신구류」, 『천마총』, 문화공보부 문화재관리국, 1974, 92~93쪽("이 金帽는 基部가 너무 작아 도저히 머리에 쓸 수 없는 것이다. 그리고 앞서 外冠에서 말한 것처럼 이러한 內冠 또는 帽子가 當時의 實用冠이었고 行事의 性格에 따라 앞에 꽂는 冠飾의 形式이 바뀌었던 것이다. …… 이러한 冠飾(金製鳥翼形冠飾)은 實用品으로서는 非現實일 뿐 아니라 도리어 實用 不可能한 것이라고 할 수 있기 때문에 이것은 葬送을 爲爲한 特造品이 아니었던가도 생각되는 點이 있다") ; 李宗宣, 『古新羅王陵硏究』, 學硏文化社, 2000, 82쪽("말하자면 금관은 實用으로 제작되었지만, 그것은 평상시에는 王族들의 正統性 誇示를 위한 특별한 行事(祭禮儀式)등에만 제한적으로 사용되고, 착용자 사후에는 출신성분(血統·家系)과 生時의 사회적 지위를 나타내고자 하는 목적으로 부장되었던 것으로 보아서 틀림없을 것이다").

44 尹世英, 『古墳出土副葬品硏究』, 高麗大學校 民族文化硏究所, 1988, 183~222쪽 ; 이한상, 앞의 책, 27~28쪽. "금관은 실용품으로 보기 어렵다. 화려한 외모와는 달리 버팀력이 매우 약한데다 지나치게 장식이 많아 실생활에서 사용하기는 어려운 구조를 하고 있다. 이는 평상시 금관을 썼던 것이 아니라 왕이나 그 가족이 죽었을 때 특별하게 제작해 무덤에 함께 묻어주는 용도였을 가능성을 암시하고 있다."

45 박선희, 『우리금관의 역사를 밝힌다』, 지식산업사, 2008.

46 임재해, 『신라금관의 기원을 밝힌다』, 지식산업사, 2008.

그림 5 공주 수촌리 4호 무덤 출토 금동관
그림 6 익산 입점리 출토 금동절풍

관으로 실제 사용되었다는 연구도[46] 있다.

　이처럼 금관과 금동관이 실용적인 것인지 비실용적인 것인지에 대하여 그 주장이 엇갈리고 있다. 금관과 금동관의 실체 분석을 통하여 두 견해의 타당성을 살펴보기로 한다. 첫째는, 1장에서 분석했듯이 끈이 없이 씌워진 절풍 구조를 분리해 보면 안쪽 흰색부분의 절풍과 이를 고정시켰을 것으로 생각되는 검은색의 테두리로 구성되어 있다. 즉 윗부분이 둥글게 변화된 것은 모두 겉부분에 A(제1장의 그림 32와 같음)와 같은 검은 색의 틀이 둘려지고 그 속에 윗부분이 둥근 흰색의 B가 씌워진 이중구조의 모습을 하고 있다.

　이 B를 금이나 금동으로 만든 것이 앞서 설명했듯이 신라의 경우 천마총과 금관총(제1장의 그림 33과 39 참조), 황남동 제98호 무덤 남분 출토 절풍 등이 있다. 고구려의 경우 룡산리 7호 무덤 출토 절풍과 룡산 무진리에서 출토된 금동절풍 그리고 뒤의 9장에서 서술할 광개토대왕릉에서 출토된 금동절풍에 새깃을 꽂은 왕관이 있다. 백제 역시 신촌리 9호 무덤에서 출토된 금동관의 속관과 공주 수촌리 4호 무덤에서 출토된 금동관(그림 5)의 속관, 입점리에서 출토된 금동절풍(그림 6), 안동 무덤에서 출토된 금동절풍 등이 모두 그러하다.

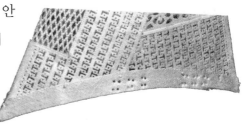

이 속관인 B의 겉테둘레가 겉관으로 세움장식화 했을 때 금관의 모습이 된다. 그러므로 금관은

그림 7 천마총 출토 절풍의 아래부분

속관과 겉관이 함께 머리에 씌워지는 것이다. 윗부분이 둥근 절풍 B의 아래부분이 사람의 두개골 즉 정수리의 모양과 같은 곡선으로 되어 있는 것은 바로 정수리에 얹혀진 상태로 씌워지는 것임을 알게 한다. 다만 고구려와 신라, 백제는 속관은 동일하지만 겉관의 세움장식을 서로 달리 형상화 한 것에 차이가 있을 뿐이다. 따라서 천마총의 아래부분에 여러 개의 구멍이 나있는 것 (그림 7)은 바로 A와 B를 연결한 부분이었다고 할 수 있다. 이 연결부분에 대하여 좀 더 상세히 살펴보자.

앞장에서 고대 한국의 관모는 변에서 변형이 가해져 절풍과 책으로 발전하여 갔음을 확인하였다. 또한 절풍은 A와 B의 형태가 이중구조를 가진 모습으로 겉부분의 B가 변하여 책으로 발전한 것으로 추정하였다. 이 겉부분의 B가 더욱 강조되어 금관의 테두리로 변화되었던 것이다. 금관은 겉에 쓴 금관과 속에 썼던 절풍이 함께 발견되는 경우가 있어 일반적으로 이것들을 내관과 외관으로 설명한다. 그러나 왕이나 귀족의 경우 기본적으로 절풍을 쓰고 벼슬이 있는 자는 새깃장식을 달고, 왕인 경우는 그 위에 B의 역할을 한 세움장식의 부분을 더 썼던 것이다. 그 좋은 예가 신라 금관으로 하단에 여러 줄의 구멍이 뚫려 있다는 점이다.

그림 8 금관총 관테둘레의 부분

예를 들어 그림에서 보이는 금관 총의 관테(그림 8)와 천마총의 관모 하부에도 빈구멍이 보이는데 다른 금관들의 경우와 마찬가지로 절풍의 모습을 한 A와 장식이 더해진 B부분을 덧붙여 연결하기 위한 구멍으로 추정된다. 따라서 이를 제작자의 실수로 보거나 끈을 아래로 드리우기 위한 것으로 보면서 장례용으로 구분하는 것은[47] 잘못이다. 설사 장례용 관모라고 해도 왕권을 상징하는 금관을 잘못 만드는 것은 허용될 수 없는 일이며 신성성을 고려할 때 불가능한 추론이다.

A와 B가 하나로 만들어진 것이 금관의 구조이며 내관과 외관으로 구분하는 것도 옳지 않다고 생각된다. 또한 실제 출토물에서 A를 설명할 때 '모두 크기가 매우 작고 너비가 너무 좁아 머리에 쓰기에는 도저히 불가능하다'고 분석하는데[48] 이 또한 잘못이다. 이 A의 부분은 머리 정수리 부분에 놓여져 틀어 올린 상투를 덮게 되며 그 위에 덧관으로 불리우는 B가 고정장치의 역할을 했던 것이다.

둘째, 고구려와 신라 금관이 실제로 썼던 것임은 금관의 세부 특징에서도

---

47 이한상, 앞의 책, 81~82쪽·122~123쪽.
48 이한상, 앞의 책, 28쪽.

나타난다. 예를 들어 세움장식의 문양과 관테둘레에 보이는 점줄무늬의 변화이다. 점줄무늬는 點列文 또는 打出무늬라고도 하는데 토기나 금속기 등에 일정한 크기의 점을 찍어 줄로 나타낸 무늬이다.

현재까지의 출토물로 보면 고구려는 세움장식에 곡옥을 사용하지 않아 점열문이 적은 편이다. 금관총과 서봉총, 황남대총 북분출토 금관은 3단의 세움장식에 곡옥과 많은 수엽이 달렸으며, 세움장식의 가장자리부분은 뾰족한 도구로 찍어낸 연속된 점줄무늬가 한 줄로 되어 있다. 그러나 곡옥과 수엽이 모두 달린 천마총과 수엽은 있으나 곡옥이 달리지 않은 금령총은 세움장식이 4단으로 되어 있으며 연속된 점줄무늬가 모두 2줄로 되어 있다. 이는 얇은 금판을 3단으로 한 세움장식보다 더욱 견고하게 세우기 위함일 것이다. 이와 같이 연속된 점줄무늬는 단순한 무늬라고는 생각되지 않는다. 무늬로서의 효과를 내려면 오히려 다른 문양을 선택해야 잘 나타났을 것이기 때문이다. 점열문을 새기기 위해 뾰족한 쇠붙이를 금판에 대고 망치질을 할 때마다 충격을 받은 금판의 결정이 깨져서 규칙적으로 배열되어 있던 전자의 분포가 엉키게 되므로 금판의 강도와 탄력은 현저하게 높아진다.[49] 이는 금관의 관테둘레의 경우도 마찬가지이다. 수엽과 곡옥이 모두 달린 금관총, 서봉총, 천마총, 황남대총 북분 등의 경우 모두 연속된 점줄무늬와 굴곡이 이어진 무늬가 아래 위로 둘려져 있다.

그러나 금령총의 경우는 곡옥이 없는 관계로 관테둘레가 세움장식의 무게를 적게 받기 때문에 관테둘레는 연속된 점줄무늬만 간단히 아래 위 2줄로 되어 있다. 이러한 금관의 특징들은 금관이 장례용이 아니라 실용성을 고려

---

49 임재해, 『고대에도 한류가 있었다-민족문화의 정체성 재인식』, 지식산업사, 2007, 75쪽.

하여 만들어진 것임을 알게 한다. 따라서 이러한 세움장식과 관테둘레의 새겨진 문양은 세움장식과 관테둘레의 무게중심을 위한 실용성을 고려한 것으로 해석해야하며, 둘려진 문양의 적고 많음을 기준하여 금관의 편년으로 삼는 것[50]은 모순이다.

셋째, 금관의 절풍 모양 속관은 실제로 사용되었던 것들과 크기가 같고 금관의 겉관 역시 그 관테의 직경이 대체로 16~24cm 정도로 사람의 머리에 얹어 놓을 수 있는 크기이다. 세움장식이 작은 경주 교동 고분 금관, 호암미술관 소장 금관 등의 경우는 관끈의 역할을 했을 아래로 내려뜨린 수식이 없이도 쓸 수 있어 수식 없이 만들어 졌다. 그러나 세움장식이 높이 올라간 금관이나 금동관의 경우는 모두 관끈의 역할을 하는 수식을 달아 머리에 고정될 수 있는 역할을 하였다.

즉 속관이 상투를 덮는 역할을 하고, 겉관은 수식이 무게 중심을 잡아 주어 균형을 이룰 수 있었던 것이다. 이러한 사실들은 신라의 금관이 장례용으로 사용되었던 것이 아님을 알게한다. 물론 왕이 늘 금관을 쓰고 일을 한 것은 아닐 것이다. 복식에서 관복과 평상복이 구분되듯이 관복도 조정회의를 할 때 입는 옷과 의식을 거행할 때 입는 옷이 구분되기 때문이다. 따라서 금관은 왕이 특별한 의식을 거행할 때 왕권을 상징하기 위한 복식이라 할 수 있다. 장례용이라면 머리에 맞는 크기보다 더 크거나 작게 만들었을 가능성이 크며 더 많은 수의 금관을 만들어 넣었을 수도 있기 때문이다.

천마총, 황남대총 북분, 금령총, 천마총 등에서 출토된 금관들과 프랑스기메박물관 소장 금관은 모두 귀걸이 모양의 화려한 수식을 달고 있다. 이 수식

---

50 이한상, 앞의 책, 86~99쪽.

은 관끈을 대신한 것이라 할 수 있다. 첫 번째 분석에서 서술했듯이 속관은 상투를 가리고 정수리 위에 고정되었기 때문에 세움장식이 화려한 겉관은 수식만으로도 무게중심을 잡아줄 수 있기 때문이다.

신라 복식제도의 변화 시기를 고려하면, 금관과 수식에 달린 것과 같은 양식으로 만든 귀걸이장식은 진덕여왕 2(648)년에 김춘추가 당에서 돌아와서, 신라 고유의 복식을 중국의 복식으로 바꾸기 전까지 사용되었던 것으로 볼 수 있다.[51]

고구려는 일반 관모의 경우 속관 위의 관테둘레 없이 겉관을 쓰는 경우 모두 관끈을 내려뜨려 턱밑에서 묶어 고정시켰다. 좋은 예가 사신도와 객사도 및 양원제번객입조도에 보이는 고구려 사신과 개마총의 현실에 서있는 사람과 개마를 끌고 가는 사람 등을 들 수 있다.

이러한 분석을 통해 고구려와 백제, 신라, 가야에서 금관과 금동관이 장례용이 아니라 의식용으로 사용되었음을 알게 한다. 아울러 '전동명왕릉'에서 출토된 금관의 경우도 장수왕 때 장례용으로 만들어 넣은 것이 아니라 동명왕 재위 시인 서기전 37~19년에 만들어져 실제 사용하였던 것일 가능성이 매

---

51 진덕여왕 3년부터 관모는 모두 중국의 관모인 복두로 바꾸었기 때문에 이 시기부터 왕이 사용했던 금관도 더 이상 만들지 않게 되었고, 금관과 수식 귀걸이 장식 등은 함께 사라져갔을 것으로 추론된다. 그러므로 금관이 사용되었던 하한 연대를 종래의 연구에서 6세기 전반 무렵으로 잡고 있지만 7세기 초기까지로 보는 것이 타당할 것이다. 그런데 이 연대를 보다 확인시켜줄 수 있는 것이 바로 이 금관의 수식에 보이는 귀걸이장식이다. 지금까지 신라의 귀걸이장식 연구에서 7세기에 만들어진 황룡사(황룡사목탑이 643년에 만들기 시작하여 645년에 완성되었으므로 황룡사에서 출토된 유물은 643년을 전후하여 묻혔던 것으로 제작연대는 7세기로 추정된다) 터에서 굵은 귀걸이가 출토되어 신라 금관의 수식에서 보이는 것과 같은 양식의 귀걸이가 7세기 전반 무렵까지 계속 제작되었다고 보았던 점이 이를 증명해 주고 있다. 이러한 귀걸이 역시 실제 사용하던 장식으로 진덕여왕 3년부터는 중국식 복식을 따라 복두를 썼으므로, 금관과 함께 사라져 갔을 것으로 생각된다.

우 높다고 생각된다.

이상의 내용에서 우리나라 금관은 고조선의 관모양식을 계승한 고구려에서 비롯되었던 것임을 재확인 할 수 있다. 이러한 현상은 우리의 문화적 전통의 맥락 속에서 뚜렷한 발전 양상을 보이고 있는 것이다. 따라서 고구려 금관의 제작시기와 독창성, 그리고 고유양식과 정치적 상징성 등은 한국 고대 금관의 원류를 시베리아 샤먼의 무관 기원설로 해석하는 통설을 비판적으로 극복할 수 있는 중요한 준거가 될 것이다.

그러면 고구려에서는 왜 금관을 만들기 시작했을까? 또한 그 정치적 기능과 목적은 무엇이었을까?

고구려 역사는 건국하면서부터 멸망할 때까지 이웃나라들과 계속된 전쟁의 역사이다. 그런데 고구려의 전쟁사는 그 시작에서 '다물' 즉 고토회복의 의미를 부여했다. 졸본부여에서 나라를 세운 추모왕은 영토를 확장하기 시작했는데 건국한 이듬해 가장 먼저 송양왕의 비류국을 통합했다. 『삼국사기』 「고구려본기」 시조 동명성왕 조에는, "2년 여름 6월에 송양이 나라를 바치며 항복하므로 그 땅을 多勿都라 하고 송양을 봉하여 그곳의 主로 삼았다. 고구려 말에 옛 땅을 회복한 것을 多勿이라 하기 때문에 그처럼 이름 한 것이다"[52]라고 하여 고구려가 추구하고자 하는 기본이념을 제시하고 있다. 비류국은 원래 고구려의 땅이 아니었다. 그런데 고구려가 비류국을 통합하고 나서 그 지역을 고토회복을 뜻하는 '多勿都'로 바꾸었던 것이다. 비류국은 고조선에 속해있었다.[53]

필자는 한민족 고유양식의 복식유물 출토지와 복식재료, 복식양식 확인지

---

52 『三國史記』卷13「高句麗本紀」始祖 東明聖王條. "二年, 夏六月, 松讓以國來降, 以其地爲多勿都, 封松讓爲主, 麗語謂復舊土爲多勿, 故以名焉."

53 윤내현, 앞의 책, 298~300쪽.

역 등을 자료로 고조선의 강역을 확인한 바 있다. 특히 관모양식과 관모에 가장 많이 사용했던 달개장식을 중심으로 복식 자료들을 분석하고 복식 유물의 분포범위를 근거로 이들의 출토지를 각 내용별로 지도에 표기하여 고조선의 영역을 확인하였다.[54] 이것은 이를 생산하고 사용했던 사람들이 동일한 정치체제에 속한 국가 거주민들이었음을 보여주는 것이라 생각된다. 이들에게 동일한 귀속의식이 없었다면 공통성을 지닌 복식문화를 만들어낼 수 없었을 것이기 때문이다. 이에 관해서는 12장에서 상세히 다루기로 한다.

그러므로 비류국을 병합하고 그곳을 '다물도'라 한 것은 고구려가 고조선의 옛 땅을 수복하였다는 의미임과 동시에 고조선을 계승하겠다는 이념의 상징으로 해석하게 한다. 그것은 추모왕이 비류국을 병합하기 이전 자신을 '天帝子' 즉 하느님의 아들[55]이라 했던 것에서도 나타난다. 『삼국유사』 「기이」 고구려조의 저자 주석에 추모왕은 단군의 아들이었다고 기록되어 있다.[56] 이러한 내용들에서 천제는 단군을 가리키며 추모왕은 단군의 후손임을 인식하게 된다.

이러한 사실들로부터 추모왕이 고구려를 건국한 후 과거 고조선의 영토를 수복하고자 하였던 의지를 알 수 있다. 또한 『광개토왕릉비문』에는 "동부여는

---

54 윤내현·박선희·하문식, 『고조선의 강역을 밝힌다』, 지식산업사, 2006 ; 박선희, 『고조선복식문화의 발견』, 2011, 466~482 참조.

55 『三國史記』 卷13 「高句麗本紀」 始祖 東明聖王條. '答曰, 我是天帝子, 來都於某所.'

56 『三國遺事』 卷1 「紀異」 高句麗條의 저자 자신의 주석. "『壇君紀』에 이르기를, '단군이 西河 河伯의 딸과 친하여 아들을 낳아 夫婁라 이름하였다' 하였는데, 지금 이 기록(『三國遺事』의 「紀異」篇)을 살펴보건데, 解慕漱가 하백의 딸을 사통하여 뒤에 주몽을 낳았다 하였다. 『壇君紀』에, '아들을 낳아 夫婁라 이름하였다' 하였으니 부루와 주몽은 어머니가 다른 형제일 것이다(『壇君紀』 云, 君與西河河伯之女要親, 有産子, 名曰夫婁, 今按此記, 則解慕漱私河伯之女而後産朱蒙, 『壇君紀』 云, 産子名曰夫婁, 夫婁與朱蒙異母兄弟也)." 이 기록에 따르면 단군과 해모수는 같은 사람이었으며 주몽왕은 단군의 아들로 인식되었음을 알 수 있다.

57 『廣開土王陵碑文』. "百殘·新羅舊是屬民, 由來朝貢." ; "東夫餘舊是鄒牟王屬民, 中叛不貢."

옛날에 추모왕의 속민이었다"했고, "백제와 신라는 옛날에 속민이었다"[57]했다. 그러나 광개토대왕 이전에 동부여와 백제 및 신라는 고구려의 지배를 받은 속 민이었던 사실이 없다. 그러므로 비문의 내용은 고조선시기의 고조선 영역에 포함되었던 동부여 등의 상황을 말한 것이다. 따라서 고구려 사람들은 자신 들이 고조선을 계승한 나라로서 동부여와 백제 및 신라의 거주민들은 당연히 단군의 후손인 추모왕이 세운 고구려왕의 속민이라고 생각했던 것이다. 그러 므로 고구려는 고조선의 영토 뿐만이 아니라 고조선의 천하질서를 재건하고 자 했던 것으로 자신들이 고조선을 계승하고 있다고 생각했던 것이다.[58] 다시 말해 '다물'은 고구려의 정치이념이었으며 고구려의 전쟁사는 이 이념과 맞물 려 나갔던 것이다.

이러한 고구려 사람들의 정치이념은 고구려 초기에 해당하는 요령성 평강 지구 유적에서 출토된 삼족오 아래 곰과 호랑이가 묘사되어 단군신화의 내용 을 표현한 금동장식품(그림 9)[59]에서도 표현되었다.

추모왕 6년에는 오이와 부분노로 하여금 태백산 동남쪽에 있는 행인국 을,[60] 동왕 10년에는 부위염이 북옥저를 멸하고 두 곳 모두 城邑을 만들었다.[61] 이처럼 고구려 초기에는 이웃에 있던 작은 나라들을 병합해나가며 영토 확장 을 진행했다.

---

58 윤내현, 앞의 책, 324~326쪽.

59 徐秉琨·孫守道, 『中國地域文化大系』, 上海遠東出版社, 1998, 129쪽 그림149.

60 『三國史記』卷13「高句麗本紀」始祖 東明聖王條. "六年, …… 冬十月, 王命烏伊·扶芬奴, 伐太白 山東南荇人國, 取其地爲城邑."

61 『三國史記』卷13「高句麗本紀」始祖 東明聖王條. "十年, …… 冬十一月, 王命扶尉猒, 伐北沃沮滅 之, 以其地爲城邑." 북옥저는 동옥저의 북쪽, 지금의 함경북도와 연해주 지역을 차지하고 있었 다(『後漢書』「東夷列傳」과 『三國志』「烏丸鮮卑東夷傳」의 東沃沮傳 참고).

그림 9 요령성 평강지구 출토 삼족오와 곰, 호랑이가 보이는 금동장식품

어느 정도 영토가 확보되고 국력이 다져진 이후 모본왕 때부터 미천왕시기까지는 전쟁의 방향이 지금의 요서지역을 향했다. 그런 까닭에 중국의 西漢·東漢과 계속 전쟁을 하게 되었다. 서한과 동한은 통일제국으로 고구려가 상대하기에는 어려운 전쟁이었다. 고국원왕시기부터는 중국의 나라들과는 주로 사신을 파견하여 화친관계를 유지하였고, 한반도의 백제와 신라를 공격하기 시작하였다. 이 시기 중국은 서한과 동한의 제국시대와 달리 위진남북조시대로 분열되고 북방지역의 이민족들이 대거 침입하여 국가들이 단명을 거듭하던 혼란기로 고구려가 영토 확장만을 목적했다면 오히려 중국을 상대로 전쟁을 하는 것이 훨씬 유리했을 가능성이 있다.[62]

고구려가 이러한 중국의 혼란 상황을 외면하고 전쟁의 방향을 남쪽의 백제와 신라로 향한 것은 고구려가 목적하는 것이 영토만의 확장이 아니라는 점을 밝혀준다. 고구려 전쟁의 가장 큰 목적은 '다물' 즉 고조선의 고토를 수

---

62 주 58과 같음.

복하는 것으로 이것을 건국이념으로 하고 있었음과 자신이 고조선을 계승한 나라라고 생각하는데 있었음을 알 수 있다.

금제관식들이 독립되어 출토된 까닭에 그 양식은 알 수 없으나 '전동명왕릉'에서 출토된 금관이 추모왕시기에 만들어졌다면, 이 금관은 고구려의 건국과 더불어 왕권을 강화하고 국가의 정통성을 확립하려는 정치적 기능을 목적했을 것이다. 뿐만 아니라 고구려가 고조선의 계승자로서 고조선의 천하질서를 재건하고자 하는 이념을 상징한 양식이었을 것이다. 이것이 출토된 금제관식 가운데 태양 혹은 태양빛을 상징하는 달개장식들이 많이 나오게 된 까닭일 것이다.

제3장

동천왕 평양성시기 금관과
요서수복

1. 요령성 출토 금제관식의 국적 재검토

요령성 북표현 房身村 석실 무덤에서 크기가 다른 2개의 화려한 금제관식(그림 1, 그림 1-1)과 금제관테둘레 등이 출토되었다. 금제관식의 높이는 약 28cm이다. 이 금제관식이 출토된 2호 무덤에서는 주로 금으로 만든 장식물들이 출토되었다.[1] 발굴자들은 이 무덤이 위치한 지역의 역사로 보아 진대(晉代, 266~419년) 선비귀족의 무덤일 것이라 추측했다. 그리고 금으로 만든 관식의 투조기법 등이, 고구려의 것과 서로 유사하며 환인현에서 출토된 유물과도 유사점이 있음을 설명했다. 즉 발굴자들은 "制法與高句麗族的金飾品相類

---

1 陳大爲, 「遼寧北票房身村晋墓發掘簡報」, 『考古』, 1960年 1期, 24~26쪽. 발굴자들은 1957년 3기의 무덤을 발굴하였는데, 모두 석실 무덤으로 서로 가까운 거리에 위치하며, 1호 무덤과 2호 무덤의 무덤방이 서로 인접하여 있고 방향도 일치하며 구조도 같아 밀접한 관련이 있을 것으로 보았다.

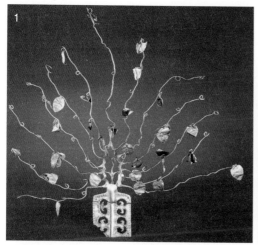

그림 1, 1-1 방신촌 무덤 출토 금제관식들

似. 其中的飾件與桓仁縣連江鄕高力墓子村201號大積石墓中出土的鎏金殘飾
件, 也有似之處(만든 방법과 고구려족의 금장식품은 서로 유사하며, 그 중에
장식물은 환인현 연강향 고력묘자촌 201호 큰 규모의 적석 무덤에서 출토된
금동제장식 잔여물과도 유사한 부분이 있다)"고 결론짓고 있어 고구려의 유
물일 가능성도 배제하지 않았음을 짐작하게 된다. 1960년에 작성된 이 발굴
보고서는 2쪽으로 매우 간략했다.

처음 방신촌 무덤을 발굴한 중국학자들은 이 무덤이 北燕의 무덤이라고
하지 않았다. 사실상 이 무덤에서 출토된 유물에는 북연의 유물이라고 할 만
한 근거도 전혀 없다. 그리고 북연은 407~436년에 존속했던 고구려 왕족 출
신인 高雲이 後燕의 왕위를 찬탈하고 세운 나라이다. 발굴자들은 이 무덤의
연대와 국적을 출토된 질그릇과 철기, 장식품 등의 유물을 토대로 265~419년
의 선비족 무덤일 것이라고 추측했다.

그러나 이후 1998년에 이르러 어떠한 이유에서인지 중국학자들은 이 무덤을 다시 북연의 무덤이라고 명명하기 시작했다.[2] 이를 따라 한국학자들은 원래의 발굴보고서를 소홀히 하고 이후 중국학자들이 북연 또는 선비족 무덤이라고 한 내용을 비판과 분석 없이 그대로 받아들여 이를 근거로 한국 고대 문화의 다양한 내용들이 三燕문화 즉 북방문화의 영향으로 이루어졌다고 무분별하게 연결시키기 시작했다.

분명한 것은 三燕은 前燕과 後燕, 北燕으로 전연과 후연은 선비족이 세웠지만 북연은 고구려 사람이 세운 나라라는 점이다. 따라서 북연문화에는 고조선과 이를 계승한 고구려문화의 특징들이 나타나기 마련이다. 그런데 한국학자들은 北燕의 문화를 달리 구분하지 않고 三燕의 문화로 총칭하여 선비족의 문화로 분류했기 때문에 한반도에서 출토되는 유물의 성격과 양식이 北燕의 문화와 유사한 것이 있으면 쉽사리 선비족의 삼연문화로 분류했다. 이어서 한반도의 문화가 선비족의 영향을 받았다는 전래설을 주장하기 일수이다. 신라와 가야지역 문화에 대한 해석에서 더욱 그러하다.

사실상 방신촌 무덤에서 출토된 관장식뿐만 아니라 동반된 출토유물에서는 고조선과 고구려문화의 특징들이 그대로 나타나고 있어, 이 무덤을 선비족의 문화로 분류할 수 없게 한다. 아래에서는 발굴보고서를 상세히 분석하여 이들 무덤의 국적과 문화의 성격을 올바르게 분석해 보고자 한다.

요령성 북표현 방신촌 무덤과 요령성 조양현 십이태향 원태자촌에 위치한 王子墳山墓群의 台 M8713 : 1 무덤에서 출토된 유물은 거의 같은 양식과 내용의 것들이다. 금으로 만든 관식양식에서 특히 유사하다. 왕자 분산묘군의

2 徐秉琨·孫守道, 『東北文化-白山黑水中的農牧文明』, 上海遠東出版社·商務印書館(香港), 1998, 138~140쪽.

台 M8713 : 1 무덤의 발굴자들은 이 무덤을 三燕시기보다 앞선 양진시기 선비족의 무덤일 것으로 보았다. 그리고 이 무덤에서 출토된 동한시대(25~220년)에 만들어진 五銖錢 등의 분석으로부터 무덤의 상한연대는 曹魏시대(220~265년)이고 하한연대는 모용선비가 요서지역에서 前燕(337~370년)정권을 건립하기 이전시기라고 추정했다.[3] 그렇다면 왕자 분산묘군의 태 M8713 : 1 무덤의 추정연대는 220~336년 무렵으로 고구려의 동천왕(227~248년)시기부터 고국원왕(331~371년) 재위 초기까지로 볼 수 있다.

북표현 방신촌 무덤과 요령성 조양 왕자 분산묘군의 태 M8713 : 1 무덤에서 출토된 관장식과 동반유물들의 대한 분석을 통해 무덤주인의 국적을 상세히 고찰해 보기로 한다. 우선 방신촌 무덤에서 출토된 유물을 살펴보면, 꽃가지양식의 장식과 금으로 만든 뻗어나간 꽃장식과 많은 양의 다양한 금장신구들이 있다. 출토된 유물이 주로 금으로 만든 것으로 보아 고구려의 왕족일 가능성이 크다.[4] 2개의 꽃가지양식 금제관식은 밑부분이 긴 네모모양이고 불꽃문양이 투조되어 있으며, 아래 부분의 주변은 점열문으로 이어졌다. 이 같은 불꽃문양과 타출방식에 의한 점열문 기법은 고조선 초기 유적에서부터 보이기 시작하는 한민족 고유의 장식기법이다. 점열문 기법은 금속판의 결정에 일정한 간격으로 변화를 주어 강도와 탄력을 높여 버팀 효과를 얻기 위한 것이다.

금제관식은 나뭇잎양식의 달개장식이 줄기를 타고 화려하게 장식되었다. 2개의 관장식과 함께 관테둘레로 추정되는 금으로 만든 긴 띠모양 조각편이 (그림 2) 4점 출토되었다. 그림 1의 금제관식은 길이 5.2cm, 넓이 4.5cm, 전

---

3 遼寧省文物考古硏究所·朝陽市博物館,「朝陽王子墳山墓群 1987, 1990年度考古發掘的主要收穫」,『文物』1997年 第11期, 17쪽.

4 주 1과 같음.

그림 2 방신촌 출토 금제관테둘레로 추정되는 앞부분
그림 3 방신촌 출토 금제관식

체높이 28cm로, 모두 16줄기로 뻗어있고 줄기마다 달개장식이 달려있다. 그림 1-1의 금제관식은 길이 4cm, 넓이 4.5cm, 전체높이 14.5cm로 모두 12줄기가 위로 뻗어있고 달개장식으로 장식했다.[5] 긴 띠모양 금제조각편 가운데 가장 긴 조각은 28cm이고 가장 짧은 것이 2.1cm이다.[6] 그림 2에서와 같이 금제조각편 위에는 앞에 관식을 꽂았을 것으로 보는 네모난 부분이 있어 이 부분이 관의 앞부분이었을 것으로 생각된다. 금제조각 양편에는 대칭으로 봉황이 나르는 듯한 문양이 화려하게 새겨져있고 볼록하게 돌출된 동그란 문양 위에 타출기법으로 꽃문양을 놓았다. 이 금제관식의 양쪽 끝부분에 구멍이 나있는 점과 뒷부분으로 점차 좁아지는 것으로 보아 관테둘레였음을 확인할 수 있다. 따라서 당시 이러한 관테둘레에 앞뒤로 그림 1, 그림 1-1의 금제관식을 세움장식으로 꽂은 금관을 만들었다고 추정된다.

---

5 위와 같음.

6 위와 같음;徐秉琨·孫守道, 앞의 책, 140쪽 그림 166.

그림 4 황남대총 출토 관식을 복원한 절풍모의 갖춘 모습

그 외에 투조한 네모양식의 원형 달개가 달린 금제장식품(그림 3)이 2점 출토되었다. 하나는 가로와 세로가 각기 9cm이고, 또 다른 하나는 가로가 7.8cm, 세로가 7.6cm로 크기가 다르다. 모두 모퉁이마다 구멍이 뚫려 있어 금관에 달았던 장식이라 여겨진다. 이 금제관식은 절풍양식 관모 앞부분에 장식했던 것으로 보인다. 같은 양식이 황남대총 북분 출토 관식을 복원한 절풍관모에 장식한 모습(그림 4)[7]에서 보인다.

그 외에 서로 다른 양식의 금방울(그림 5)과 금반지(그림 6), 금비녀, 금팔찌, 청동팔찌, 은장식, 칼모양 금장식, 상감한 금구슬 등 다양하고 화려한 장식물들이 출토되었다.[8] 이 유적에서 출토된 청동거울은 잔줄문양의 고조선 청동거울의 특징을 그대로 하고 있다. 금방울이 21점 발굴되었는데, 이 같은 방울이 출토되는 것은 고조선시대부터 보여지는 한민족 유적의 특징이다. 방울

---

7 경주박물관 소장.
8 주 1과 같음 ; 徐秉琨·孫守道, 앞의 책, 137쪽의 그림 163, 140쪽의 그림 167·168.

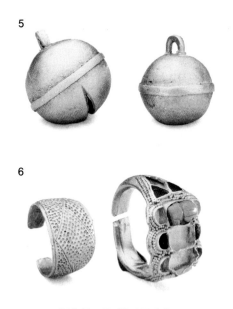

그림 5, 6 방신촌 출토 금방울과 금반지

의 형태 또한 고조선 방울의 특징을 그대로 하고 있어 이 유적은 고구려 유적으로 해석된다.

특기할 점은 두 개의 꽂음 금제관식(그림 1, 그림 1-1)의 크기가 서로 다른 점이다.[9] 이들 2개 금제관식은 크기가 서로 달라 금제관테둘레의 앞면과 뒷면에 꽂았던 것으로 추정된다. 따라서 방신촌 무덤 주인인 고구려 사람은 그림 2와 같이 봉황이 대칭으로 장식된 금제관테 위에 앞뒤로 화려한 관식을 꽂은 금관을 썼던 것으로 생각된다.

이 같은 예는 백제 무령왕릉에서 출토된 왕과 왕비의 금제관식을 꽂았던 위치 추정에서도 마찬가지로 나타난다. 무령왕릉에서 출토된 왕과 왕비의 금제관식도 크기가 서로 다르다. 왕은 앞부분에는 작은 금제관식을 뒷부분에는 큰 관식을 꽂았고, 왕비는 앞부분에는 큰 금제관식을 뒷부분에는 작은 금제관식을 꽂아 서로 비대칭의 조화를 이루었다.[10] 앞서 서술한 신라 무덤에서 출토

---

9 주 6과 같음.
10 박선희, 『우리 금관의 역사를 밝힌다』, 지식산업사, 2008, 280~289쪽. 무령왕릉의 금제관식은 금판을 투조한 것으로 중앙에 큰 꽃이 놓이고 여러 갈래의 가지가 뻗어있고 앞면에는 달개 장식으로 장식하였다. 한 쌍의 관장식의 발견 상태에 대하여, "이 두 개는 머리 위치에서 거의 포개진 상태로 나왔는데 윗 것은 莖部를 동쪽으로 하여 橫位로, 영락이 달린 面을 前飾은 下面으로, 後飾은 上面으로 하고 發見되었다"(文化財管理局, 『武寧王陵發掘報告書』, 三和出版社,

된 절풍들도 관식이 주로 앞부분에 꽂아졌다. 같은 경우인 것이다.

그림 7은 요령성 조양현 십이태향 원태자촌에 위치한 왕자 분산묘군의 태 M8713 : 1 무덤에서 출토된 金으로 만든 관장식으로 방신촌에서 출토된 것과 거의 같은 모습이다. 발굴자들은 이 유물이 曹魏시기부터 모용선비가 전연을 세우기 이전까지인 3~4세기 무

그림 7 원태자촌 왕자 분산 무덤 출토 금제관식

렵에 속하는 선비족의 것이라고 했다.[11] 이 무덤에서 출토된 금제관식은 높이 14.5cm로 아래 부분이 긴 네모모양으로 되었고 불꽃문양이 투조되어 있으며, 장방형의 네 구석에는 작은 구멍이 뚫려 있고 뻗어 나간 나무줄기와 같은 가지에는 나뭇잎양식의 장식이 3개씩 달려 있다. 방신촌 무덤의 발굴자들이 같은 유물을 관장식으로 분류한 것과는 달리, 발굴자들은 金步搖飾으로 분류했다. 그러나 필자가 분석하기에 이 출토물은 보요식으로 분류할 수 없다.[12]

1974, 18쪽)고 했다. 또한 "금제관식 2매는 머리부위에서 瓔珞이 달린 면을 前飾은 下面으로, 後飾은 上面으로 하여 거의 포개진 채(겹진 채) 발견되었는데 문양의 윤곽선이 고르지 못하고 2매의 높이 폭의 크기가 조금씩 차이가 난다"(忠淸南道·公州大學校 百濟文化硏究所,『百濟武寧王陵』, 1991, 210쪽)고 했다. 이와 같이 하나의 모자의 꽂았던 두 개의 관장식이 높이와 폭 등의 크기가 서로 다른 점과 영락이 달린 부분이 서로 다른 방향으로 포개져서 출토된 점 등은 이 관식이 관의 좌우 양측에 대칭되게 꽂았던 것이 아니라 앞뒤로 꽂았던 것으로 생각된다.

11 遼寧省文物考古硏究所·朝陽市博物館,「朝陽王子墳山墓群 1987, 1990年度考古發掘的主要收穫」,『文物』1997年 第11期, 4~18쪽.

12 『晋書』卷108「慕容廆傳」. "慕容廆 … 魏初率其諸部入居遼西, 從宣帝伐公孫氏有功, 拜率義王, 始建國於棘城之北. 時燕代多冠步搖冠, 莫護跋見而好之, 乃歛髮襲冠, 諸部因呼之爲步搖, 其後音

모용씨는 兩晉시대 초기에 步搖冠을 중국으로부터 받아들였다.[12] 보요관에 관한 중국 기록은 『漢書』 「江充傳」에 처음 보이는데, '冠襌纚步搖冠, 飛翮之纓'이라고 했다. 이는 絲織物(누에천)의 한 종류인 方目紗로 만든 관에 물총 새깃을 늘어지게 하여 걸어다닐 때 흔들리게 한 것으로, 설명에 따르면 매미 날개와 같게 한 것[13]이라고 한다. 서한시대 劉歆이 지은 『西京雜記』에서는 '貴娣懋膺洪冊, 謹上 …… 黃金步搖'라고 하여, 물총 새깃을 늘어지게 꽂은 보요관 이외에 황금으로 만든 보요를 꽂은 보요관이 있었음을 알 수 있다.

그러면 황금 보요식이 어떻게 만들어졌는지 알아보자. 동한 이후에 오면 보요관식이 더욱 성행하여 궁중에서 황후와 귀족들이 사용하게 되었다. 황후의 경우 무덤을 참배할 때 가발을 얹은 머리 위에 비녀를 꽂고 금으로 만든 보요를 더 꽂아 머리 위에 늘어뜨렸다. 금보요는 금으로 능선을 만들고 흰구슬로 계수나무를 만들고 비취로 꽃잎을 꾸몄음을[14] 알 수 있다. 그 실제 예가

訛, 遂爲慕容焉."

13 『漢書』卷45 「蒯伍江息夫傳」. '襌纚'에 대한 服虔의 주석에서 "冠襌纚, 故行步則搖, 以鳥羽作纓也"라 했고, 蘇林의 주석에서는 "析翠鳥羽以作斃也"라 했다. '纚'에 대한 師古의 주석에서 "服說是也. 纚, 織絲爲之, 卽今方目紗是也"라 했다. '飛翮之纓'에 대한 臣瓚의 주석에서는 "飛翮之纓, 謂如蟬翼者也"라 했다.

14 『後漢書』 志 第29 「輿服下」. "皇后謁廟服, …… 假結, 步搖, 簪珥. 步搖以黃金爲山題, 貫白珠爲桂枝相繆, 一爵九華, 熊·虎·赤羆·天鹿·辟邪·南山豊大特六獸, 詩所謂'副笄六珈'者. 諸爵獸皆以翡翠爲毛羽"(皇后는 廟를 참배할 때, …… 가발을 하고, 步搖를 꽂고, 비녀를 꽂는다. 步搖는 黃金으로 능선을 만들고 흰구슬을 꿰어 계수나무가지가 서로 얽어지게 하고, 一爵은 9개의 꽃으로 곰·호랑이·붉은 말곰·사슴·辟邪·南山豊大特의 6가지 짐승으로 毛詩傳에서 '비녀를 꽂고 더 꽂는 6가지 步搖를 말하는 것'이라 했다. 여러 爵의 동물은 모두 비취로 털을 만든다. 금으로 만든 것은 흰구슬로 장식을 둘러싸고 비취로 꽃을 한다). 위의 '副笄六珈'에 대해 鄭玄의 주석에서는 "珈는 더한다는 것이다. 副는 이미 비녀를 꽂고 또 장식을 더하는 것으로 지금의 步搖上飾과 같은 것이며, 옛 제도에 대해서는 들은 바 없다(珈之言加也. 副旣笄而加飾, 如今步搖上飾, 古之制所未聞)"고 했다.

그림 8 장사 마왕퇴 1호 漢墓 帛畫에 보이는 보요식

장사시 馬王堆 1호 한대 무덤 帛畫이다.[15] 그림 8에서처럼 보요식은 관에 꽂았던 관식이 아니라 이마 위의 앞머리부분에 꽂아 앞머리를 장식한 머리장식인 것이다. 이 같은 머리장식은 중국에서 양진남북조시대부터 유행하기 시작하여 수당시대로 이어진다. 그러나 고구려의 머리장식에는 이 같은 양식이 나타나지 않는다.

중국은 방신촌과 왕자 분산묘군의 태 M8713 : 1 무덤에서 출토된 것과 같은 금제관식과 관모양식이 없고 금관도 없다. 중국에서 금관은 요나라 때에 가서야 陳國공주 무덤(1018년)에서 처음 나타난다.[16] 우리 학자들이 이러한 특징들을 세밀히 분석하지 않고 중국학자들과 마찬가지로 위의 관장식들을 그

---

15 湖南省博物館·中國科學院考古研究所·文物編輯委員會, 『長沙馬王一號漢墓發掘簡報』, 文物出版社, 1972.

16 內蒙古自治區文物考古研究所·哲里木盟博物館, 『遼陳國公主墓』, 文物出版社, 1993.

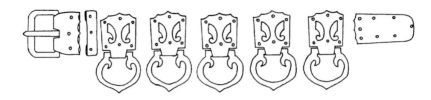

그림 9 왕자 분산 무덤 출토 허리띠장식 모사도

용도에서 보요관으로 보거나 또는 제작자를 선비족의 것으로 분류하는 것[17]
은 잘못이다. 중국이나 주변국가의 역사편입 시도보다 더 큰 문제는 이처럼
우리학자들이 우리의 것을 제대로 찾지 못하고 여과 없이 무비판적으로 이웃
나라 학자들의 견해를 그대로 따르는 것이다.

　발굴자들은 이 유적을 선비족의 것이라고 했다. 그러나 이 유물과 함께 출
토된 여러 가지 유물들은 고조선과 이를 계승한 고구려의 유물 특징을 그대
로 하고 있어 선비족의 유물로 분류될 수 없다. 출토유물 가운데 허리부분에
서는 허리띠에 달았을 금동으로 만든 직경 2.4~4.1cm의 장식단추가 출토되
었다. 금동으로 만든 단추장식은 직경 0.9~3.1cm의 것 23개가 신발부분에서
출토되어, 신발에 달았던 것으로 생각된다. 고조선의 유적인 정가와자 6512호
무덤에서도 가죽장화에 달았던 것으로 추정되는 청동장식단추가 180개나 출
토되었다.[18] 이 같은 유물은 고조선 유물만이 갖는 특징으로, 왕자 분산 무덤
들에서 출토된 금동장식은 고조선의 장식단추와 같은 양식을 보여준다. 특히
이 유적에서 출토된 긴 고리모양 허리띠장식(그림 9)은 고조선 중기부터 생산

17　이한상, 앞의 책, 54쪽.
18　조선유적유물도감편찬위원회, 『조선유적유물도감』1-고조선·진국·부여편, 외국문종합출판사,
　　1989, 70쪽 ; 박진욱, 『조선고고학전서』, 과학 백과사전 종합 출판사, 1997, 50·57~58쪽.

되기 시작하여 한반도와 만주의 전 지역에서 사용되던 고조선 허리띠장식의 한 양식이다.[19] 이와 유사한 허리띠장식이 안악 3호 무덤 의장기수도의 허리띠에서도 보인다. 뿐만 아니라 신라의 황오리 14호분 1관과 황남대총 남분 은제 허리띠 등도 유사한 양식으로 고구려 금속공예 문화가 신라문화에 영향을 주었음을 알 수 있다.

그 외에도 고구려의 특징적 귀걸이양식인 나뭇잎양식의 금귀걸이와 금가락지, 금과 은으로 만든 장식들이 수정 등으로 만든 다양한 구슬과 함께 다량으로 출토되었다. 그리고 방신촌 무덤 유적에서 출토된 그림 3과 같은 불꽃문양 금제투조판에 금제달개장식이 달린 장식이 요령성 조양 田草溝 무덤에서 출토되었다. 이러한 사실들은 왕자 분산 무덤들의 태 M8713 : 1 무덤이 방신촌 무덤 유적과 같이 고구려의 유적임을 알려주고 있어 이 유적에서 출토된 금제관식은 고구려의 관식으로 분류해야 마땅하다. 따라서 고구려의 허리띠장식이 중국 진나라와 삼연 허리띠의 영향을 받았다고 하는 것[20]은 우리문화를 중국이나 북방민족 문화로 잘못 본 까닭이다.

---

19 박선희, 『한국고대복식-그 원형과 정체』, 지식산업사, 2002, 478~490쪽. 고조선의 영역이었던 한반도와 만주지역에서 나타나는 이 긴 고리모양의 허리띠장식은 그 제조 연대에서 중국보다 앞선다. 또한 그 양식에서 한반도와 만주에서 출토된 긴 고리모양 허리띠장식은 대체로 겉표면에 무늬를 넣거나 조각을 하지 않았다. 그러나 중국의 것은 화려한 무늬와 조각을 넣은 것이 특징이다. 북방지역에서는 양진남북조시대에 와서야 이 긴 고리모양의 허리띠장식이 나타나며, 출토량이 매우 적고 머리부분이 대부분 동물 모양인 것이 특징이다. 이처럼 고조선과 중국 및 북방지역의 긴 고리모양 허리띠장식이 제조 연대 및 양식에서 차이를 보이는 것은 고조선의 것이 중국이나 북방지역의 영향을 받아 만들어진 것이 아님을 알려준다. 한반도와 만주의 대부분의 지역에서 사용되던 긴 고리모양의 허리띠장식은 3세기 무렵에 이르면 차츰 사라지고, 고구려를 중심으로 고조선 초기부터 사용되던 나뭇잎모양의 장식양식을 적용한 허리띠장식이 발전하여 한반도에 정착하게 된다. 실제로 王子墳山 무덤들에서 출토된 금동으로 만든 허리띠장식의 앞부분은 모두 나뭇잎모양으로 되어 있는 등 한민족의 고유양식을 그대로 보여준다. 뿐만 아니라 질그릇들도 대부분 새김무늬 양식을 하고 있다.

20 이한상, 앞의 책, 207~210쪽.

그림 10 전초구 무덤 출토 금제관식

　요령성 조양 田草溝 무덤 유적에서는 금제관식이 3점(그림 10) 출토되었는데,[21] M1 무덤에서는 금제관식이 2점 출토되었고, M2 무덤에서는 1점 출토되었다. M1 무덤에서 출토된 것은 길이 5.4cm, 넓이 4.5~4.9cm의 것과 길이 5.2cm, 넓이 4.4~4.75cm의 것으로 양식과 크기가 다르다. 방신촌에서 출토된 것과 마찬가지로 관테둘레에 2개 금제관식을 앞뒤로 꽂았을 것으로 생각된다. M2 무덤에서 출토된 것은 길이 5cm, 넓이 4.6~4.9cm이다.

　발굴자들은 이 유물이 3~4세기에 속할 것으로 보았다. 금제관식은 둘 다 방신촌과 왕자 분산묘군의 태 M8713 : 1 무덤과 같은 불꽃문양을 투조한 긴 네모모양으로 아래 부분을 만들었다. 윗부분의 한 금제관식은 중심부를 중심으로 길고 짧은 가지가 여러 갈래로 뻗어있고, 가지에는 나뭇잎모양장식이

21　遼寧省文物考古硏究所·朝陽市博物館·朝陽縣文物管理所,「遼寧朝陽田草溝晋墓」,『文物』, 1997
　　年 第11期, 33~41쪽

달려있다. 이와 함께 금패식과 금
과 은으로 만든 많은 유물이 출토
되었는데, 대부분 원형과 나뭇잎
모양의 장식이 달려있다. 특히 금
으로 만든 단추장식이 신발부위에
서 135개가 출토되었는데, 고조선
의 청동장식단추양식과 같다.[22] 그

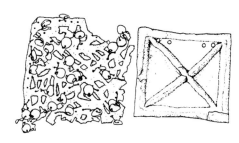

그림 11 전초구 무덤 출토 금제관식 모사도

외에 은으로 만든 단추장식 59개와 당기는 장식(扣飾) 8개가 출토되었다. 또한
이 유적에서 출토된 질그릇은 새김무늬를 특징으로 하고 있다. 특히 이 유적
에서는 금 팔찌 7개와 금반지 19개 등 다양한 장식품들이 출토되었다. 또한 앞
의 왕자 분산 무덤에서와 같이 장식단추양식의 1.2~0.3cm의 금으로 만든 달
개 135개와 은으로 만든 달개 59개가 다리부분에서 출토되어 신발에 장식했
던 것으로 추정된다. 이 같은 유물들이 갖는 고조선문화의 특징들은 금제관
식을 고구려의 것으로 해석하게 한다. 그리고 방신촌 유적에서와 같은 네모양
식에 달개가 가득 달려있는 투조한 금제장식(그림 11)이 출토되었는데 윗부분
에 구멍이 있는 것으로 보아 그림 4에서 처럼 관모에 달았던 흔적으로 보인다.

방신촌 무덤 출토 금제관식은 높이가 약 15cm이고, 왕자 분산묘군의 태
M8713 : 1 무덤에서 출토된 것은 14.5cm이다. 전초구 무덤 유적에서 출토된
것은 높이 5.4cm와 5.2cm로 비교적 작은 크기의 것이다. 이로보아 꽂음장식
을 높이 세운 금관과 꽂음장식을 낮게 세운 금관의 두 종류로 나누어지는 것

---

22 요령성 심양시에 있는 정가와자 6512호 무덤은 서기전 7~서기전 5세기에 속하는 고조선의 무
덤이다. 무덤주인의 무릎아래에서 발밑까지 모두 180여개의 청동장식단추가 출토되었다(박진
욱, 『조선고고학전서』, 과학백과사전종합출판사, 1997, 57~58쪽).

을 알 수 있다.

중요한 것은 금관의 관식들이 출토된 요령성 북표현과 요령성 조양현 지역은 금제관식과 함께 출토된 유물들의 성격과 규모 및 수준 등으로 보아 이 지역이 당시 고구려의 중심지였을 것으로 생각된다. 고구려가 어느 시기에 이 지역을 중심지로 활동했는지 알아보기로 한다.

위의 금제관식이 만들어진 시기는 왕자 분산묘군의 태 M8713 : 1 무덤의 연대가 3세기 초기~3세기 중엽으로 가장 이르고 방신촌 무덤과 전초구 무덤이 3세기 말기에서 4세기 초기로 정리된다. 따라서 무덤 주인들은 고구려의 동천왕(227~248년)시기부터 고국원왕(331~371년) 재위 초기 사이에 살았던 고구려 왕족들일 것으로 추정된다. 동천왕시기는 고구려가 종묘와 사직을 평양성에 옮겼을 때이다.

2. 동천왕시기 평양성 위치와 최리낙랑국

평양성의 위치를 밝히게 되면 요령성 조양지역 무덤들의 국적도 자연스럽게 알 수 있게 될 것이다. 『삼국사기』 「고구려본기」 동천왕 21년조에 "봄 2월에 왕이 환도성은 병란을 겪어서 다시 도읍할 수 없다하여 평양성을 쌓고 백성들과 종묘와 사직을 옮겼다. 평양이란 본시 선인왕검의 살던 곳이다. 혹은 왕의 도읍터 왕검이라 한다"[23]고 했다. 이처럼 동천왕이 평양성을 쌓고 백성들과 종

---

23 『三國史記』 卷17 「高句麗本紀」 東川王 21年條. "21年春2月, 王以丸都城經亂, 不可復都, 築平壤城, 移民及廟社. 平壤者本仙人王儉之宅也. 或云王之都王儉."

묘와 사직을 옮긴 시기는 247년이다.

종래의 연구에서는 한사군의 낙랑군이 대동강유역에 위치했다고 보는 것이 통설이었다. 따라서 낙랑군이 축출되는 313년 이전에 고구려가 대동강유역으로 진출할 수 없었다는 전제하에, 평양성은 지금의 강계지역으로 파악되어[24] 통설화 되었다. 또는 『삼국사기』에 기록된 평양의 명칭이 國內城을 잘못 쓴 것으로 이해하고 이시기의 평양성은 집안현 통구에 위치했다고 보기도 한다. 이 같은 통구설은 도리이 류조(鳥居龍藏)가 일찍이 제기한 이후 한국학자들도 같은 주장을 해왔다.[25] 또는 동천왕이 지금의 평양으로 옮긴 것으로 보는 견해도 있다.[26] 북한학자들은 이 기록이 낙랑군이 한반도에 위치하지 않았다는 것을 밝혀주는 자료라고 파악하기도 했다.[27]

그러나 위의 견해들은 다음의 『舊唐書』·『新唐書』·『括地志』·『通典』·『水經注』 등의 문헌자료에 기재된 내용을 소홀히 했다. 즉 『舊唐書』「東夷列傳」 高(句)麗傳에는 "高(句)麗는 平壤城에 도읍하였는데 바로 漢의 樂浪郡 옛 땅이다. … (고구려의 도읍에서) 동쪽으로 바다를 건너 신라에 이르고 서북으로는 遼水를 건너 營州에 이르며 남쪽으로는 바다를 건너 백제에 이르고 북쪽으로는 말갈에 이른다"[28]고 하였다. 또한 『新唐書』「東夷列傳」 高(句)麗傳

24 李丙燾, 「平壤東黃城考」, 『韓國古代史研究』, 博英社, 1976, 370~373쪽.

25 鳥居龍藏, 「丸都城及び國內城の位置ついて」, 『史學雜誌』 25-7, 1914, 49쪽 ; 李種旭, 「高句麗 初期의 地方統治制度」, 『歷史學報』 94·95합집, 1982, 114~115쪽 ; 신형식, 「도성체제」, 『고구려 산성과 해양방어체제 연구』, 백산자료원, 2000, 51쪽 ; 최무장, 『고구려고고학』 I, 민음사, 1995, 52~53쪽.

26 손영종, 『고구려사』 1, 과학백과사전출판사, 1990, 153~155쪽 ; 박진욱, 『조선고고학전서』, 과학백과사전종합출판사, 1991, 92~93쪽 ; 車勇杰, 「高句麗 前期의 都城」, 『國史館論叢』 48, 1993, 18~19쪽 ; 차용걸, 「高句麗 前期의 都城」, 『國史館論叢』 48, 1993, 18~19쪽.

27 손영종, 앞의 책, 153~155쪽 ; 박진욱, 앞의 책, 92~93쪽.

28 『舊唐書』 卷199 「東夷列傳」 高(句)麗傳. "高(句)麗者, …… 其國都於平壤城, 卽漢樂浪郡之故

에는, "(高句麗의) 군주는 平壤城에 거주하는데 또한 長安城이라고도 부르며 漢의 樂浪郡이었다. … 그 땅은 동쪽으로 바다를 넘어 신라에 이르고 남쪽으로도 바다를 넘어 백제에 이르고 서북은 遼水를 건너 營州와 접하였고 북쪽은 말갈이다"[29]라고 했다.

위의 기록에 의하면 평양성과 낙랑군의 위치는 대동강유역이 아니었음을 분명히 알 수 있다. 대동강유역의 평양과 신라와 백제 사이에는 바다가 없다. 그러므로 『구당서』와 『신당서』에 보이는 평양성이나 낙랑군의 위치가 대동강유역이 아닌 것이 분명히 드러난다.

『구당서』와 『신당서』에서 말하는 遼水의 위치에 대하여 『准南子』 「墜形訓」의 遼水에 대한 주석에서 高誘는 "遼水는 갈석산에서 나와 塞의 북쪽으로부터 동쪽으로 흘러 곧게 遼東의 서남에 이르러 바다로 들어간다"[30]고 하였다. 갈석산 서쪽으로부터 서남쪽으로 흘러 바다에 이르는 큰 강은 지금의 灤河 뿐이다. 『신당서』에서 말하는 고대의 遼水는 지금의 난하인 것이다. 이러한 내용은 『사기』 「진시황본기」에 진이세황제가 동부지역을 순행하였을 때, 신하들이 요동의 갈석산에 다시 가서 진시황제의 송덕비를 세우고 돌아 왔음을 말하는[31] 내용에서도 갈석산이 있는 곳이 요동지역이었다는 점을 확인시켜준다.

地. …… 東渡海至於新羅, 西北渡遼水至于營州, 南渡海至于百濟, 北至鞨."

29 『新唐書』 卷220 「東夷列傳」 高(句)麗傳. "其君居平壤城, 亦謂長安城, 漢樂浪郡也 … 地東跨海距新羅, 南亦跨海距百濟, 西北度遼水與營州接, 北鞨."

30 『准南子』 卷13 「墜形訓」. 「墜形訓」 본문에 대한 주석. "遼水出碣石山, 自塞北東流, 直遼東之西南入海."

31 『史記』 卷6 「秦始皇本紀」. "二世與趙高謀曰, 朕年少, 初卽位, 黔首未集附. 先帝巡行郡縣, 以示彊, 威服海內. 今晏然不巡行, 卽見弱, 毋以臣畜天下. 春, 二世東行郡縣, 李斯從. 到碣石, 竝海, 南至會稽, 而盡刻始皇所立刻石, 石旁著大臣從者名, 以章先帝成功盛德焉. 皇帝曰, 金石刻秦始皇帝所爲也. 金襲號而金石刻辭不稱始皇帝, 其於久遠也如後嗣爲之者, 不稱成功盛德. 丞相臣斯·臣去疾·御史大夫臣德昧死言, 臣請具刻詔書刻石, 因明白矣. 臣昧死請. 帝曰, 可. 遂至遼東而還."

『구당서』와 『신당서』에서 말하는 營州의 위치를 알게 되면 遼水가 지금의 난하인 것이 더욱 분명해진다. 즉, 『管子』의 「揆道」편에는 齊國의 桓公과 管仲이 나눈 대화에, "환공이 관자에게 묻기를, '내가 海內에 玉幣로 일곱 가지가 있다고 들었는데, 그것들에 대해서 들을 수 있겠는가'라고 했다. 관자가 대답하기를, ' … 陰山의 礝石昏이 그 한 가지이고, 紫山의 백옥이 그 한 가지이고, 發과 朝鮮의 文皮가 그 한 가지이고, 汝漢의 黃金이 그 한 가지이고, 江陽의 珠가 그 한 가지이고, 秦明山의 曾靑이 그 한 가지"[32]라고 했다. 즉, 관중은 발과 조선의 특산물로 빛깔이 화려하고 무늬가 아름다운 범과 표범류의 가죽인 文皮[33]를 일곱가지 중요 특산물 가운데 세 번째로 꼽았다. 『爾雅』의 「釋地」에서는, "동북에 있는 斥山의 文皮가 가장 아름답다고 했다."[34] 척산은 지금 산동반도의 東萊郡 文登縣에 있으며[35] 營州 관내에 있어 발해를 건너 요동에서 동북지역의 특산물을 사들였다고 했다. 이러한 관계로 보아 관중은 발해 건너 요동에서 발과 조선 등 동북지역의 민족들로부터 고급문피를 구입하고 있는 것을 알고 바로 그들의 교역품을 받아들인다면 중국을 침략하지 않을 것이라고 대책을 내놓았던 것이다.

『爾雅』 「釋地」의 斥山에 대한 주석으로 실린 『正義』에서 "이것은 營州의

---

32 『管子』卷23 「揆道」第78. "桓公問管子曰, 吾聞海內玉幣七筴, 可得而聞乎. 管子對曰, …… 陰山之礝石昏一筴也, 燕之紫山白金一筴也, 發・朝鮮之文皮一筴也, …… ."

33 『爾雅』 「釋地」의 文皮에 대한 주석. "郭璞云, 虎豹之屬, 皮有縟綵者, 是文皮, 卽文豹之皮也."

34 『爾雅』 「釋地」. "東北之美者, 有斥山之文皮焉."

35 『隋書』 「地理志」에 "東萊郡 文登縣에 斥山이 있다(東萊郡文登縣有斥山)"고 했다. 『漢書』 「地理志」에 의하면 東萊郡은 "靑州에 속한다(屬靑州)"고 했는데, 靑州는 『史記』 「齊太公世家」에 管仲의 무덤에 대한 주석으로 실린 『史記正義』에서 "管仲의 무덤은 靑州 臨淄縣 남쪽에서 21里 떨어진 牛山위에 있다(管仲冢在靑州臨淄縣南二十一里牛山上)"고 했으므로 靑州는 지금의 山東半島의 지역이었음을 알 수 있다.

이익을 설명하는 것이다. 『수서』「지리지」東萊郡 文登縣에 斥山이 있다. 『太平寰宇』에는 바로 『이아』의 척산이라 기록하고 있다. 척산은 지금의 登州府 榮成縣 남쪽 120리에 있다. 『관자』「규도」편에서 발과 조선의 文皮라고 하고 또한 「輕重甲」篇에서 발과 조선이 朝覲을 오지 않는 것은 文皮와 䇓服을 예물로 요청하기 때문이라고 한 발과 조선의 지역이다. 척산은 營州 구역 안에 있는데, 영주에서 바다를 지나면 요동 땅이므로 동북의 훌륭한 것을 모을 수 있는 것이다"[36]라고 했다. 이 내용으로부터 고대 중국인들은 척산에서 뱃길을 통하여 지금의 난하 하류 유역에 위치했던 고대의 요동지역에 이르러 당시 그 지역에 있었던 발과 조선지역에서 생산되는 文皮 등을 수입했음을 알 수 있다. 따라서 이러한 내용들은 요수가 지금의 난하이며 고대의 요동은 지금의 요서지역임을 분명히 알려주고 있다.

그리고 『구당서』와 『신당서』에서는 고구려의 평양성에서 동쪽으로 바다를 건너면 신라에 이르고 남쪽으로 바다를 건너면 백제에 이른다고 했다. 이 위치에 합당한 곳은 발해만 북부지역인 지금의 요서(고대의 요동)지역일 수밖에 없다. 그러므로 고구려의 동천왕시기 천도한 도읍인 평양성은 지금의 요서지역(고대의 요동)에 있었던 것이다.

『괄지지』에는 "고구려의 治所인 평양성은 본래 한의 낙랑군 王險城인데 바로 고조선이었다"[37]했고, 또한 『통전』에서는 "고구려는 본래 조선의 땅이었

---

36 『爾雅』「釋地」의 斥山에 대한 주석으로 실린 『正義』. "此釋營州之利也. 『隋書』「地理志」東萊郡 文登縣有斥山. 『太平寰宇』記以爲卽 『爾雅』之斥山矣. 斥山在今登州府榮成縣南一百二十里. 『管子』「揆道」篇發朝鮮之文皮, 又 「輕重甲」篇發朝鮮不朝, 請文皮䇓服而爲幣乎. 斥山在營州城內, 營州越海有遼東地, 故能聚東北之美."

37 『史記』卷6 「秦始皇本紀」秦始皇 26年條의 朝鮮에 대한 주석으로 실린 『史記正義』. "『括地志』云, 高麗(高句麗)治平壤城, 本漢樂浪郡王險城, 卽古朝鮮也."

는데 한나라의 무제가 현을 설치하여 낙랑군에 속하게 하였다. …… 도읍인 평양성은 바로 옛 조선국의 왕검성이었다"[38]는 기록이 보인다. 일부 학자들은 이 내용에 보이는 평양성을 대동강유역의 평양으로 잘못 인식하여 위만조선의 왕검성과 한사군의 낙랑군이 대동강유역에 위치하는 것으로 생각했다. 고대에 평양성은 고유명사가 아니라 도읍이나 큰 도시를 말하는 보통명사로서 여러 곳에 존재하였는데[39] 앞에서 확인한 바와 같이 이 평양성은 대동강유역에 있었던 것이 아니라 발해만 북부 요서지역에 있었을 것이다.[40] 고대의 요동이 지금의 요서지역이었음을 확인해 보자.

220년에 동한이 멸망하고 魏·蜀漢·吳의 삼국시대가 시작되면서 고구려는 북방지역에 위치한 위나라와 인접하게 된다. 고구려는 위나라와 화친관계를 유지하고자 끊임없이 노력했다.[41] 그러나 238년에 이르면 고구려는 주부와 대가에게 군사 1천여 명을 주어 위나라가 요동의 公孫淵을 치는 데 도움을 준다.[42] 고구려는 건국 이후 고조선의 고토를 수복하는 노력을 기울이고 있었기 때문에 지금의 요서지역(고대의 요동)에서 公孫氏의 세력이 성장하는 것을 그대로 보고 있을 수 없었던 것이라 생각된다. 이것이 고구려가 위나라의 공손

---

38 『通典』卷185「邊防」1, 東夷 上, 序略. "高麗本朝鮮地, 漢武置縣屬樂浪郡. …… 都平壤城, 則故朝鮮國王險城也."

39 李炳銑, 『韓國古代國名地名研究』, 螢雪出版社, 1982, 36·132쪽; 朴趾源, 「渡江錄」『熱河日記』, 6月 28日 참조.

40 윤내현, 『한국열국사연구』, 지식산업사, 1998, 117쪽.

41 『三國史記』卷17「高句麗本紀」東川王條. "八年, 魏遣使, 和親.";『三國史記』卷17「高句麗本紀」東川王條. "十年, 春二月, 吳王孫權遣使者胡衛, 通和, 王留其使, 至秋七月斬之, 傳首於魏.";『三國志』卷3 明「帝紀」青龍 4年條. "秋七月, 高句麗宮, 斬送孫權使胡衛等首.";『三國史記』卷17「高句麗本紀」東川王條. "十一年, 遣使如魏, 賀改年號, 是歲初元年也."

42 『三國史記』卷17「高句麗本紀」東川王條. "十二年, 魏太傅司馬宣王, 率衆討公孫淵, 王遣主簿大加, 將兵千人助之.";『三國志』卷30「烏丸鮮卑東夷傳」高句麗傳. "景初二年, 太尉司馬宣王率衆討公孫淵, 宮遣主簿大加將數千人助軍."

연을 도와준 목적이며 이 지역을 위나라가 점령하는 것을 방관할 수 없었던 까닭이었을 것이다. 그 결과 242년 고구려는 요동군의 서안평현을 쳐들어가 위나라의 군사와 맞서 승리했다.[43]

이러한 상황이 되자 246년 위나라는 유주자사 毌丘儉으로 하여금 1만여 명의 군사를 주어 고구려를 침략하게 하였고, 동천왕은 보병과 기마병 2만여 명과 맞서 싸웠다. 동천왕은 처음에 沸流水에서 위나라 군사 3천여 명을 목베었고, 梁貊의 계곡에서도 3천여 명의 목을 베거나 사로잡는 전승을 거두었으나 자만에 빠져 고구려군사 1만 8천여 명이 전사하고, 관구검의 군사가 丸都城을 침략하자 동천왕은 남옥저로 도망하였다. 그러나 고구려는 紐由로 하여금 계략을 꾸며 다시 위나라 군대를 침략하였다. 이때 위나라 군대는 낙랑군을 거쳐 도망하였다.[44] 낙랑군이 지금에 평양에 위치하였다면 위나라 군대는 낙랑군을 거쳐 지금의 요서지역인 요동으로 도망갈 수 없었을 것이다. 그러므로 낙랑군은 고구려의 서쪽인 지금의 요서 지역에 있었던 것이다.[45]

여기서 잠시 한사군의 낙랑군이 지금의 평양에 위치하지 않았음을 고고학 유물자료를 분석하여 동천왕이 지금의 평양으로 옮긴 것으로 보는 견해가 모순임을 보다 분명히 밝혀보기로 한다. 한사군의 하나인 낙랑군의 위치에 대하여 그동안 많은 연구가 진행되어왔다. 낙랑군의 위치에 대한 학계의 견해는 기존의 대동강유역을 중심으로 본 평양설과[46] 북한학자들에 의해 대두된 요

---

43 『三國史記』 卷17 「高句麗本紀」 東川王條. "十六年, 王遣將, 襲破遼東西安平.";『三國志』 卷30 「烏丸鮮卑東夷傳」 高句麗傳. "正始三年, 宮寇西安平."

44 『三國史記』 卷17 「高句麗本紀」 東川王 28年條.

45 윤내현, 앞의 책, 312쪽 주 48 참조.

46 池內宏, 「樂浪郡考」, 『滿鮮地理歷史硏究報告』16, 1941(『滿鮮史硏究』 上世 第1冊, 吉川 弘文館 刊行, 昭和26(1951), 19~61쪽 재수록) ; 도유호, 「왕검성의 위치」, 『문화유산』, 1962~1965,

동설,[47] 그리고 요서지역에 위치할 것으로 보는 난하설로[48] 구분된다. 이러한 연구과정에서 낙랑구역 무덤들에서 출토된 복식유물에 관한 분석은 비교적 소홀히 되었고, 복식유물 가운데 직물에 대한 비교연구는 거의 이루어지지 않았다.

평양 樂浪구역 무덤들에서는 해방 이전과 이후 많은 양의 직물이 출토되었다. 직물은 독립적으로 또는 다른 복식유물의 한 구성부분으로 출토되었는데, 누에천(실크)이 가장 많은 양을 차지했다. 출토된 복식유물 가운데 직물자료는 무덤 주인의 국적문제를 밝힐 수 있는 좋은 근거가 된다. 필자는 낙랑구역 무덤들에서 출토된 직물에 대한 분석으로 이를 밝힌 바 있다.[49]

일제강점기 낙랑 王光 무덤에서 絹직물이 출토되어 동경공업대학에서 조사했으나 직조방법에 관한 간단한 내용만 정리되었다.[50] 대동군 정백리에 위치한 무덤들에서도 누에천이 출토되었으나 상세히 분석되지 않았다.[51] 직물에 대한 구체적인 연구는 일제강점기 교도섬유대학에서 처음으로 평양 낙랑구역에 위치한 왕우 무덤, 채협총, 토성동 486호 무덤 등에서 출토된 누에천을 실험분석한 것이었다. 그러나 왕광 무덤이나 정백리 무덤과 마찬가지로 이 무덤

60~65쪽 ; 李丙燾, 「樂浪郡考」, 『韓國古代史研究』, 박영사, 1976, 133~157쪽.
47 이지린, 『고조선연구』, 과학원출판사, 1963, 187~191쪽 ; 이순진·장주협, 『고조선문제연구』, 평양, 1973 ; 사회과학원고고학연구소, 『고조선문제연구논문집』, 1977 참조.
48 尹乃鉉, 「漢四郡의 樂浪郡과 平壤의 樂浪」, 『韓國古代史新論』, 一志社, 1986, 331~340쪽 ; 윤내현, 『고조선연구』, 一志社, 1994, 358~395쪽.
49 박선희, 『고조선 복식문화의 발견』, 지식산업사, 2011, 211~270쪽 참조.
50 小場恒吉·榧本龜次郎, 『樂浪王光墓-貞柏里·南井里二古墳發掘調査報告』, 昭和 10年(1935년), 朝鮮古蹟硏究會, 48~62쪽.
51 關野貞, 「平壤附近に於ける樂浪時代の墳墓一」, 『古蹟調査特別報告』 第一册, 朝鮮總督府, 大正 11년(1922년), 14쪽.

들이 한사군의 하나인 낙랑군의 유적으로 분류되어[52] 출토된 누에천의 문화적 성격도 당연히 중국 한나라의 생산품일 것으로 단정되었다.[53]

이처럼 일본 학자들이 한국 고대 누에천에 대해 단순한 분석의 틀을 가지는 것은 다음 이유 때문이다. 일본학자들은 낙랑군의 위치가 현재의 대동강 유역이었다는 전제하에 논리를 전개하였고, 또한 고조선에서 누에천을 생산하지 못했을 것이라고 단정하였기 때문이다. 즉 종래의 연구에서는 한국과 중국, 일본 학자들 모두가 고대 한국의 양잠기술은 중국으로부터 수입된 것이라고 믿어왔다. 종속적 해석의 연구 경향은 요즈음 신진학자들의 연구에도 그대로 이어지고 있다.

지금까지 고대 한국의 양잠기술은 서기전 12세기 말 무렵 箕子에 의해 중국에서 수입된 것이라는 견해가 정론처럼 통용되었다. 그 까닭은 문헌자료인 『한서』와 『후한서』에 기재된 서로 다른 내용을 무분별하게 해석한 결과이다. 중국에서 누에천 생산은 서기전 2,700년 무렵부터였다. 고조선은 건국 초기인 서기전 2,209년 무렵부터 중국과 계속 우호적인 정치적 관계를 맺어왔다. 이 시기에 중국은 500년 이상 축적된 양잠기술을 가지고 있었다. 이러한 중국과 계속 교류를 하면서도 양잠기술을 수입하지 않고 있다가 서기전 12세기 무렵에 와서야 비로서 기자로부터 양잠기술을 배우기 시작했다는 것은 설득력이 없다. 실제로 고조선은 신석기시대부터 양잠기술을 발전시켜왔다. 그러므로 기자에 의하여 고조선에 양잠기술이 전달되었다는 『후한서』「동이열

---

52 關野貞, 앞의 책, 16쪽 ; 小場恒吉·榧本龜次郎, 앞의 책, 61~62쪽.

53 조희승, 『조선의 비단과 비단길』, 사회과학출판사, 2001, 30~31쪽. 조희승은 "'고대비단천분석표'의 실험분석자료가 일본 교도섬유대학의 명예교수 누노메 준로가 진행한 비단분석결과"라고 했다.

전」에 나오는 기록은 기자의 치적을 높이기 위해 윤색된 것이었다.[54]

고대 한국은 중국에서 누에천을 생산한 시기인 서기전 2,700년보다 앞서는 지금부터 약 6,000년 전에 이미 누에천을 독자적으로 생산했을 가능성이 크다. 요령성 동구현 后洼 유

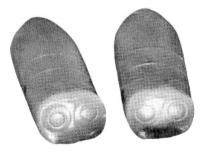

그림 12 나사태 유적 출토 옥잠

적에서 누에의 조소품이 출토되었는데, 발굴자들은 이 유적의 연대를 지금부터 약 6,000년 전으로 밝혔다.[55] 홍산문화에 속하는 내몽고 파림우기 나사태 유적 등에서도 玉蠶과 옥기가 출토되었다(그림 12).[56] 이 유적에서 새모양과 물고기모양 등의 조소품과 함께 옥잠 4개가 출토되었다.[57] 홍산문화의 또 다른 유적에서도 옥으로 만든 누에의 모형이 다수 출토되었다.[58]

이러한 사실들은 고조선의 누에천 생산기술이 중국에서 수입된 것이 아닌 독자적인 발달과정을 이루고 있다는 것을 입증해주는 것이며, 기자에 의

54 박선희, 『한국고대복식-그 원형과 정체』, 지식산업사, 2002, 125~150쪽.

55 許玉林·傅仁義·王傳普, 「遼寧東溝縣后洼遺址發掘槪要」, 『文物』 1989年 第12期, 1~22쪽. 后洼 유적은 방사성탄소측정에 의하여 서기전 6055±96·6165±96·6180±96·6205±96년·6255±170년 등의 연대를 얻었다.

56 巴林右旗博物館, 「內蒙古巴林右旗那斯台遺址調査」, 『中國考古集成』 東北卷 新石器時代(一), 北京出版社, 1997, 536쪽; 孫守道·劉淑娟, 『紅山文化 玉器新品新鑒』, 吉林文史出版社, 13쪽의 揷圖13·14.

57 위와 같음.

58 巴林右旗博物館, 「內蒙古巴林右旗那斯台遺址調査」, 『中國考古集成』 東北卷 新石器時代(一), 北京出版社, 1997, 536쪽; 孫守道·劉淑娟, 『紅山文化 玉器新品新鑒』, 吉林文史出版社, 13쪽의 揷圖13·14; 王冬力, 『紅山石器』, 華藝出版社, 2007, 182쪽; 載煒·侯文海·鄭耿杰, 『眞賞紅山』, 內蒙古人民出版社, 2007, 76쪽.

하여 고조선에 양잠기술이 전달되었다는 『후한서』 「동이열전」에 나오는 기록은 기자를 높이기 위해 윤색된 것임도 확인할 수 있다. 또한 한반도와 만주지역의 양잠기술이 홍산문화시기로 거슬러 올라갈 가능성도 생각해 보게 한다. 또한 고조선 지역의 신석기시대 유적에서 통잎뽕나무 조각무늬가 새겨진 질그릇이 출토되었다. 따라서 한민족의 거주지역에서 메누에로부터 토종 뽕누에로 순화된 시기가 신석기시대라는 사실이 밝혀졌다. 그리고 북한학자 조희승이 평양의 낙랑구역 무덤들에서 출토된 고조선시기의 누에천을 실험·분석한 결과 고조선에서 생산했던 누에천의 독자성과 고유성이 확인되었다.[59]

조희승은 해방 전후시기에 낙랑구역 11개 무덤들에서 출토된 누에천을 실험 분석하여 그 특징을 정리하였다. 또한 이를 근거로 일본 교도섬유대학에서 진행한 무덤들의 분석결과는 한민족이 생산한 누에천의 특징과 같다고 밝혔다. 그는 누에천의 특징뿐만 아니라 고대 한국의 누에품종이 중국의 넉잠누에가 아닌 석잠누에라고 밝혔다. 그리고 일본학자들이 평양일대에서 출토된 누에천은 조선 토종의 석잠누에로부터 뽑은 것이 틀림없지만[60] 그 연원은 중국의 산동일대에서 넘어 온 중국계통 석잠누에라고 한 주장을 반박했다.[61]

이러한 결과를 토대로, 필자는 문헌자료와 고고학 발굴자료 등을 중심으

---

59 조희승, 『조선의 비단과 비단길』, 사회과학출판사, 2001, 4~23쪽 참조. "우리나라 토종의 석잠누에가 독자적이고 고유한 것이며 … 오늘의 모든 뽕누에의 체세포의 염색체수(2n)는 56개이고 생식세포(반수체n)는 28개이다. 그리고 중국을 비롯한 대륙에 야생하는 메누에의 체세포의 염색체수와 생식세포도 각각 56개, 28개이다. 그런데 유독 우리나라에 야생하는 메누에의 생식세포만이 27개이다 … 중국의 사천 석잠누에는 색깔이 희며 형태는 길둥근형으로서 우리나라의 석잠누에와 생김새가 판판 다르다. 우리나라의 것은 누런 황견이며 장구형으로서 양자의 계보가 전혀 다르다."

60 布目順郎, 「樂浪土城出土の絹織物について」, 『彌生文化博物館研究報告』1, 大阪府立彌生文化博物館, 1992, 31~35쪽.

61 布目順郎, 『絹と布の考古學』, 雄山閣, 1988, 12~36쪽 ; 조희승, 앞의 책, 19~34쪽.

로 낙랑구역에서 출토된 누에천과 같은 시기 중국 누에천을 상세히 비교분석하여 낙랑구역에서 출토된 누에천의 성격을 구체적으로 밝혀보았다. 그 결과 과학적인 분석내용은 고조선 사람들이 누에천의 직조기술뿐만 아니라 염색기술 방면에도 높은 수준의 지식을 갖고 있었음을 알게 되었다. 아울러 고대 한국의 누에천 생산 기술이 중국으로부터 온 것이 아니라는 점을 다시 확인시켜 주었다.[62] 낙랑구역 누에천에 관한 올바른 분석은 한사군의 낙랑군이 당시 대동강유역에 위치했었는지 여부를 가리는 데 중요한 연구가 될 것이다. 또한 한국사에서 언급되지 않은 최리왕이 다스렸던 낙랑국의 정체를 밝히는 데도 한 계기를 마련할 것이다.[63]

여러 가지 분석된 내용에서 평양 낙랑구역에서 출토된 서기전 3~서기전 1세기에 만들어진 천들은 모두 중국 누에천의 특징과는 차이를 갖는 고조선의 석잠누에실로 짠 생산품이라는 점을 알 수 있다. 그런데 한사군 가운데 낙랑군이 설치된 연대는 서기전 108년이다. 만일 낙랑군이 평양 낙랑구역에 위치해 있었다면 이들 직물은 중국 견직물의 특징을 나타내야 한다. 그러나 이들 평문견은 모두 한민족의 생산품인 것으로 분석되었다. 따라서 낙랑구역에서 출토되는 유적이나 유물들은 한사군의 낙랑군 유적이 아니라 고조선 유적으로 인식되어야 한다.[64] 이러한 사실로부터 한사군의 낙랑군이 대동강유역에 위치했다고 보는 종래의 통설은 문제점을 갖는다고 생각된다.

직물이 출토된 낙랑구역 무덤들의 연대는 정백동 200호 무덤, 정백동 389호 무덤, 석암리 212호 무덤, 낙랑 토성동 486호 무덤, 낙랑 214호 무덤 등이

---

62 박선희, 앞의 책, 137~150쪽.
63 주 49와 같음.
64 위와 같음.

대체로 고조선 후기에 속한다. 정백동 무덤들과 석암리 212호 무덤[65]에서는 요령성과 한반도 지역의 특징적 청동기인 세형동검이 출토되어 이 무덤들이 고조선 유적으로 확인되었다. 세형동검과 함께 검자루맞추개가 출토되었고, 고조선시기에 자주 사용되었던 마구장식과 청동단추가 함께 출토되었다. 토성동 486호 무덤에서는 고조선 후기의 특징을 갖는 세형동검 7자루와 청동과, 청동방울, 잔줄무늬 거울 등 고조선의 특징을 갖는 유물들이 출토되었다.[66]

또한 석암리 212호 무덤 유적에서는 세형동검이 출토되었고, 낙랑구역 정백동의 부조예군 무덤에서는 고조선 유물의 특징인 여러 개의 청동방울과 함께 '夫租薉(濊)君'이라고 새겨진 銀印이 출토되었다.[67] '부조예(예)군'은 고조선과 위만조선에서 사용했던 관직명이었음이[68] 이미 밝혀진 바 있다. 이러한 고고학자료에 대한 연구결과와 함께 평양 낙랑구역에서 출토된 누에천이 고조선의 특징을 갖는 것으로 밝혀져 이를 뒷받침한다. 왕우 무덤(석암리 205호 무덤)에서 출토된 칠기에는 "永平 12년"이라는 명문이 있었다. 영평 12년은 동한 明帝시대로 69년이다. 이로 보면 왕우 무덤이 조성된 연대는 69년보다 이르지 않을 것이다.

토성지역에서는 '樂浪禮官'·'樂琅富貴' 등의 명문이 있는 기와가 출토되었다.[69] 기와에 낙랑이라는 문자가 새겨진 것이 출토되어 이 지역을 한사군의 낙랑군지역으로 보는 중요한 근거가 되었다. 그러나 오히려 이 지역에 최 리가

---

65 박진욱, 앞의 책, 148~158쪽.

66 조선유적유물도감편찬위원회, 앞의 책, 242~244쪽.

67 백련행, 「부조예군(夫租薉君) 도장에 대하여」, 『문화유산』 1962년 4호, 58~61쪽.

68 尹乃鉉, 『韓國古代史新論』, 一志社, 1986, 325~326쪽.

69 關野貞 等, 「樂浪郡時代の遺蹟」-古蹟調査報告 第4册, 朝鮮總督府, 昭和 2(1927), 172~183쪽. '樂琅富貴'의 와당에는 '樂浪'이 '樂琅'으로 되어 있다.

다스렸던 낙랑국이 있었기 때문에 낙랑예관·낙랑부귀 등의 명문이 보이는 것은 당연한 것으로 보아야 할 것이다. 따라서 이러한 명문은 이 지역이 반드시 한사군의 낙랑군이었다는 증거가 될 수 없다.[70]

기와의 명문은 서예사적인 연구에서도 중국과 구별되는 한민족의 특징을 나타내고 있다. 기와 명문의 필획에 나타나는 특징에서 볼 때 중국의 瓦塼명문이 명문을 중심으로 문양과 독립적으로 발전한 데 비하여 낙랑의 와전명문은 문양과 밀접한 관계를 가지면서 문양적 성격을 강하게 띠고 있다. 즉 樂浪瓦塼명문에서 나타나는 필획이 문양화되고 점획이 圓點化하는 특징을 지적할 수 있다. 이러한 현상은 문자를 주된 장식 수단으로 하는 중국미술에 비하여 문양을 주된 장식 수단으로 하는 우리나라 미술의 특징을 잘 반영해 주고 있다.[71]

채협 무덤(남정리 116호 무덤)에서는 목찰이 출토되었다. 木札의 내용은, "비단 3필을 옛 관리인 조선승 전굉이 아전을 보내어 가지고 가서 제사 지내게 한다"는 내용이다. 이 내용에 대하여 북한학자 손영종은 조선승 전굉이 그 부근에 살고 있었다고 주장하는 견해도 있으나, 오히려 전굉이 채협 무덤 피장자 밑에서 복무하다 먼 곳인 낙랑군으로 가서 조선승이 되었기 때문에 자신이 오지 못하고 사람을 시켜 재물을 보냈다고 해석해야 할 것으로 주장했다.[72] 또한 일제강점기 토성지역에서는 약 200개의 봉니가 출토되었는데 모두 위조품으로 분석되었다.[73]

---

70 박선희, 『고조선 복식문화의 발견』, 254~256쪽 참조.
71 柳在學, 『樂浪瓦塼銘文의 書藝史的 考察』, 홍익대학교 대학원 석사학위논문, 1988 참조.
72 손영종, 「락랑문화의 조선적 성격」, 『력사과학』, 2005년 제 1호, 과학백과사전출판사, 43쪽.
73 손영종, 「락랑문화의 유적유물에 대하여」, 『력사과학』, 2005년 제 4호, 과학백과사전출판사,

이상의 분석된 결과들은 정백동 200호 무덤, 정백동 389호 무덤, 석암리 212호 무덤, 낙랑 토성동 486호 무덤, 낙랑 214호 무덤 등을 대체로 고조선 후기에 속하는 한민족의 유적으로 해석하게 한다. 특히 고조선과 중국에서의 羅직물 직조 재료인 누에실 생산 기술 및 직조 기술의 차이와 羅직물의 생산 시작연대가 고조선이 중국보다 앞선다는 점은 고조선의 羅직물 생산 기술이 중국으로부터 수입된 것이 아닌 독자적인 것임을 입증해준다. 둘째는 낙랑 유적에서 출토된 나직물이 중국의 것과 성격을 달리하고 있어 낙랑구역에서 출토된 나직물은 한사군의 하나인 낙랑군에서 만든 것이 아님을 알 수 있다.[74]

1세기에 속하는 동한시대 王旰 무덤에서는 縑직물 이외에 菱紋羅가 출토되었다.[75] 왕우 무덤에서 출토된 칠기에는 '建武 二十一年(45년)' '建武 二十八年(52년)' '永平 十二年(69년)'의 紀年이 보이고 있어, 이 무덤의 주인공은 적어도 1세기 초기에서 후기까지 살았던 사람이라 할 수 있다. 이는 왕우 무덤의 주인공보다 앞서 이 지역에서 섬세한 무늬의 항라천을 생산했던 고조선 사람들의 우수한 직조기술을 이은 것이라 하겠다.

직물의 분석된 내용을 종합하면 다음과 같다. 첫째는 서기전 3세기에서 2세기에 속하는 직물이 출토된 평양 낙랑구역의 여러 무덤에서는 한민족이 생산한 석잠누에의 누에천 만이 출토되었다. 둘째는 낙랑구역에서 출토된 누에

64쪽. 분석결과에 대하여 "'樂浪大尹長'이란 봉니가 3개 나왔는데 그 글씨체가 다 다르며 또 '大尹'이란 신나라(9~23년)때 왕망이 '태수'를 고친 관직명이라고 하는데 그때 군이름도 '樂鮮'으로 고쳤으니 마땅히 '樂鮮大尹長'으로 되어 있어야 한다"고 설명했다. 또한 200개 봉니의 흙이 발송한 지방마다 다른 흙으로 만들어져야 하는데 모두 낙랑구역의 흙으로 만들어져 위조품이라 했다.

74 박선희, 앞의 책, 147~150쪽.

75 조희승, 앞의 글, 28쪽.

천들은 같은 시기 중국 것보다 품질이 우수하고 독창적인 직조방법과 염색기술 등을 갖는다. 셋째는 이러한 사실을 종합해 볼 때 낙랑구역에서 출토된 직물들이 생산된 서기전 3세기에서 2세기까지 평양지역에는 한사군의 낙랑군이 위치한 것이 아니라 한민족이 거주했음을 알게 한다.

일본인들이 대동강유역에서 발굴한 유적에서 낙랑과 관계된 유물이 출토되자 그것들을 모두 한사군의 낙랑군에 관한 것으로 해석한 것이 잘못이었음을 다시 확인한 셈이다. 사실상 지금까지 대동강유역에서 발견된 유물과 유적에는 이 지역이 한사군의 낙랑군이었다는 기록을 보여주는 것은 없다. 그러면 이시기 평양의 낙랑구역에는 어떠한 정치세력이 살았을까?

고대 문헌에 나타난 낙랑은 한사군의 낙랑뿐만 아니라 최리왕이 다스리던 낙랑국이 있었다. 일찍이 李 翼과 申采浩가 한사군과 다른 최 리의 낙랑국이 대동강유역에 위치했을 것으로 밝혔다. 즉 이익은 낙랑을 낙랑군과 낙랑국으로 나누고 낙랑군은 요동지역에, 낙랑국은 대동강유역에 위치했을 것으로 보았다.[76] 신채호는 낙랑을 남낙랑과 북낙랑으로 나누고, 남낙랑은 대동강유역의 낙랑국으로 최리왕이 다스렸던 나라이고, 북낙랑은 한사군의 낙랑군이라고 했다.[77] 이후 리지린[78]과 윤내현[79]이 그 연구 내용에서 조금씩 차이를 갖지만, 대동강유역에 있었던 낙랑은 한사군의 낙랑군이 아니라 최 리의 낙랑국

---

76 李 翼, 『星湖僿說類選』 卷1 下, 「天地篇」 下, 地理門 四郡條 참조.
77 申采浩, 『朝鮮上古史』, 丹齋 申采浩全集 上, 丹齋 申采浩先生記念事業會, 1978, 141쪽.
78 리지린, 「삼국사기를 통해 본 고조선의 위치」, 『력사과학』, 1966년 3호, 20~29쪽. 리지린은 대동강유역에 위치했던 낙랑은 한사군의 낙랑군이 아니라 최리왕이 다스리던 낙랑국이었다고 밝혔다.
79 윤내현, 『한국열국사연구』, 지식산업사, 1998, 112~149쪽. 한사군의 낙랑군은 지금의 난하 동부유역에, 대동강유역에는 최리왕의 낙랑국이 있었다고 밝혔다.

인 것으로 밝힌 바 있다.

최 리가 다스렸던 낙랑국의 위치에 대해서는 다음의 문헌 기록들이 있다. 『삼국사기』 「고구려본기」 대무신왕 15년조에 고구려 대무신왕의 아들 호동이 옥저에 놀러 갔다 낙랑국의 최리왕을 만나 나눈 대화가 있다. 최리왕이 호동에게, "그대의 용모를 보니 보통 사람이 아니다. 그대가 북쪽 나라 신왕의 아들이 아닌가?"하고 물었다.[80] 최리왕이 대화에서 고구려가 북쪽 나라라고 표현한 것으로 보아 최 리의 낙랑국은 고구려의 남쪽에 위치하고 있었을 것으로 생각된다.

그러면 당시 고구려 영토의 남쪽 경계는 어디까지 인지 알아보기로 한다. 『삼국사기』 「고구려본기」 태조대왕조에, 당시 고구려는 "4(57)년 가을 7월에 동옥저를 정벌하고 그 땅을 빼앗아 성읍을 만들고 동쪽 경계를 개척하여 바다에 이르고 남쪽으로는 薩水에 이르렀다"고 했다.[81] 대무신왕 이후 태조대왕 시기까지 고구려 남쪽 국경에 변화가 있었다는 기록은 보이지 않아 대무신왕 때 남쪽 국경도 살수 즉, 청천강이었을 것으로[82] 생각된다. 따라서 최 리의 낙랑국 위치는 청천강 이남이 되어야 할 것이다.[83]

『후한서』 「동이열전」의 예전에는 예의 서쪽에 낙랑이 있다고 했고,[84] 한전에서는 마한의 북쪽에 낙랑이 있고 남쪽으로 왜와 가깝게 있다고 하였다.[85]

---

80 『三國史記』 卷14 「高句麗本紀」 大武神王 15年條. "夏四月, 王子好童, 遊於沃沮, 樂浪王崔理, 出行因見之, 問曰, 觀君顔色, 非常人, 豈非北國神王之子乎, 遂同歸以女妻之."

81 『三國史記』 卷15 「高句麗本紀」 太祖大王 4年條. "四年, 秋七月, 伐東沃沮, 取其土地爲城邑, 拓境東至滄海, 南至薩水."

82 李丙燾, 『國譯 三國史記』, 乙酉文化社, 1980, 238쪽.

83 주 49와 같음.

84 『後漢書』 卷85 「東夷列傳」 濊傳. "濊北與高句麗·沃沮, 南與辰韓接, 東窮大海, 西至樂浪."

85 『後漢書』 卷85 「東夷列傳」 韓傳. "韓有三種, 一曰馬韓, 二曰辰韓, 三曰弁辰, 馬韓在西, 其北與樂

마한이 당시 북쪽으로 황해도 지역에 위치하고 있으므로,[86] 앞의 『후한서』「동이열전」에 설명된 낙랑은 최리왕의 낙랑국으로 그 위치는 대동강유역으로 고구려의 남쪽 경계와 맞닿아 있다고 할 수 있다.

낙랑구역에서 출토된 羅직물은 서기전 1세기 전후한 시기에 속한 것이었다. 이 시기 실제로 낙랑국이 대동강유역에 위치해 있었는지 여부를 알아보기로 한다. 낙랑국의 존속기간을 살펴보면, 최리왕이 다스렸던 낙랑국은 가장 이른 기록이 서기전 28년에 보이고 있어[87] 건국은 이보다 앞섰을 것으로 생각된다. 이후 낙랑국은 고구려 대무신왕 15(32)년에 낙랑왕 최 리의 공주가 왕자 호동의 지시로 적이 나타나면 알려주는 鼓角을 부수게 되어 고구려의 침략을 받아[88] 국력이 차츰 약화되었다. 이후 5년이 지나 37년에 고구려에게 멸망하였다.[89] 44년에 낙랑국은 동한 광무제의 도움으로 재건되어[90] 300년 대방국과 함께 신라에 투항할 때까지 존속했다.[91]

위의 내용으로부터 낙랑국은 적어도 서기전 1세기 무렵에 건국되어 300년까지 존속했으므로 서기전 1세기 전후한 시기에 속하는 羅직물과 絹직물 및 2세기 무렵의 縑직물들은 낙랑국의 유물일 가능성이 크다. 또한 낙랑국이 대동강유역에 위치하였으므로, 한사군의 낙랑군이 313년에 고구려 미천왕에게

---

86 윤내현, 『고조선연구』, 512~526쪽.

87 『三國史記』卷1 「新羅本紀」 始祖 赫居世居西干 30年條 참조..

88 『三國史記』卷14 「高句麗本紀」 大武神王 15年條 참조.

89 『三國史記』卷1 「新羅本紀」 儒理尼師今 14年條 … "高句麗王無恤, 襲樂浪滅之."

90 윤내현, 『한국열국사연구』, 130~135쪽.

91 『三國史記』卷2 「新羅本紀」 基臨尼師今 3年條 … "3월에 牛頭州에 이르러 太白山에 望祭를 지냈다. 낙랑과 대방 兩國이 귀복하였다(三月, 至牛頭州, 望祭太白山, 樂浪·帶方兩國歸服)."; 주 49와 같음.

축출되었다는[92] 사실과 연관하여 보았을 때 다음의 사실이 정리된다. 즉 300년에 멸망한 낙랑은 최리왕의 낙랑국으로 대동강유역에 위치해 있었고, 313년에 고구려의 공격을 받은 낙랑은 한사군의 낙랑군이었다는 사실이다. 아울러 일본인들이 한사군의 유적과 유물로 해석한 낙랑구역에서 발굴한 것은 최리왕의 낙랑국의 것이라 할 수 있다.

낙랑구역의 여러 무덤에서는 칠기가 다수 출토되었다. 이들 칠기는 서한 무덤과 흉노 무덤 등에서 출토된 칠기와 비교한 결과 황실용으로 낙랑군의 관리나 일반인들이 사용할 수 있는 물건이 아니었음이 밝혀진 바 있다.[93]

최리왕의 낙랑국에서 생산한 練직물은 품질이 우수하여 중국에 널리 알려졌다. 이 樂浪 練을 한사군의 낙랑군에서 생산한 것으로 보는 견해가 있으나[94] 앞에서 서술했듯이 석잠누에 실로 짠 천은 한민족의 생산품이다.

이상의 분석으로부터 낙랑구역에서 출토된 직물들이 한사군의 낙랑군이 아니라 낙랑국의 생산품인 것으로 밝혀졌다. 1세기 초에 속하는 석암리 9호 무덤에서 출토된 용무늬 금띠고리(그림 13)의[95] 금세공기술도 이미 중국에 유례가 없는 것으로 중국 漢문화로 볼 수 없다고 분석된바 있다.[96] 또한 낙랑구역의 무덤들에서 출토된 유리구슬의 분석결과 이웃나라의 것과 달리 산화연을 유리의 주원료로 사용한 연유리와 소다유리, 회분유리 등으로 한민족

---

92 『三國史記』卷17「高句麗本紀」美川王 14年條 … "고구려가 313년에 낙랑군을 치고 남녀 2천여명을 사로잡았다(十四年, 侵樂浪郡, 虜獲男女二千餘口)."

93 姜炅求,「樂浪漆器의 問題點」,『韓國上古史學報』第14號, 韓國上古史學會, 1993, 409~414쪽.

94 尹龍九,「三韓의 朝貢貿易에 대한 一考察-漢代 樂浪郡의 교역형태와 관련하여」,『歷史學報』第162輯, 1998, 16~17쪽.

95 조선유적유물도감편찬위원회, 앞의 책, 142~143쪽.

96 永島暉臣愼,「樂浪遺蹟の發掘と研究の現狀」,『彌生人の見た樂浪文化』, 大阪府立彌生文化博物館, 1993, 77~78쪽.

유리의 특징을 가지는 것으로 밝혀졌
다.[97] 이처럼 대동강유역 유물들에 관
한 다양한 분석은 낙랑 유적의 금속
유물들이 중국 것이 아니라는 견해[98]
와 함께 복식방면에서도 종래의 잘못
된 견해를 수정할 수 있는 근거를 마
련하게 되었다.[99]

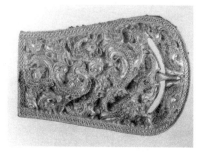

그림 13 석암리 9호 무덤 출토 금제허리띠장식

이처럼 복식재료를 자료로 평양 낙랑지역 문화의 국가 정체성을 새롭게 밝
힐 수 있는 것은 복식이 고고학적 유물로서 문화적 정체성을 시각적으로 보여
주는 결정적 자료이기 때문이다. 복식의 특성 연구는 곧 민족문화의 정체성을
밝히고, 복식양식과 자료의 고유성에 관한 분포 연구는 민족국가의 지리적 경
계를 파악하는 데까지 이를 수 있다.

이러한 다양한 유물들의 분석으로부터 평양 낙랑지역에 한사군의 낙랑군
이 설치되지 않았다는 사실과 동천왕이 천도한 평양성은 지금의 평양이 아니
라 사서의 기록처럼 요동 즉, 지금의 요서지역이었음을 다시 확인할 수 있다.
동천왕의 평양성은 발해만 북부지역의 조양일 가능성이 가장 크다. 그것은
위에 서술한『舊唐書』·『新唐書』·『括地志』·『通典』·『水經注』등의 문헌자료
에 기재된 내용과 함께 고구려의 금관 테둘레와 금제관식들이 출토된 지역이

---

97 강승남, 「평양부근 고대유적에서 드러난 유리구슬의 화학조성과 그 재질에 대한 고찰」, 『조선
   고고연구』 1993년 제3호, 39~43쪽.
98 강승남, 「락랑유적의 금속유물에 대하여」, 『조선고고연구』, 사회과학원고고학연구소, 1996년
   제2호, 37~43쪽 ; 로철수, 「대동강유역에서의 금속가공기술에 대하여」, 『조선고고연구』 1999
   년 제1기, 사회과학출판사, 39~42쪽.
99 주 49와 같음.

요령성 북표현 방신촌, 요령성 조양현 십이태향 원태자촌, 요령성 조양현 전초구, 아래에서 분석될 조양 십이대영자 향전역 88 M1 무덤지역으로 조양에 집중되어있기 때문이다.

특히 위의 관식들이 출토된 무덤 유적의 연대에서도 그러하지만 조양과 가까운 지역의 다른 유적에서도 고구려 왕릉에서 출토되는 것과 같은 특징적 유물들이 출토되고 있는 점이다. 좋은 예가 조양의 십이대영자 향전역 88 M1 무덤에서 출토된[100] 유물들이 왕자 분산 무덤들의 台 M8713 : 1 무덤에서 출토된 유물들과 그 양식에서 유사성을 지니고 있는 것이다. 발굴자들은 십이대영자 향전역 88 M1 무덤이 前燕시대(337~370년) 선비족의 문화일 것으로 추정했다.

그러나 이러한 발굴자들의 유물 성격에 대한 분류와 연대 추정은 그 제시된 근거에서 근본적으로 큰 모순을 가지고 있다. 즉, 발굴자들은 십이대영자 향전역 88 M1 무덤의 연대 추정의 근거로 출토된 갑옷 등의 형태가 안악 3호 무덤벽화에 보이는 갑옷과 마구들의 양식과 유사한 점을 들었다. 그리고 이 안악 3호 무덤의 주인을 336년에 고구려로 망명한 모용황의 부하 동수로 보았다. 그러한 까닭에 당연히 조양지역의 십이대영자 향전역 88 M1 무덤이 안악 3호 무덤보다는 연대가 앞섰을 것이라는 추정을 했던 것이다. 그 결과 십이대영자 향전역 88 M1 무덤이 안악 3호 무덤이 축조된 357년보다 당연히 앞설 것이라는 판단 아래 이 무덤의 연대를 前燕시대라고 했던 것이다. 나아가 이러한 요서지역의 삼연문화가 고구려를 거쳐 한반도와 일본열도에 중요한 영향을 주었다는 황당한 주장이 펼쳐졌다.[101]

---

100   遼寧省文物考古研究所·朝陽市博物館,「朝陽十二臺鄕磚歷88M1發掘簡報」,『文物』, 1997年 第 11期, 19~32쪽.

101   遼寧省文物考古研究所·朝陽市博物館, 위의 글, 28~31쪽.

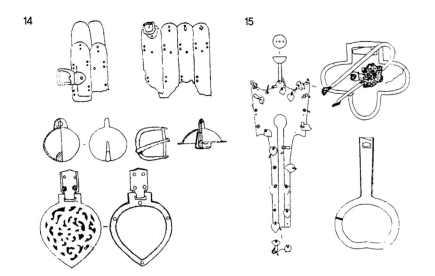

그림 14 십이대영자 향전역 무덤 출토 금동 갑옷조각과 마구유물 모사도
그림 15 십이대영자 향전역 무덤 출토 금동 마구유물과 등자 모사도

이러한 연구 결과를 한국학자들이 비판 없이 받아들이고 있는 것이 문제이다. 중국학자들은 고조선으로부터 이어진 고구려 유물의 통시적인 발달사 등을 상세히 비교·분석하지 않았다. 단지 고구려의 십이대영자 향전역 88 M1 무덤 유물과 고구려의 안악 3호 무덤벽화의 복식양식만을 고구려 복식의 고유양식도 모른채 비교한 셈이다.

아래에서는 십이대영자 향전역 88 M1 무덤이 고구려 무덤임을 밝혀보고자 한다. 우선 십이대영자 향전역 88 M1 무덤의 국적을 정확히 가리기 위해 유물을 분석한다. 이 무덤에서는 파손이 심하여 양식을 추정하기 어려운 금과 은으로 만든 관식이 출토되었다. 금으로 만든 나뭇잎양식의 달개장식이 달려있는 것에서 위의 방신촌 등에서 출토된 관식과 유사할 것으로 판단된다. 특히 이 무덤에서는 고구려 고유양식인 물고기 비늘양식의 철갑옷, 투구, 목

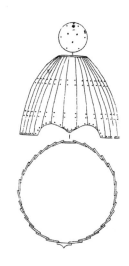

그림 16 십이대영자 향전역
무덤 출토 투구 모사도

갑옷, 마면갑, 철로 만든 등자, 금동으로 만든 마구(그림 14)와 삼족오가 연속문양으로 투조된 안장(그림 15) 등 다량의 유물이 출토되었다.

십이대영자 향전역 88 M1 무덤에서 출토된 갑옷과 투구(그림 16) 및 목부분을 보호하는 목갑옷 등은 고조선으로부터 이어온 고대 한국 갑옷의 특징을 그대로 보여주고 있어 고구려의 유적으로 분류된다.

그림 16과 같은 양식의 투구가 4세기 무렵에 속하는 김해 예안리 150호 고분에서 철제투구를 구성했던 긴 장방형 혹은 윗면이 둥근 장방형의 철갑편들(그림 17)과 함께 출토되었다.[102] 가야는 42년에 독립국으로 출범하여 400년 무렵까지 지금의 김해지역에 있었던 금관가야가 가야 전체를 통치했다. 그러므로 예안리 150호 고분은 금관가야의 유물이라 할 수 있다. 따라서 가야에서는 기마 인물상에서 보이는 철제 변모형 투구 뿐만이 아니라 예안리 150호 고분에서 출토된 찰갑편을 연결하여 만든 투구도 사용했음을 알 수 있다. 이와 같은 양식의 투구는 안악 3호 고분벽화에 보이는 무사가 쓰고 있는데 그 실제 유물이 요녕성 무순시 고이산성 유적[103]에서 출토되었다.[104] 5세기 중엽에 속하는 동래구 복천동 10호와 11호 고분

102 申敬澈, 「金海禮安里古墳群第4次發掘調查報告」, 『韓國考古學年報』8, 1980, 154~162쪽.
103 徐家國·孫 力, 「遼寧撫順高爾山城發掘簡報」, 『中國考古集成』 東北卷 兩晋至隋唐(二), 1992, 298~310쪽.
104 遼寧省文物考古研究所·朝陽市博物館, 「朝陽十二台鄉磚歷88M1發掘簡報」, 『文物』, 1977年 第11

에서 출토된 투구와 목갑옷 및 短
甲,[105] 5세기 후반기에 속하는 경상
북도 고령 지산동 32호 고분에서
출토된 투구,[106] 부산시 시립박물
관에 소장된 短甲 등은 갑편의 크
기는 서로 다르지만 모두 긴 장방
형을 공통적인 특징으로 하고 있
다. 이 긴 장방형의 갑편으로 연결
한 短甲과 비교할 때 연결갑편의
형태는 서로 다르지만 작고 둥근
장식단추양식의 철징으로 이음새

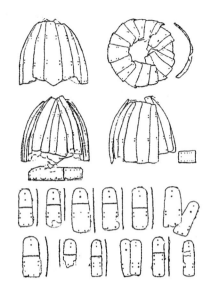

그림 17 김해 예안리 150호 무덤 출토 철투구편과
갑옷조각 모사도

를 처리한 점을 공통적인 특징으
로 한다. 이 같은 이음새의 처리방식을 고구려의 새로운 기법이 한반도 남부
에 들어온 것으로 보는 견해가 있지만[107] 이는 고조선의 청동장식단추와 철장
식단추의 기법[108]을 그대로 계승하여 이은 것이다. 1988년부터 1991년까지 발
굴된 서기전 1세기 무렵으로 추정되는 경상남도 의창군 동면 다호리 유적에서
는 漆器갑편이 출토되어[109] 갑옷 생산이 신라에 못지않게 건국 이전부터 매우

期, 19~32쪽.

105 申敬澈, 「釜山市福泉洞古墳群遺跡一次發掘調査槪要와 意義」, 『釜山直轄市立博物館年報』第三輯,
1981 ; 鄭澄元 · 申敬澈, 「東萊福泉洞古墳群I」, 『釜山大學校博物館遺跡調査報告』第5輯, 1983.

106 金鐘徹, 「高靈池山洞古墳群」, 『啓明大學校博物館遺跡調査報告』第一輯, 1982.

107 鄭澄元 · 申敬澈 · 定森秀夫譯, 「古代韓日甲冑斷想」, 『論集 武具』, 學生社, 1991, 281~282쪽.

108 박선희, 「고조선의 갑옷 종류와 특징」, 『한국고대복식-그 원형과 정체』, 547~612쪽.

109 李建茂 등, 「義昌 茶戶里遺蹟 發掘進展報告(I)」, 『考古學誌』第1輯, 韓國考古美術研究所, 1989,
5~174쪽 ; 「昌原 茶戶里遺跡 發掘進展報告(II)」, 『考古學誌』第3輯, 韓國考古美術研究所, 1981,

발달했음을 알게 해준다.

또한 5세기 후반에 속하는 부산시 연산동 고분에서 출토되었다고 전하는 철투구[110]와 출토지 미상인 숭전대학교 박물관소장 철투구 및 고려대학교 박물관소장 철투구는 십이대영자 향전역 88 M1 무덤에서 출토된 투구와 공통점을 갖는다. 투구를 구성한 찰갑의 형태가 모두 장방형의 모습이며, 투구의 찰갑과 찰갑의 연결부분을 작고 둥근 장식단추양식의 철징을 이용하여 장식효과도 함께 하고 있다. 이 같은 장식단추양식의 철징을 사용하는 연결기법은 중국이나 북방지역에 없는 고조선 청동투구만이 갖는 특징인데, 고조선시대에 만들어진 청동투구의 형식[111]을 그대로 이은 것으로서 고조선의 청동투구보다 많은 청동장식단추를 사용하여 장식효과를 높였다. 또한 5세기 중엽에 속하는 동래구 복천동 10호·11호 고분에서 출토된 투구와[112] 5세기 후기에 속하는 경상북도 고령 지산동 32호 고분에서 출토된 투구[113]의 경우 그 모습이 긴 장방형의 찰갑으로 구성되어 있어 다른 투구들보다 비교적 긴 형태이며 윗부분을 둥글게 마무리 했다. 이 둥근 꼭대기 부분의 鐵製伏鉢을 북방적인 요소로 보고[114] 蒙古鉢形 투구라 부르면서 이것을 고구려가 받은 몽골의 영향으

5~111쪽;「昌原 茶戶里遺跡 發掘進展報告(III)」,『考古學誌』第5輯, 韓國考古美術研究所, 1994, 5~113쪽.

110 穴澤和光·馬目順一,「南部朝鮮出土の鐵製鋲留甲冑」,『朝鮮學報』第七六輯, 1975.

111 주 108과 같음.

112 申敬澈,「釜山市福泉洞古墳群遺跡一次發掘調査槪要와 意義」,『釜山直轄市立博物館年報』第三輯, 1981; 鄭澄元·申敬澈,「東萊福泉洞古墳群I」,『釜山大學校博物館遺跡調査報告』第5輯, 1983.

113 金鐘徹,「高靈池山洞古墳群」,『啓明大學校博物館遺跡調査報告』第一輯, 啓明大學校博物館, 1982.

114 鄭澄元·申敬澈·定森秀夫 譯,「古代韓日甲冑斷想」, 282쪽.

로 보는 견해가 있다.[115]

그러나 북방지역에서는 십이대영자 향전역 88 M1 무덤에서 출토된 투구와 한반도에서 출토된 것과 같이 꼭대기 부분의 鐵製伏鉢을 하거나 긴 장방형의 찰갑을 연결하여 만든 투구를 사용하지 않았다. 이는 지난날 일부 학자들이 고구려의 갑옷과 투구가 북방지역의 영향을 받았을 것이라는 선입관을 갖고 있었기 때문에 얻은 결론인 것이다. 오히려 신라나 가야의 투구는 고구려 투구와 같은 모습을 하고 있으면서 단지 꼭대기 부분의 마무리 모습에서 변형을 보일 뿐이다. 고구려·신라·가야 유적에서 이 투구들과 함께 발견된 목 갑옷의 경우도 투구를 구성한 찰갑과 같은 모양의 찰갑을 연결하여 만들었고 여미는 부분은 신라고분에서 발견된 정갱이 대기와 같은 모습으로 마무리 했다. 이 같은 목 갑옷은 중국이나 북방지역에서는 사용하지 않았다.

또한 경주 인왕동 고분에서 말갑옷을 입은 馬刻畵 토제품과[116] 합천 옥전 고분군에서 말갑옷이 출토되어[117] 고구려 고분벽화에 보이는 찰갑 기마 무장이 낙동강 유역의 신라와 가야 지역에도 있었음을 알게 해주고 있다. 따라서 한반도 남쪽 지역에서 출토된 갑옷편과 부속물들은 그 구성 찰갑의 형태가 고조선의 장방형을 그대로[118] 계승하고 있고 전체 모습에서 고구려 갑옷과 같은 모습으로 나타난다. 이 같은 한반도의 갑옷생산기술은 일본의 초기 갑옷 생산에 깊은 영향을 주게 된다.

---

115 末永雅雄, 『日本上代の甲冑』, 創元社, 1944.
116 이은창, 『한국 복식의 역사』-고대편, 교양국사총서, 1978, 137쪽.
117 경상대학교 박물관, 「합천 옥전고분 1차 발굴조사개보」, 1986 ; 「합천 옥전고분군I-목곽묘」, 1988 ; 「합천 옥전고분군 II-M3호분」, 1990 ; 「합천 옥전고분군III-M1·M2호분」, 1992 ; 「합천 옥전고분군 IV-M4·M6·M7호분」, 1993.
118 주 108과 같음.

그 외의 십이대영자 향전역 88 M1 무덤에서 출토된 마차 구성물과 등자 등의 양식은 광개토대왕릉에서 출토된 것과 유사하다. 그리고 이 조양지역에는 현재까지 당시의 고구려 산성이 그대로 남아있기 때문에[119] 그 시기 고구려인들이 이 지역에서 활동했음을 보다 확실히 증명해 준다. 특히 이 유적에서는 철로 만든 말투구가 출토되었는데(그림 18), 중국학자들은 이것이 중국에서 발굴된 것 가운데 가장 이른 시기로 前燕의 것으로 보고 있다.[120] 그러나 이 말투구는 당시 북방지역이나 중국보다 약 2세기 정도나 앞선 고구려의 것으로, 고구려 말갑옷의 고유한 양식이다.[121]

그림 18 십이대영자 향전역 88 M1 무덤 출토 청동 말투구

여기서 잠시 십이대영자 향전역 88 M1 무덤에서 출토된 말투구가 고구려의 것임을 밝히기 위해 고구려 개마의 고유양식과 역사성을 이웃나라의 것과 비교하여 밝혀보기로 한다.

개마의 경우 중국학자 柳 涵은 중국에서 가장 이른 개마의 형상을 4세기 중엽에 속하는 안악 3호 무덤벽화에 보이는 기병과 北朝초기에 속하는 草場

119　遼寧省文物考古硏究所·朝陽市博物館·朝陽縣文物管理所,「遼寧朝陽田草溝晋墓」,『文物』, 1997年 第11期, 33~41쪽.
120　田立坤·張克擧,「前燕的甲騎具裝」,『文物』, 1997年 11期, 72~75쪽.
121　박선희,『한국고대복식-그 원형과 정체』, 613~670쪽.
122　柳 涵,「北朝的鎧馬騎俑」,『考古』, 1959年 第2期, 100쪽.

坡 1호 고분에서 출토된 개마복식으로 보고 있다.[122] 안악 3호 무덤은 유 함을 비롯하여 중국의 학자들이 중국의 것으로 인식하고 있는 등 그 묘주에 대하여 국내외 학계에서 커다란 논란이 되고 있다. 그러나 필자는 이미 안악 3호 무덤벽화에 보이는 복식의 내용을 분석하여 안악 3호 무덤이 고구려 복식의 특징을 보여주는 왕릉이라는 견해를 제출한 바 있다.[123] 이에 관하여 7장에서도 부분적으로 밝혔다. 더구나 앞에서 분석된 안악 3호 무덤벽화에 보이는 고구려 갑옷의 고유한 특징은 복식방면에서 안악 3호 무덤이 고구려의 왕릉임을 입증하는 또 하나의 귀중한 자료가 된다. 이점은 아래에 서술할 개마의 생산연대와 개마복식의 양식에서도 보완될 것이다.

고구려의 개마는 중국이나 북방지역보다 앞서 생산되었다. 4세기 중엽에 속하는 고구려의 안악 3호 무덤벽화에서 보이는 개마는 중국의 北朝 초기에 속하는 초장파 1호 무덤의 陶俑에서 보이는 개마보다 그 연대가 훨씬 앞선 것이다. 그런데 안악 3호 무덤보다 앞선 3세기 무렵에 속하는 강원도 철령 유적에서 개마모형들이 출토되었다. 이 개마모형들은 고구려 개마가 보여주는 모습을 다 갖추고 있어 고구려에서 개마의 출현시기가 3세기 이전으로 올라갈 것으로 추정케 한다. 이는 『삼국사기』「고구려본기」 동천왕 20(246)년 기사에서 확인된다.

왕이 모든 장수들에게 일러 말하기를 '魏나라의 많은 군사가 도리여 우리의 적은 군사만 같지 못하다. 毌丘儉은 위나라의 명장이지마는 오늘

---

123 朴仙姬, 「고대 한국 복식의 袵形」, 『韓國民俗學 30』, 民俗學會, 1998, 333~338쪽 ; 박선희, 「복식의 비교연구에 의한 안악 3호 고분 묘주의 국적」, 『白山學報』 76호, 白山學會, 2006, 185~237쪽.

에는 그의 목숨이 나의 손에 있구나' 하고 곧 鐵騎 5천을 거느리고 쫓
아 가서 쳤다.[124]

이 내용으로부터 고구려에서 갑옷을 입은 개마기병이 5천이었음을 알 수
있고, 3세기 이전 개마가 출현했을 것임을 추정케 한다. 3세기 이전에 개마가
출현했다는 사실은 찰갑으로 된 갑옷의 출현이 이보다도 훨씬 앞섰을 것임을
알게 한다.

개마복식의 양식을 고구려 고분벽화에 보이는 개마와 중국 및 북방지역에
서 처음으로 보이는 개마의 모습과 비교해보면 그 양식에서 다음과 같은 차이
를 갖는다. 물론 앞선 생산연대를 갖는 고구려의 개마가 중국이나 북방지역보
다 훨씬 발달된 모습을 보여준다. 고구려 개마의 형태를 보여주는 실물자료로
는 황해남도 신원군에 있는 장수산성의 고구려 유적에서 나온 3세기 무렵의
개마모형[125]과 4세기 중엽으로 편년되는 안악 3호 무덤벽화의 행렬도의 것과
매우 유사한 강원도 고산군 회양군 철령에 있는 고구려 유적에서 나온 많은
양의 기마모형들과 갑옷을 입힌 개마들이다.[126] 또한 안악 3호 무덤벽화, 약수
리 무덤벽화, 삼실총 벽화, 개마 무덤벽화, 쌍영총 벽화, 덕흥리 무덤벽화에서
도 찾아볼 수 있다.

고구려 개마는 크게 말갑옷과 말투구로 나누어 볼 수 있다. 말갑옷의 경우

---

124 『三國史記』卷17「高句麗本紀」東川王 20年 條. "王謂諸將曰 '魏之大兵, 反不如我之小兵. 毌丘
儉者魏之名將, 今日命在我掌握之中乎' 乃領鐵騎五千, 進而擊之."

125 안병찬, 「장수산일대의 고구려유적유물에 대하여」, 『조선고고연구』, 1990년 제2호, 7~11쪽.

126 기마모형은 청동으로 주조하여 만든 것 4개와 철로 주조하여 만든 것 54개로 모두 58개가 발
굴되었다(리순진, 「강원도 철령유적에서 발굴된 고구려기마모형에 대하여」, 『조선고고연구』,
1994년 제4호, 2~6쪽).

4세기 중엽에 속하는 안악 3호 무덤과 4세기 말에서 5세기 초에 해당하는 약수리 무덤벽화에 보이는 개마는 가죽갑옷과 철갑옷이 함께 나타난다. 안악 3호 무덤벽화의 대행렬도에는 철갑옷 대오와 가죽갑옷 대오가 따로 분리되어 행진하는 모습이 보인다. 그런데 가죽갑옷의 행렬은 적은 수이며 5세기 무렵에 해당하는 벽화에는 나타나지 않는 것으로 보아 후대의 고구려 군대의 개마들은 모두 철갑으로 무장되었던 것으로 생각된다.

말투구의 경우 귀막이의 부분이 꽃잎모양으로 된 것과 둥근 모양으로 된 것의 두 가지이다. 철령 유적에서 나온 개마모형들과 삼실총, 쌍영총, 개마총의 무덤벽화에 보이는 귀막이는 꽃잎모양으로 장식적인 효과를 나타낸 것이 특징이고, 안악 3호 무덤분과 약수리 무덤벽화의 것은 둥근 모양으로 되어 있다. 이 같은 고구려의 개마와 5세기 혹은 6세기 무렵 처음으로 나타나는 중국 및 북방의 개마는 다음과 같은 차이를 갖는다.

첫째로, 고구려의 개마는 모두 말투구를 했다. 그러나 함양 저장만 北周墓(6세기 무렵)의 개마복식[127]과 서안 초장파 1호 무덤의 개마복식[128] 및 北朝시대인 5~6세기 무렵에 속하는 하남성 등현 彩繪畵磚圖象[129]에서 보이는 개마들은 모두 말투구가 씌워져 있지 않다. 북방지역의 西魏 大統 5(539)년에 그려진 돈황 285굴 서위벽화[130]에 보이는 개마의 경우도 말투구가 씌워지지 않았다. 고구려의 말투구는 아래턱이 자유스럽게 된 금속판으로 만들어졌는데 귀막이와 볼보호용 구조면이 있는 것이 특징이다. 그러나 북방지역의 돈황

---

127 柳 涵, 앞의 글, 97쪽의 圖2의 1.
128 陝西省文物管理委員會,「西安南郊草廣坡村北朝墓的發掘」,『考古』1959年 第6期, 285~287쪽.
129 陳大章,「河南鄧縣發現北朝七色彩繪畵象磚墓」,『文物』1958年 第6期, 55쪽.
130 黃能馥·陳娟娟,『中華服飾藝術源流』, 高等教育出版社, 1994, 160쪽.

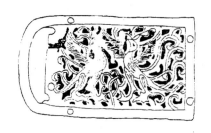

285굴 서위벽화에 보이는 말투구는 말의 앞부분을 제외한 모든 부분을 철갑으로 감싸고 있어 자유롭지 않게 보이고 고구려의 말투구에서 보이는 귀막이와 볼보호용 구조면이 없다. 맥적산 맥찰 127굴 北魏벽화 (5~6세기 무렵)에 보이는 말투구는 전체를 철판으로 씌웠는데 입이나 코 부분이 자유롭지 못하게 보이며 역시 귀막이와 볼보호용 구조면이 없다.

둘째로, 고구려의 말갑옷은 4세기 무렵의 고분들인 태성리 1호 무덤, 약수리 무덤벽화에 그려진 개마들은 아래 부분이 타원형인 쇠패쪽을 연결한 찰갑옷을 입힌 것들이며, 나머지는 직사각형의 쇠패쪽을 연결한 찰갑옷을 말발굽만 보일 정도로 길게 드리웠고 말잔등에는 갑옷을 덧 씌웠다. 맥적산 맥찰 127굴 북위벽화에 보이는 개마는 가죽 갑옷에 철편을 드문드문 박아 넣은 것이다. 함양 저장만 北周墓 개마복식은 6각형의 찰갑을 연결하여 만든 것으로 말의 몸만을 가리우고 있어 다리부분은 그대로 드러난다. 서안 초장파 1호 무덤 개마복식은 말의 몸 부분 만을 갑옷을 씌우고 말머리와 목 부분은 그대로 드러나 있다.

이상의 여러 가지 비교로부터 중국이나 북방지역 개마의 형태가 고구려 개마의 형태보다 훨씬 미숙한 것으로 확인 되었다. 고구려 개마의 생산시기가 중국이나 북방지역보다 약 2세기 정도 앞섰다는 점이 실물에서 증명되었다. 따라서 중국이나 북방지역의 개마는 고구려의 영향을 받았을 가능성이 매우 높을 것으로 추정되며, 고대 한국의 말갑옷이 북방지역이나 중국으로부터의 영향을 받았을 것이라는 견해는[131] 수정되어야 할 것이다.

따라서 십이대영자 향전역 88 M1 무덤에서 출토된 갑옷과 투구, 말투구 등이 고구려 특징의 유물인 것은 물론 금동제허리띠장식(그림 19)도 앞에 서술한 방신촌 유적에서 출토된 관테둘레에 보이는 봉황문양과 같은 양식의 것을 대칭으로 투조하여 이들 무덤 주인이 같은 고구려인이었음을 알게 한다. 또한 위에서 분석했듯이 북표현에 위치한 방신촌 무덤은 북표현에서 남쪽으로 멀지 않은 곳에 위치한 조양의 왕자 분산묘군의 태 M8713 : 1 무덤과 유물 형태가 유사하다. 같은 조양에 위치한 전초구 무덤에서는 왕자 분산묘군의 태 M8713 : 1 무덤과 방신촌 무덤에서 출토된 것과 유사한 금으로 만든 관장식이 출토되어 이 4개 무덤은 관장식만을 검토해 보아도 국적이 같은 것으로 나타난다. 그 외에 앞에서 검토한 갑옷종류와 양식, 삼족오 문양을 가득 투조한 말안장(그림 20, 20-1) 등의 마구 부속물양식 등에서도 마찬가지로 고구려 고유의 양식을 보여준다.

위의 분석한 내용으로부터 십이대영자 향전역 88 M1 무덤은 고구려의 무덤인 것이 분명해진다. 이 3개 무덤 가운데 왕자 분산묘군의 태 M8713 : 1 무덤의 연대가 3세기 초기~3세기 중엽으로 가장 이르고 방신촌 무덤과 전초구 무덤 및 십이대영자 향전역 88 M1 무덤이 3세기 말기에서 4세기 초기로 정리된다. 따라서 이들 무덤 주인은 평양성에서 고구려의 동천왕(227~248년)시기부터 고국원왕(331~371년) 재위 초기에 살았던 고구려 왕족들이라 하겠다.

지금까지 길게 분석한 내용들로부터 앞에서 서술한 고구려금관은 꽂음장

---

131 전주농, 「고구려시기의 무기와 무장 II」-고분 벽화 자료를 주로 하여, 『문화유산』, 1959, 66쪽.

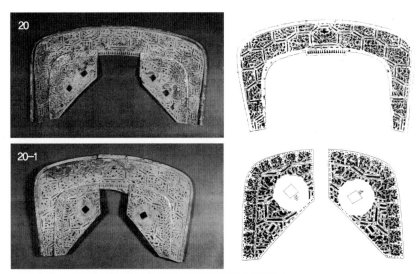

그림 20, 20-1 전초구 무덤 출토 금동으로 만든 말안장장식과 모사도

식에서 세움장식으로 양식의 변화를 가지며 발전해 나갔을 것으로 보이며, 신라와 백제의 금관에 크게 영향을 주었음을 알 수 있다. 신라와 백제 금관에서 보이는 금으로 만든 관장식과 절풍, 원형과 나뭇잎양식의 장식·나무줄기양식·새순 또는 움모양의 끝마무리장식·곡옥과 새장식 등은 고조선 장식양식을 계승한 고구려의 금관양식인 것이다. 특히 원형과 나뭇잎양식, 그리고 곡옥과 새장식은 고대 한반도와 만주지역의 신석기시대 유적에서부터 널리보이고 있어 이 장식들이 외부로부터의 영향이라는 종래의 견해는 수정되어져야 할 것이다.

3. 고구려 금관이 선비족에 미친 영향

평양성시기 고구려의 금관은 주변민족들에게도 크게 영향을 주었을 것으로 생각된다. 그 대표적인 것이 요령성 북표현 서관영자에 위치한 북연 馮素弗 무덤 출토의 금제관식 및 금제관(그림 21, 22, 22-1, 23)과 내몽고자치구 達茂 旗 출토의 금제관식이다. 요령성 북표현 서관영자에 위치한 석곽묘는 북연의 풍소불 무덤이라고 밝혀졌다.[132] 풍소불은 오호십육국시대 후연의 모용운을 이어 왕위에 오른 천왕 풍발의 동생이다.[133] 광개토대왕 17(408)년에 고구려는 사신을 보내 후연왕 모용운에게 종족의 예를 베풀어 화친을 맺었다.[134] 모용운은 원래 고구려 사람으로 성이 高씨였는데, 모용수의 아들 모용보가 태자로 있을 때 그를 양자로 삼아 모용씨 성을 하사하였다. 그렇기 때문에 고구려에서는 그를 종족의 예로 대했던 것이며, 모용운은 이를 기쁘게 받아들였던 것이다. 이처럼 북연이 갖는 고구려 혈통의 내용과 풍소불 무덤이 위치한 지역이 고조선의 영역이었다는 점을 볼 때, 풍소불 무덤에서 출토된 여러 유물들이 한민족의 문화적 성격을 갖는 것은 당연하다고 하겠다. 발굴자들도 풍소불 무덤에서 출토된 유물 가운데 철로 만든 갑편과 말갑옷 조각 및 금동으로 만든 등자(그림 24)의 경우는 그 형태가 중국의 것과 달라 중국의 유물로 편입시키지 못하고 있다.[135] 철로 만든 갑옷 조각은 그 형태에서 긴 장방형과 아래가 둥근 장방형을 주된 양식으로 하고 있는데, 이 같은 양식은 고조선과 이

---

132 黎瑤渤, 「遼寧北票縣西官營子北燕馮素弗墓」, 『文物』, 1973年 第3期, 2~28쪽.

133 『晉書』 卷125 「馮跋傳」.

134 『三國史記』 卷18 「高句麗本紀」 廣開土王條.

135 黎瑤渤, 앞의 글, 416~417쪽.

그림 21, 22, 22-1
북표현 서관영자 북연
풍소불 무덤 출토 금제관식

를 계승한 여러 나라 갑옷의 고유양식이다.

또한 말갑옷은 한민족이 중국이나 북방지역보다 약 2세기 정도 앞섰기[136] 때문에 이는 고구려의 것으로 보아야 할 것이다. 철투구의 경우도 중국이나 북방지역에서는 투구 전체를 주물을 부어 만든 것을 사용했고, 풍소불 무덤에서 출토된 것처럼 장방형의 갑옷조각을 연결하여 만든 철투구는 사용하지 않았다. 등자의 경우도 발굴자들은 지금까지 중국에서 출토된 등자 가운데 풍소불 무덤에서 출토된 것이 가장 이른 연대의 것이라고 하였는데 중국의 등자 사용연대가 고구려보다 늦기 때문이다. 풍소불 무덤에서 출토된 등자는 고구려 등자의 고유한 양식을 보인다.[137] 그 밖에 은과 동으로 만든 허리띠 역시 끝모습이 나뭇잎모양으로 된 한민족의 고유양식을 나타낸다.

이상의 분석된 내용을 근거로, 북연의 문화는 고구려의 영향을 크게 받았거나 고구려의 것을 수입했다고 할 수 있으며, 이는 금제관식의 경우도 마찬가지이다. 따라서 풍소불 무덤에서

---

136 박선희, 『한국고대복식』, 639~644쪽 참조.
137 위와 같음.

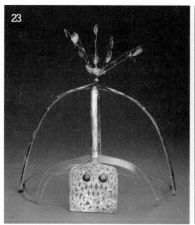

그림 23 북표현 서관영자 북연 풍소불 무덤 출토 금제관
그림 24 풍소물 무덤 출토 금동등자

출토된 나뭇잎모양의 장식이 달린 금제관식은 고구려의 것으로 분류되어야 할 것이다.

위에 서술한 요령성 북표현 방신촌에서 출토된 금으로 만든 꽃가지모양의 장식과 유사한 관식이 내몽고자치구 달무기에서 출토되었다. 이 관식이 금으로 만들어졌는데, 하나는 소머리 위에 뿔처럼 뻗어나간 줄기의 끝에 새순 또는 움모양의 나뭇잎이 줄기 끝에 장식되어 있고, 또 다른 하나는 말머리 위에 뿔이 나뭇가지처럼 뻗어나가고 끝에 새순 또는 움모양의 나뭇잎이 장식되어 있다(그림 25, 26). 발굴자들은 이 유물이 북조시대(420~588년)에 속하는 선비족의 것이라고 했다.[138] 이 유물은 북표현 방신촌에서 출토된 관식과 유사한 형식을 하고 있어, 선비족이 고구려 문화의 영향을 받아 만들었을 가능성이 크다. 위에서 서술했듯이, 한민족이 나뭇잎모양의 장식을 생산하고 사용한

---

138   陸思賢·陳棠棟,「達茂旗出土的古代北方民族金飾件」,『文物』, 1984年 第1期, 81~83쪽.

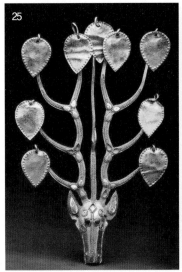

그림 25, 26 내몽고자치구 달무기 유적 출토 금제관식

연대는 고조선시대부터이며, 중국이나 북방지역에서는 장식단추나 원형 또는
나뭇잎모양의 장식기법을 거의 사용하지 않았다.

따라서 선비족에게 갑자기 출현한 이 같은 관식은 고구려로부터의 영향을
생각지 않을 수 없는 것이다. 앞에서 살펴본 것처럼, 고구려의 관식은 나무줄
기를 표현했으나 이 달무기의 관식은 소와 사슴의 뿔을 묘사한 모습이며 나
뭇잎모양의 장식도 모두 위로 향해 있는 등 고구려의 영향을 받은 선비족의
양식을 보여준다. 선비족은 고구려 초기에는 중국에 의한 互市나 고구려와
우호적인 관계를 통하여 고구려와 접촉이 비교적 활발했다.

호시의 상황은 『후한서』 「오환선비동이전」에 따르면, 동한 光武帝 建武
25(49)년 이후 明帝(57년)·章帝(76년)·和帝(89~104년)시기에 오환과 선비족
은 장기적으로 寧城에서 호시를 하였다. 이 영성은 上谷에 위치하는데 상곡
은 지금의 하북성 宣化 서북쪽으로 漢시대에 幽州에 속하는 지역이다. 이를

확인시켜주는 실제 예로 달무기에 근접한 내몽고자치구 화림격이현에 위치한 동한 고분벽화의 '寧城圖'에 '寧市中'이라는 榜題가 보이는데[139] 이는 동한이 영성에 '호시'를 설치하고 북방민족들과의 무역과 왕래의 장소로 삼았음을 의미한다.

고구려는 고조선의 옛 땅을 수복하기 위한 목적으로 모본왕 때부터 미천왕때까지 줄곧 지금의 요서지역에 진출하였는데, 동한 광무제에서 화제에 이르는 시기 유주지역에 여러 차례 진출하였다. 그러나 이 시기는 고구려가 요동태수와 화친을 하여 국경을 정상화시키거나 요동태수에게 패하는 등 동한이 영성에 호시를 설치하는 것이 가능하였던 시기로 호시를 통하여 중국과 선비족 및 고구려는 서로 영향을 주고받을 수 있었다.

우호적인 경우를 보기로 들면 『삼국사기』 「고구려본기」 태조대왕조에 태조왕 69(122)년에 고구려는 선비의 군사 8천여 명을 데리고 중국의 요동지역을 공격하는 등 우호적인 접촉을 갖기도 하였다. 이후 3세기 말 무렵에 이르러 중국의 정권 내부가 혼란한 틈을 타서 중국 동북 지역에 거주하던 선비는 성장을 하게 되며, 줄곧 고구려를 침략하거나 화맹을 맺기도 했다. 이 같은 끝임 없는 고구려와 선비의 접촉과 충돌은 선비가 고구려의 우수한 문화를 받아들이기에 충분한 시간을 제공했을 것이다.

따라서 내몽고자치구 달무기에서 출토된 금제관식은 아래 부분은 선비족

---

139 『後漢書』 卷90 「烏丸鮮卑列傳」. "(光武) 25년, …… 於是復置校尉於上谷寧城, 開營府, 幷領鮮卑, 賞賜質子, 歲時互市焉. …… 安帝永初中, …… 令止烏丸校尉所居寧城下, 通胡市." 이 '寧'에 대한 주석에서 "寧城, 縣名. 『漢書』 寧縣作'寧', 『史記』 寧城亦作'寧', 寧寧兩字通也."라고 했다; 內蒙古文物工作隊·內蒙古博物館, 「和林格爾發現一座重要的東漢壁畵墓」, 『文物』, 1974年 第1期, 8~23쪽; 內蒙古文物工作隊·內蒙古博物館, 「和林格爾發現一座重要的東漢壁畵墓」, 『文物』, 1974年 第1期, 8~23쪽.

의 양식을 보여주고 있으나 윗부분은 고구려의 고유양식인 나뭇잎모양의 장식을 하고 있어 고구려의 영향을 받았을 가능성을 보여준다. 더구나 내몽고자치구 달무기에서 출토된 금제관식과 북연의 풍소불 무덤에서 출토된 금제관식은 모두 연대가 5~6세기에 걸쳐있다. 그런데 고구려의 금제관식인 요령성 북표현 방신촌 출토의 금제관식과 요령성 조양현 십이태향 원태자촌 출토 금제관식 그리고 요령성 조양 전초구 출토의 금제관식은 이보다 약 2~3세기 정도 앞서 출현한 것이므로, 달무기와 풍소불 무덤에서 출토된 금제관식에 시간적으로 충분한 영향을 주었을 것으로 추정된다.

1절에서 서술했듯이 중국학자들은 방신촌 무덤을 처음 발굴했을 당시에는 北燕의 무덤이라고 하지 않았다. 발굴자들은 이 무덤의 국적을 선비족으로 추측했다. 그러나 이후 어떠한 이유에서인지 중국학자들은 이 무덤을 다시 북연의 무덤이라고 명명하기 시작했던 것이다. 이 시기는 중국이 동북공정을 시작하기 이전 준비과정에 있을 때였다. 중국학자들이 방신촌을 중심하여 북표와 조양 등지의 문화가 고구려적 성격을 가진다는 것을 모를리 없다. 앞의 첫 페이지에서 설명했듯이 그들은 이 지역에 대한 유물 분석에서 고구려적 특징을 간과하지 않았다.

그것은 고고학의 유물특징에서 뿐만 아니라 문헌자료에 존재하는 북연의 종족성격을 소홀히 할 수 없었던 것이다. 또한 삼연이 위치하고 있던 지역이 고대 한민족의 거주지역이었던 점도 잘 알고 있다. 三燕은 前燕과 後燕, 北燕으로 전연과 후연은 선비족이 세운 나라이지만 북연은 고구려 사람이 세운 나라라는 점이다. 북연은 407~436년에 존속했던 고구려 왕족 출신인 高雲이 後燕의 왕위를 찬탈하고 세운 나라로 광개토대왕은 사신을 보내 후연 왕

모용운에게 종족의 예를 베풀어 화친을 맺기도 했었다. 따라서 북연문화에는 고조선과 이를 계승한 고구려문화의 특징들이 나타나게 마련이다.

동북공정이 시작되기 이전부터 이미 중국학자들은 오늘날 만주가 그들의 영토이기 때문에 그곳에 대한 고대부터의 연고권을 주장하고자 했다. 다시 말해 중국은 고대부터 천하는 중국의 지배를 받아야 한다는 天下사상이 그들 정치사상의 근간을 차지해왔다. 따라서 한국고대의 역사도 그러한 정치와 문화의 연장선상에서 해석하고자 하는 것이다. 그리고 중화인민공화국이 건국된 이후 중국은 고대부터 다민족국가였다는 점을 강조하고 있다. 그것은 어느 민족이나 종족이든 중국 영토 안에 거주한 사람들은 모두 중국의 구성요인으로 보는 것이다. 이것은 전통적인 天下사상의 또 다른 형태인 것이다. 따라서 중국학자들은 역사를 민족 단위가 아닌 영역 중심으로 파악하고 해석하는 것이 일상화되어 있다. 만주역사에 대해서도 과거에는 어느 민족에 역사가 있었든 현재는 중국의 영토이므로 중국사에 포함되어야 한다고 보는 것이다. 이후 동북공정이 시작되면서 보다 노골화되어 아예 고조선 이전과 고조선·고구려·발해의 역사는 고대 중국의 동북지방에 속한 지방정권으로 서술되었다. 이것이 중국학자들이 방신촌 무덤을 비롯한 이 지역 유적과 유물들의 국적을 선비족에서 북연으로 수정한 까닭일 것이다.

한국학자들은 이러한 점들은 소홀히 하고 중국학자들이 선비족 무덤이라고 한 내용을 비판과 분석 없이 그대로 받아들이고 있다. 그 결과 한국 고대문화의 다양한 내용들이 三燕문화 즉 북방문화 또는 선비족의 영향으로 이루어졌다는 관련성으로 무분별하게 연결시켜졌다. 한반도와 만주지역 무덤들에서 출토되어지는 모든 유물들의 통시적인 양식사를 고찰하지 않은 채 중국학자들이 북연 또는 선비족 무덤이라고 한 내용을 비판과 분석 없이 받아들여, 한반도 남부와 만주 집안지역의 한국 고대 문화의 다양한 내용들이 三燕문화 즉 북방문화의 영향으로 이루어졌다는 관련성으로 무분별하게 연결시켜졌다.

우리 문화를 보고도 우리문화인 줄 모르고 남의 문화라고 해놓고 거기서 다시 우리 문화의 원형을 찾고 있는 것이다. 왜 우리 민족문화의 원류를 한결같이 밖에서 찾아야 하는지 걱정이다.

이상의 내용으로부터 첫째는 동천왕이 조양으로 천도한 평양성시기에 요령성의 북표현 방신촌과 원태자촌 및 전초구 출토의 금제관식들이 만들어졌음을 알 수 있다. 둘째는 방신촌에서 출토된 금으로 만든 관테둘레장식은 앞과 뒤로 금제관식을 꽂아 만든 금관양식이 당시 고구려 고유의 관장식 기법이었음을 추정할 수 있게 한다. 특히 금제관식에 보이는 달개장식과 불꽃문양은 고조선을 계승한 고구려 관모장식의 특징으로 독창적 양식으로 발전되어 이웃나라에 영향을 주었음을 확인할 수 있다.

제4장

칠성산 211호 무덤
금동제관식과 서천왕

1. 칠성산 211호 무덤의 정체와 금동제관식

西川王(270~292년)의 무덤으로 추정되는 七星山 211호 무덤(그림 1, 1-1, 1-2)은 집안시 통구촌 동구 고묘군 칠성산묘구의 최남단에 위치해 있다. 발굴자들은 이 무덤보다 앞선 시기에 만들어진 것으로 추정되는 칠성산 871호 무덤(그림 2, 2-1, 2-2)이 같은 칠성산묘구의 북쪽에 위치하고 있어 두 무덤이 서로 관련이 있을것으로 보았다.[1]

칠성산 211호 무덤보다 앞선 2세기 이전에 속할 것으로 추정되는 칠성산 871호 무덤에서는 청동으로 만든 관테둘레 조각으로 보이는 관식 2점(그림 3,

---

1 吉林省文物考古研究所·集安市博物館 編著, 『集安高句麗王陵-1990~2003年 集安高句麗王陵調查報告』, 文物出版社, 2004, 48쪽의 圖30 ; 孫仁杰·遲 勇, 『集安高句麗墓葬』, 香港亞洲出版社, 2007, 63~66쪽 ; 張福有·孫仁杰·遲 勇, 『高句麗王陵通考』, 香港亞洲出版社, 2007, 22~24쪽·118~120쪽.

그림 1, 1-1, 1-2 칠성산 211호 무덤 남쪽과 동쪽에서 본 전경과 서편에 보이는 도굴구덩이

그림 2, 2-1, 2-2 칠성산 871호 무덤 동서쪽 · 동북쪽과 북쪽에서 본 전경

3–1)과 달개장식(그림 4)[2]이 출토되었다. 이 칠성산 871호 무덤은 꼭대기부터 밑바닥까지 도굴되어 무덤방이 사라져 있을 정도로 훼손이 심해 발견된 유물도 매우 적다.

3–1

먼저 발굴자들이 칠성산 211호 무덤을 서천왕의 무덤으로 보는 이유를 살펴보자. 발굴자들은 칠성산 211호 무덤의 위치와 환경이 뛰어나고

그림 3, 3–1 칠성산 871호 무덤 출토 청동제관테둘레
조각과 모사도

규모가 방대한 점에서 고구려 왕릉으로 확신했다. 그러나 무덤방이 남아있지 않고 주변 역시 심하게 파괴되어, 왕릉과 관련된 시설들을 상세히 알 수 없으나 현재 남아있는 유적과 유물의 상태를 통해 이른 시기의 왕릉으로 추정했다.

즉, 중국학자들은 이 무덤에 사용된 석재상태가 하층석재의 크기는 비교적 크지만 나머지 계단석은 대체로 작다는 점, 그리고 대부분 자연석으로 같은 종류의 무덤 가운데서 비교적 드러나 보이는 특징을 가지고 있는 점을 들었다. 또한 칠성산 211호 무덤에서 출토된 유물 중에서 금동으로 만든 장식들은 도금기술의 수준이 높지 않고 상당 부분이 떨어져 나갔으며, 금동의 색상이 백황색인 점에서 비교적 초기의 특징을 반영하고 있다고 분석했다.[3]

---

2 위와 같음.

3 吉林省文物考古研究所·集安市博物館 編著, 위의 책, 84~97쪽.

그림 4
칠성산 871호 무덤 출토 청동제달개장식

또한 기존연구에서는 일반적으로 4세기 초에 고구려가 와당을 사용하기 시작했다고 보는데,[4] 이 무덤에서는 와당은 없고 筒瓦와 板瓦만이 보인다. 또한 이 무덤에서는 晉나라(265~316년)의 瓷片과 釉陶片이 출토되었는데 이들은 대체로 3세기에서 4세기에 속하는 것이다. 따라서 이러한 요소들을 종합하여 이 무덤의 연대가 3세기를 넘지 않을 것이라고[5] 보았다.

더군다나 이 무덤의 중간부분이 바닥까지 훼손된 사실은 『삼국사기』 「고구려본기」 봉상왕 5년 조 기록에 모용외가 서천왕의 무덤을 파헤쳤던 사실[6]과 부합된다. 즉 무덤 위에 수천 개나 되는 석재를 제거한다는 일은 대규모의 인력이 아니면 불가능한 일로써 모용외의 군대행위에서 비로소 가능했을 것이다. 발굴자들은 이러한 상황을 종합하여 칠성산 211호 무덤이 고구려 제13대 왕인 서천왕의 무덤일 것으로[7] 추정했다.

특기할 점은 앞에 서술한 바와 같이 칠성산 211호 무덤보다 앞선 2세기 무렵으로 추정되는 七星山 871호 무덤에서 관테둘레로 쓰였을 관식 조각이(그

---

4 일반적으로 고구려 와당의 상한연대는 4세기 초엽으로 보고 있으나, 집안지역 왕릉들에서 출토된 와당에 대한 새로운 고찰에서 봉상왕(292~300년)시기 궁궐건축에 와당을 사용한 것으로 보아 그 이전부터 와당이 사용되었을 것이라는 견해가 있다(백종오, 『고구려 기와의 성립과 왕권』, 주류성, 2006, 58~63쪽).

5 吉林省文物考古硏究所·集安市博物館 編著, 위의 책, 97쪽.

6 『三國史記』 卷17 「高句麗本紀」 烽上王 5년조. "秋8月, 慕容廆來侵, 至故國原, 見西川王墓, 使人發之."

7 吉林省文物考古硏究所·集安市博物館 編著, 위의 책, 97쪽.

림 3, 3-1) 출토된 것이다.[8] 이 관식은 그림과 같이 아래위로 두 줄씩 점열문이 있고 달개장식을 달았던 흔적의 구멍이 있다. 그 외에 청동제달개장식(그림 4)도 출토되었다.

신라 금관의 3단 혹은 4단의 세움장식에는 곡옥과 달개가 많이 달렸으며, 세움장식의 가장자리 부분에는 뾰족한 도구로 찍어낸 연속된 점열무늬가 한 줄이나 두 줄로 이어지거나 혹은 곡선줄과 함께 어우러져있다. 점열무늬의 이러한 차이는 얇은 금판에 세운 세움장식이나 달개와 곡옥장식의 양과 비례한다. 즉 연속된 점열무늬는 단순히 장식을 위한 무늬가 아니다. 무늬로서 효과를 내려면 오히려 다른 문양을 선택해야 잘 나타날 것이기 때문이다.

이것은 뾰족한 쇠붙이를 금판에 대고 망치질을 하여 점열문을 새길 때 충격을 받은 금판의 결정이 깨져서 규칙적으로 배열되어 있던 전자의 분포가 엉키게 되므로 금판의 강도와 탄력이 현저하게 높아지는[9] 목적이 있다. 따라서 금관의 세움장식과 관테둘레에 새겨진 문양은 세움장식과 관테둘레의 무게중심을 고려한 실용적인 것으로 해석된다. 금관의 이러한 특징들은 금관이 실용성을 고려하여 만들어진 것으로 실제 사용되었다는 것을 알 수 있다.

七星山 871호 무덤에서 출토된 관테둘레에서도 점열문을 새긴 것으로 보아 실용성을 고려하였던 것으로 생각된다. 남아있는 관테둘레 조각은 길이가 6cm, 넓이 3.1cm, 두께 0.1cm이고 구멍의 직경은 0.3cm로 3개의 구멍이 삼각형 모양을 하고 있다. 다른 하나는 길이 5.5cm이고 중간에 두개의 구멍이

---

8 吉林省文物考古研究所·集安市博物館 編著, 위의 책, 47쪽.
9 임재해, 「고대에도 한류가 있었다-민족문화의 정체성 인식」, 『고대에도 한류가 있었다』, 지식산업사, 2007, 75쪽.

그림 5, 5-1, 5-2 칠성산 211호 무덤 출토 금동제관식

나있다.[10] 이 작은 구멍들에는 달개장식을 달았을 것이다.

발굴자들은 칠성산 871호 무덤에서 출토된 다량의 기와에 보이는 문양 등을 근거로 이 무덤을 2세기 이전에 건축된 고구려 초기왕릉으로 추정했다.[11] 따라서 이 청동관식이 관테둘레인 것이 확실하다면 고구려에서 관테둘레가 있는 금속관모의 출현 시기는 적어도 서천왕시기보다 앞선 2세기 무렵이 될 것이다.

서천왕의 무덤으로 추정되는 칠성산 211호 무덤에서는 청동과 철로 만든 갑옷조각과 다양한 도구 등과 함께 금동으로 만든 관식들이 출토되었다.[12] 이 무덤은 집안시 통구촌 동구 고묘군 칠성산묘구의 최남단에 위치하고 있는데, 그림에서와 같이 서북쪽에서 동남쪽 방향으로 크게 훼손된 도굴의 흔적이 남아있고 무덤방도 존재하지 않는다(그림 1 참조).

칠성산 211호 무덤 출토 금동제관식에서 가장 두드러지는 것은 4개의 꽃잎모양이 연결된 장식(그림 5, 5-1, 5-2)이다. 이 장식은 큰 것 14개와 작은 것 4개로 모두 18개가 출토되었다. 이 장식은 얇은 동편에 투각으로 문양을 이루

---

10 주 7과 같음.

11 吉林省文物考古研究所·集安市博物館 編著, 위의 책, 46~51쪽; 張福有·孫仁杰·遲 勇, 『高句麗王陵通考』, 香港亞洲出版社, 2007, 22~24쪽.

12 吉林省文物考古研究所·集安市博物館 編著, 위의 책, 92쪽의 圖71.

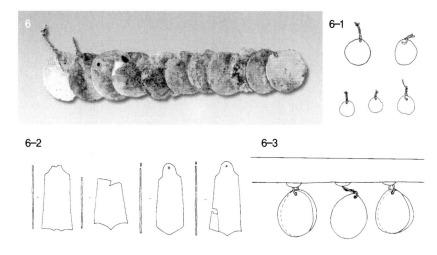

그림 6, 6-1, 6-2, 6-3 칠성산 211호 무덤 출토 금동제관식과 모사도

고 표면에 금을 입혔다. 그림에서와 같이 전체적인 모양은 네모이며 가운데 4
개의 꽃잎이 맞붙어 있는 곳은 나뭇잎모양을 이루며 주변을 2줄의 점열문으
로 장식했다. 이 꽃잎장식마다 가운데 부분에는 원형의 볼록 나온 부분이 있
고 그 위에 각기 1개씩의 나뭇잎달개장식이 있고 맨 가운데 부분에도 달개장
식이 1개 달려있다.

이 꽃잎장식은 크고 작은 것 2가지 종류인데 큰 것은 대각선 길이가 12cm
이고, 넓이는 9cm, 두께는 0.1cm이고 중심부에 달려있는 나뭇잎장식의 직경
은 1.8cm이다. 이 꽃잎장식의 2개 꽃잎 끝부분에는 매달았던 흔적으로 보이
는 각기 직경 0.1cm의 구멍이 있다. 크기가 작은 것은 대각선 길이가 5.8cm이
고, 직경이 4cm, 두께가 0.1cm이며 매어단 원형 나뭇잎장식의 직경은 1cm이
다. 그 외에 나뭇잎장식 29개가 함께 출토되었는데 얇은 동편으로 만들어졌

---

13 吉林省文物考古研究所·集安市博物館 編著, 위의 책, 91~93쪽.

7-1

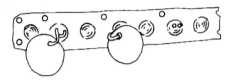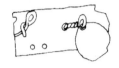

그림 7, 7-1 칠성산 211호 무덤 출토 금동제관테둘레와 모사도

으며 원형과 규형의 두 가지 형태이다(그림 6, 6-1, 6-2, 6-3).[13]

위의 양식은 앞에 서술한 방신촌 무덤과 전초구 무덤에서 출토된 것과 유사한 양식을 보이고 있다. 또한 이 무덤들이 모두 3세기에서 4세기에 속하는 점으로 보아 적어도 3세기 이전부터 고구려 관식에서 이러한 양식이 유행했던 것으로 생각된다.

이들 금동제관식 가운데 주목할 것은 2개의 긴 띠모양 금동제장식(그림 7, 7-1)이다. 하나는 남아있는 길이가 4.1cm이고 폭이 0.7cm인데 그림에서와 같이 가운데 부분을 원형으로 볼록 나오게 하여 금판의 강도와 탄력을 높이고자 했던 것으로 보여진다. 원형으로 볼록 나온 부분의 직경은 0.4cm이고, 달개장식의 직경은 0.8cm이다.[14] 이 띠모양장식에는 아래위로 일정한 간격의 구멍이 나있어 다른 부분에 연결하였을 흔적을 보인다. 이 장식의 남아있는 길

---

14 위와 같음.

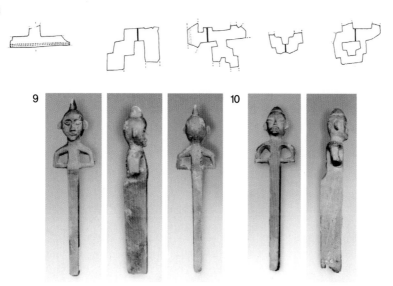

8

9   10

그림 8 칠성산 211호 무덤 출토 금동제관식 모사도
그림 9, 10 칠성산 871호 무덤과 임강 무덤, 우산묘구 2110호 무덤 출토 청동마차굴대들

이가 너무 짧아 관테둘레로 사용되어진 것인지 여부를 판단하기 어렵다. 그러
나 금속세공기술과 표면에 나타나는 양식이 고구려와 신라 금관에 보이는 관
테둘레와 매우 유사하다.

다른 하나는 앞에 설명한 것보다 폭이 1.2cm로 보다 넓고 남아있는 길이
는 2.6cm이며 원형으로 볼록 나온 부분이 없으며 중심부에 직경 0.8cm의 달
개장식이 달렸다. 이들 장식의 두께는 모두 0.087cm이다.[15]

칠성산 211호 무덤에서는 위에 서술한 금동제장식 이외에 그림 8과 같이
부분적으로 점열문이 있는 얇은 동편에 양면 모두 금동으로 투조한 문양 장
식조각들이 여럿 출토되었다.

---

15   吉林省文物考古硏究所·集安市博物館 編著, 위의 책, 91쪽의 圖版 47.

그림 11, 12, 13, 14, 15 임강 무덤 출토 금팔찌와 장식들

　이러한 장식들은 1장에서 서술했듯이 변이나 절풍과 같은 상투만을 덮는 모자의 아래 부분에 관테둘레와 장식으로 사용되어 이들 모자와 한 벌이 되어 세움장식을 세우는 구성물이었을 것으로 생각된다. 칠성산 211호 무덤과 이보다 앞선 시기로 추정되는 칠성산 871호 무덤 및 이 무덤들에 가까이 위치한 臨江 무덤과 우산 2110호 무덤에서 출토된 청동마차굴대(그림 9, 10)의 머리 위에 상투만을 덮은 윗부분이 둥근 절풍[16]과 윗부분이 세모양식인 변이 좋은 예가 될 것이다.

　우산 2110호 무덤 부근에 위치한 임강 무덤은 고구려 우산 무덤지역에서 비교적 규모가 큰 적석 무덤으로 집안시 동쪽에 위치하고 있다. 임강 무덤이라는 명칭이 생겨난 것은, 20세기에 쓰여진 『通溝』·『吉林省志·文物志』·『集安縣文物志』에서 이 무덤이 압록강을 내려다보며 위치하고 있어 이처럼 부르기 시작했다.[17]

　이 임강 무덤의 동쪽에는 무덤과 평행하여 祭臺가 위치해 있다. 祭臺器物

16　吉林省文物考古研究所·集安市博物館 編著, 위의 책, 74~75쪽.
17　吉林省文物考古研究所·集安市博物館 編著, 위의 책, 51쪽.

로 청동마차굴대를 비롯하여 금가락지와 瑪瑙구슬, 금동장식 조각, 청동팔찌(그림 11, 12, 13, 14, 15), 청동과 철로 만든 마구 등 여러 유물들이 다양하게 출토되었다. 발굴자들은 제단의 위치와 양식 등이 고구려 왕릉의 중요한 특징을 그대로 갖추고 있다고 보았다. 따라서 제단에서 출토된 여러 유물들을 제사용품으로 분석하였다. 이러한 내용들과 함께 출토된 기와의 성격 분석 등을 종합한 결과 임강 무덤은 늦어도 3세기 무렵에 속하는 고구려 초기 왕릉일 것으로[18] 추정된다.

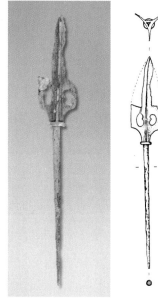

그림 16 우산 2110호 무덤에서 출토된
신호용 화살촉과 모사도

우산 2110호 무덤은 훼손 상태가 심하여 무덤표면의 석재들이 많이 사라져 외형도 크게 변화된 상태이다. 그 요인은 다음과 같다. 첫째는 만주국시기 일본인들이 무덤 꼭대기에 水泥紀念碑를 세웠었기 때문이다. 둘째는 신중국 건설과 함께 점차 이곳으로 거주민들이 모여들어 밀집되면서 훼손도 함께 진행되었던 것이다.[19]

발굴자들은 이 무덤이 장방형의 계단식 무덤으로 雙壙室이었으며, 발견된 유물의 수준으로 보아 고구려 왕릉으로 추정했다. 특히 주목된 것은 유물 가운데 그림과 같이 나뭇잎모양의 문양을 투조한 날개를 벌리고, 은으로 테를

---

18 吉林省文物考古硏究所·集安市博物館 編著, 위의 책, 58~60쪽

19 吉林省文物考古硏究所·集安市博物館 編著, 위의 책, 70쪽.

두른 3개의 신호용 화살촉(그림 16)이다.[20] 그리고 청동마차굴대와 기와 등의 특징이 고구려 왕릉의 중요한 표지유물로 분석된다.

그림에서와 같이 청동마차굴대는 머리에 둥근 절풍을 쓰고 있는 것과, 변에 가까운 모자를 쓰고 있는 2종류가 있는데 당시 고구려 관모의 양식을 사실대로 잘 나타내 주고 있다. 모두 관끈이 없이 머리에 고정된 모습이다. 이러한 사실에서 고구려 초기 왕들은 줄곧 고조선 관모의 전통을 이어 변이나 절풍과 같은 상투만을 가리운 관모양식에 꽂음장식과 관테둘레 등을 금과 금동으로 만든 왕관을 사용하기 시작했다고 생각된다. 청동마차굴대에서 보이는 절풍 혹은 변과 같은 양식의 모자에 꽂았을 장식은 1장에서 서술한 새깃과 꽃가지양식 등의 꽂음장식들이었을 것이다.

2. 서천왕시기 왕관의 정치기능

그러면 서천왕시기 고구려는 왜 관테둘레를 두르고 금동으로 만든 화려한 장식을 한 왕관을 만들었을까? 왕관은 곧 왕권을 상징하는 까닭에 왕관의 제작은 곧 왕의 신성한 권위와 초월적인 통치력을 보장하는데 이바지한다. 따라서 왕관 양식은 그것이 만들어진 시기 왕권의 성격을 보여주는 실질적인 구조물이며 당시대를 반영하는 정치적 유산이기도 하다. 그러므로 왕권과 밀접한 조형물의 양식변화를 고찰하는 것은 단순히 왕권의 신성한 상징성을 해석하는데 머물지 않고 금관이 대내외적으로 발휘하고자 했을 정치적 기능을 밝

---

20 吉林省文物考古硏究所·集安市博物館 編著, 위의 책, 83쪽·圖 56의 5와 圖版 42의 2.

히는 일이 될 것이다.

『삼국사기』「고구려본기」를 보면 고구려는 건국에서 멸망에 이르기까지 주변의 국가들과 계속해서 전쟁을 치루는 전쟁사의 연속이었다. 따라서 줄곧 진행되었던 대외전쟁의 성격을 파악하는 것은 고구려 사람들이 대내외적으로 추구했던 궁극적인 목표를 살펴볼 수 있는 길이 될 것이다. 아울러 왕관에 반영된 통치권력이 추구했던 목적의 상징적인 의미도 올바르게 해석될 수 있을 것이다.

우선 서천왕시기에 금동으로 만든 관테둘레에 금동장식을 한 왕관이 출현한 배경을 살펴보기로 한다. 고구려는 동명왕(서기전 37~19년) 때부터 민중왕(44~48년) 때까지 주변의 작은 나라들을 병합하여 영역 기반을 확립하였다. 이후 모본왕(48~53년)때부터 서천왕을 거쳐 미천왕(300~331년)때까지는 주로 지금의 요서지역으로 진출하였다.

『삼국사기』「고구려본기」에 동명왕은 "2년 여름 6월에(비류국 왕) 송양이 나라를 바치며 항복하자 (왕은) 그 곳을 多勿都라 하고 송양을 봉하여 그곳의 主로 삼았다. 고구려 나라말에 옛 땅의 회복을 多勿이라 하므로 그와 같이 이름 한 것이다"[21]라고 하였다. 이 내용에서 고구려는 건국 다음해인 서기전 36년에 가장 먼저 비류국을 통합하고 그곳을 다물도라 했음을 알 수 있다. 다물은 고토회복의 뜻을 지녔다.

그러나『삼국사기』「고구려본기」 시조 동명성왕 원년조의 "왕은 沸流水 중

---

21 『三國史記』卷13「高句麗本紀」始祖 東明聖王條. "2년 여름 6월에 (沸流國 王) 松讓이 나라를 바치며 항복하자 (왕은) 그곳을 多勿都라 하고 송양을 봉하여 그곳의 主로 삼았다. 고구려 나라말에 옛 땅의 회복을 多勿이라 하므로 그와 같이 이름한 것이다(二年, 夏六月, 松讓以國來降, 以其地爲多勿都, 封松讓爲主, 麗語謂復舊土爲多勿, 故以名焉)."

에 채소의 잎사귀가 흘러내려오는 것을 보고 상류에 사람이 살고 있음을 알았다. 그래서 사냥을 하면서 찾아가 沸流國에 이르렀다. 그 국왕 松讓이 나와보고 말하기를, "寡人이 바다 귀퉁이에 치우쳐 있어 일찍이 君子를 얻어 보지 못하다가 오늘 의외로 서로 만나보니 또한 다행한 일이 아닌가. 그런데 나는 그대가 어디서 왔는지 모르겠다" 하였다. (이에 왕은) 대답하기를, "나는 天帝의 아들인데 이곳에 와서 某處에 도읍하였다"고 했다. 송양이 말하기를, "우리는 여기서 여러 대에 걸쳐 왕으로 있었지만 땅이 좁아 두 임금을 섬기기는 어렵겠다. 그대는 도읍을 정한 지 며칠 되지 않으니 우리의 附庸이 되는 것이 어떻겠는가"라고 하였다. 그 말에 왕은 분노하여 그와 시비를 하다가 또한 서로 활쏘기를 하여 재주를 시험해 보니 송양이 대항할 수 없었다"[22]는 내용이 있다.

이 내용에서 비류국은 고구려와 인접한 국가로 고구려 영토에 포함된 적은 없었음을 알 수 있다. 따라서 고구려가 고조선에 속해있던 비류국[23]을 병합하고 그곳을 다물도라 이름 한 것은 고구려가 고조선을 계승하겠다는 이념의 표현으로 해석된다. 그래서 고구려는 고조선의 옛 땅을 통합한 후 그곳에 고토회복의 뜻을 가진 다물도라 이름 했을 것이다.[24]

추모왕은 비류국을 첫번째로 병합하는 것을 시작으로 서기전 32년에는 지금의 백두산인 태백산 동남쪽에 위치했던 행인국을,[25] 서기전 28년에는 북옥

---

22 『三國史記』卷13「高句麗本紀」始祖 東明聖王條. "王見沸流水中有菜葉逐流下, 知有人在上流者, 因以獵往尋, 至沸流國. 其國王松讓出見曰, 寡人僻在海隅, 未嘗得見君子, 今日邂逅相遇, 不亦幸乎, 然不識吾子自何而來. 答曰, 我是天帝子, 來都於某所. 松讓曰, 我累世爲王, 地小不足容兩主, 君立都日淺, 爲我附庸可乎. 王忿其言, 因與之鬪辯, 亦相射以校藝, 松讓不能抗."

23 윤내현, 『고조선연구』, 一志社, 1994, 469쪽.

24 윤내현, 『한국열국사연구』, 지식산업사, 1998, 300~301쪽.

25 『三國史記』卷13「高句麗本紀」始祖 東明聖王條. "六年, ⋯⋯ 冬十月, 王命烏伊·扶芬奴, 伐太白山東南荇人國, 取其地爲城邑."

저를 멸하고 고구려의 성읍으로 삼았다.[26] 이후 유리왕 11년에는 선비를 공격해 속국으로 만들었다.[27] 유리왕 33년에는 중국 서한 王莽의 침략을 응징하기 위해 지금의 요하 서부연안에 있었던 것으로 추정되는[28] 왕망의 新의 고구려현을 공격하여 빼앗았다.[29] 이러한 상황으로 보아 당시 고구려는 지금의 요서지역에 진출했을 것으로 생각된다.

그러나 고구려는 아직 국력이 충실하지 않았기 때문에 요서지역으로 계속 진출하지 않았다. 고구려는 대무신왕 9(26)년에는 지금의 압록강 상류유역에 있던 개마국과 구다국을 병합하였다.[30] 대무신왕 11년에는 동한의 요동태수가 침략했는데 이를 물리쳤고,[31] 대무신왕 15년에는 지금의 대동강유역에 있었던 최씨낙랑국을 공격하여 복종시켰다.[32] 다른 한편으로는 동한에 사신을 보

---

26 『三國史記』卷13「高句麗本紀」始祖 東明聖王條. "十年, …… 冬十一月, 王命扶尉猒, 伐北沃沮滅之, 以其地爲城邑."

27 『三國史記』卷13「高句麗本紀」琉璃明王 11年條.

28 윤내현, 「위만조선과 한사군의 위치」, 『고조선연구』, 378쪽; 기수연, 「현도군과 고구려 건국에 대한 연구」, 『동북공정과 한국학계의 대응논리』, 여유당, 2008, 274~322쪽.

29 『三國史記』卷13「高句麗本紀」琉璃明王條. "三十三年, …… 秋八月, 王命烏伊·摩離領兵二萬, 西伐梁貊滅其國, 進兵襲取漢高句麗縣."

30 『三國史記』卷14「高句麗本紀」大武神王條. "9년 10월에 왕이 개마국을 친히 정벌하여 그 왕을 죽이고 백성을 위안시켰으며, 약탈은 하지 않고 다만 그 땅을 군현으로 삼았다. 12월에 구다국 왕이 蓋馬가 멸망했다는 소식을 듣고 자기에게도 해가 미칠까 두려워 나라를 들고 와서 항복하였다. 이로 말미암아 영토를 점점 널리 개척하게 되었다(九年, 冬十月, 王親征蓋馬國, 殺其王, 慰安百姓, 毋虜掠, 但以其地爲郡縣. 十二月, 句茶國王, 聞蓋馬滅, 懼害及己, 舉國來降, 由是, 拓地浸廣)."

31 『三國史記』卷14「高句麗本紀」大武神王條. "11년 가을 7월에 漢나라의 遼東太守가 병사를 거느리고 와서 치자, 왕은 여러 신하를 모아놓고 싸워서 지킬 계책을 물었다. …… 한나라의 장수는 말하기를, …… 지금 온 글을 보니 말이 온순하고 공손하니 어찌 입을 빌어 황제께 보고하지 아니하랴, 하고는 드디어 철수하였다(十一年, 秋七月, 漢遼東太守, 將兵來伐, 王會群臣, 問戰守之計. …… 漢將謂, …… 今聞來降, 言順且恭, 敢不藉口以報皇帝, 遂引退)."

32 『三國史記』卷14「高句麗本紀」大武神王 15年條. "崔理以鼓角不鳴, 不備, 我兵掩至城下, 然後知鼓角皆破, 遂殺女子, 出降."

내 화해하기도 했다.[33] 이후 대무신왕 20(37)년에는 아예 최씨낙랑국을 멸망시켜 병합하였다.[34] 이 樂浪을 한사군의 낙랑군으로 잘못 해석할 수 있다. 그러나 한사군의 낙랑군은 313(미천왕 14)년에 축출되었다. 따라서 이 때 멸망된 낙랑은 한사군의 낙랑일 수가 없다. 『삼국사기』 「고구려본기」 대무신왕 15년조의 기록에서 최리왕이 고각이 소리내지 않아 방비하지 않고 있다가 항복하게되었던 사실[35]과 3장에서 서술했듯이 이 지역에서 출토된 복식유물의 분석내용에서 이 시기에 멸망된 낙랑은 대동강 유역에 있었던 최씨왕의 낙랑국임을 알 수 있다. 이러한 상황은 고구려가 동한에는 화친하면서 한편으로는 영토를 확장하였음을 알게 한다. 이것은 고구려가 이 시기까지 국력이 충실하지 않았기 때문이라 생각된다.

이처럼 고구려는 기반을 다지면서 중국의 서한과 동한과는 되도록 충돌을 피하고자 했던 것으로 생각된다. 동한은 고구려의 성장을 견제하고자 대동강 유역을 침략하여 최씨낙랑국의 재건을 도우며 그곳에 군사와 교역의 거점을 마련하였다.[36] 낙랑을 침략하기 위해 동한의 군사가 바다를 건넜는데 그 침략지가 薩水, 즉 지금의 청천강 남쪽이었다. 그러므로 이 낙랑은 지금의 요서지역에 있었던 한사군의 낙랑군이 아니라 최씨낙랑국이 있었던 지금의 평안남도 지역이었다고 하겠다. 『삼국사기』 「신라본기」 기림니사금 3(300)년조에는

---

33 『三國史記』 卷14 「高句麗本紀」 大武神王 15年條. "遺使入漢朝貢, 光武帝復其王號. 是建武八年也."; 『後漢書』 卷85 「東夷列傳」 高句驪傳. "建武八年, 高句驪遣使朝貢, 光武復其王號."

34 『三國史記』 卷14 「高句麗本紀」 大武神王條. "二十年, 王襲樂浪滅之."

35 윤내현, 『한국열국사연구』, 305쪽 참조.

36 『三國史記』 卷14 「高句麗本紀」 大武神王條. "二十七年, 秋九月, 漢光武帝, 遣兵渡海伐樂浪, 取其地爲郡縣, 薩水已南, 屬漢."

지금의 평안남도 지역에 있던 낙랑이 신라에 귀부한 사실이 적혀 있고,[37] 이 낙랑을 國이라 부르고 있다. 이로 보아 동한의 광무제가 이 지역을 침략한 후 최씨낙랑국이 재건되었음을 알게한다. 동한은 재건된 최씨낙랑국과는 친밀한 관계를 맺어 군사와 교역의 거점으로 활용했을 가능성이 있다. 이러한 사실을 이 지역이 동한에 속하게 된 것처럼 기록했다고 생각된다.[38]

이러한 내용들은 이 시기까지 고구려는 중국과 충돌하면서 지금의 요동지역에 있는 국가나 세력들을 병합하여 영역을 확대해 나가는 전쟁을 계속하고자 했음을 알게 한다. 그러나 영역의 확보가 어느 정도 확고해지자 고구려는 방향을 돌려 지금의 요하 동쪽과 요서지역을 향해 진출하기 시작했다.

태조왕 때부터 고구려는 적극적으로 영역 확장을 시작하여 지금의 요하 동쪽과 요서 지역으로 진출하기 시작했다. 동한의 요서군은 지금의 요서보다 서쪽인 난하중류와 그 서부유역이었다. 그러므로 이 시기 고구려는 지금의 요서지역에 이미 진출해 있던 것이다.[39] 지금의 요서지역에 고구려가 쌓았던 성들이 남아있는 까닭이다. 태조왕 3(55)년에는 요서에 10개의 성을 쌓아 동한의 침략에 적극적으로 대처하였고,[40] 다음해에는 동옥저를 멸망시켰다. 그 결과 고구려의 영토는 동쪽은 동해에 이르고 남쪽은 살수, 즉 지금의 청천강에 이르렀다.[41] 태조왕 16년부터 22년까지는 갈사국과 조나국 및 주나국을 병

---

37 『三國史記』卷2「新羅本紀」基臨尼師今條. "三年春正月. 樂浪·帶方兩國歸服."
38 위와 같음.
39 윤내현, 『한국열국사연구』, 307쪽 주25 참조.
40 『三國史記』卷15「高句麗本紀」太祖大王條. "三年, 春二月, 築遼西十城, 以備漢兵."
41 『三國史記』卷15「高句麗本紀」太祖大王條. "四年, 秋七月, 伐東沃沮, 取其土地爲城邑, 拓境東至滄海, 南至薩水."

합했다.[42] 고구려는 이 나라들을 모두 통합함으로써 남만주 일대로 영역을 확장하게 되었다.

동한말기인 고국천왕 19(197)년 무렵에는 중국에서 황건농민군의 봉기와 군웅할거가 계속되면서 사회가 혼란해지자 유민들이 고구려로 망명오거나 투항해오는 경우가 많았다. 220년에 중국에서 동한이 멸망하고 위·오·촉의 삼국시대가 시작되었다. 이 가운데 고구려는 북방지역에 위치하고 있던 위나라와 화친관계를 가졌으나[43] 위나라가 지금의 요동지역으로 진출하게 되자 고구려는 화친관계를 깨뜨리고 위나라와 전쟁을 하였다. 즉 338년 고구려는 주부와 대가에게 군사 1천 명을 주어 위나라가 요동의 공손연을 침략하는데 도움을 주었다.[44] 그러나 그 지역을 위나라가 차지하는 것을 볼 수 없어 동천왕 16(242)년에 고구려는 요동군의 서안평현을 공격해 위나라 군사를 격파하였다.[45] 이러한 상황은 고구려가 건국 이후 고조선의 영토였던 요서지역을 수복하는데 집중적인 노력을 기울이고 있었음을 알 수 있게 한다.

요서지역 수복이 고구려의 가장 중요한 정책이었던 것이다. 따라서 고구려와 위나라는 충돌이 불가피했다. 위나라는 유주자사 관구검으로 하여금 1만여 명의 군사를 이끌고 고구려를 침략하게 하였으나 동천왕이 이에 맞서 싸워

---

42 『三國史記』卷15「高句麗本紀」太祖大王條. "十六年, 秋八月, 曷思王孫都頭, 以國來降, 以都頭爲于台."; 『三國史記』卷15「高句麗本紀」太祖大王條. "二十年, 春二月, 遣貫那部沛者達賈伐藻那, 虜其王."; 『三國史記』卷15「高句麗本紀」太祖大王條. "二十二年, 冬十月, 王遣桓那部沛者薛儒伐朱那, 虜其王子乙音爲古鄒加."

43 『三國史記』卷17「高句麗本紀」東川王條. "八年, 魏遣使, 和親."

44 『三國史記』卷17「高句麗本紀」東川王條. "十二年, 魏太傅司馬宣王, 率衆討公孫淵, 王遣主簿大加, 將兵千人助之."; 『三國志』卷30「烏丸鮮卑東夷傳」高句麗傳. "景初二年, 太尉司馬宣王率衆討公孫淵, 宮遣主簿大加將數千人助軍."

45 『三國史記』卷17「高句麗本紀」東川王條. "十六年, 王遣將, 襲破遼東西安平."; 『三國志』卷30「烏丸鮮卑東夷傳」高句麗傳. "正始三年, 宮寇西安平."

승리하였다.

고구려는 이렇게 서쪽을 향해 진출하면서 다른 한편으로는 남쪽에 있던 신라를 제압하고자 했다. 동천왕 19(245)년에 신라의 북변을 침공하였는데, 신라는 이를 견디지 못하고 물러났다.[46] 그리고 3년 후 신라가 고구려에 사신을 보내 화친을 맺었다.[47] 중천왕 12(259)년에 위나라는 고구려를 침략했는데 중천왕은 정예기병 5천 명으로 맞서 싸워 위나라 군사 8천여 명의 머리를 베었다.[48] 서천왕 11(280)년에는 숙신이 고구려를 침입하였는데 고구려는 추장을 죽이고 그들의 6백여 家를 부여의 남쪽으로 옮기고, 숙신의 여러 부락에 항복을 받아 부용을 삼기도 했다.[49]

이처럼 중천왕 때 고구려는 중국의 위나라를 완전히 제압하였고, 서천왕 때에 와서는 고구려의 북방지역에 이르기까지 모두 병합하여 대내외적으로 요서진출의 튼튼한 기반이 안정적으로 마련되었음을 알 수 있다. 바로 선비의 慕容廆가 봉상왕 2(293)년과 5(296)년 두 차례에 걸쳐 고구려를 침략하였으나 패망하고 다시는 침범하지 못하였던[50] 사실이 이를 입증해 준다.

고구려는 영토 확장과 함께 국력을 튼튼히 하여 이 시기부터 적극적으로

---

46 『三國史記』卷17 「高句麗本紀」東川王條. "十九年, …… 冬十月, 出師侵新羅北邊.";『三國史記』卷2 「新羅本紀」助賁尼師今條. "十六年, 冬十月, 高句麗侵北邊, 于老將兵出擊之, 不克, 退保馬頭柵, 其夜苦寒."

47 『三國史記』卷17 「高句麗本紀」東川王條. "二十二年, 春二月, 新羅遣使結和.";三國史記』卷2 「新羅本紀」沾解尼師今條. "二年, …… 二月, 遣師高句麗結和."

48 『三國史記』卷17 「高句麗本紀」中川王條. "十二年, …… 魏將尉遲楷, 將兵來伐, 王簡精騎五千, 戰於梁貊之谷敗之, 斬首八千餘級."

49 『三國史記』卷17 「高句麗本紀」西川王條. "十一年, 冬十月, 肅愼來侵, 屠害邊民, …… 遣達賈往伐之, 達賈出奇掩擊, 拔檀盧城, 殺酋長, 遷六百餘家於扶餘南烏川, 降部落六七所, 以爲附庸."

50 『三國史記』卷17 「高句麗本紀」烽上王條. "二年, 秋八月, 慕容廆來侵, …… 時新城宰北部小兄高奴子, 領五百騎迎王, 逢賊奮擊之, 廆軍敗退.";『三國史記』卷17 「高句麗本紀」烽上王條. "五年, 秋八月, 慕容廆來侵, 至故國原, …… 王以高奴子爲新城太守, 善政有威聲, 慕容廆不復來寇."

서방을 향해 진출하기 시작했다. 이 시기에 고구려는 남쪽의 신라나 백제와는 거의 충돌이 없었다. 신라와는 신하나라의 관계를 맺어 충돌을 피하였고, 백제와는 동족이라는 논리를 내세워서 평화적인 상태를 유지하고자 했다.

이러한 상황에서 서천왕의 무덤으로 추정되는 칠성산 211호 무덤에서 금동으로 만든 관테둘레가 화려한 관식들과 함께 출토되었다는 것은, 이 시기 왕관을 통해 신장된 국력을 대내외적으로 발휘하고자 했다는 것을 의미한다. 즉 서천왕 시기의 왕관은 건국초기부터 마련된 튼튼한 대내외적 기반으로 요서지역에 본격적으로 진출하고자 하는 고구려 왕권의 강력한 의지를 보여주는 실질적인 구조물로서 당시대를 반영하는 정치적 유산이라 생각된다.

제5장

서대 무덤 금동제관식과
미천왕

1. 서대 무덤의 정체와 금동제관식

서대 무덤은 동구의 옛 무덤 가운데 마선 무덤구 서쪽에 위치한[1] 대형 왕
릉이다. 청나라 말기 유민들이 풀이 덮어진 채로 서쪽에 높이 솟아 있는 무덤
의 모습을 발견하고 서대 무덤이라 부르기 시작하였다. 1966년 길림성박물관
과 집안현문물보관소에서 동구 옛 무덤들에 대한 조사를 진행할 때 그 편호
를 마선구 제500호 무덤이라 했고, 편명을 간단히 JMM500이라 했다.[2]

서대 무덤(그림 1, 1-1, 1-2, 1-3, 1-4)은 도굴 된 상태로 훼손이 심각하여 출
토된 유물도 적고 관식만 몇 개 남아있을 뿐이다. 무덤의 중간은 파헤쳐져 남북

---

1 孫仁杰·迟 勇,『集安高句麗墓葬』, 香港亞洲出版社, 2007, 68~70쪽. 서대 무덤은 麻線鄕 建江村
　북쪽에 있는데 북쪽으로는 安子岭이 있고, 남쪽으로는 압록강과 약 500m 거리에 위치하며, 동
　쪽으로는 집안시구와 약 5.5m 거리에 있으며 중심지는 동경 126도 북위 41도에 위치한다.
2 吉林省文物考古硏究所·集安市博物館 編著, 위의 책, 97쪽.

그림 1, 1-1 서대 무덤 조감도와 북쪽 전경
그림 1-2 서대 무덤 남북을 향한 도굴 구덩이 전경

그림 1-3
서대 무덤 동북쪽 모서리 전경
그림 1-4
서대 무덤 동쪽 祭台가
위치했던 곳의 전경

1-3

을 향해 무덤 바닥까지 크게 뚫려있고, 무덤방도 존재하지 않는다. 이 때 나온 돌덩이들 대부분이 남쪽에 버려져 40여 m의 긴 원형으로 쌓여져 있다. 무덤양식은 계단식 무덤으로 돌로 쌓은 무덤방이 있었을 것으로[3] 추정할 뿐이다.

2003년 4월 길림성문물고고연구소와 집안문물보관소가 서대 무덤에 대해 상세한 조사를 진행했고 그 결과 이 무덤에 관해 풍부한 내용들이 정리될 수 있었다. 이 무덤에서는 12점의 銅器와 금동관의 구성물이었을 관장식들이 출토되었다. 관장식은 주로 서쪽 편에 떨어진 돌더미에서 나온 것으로 대부분

3 吉林省文物考古研究所·集安市博物館 編著, 위의 책, 97~106쪽.

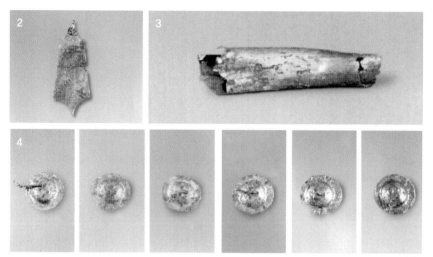

그림 2, 3 금동제달개와 장식의 일부
그림 4 금동제달개집

금동으로 만들었다. 管飾과 장식단추, 달개장식, 달개집 등이다. 규형달개장
식은 1점(그림 2)이 출토되었는데, 길이 4.8cm, 넓이 2.1cm로 청동을 두들겨
만든 것에 금을 입힌 것이다.[4] 꼭대기 가운데 부분에 작은 구멍이 있고 겹으
로 된 청동실이 남아있어 달개장식을 달았던 줄기의 역할을 했을 것으로 보
인다.

금동으로 만든 管飾(그림 3)이 1점 출토되었는데, 얇은 판을 말아서 만든
것이다. 管의 직경은 1.5cm인데 한 쪽이 훼손되어 5.5cm 정도 남아있다. 금동
으로 만든 달개집(그림 4)은 6점이 출토되었는데, 꽃우산모양과 원형 두 종류
로 모두 왕관의 구성물이었을 것으로 생각된다.

그 외에 금동으로 만든 원형달개장식이 5점 출토되었는데 모두 앞면에 동

---

4 吉林省文物考古研究所·集安市博物館 編著, 위의 책, 109쪽.

심원의 조형미를 보이고, 중앙에 3개의 구멍이 있고 이곳에 청동실이 남아있어 달개장식을 달았던 것으로 생각된다. 직경은 각각 3.3cm와 3.2cm이다. 금동으로 만든 장식단추는 1개인데 직경이 3.5cm이다. 금동으로 만든 우산형달개장식(그림 5)은

그림 5 서대 무덤 출토 금동제달개장식

2개인데 모양이 서로 다르며 직경 2.3cm이다.[5] 이들 달개장식의 크기가 서로 비슷한 것으로 보아 함께 사용된 왕관의 구성물로 생각된다.

이 장식들과 더불어 2줄의 점열문이 있고 가운데를 볼록하게 하고 달개장식이 달린 五聯方 方飾으로 된 금동제장식(그림 6)이 2점 출토되었다. 그림에서와 같이 볼록한 원형을 중심으로 方片양식이고, 사각으로 연이어 같은 방편으로 이어지는데, 방편 1변의 길이는 3.7~3.8cm이다. 그 외에 靑銅帳构(그림 7)가[6] 1점 출토되었는데 관에 세워졌던 구성물로 보인다. 이러한 관장식 이외에 銅, 陶, 鐵, 石 및 금동기물 등 다양한 재질로 만들어진 여러 종류의 유물이 38점 출토되었다. 대부분 무덤 아래 떨어져 쌓여 있는 돌더미에서 출토되었고, 일부는 무덤 위의 계단석에서 출토되었다. 아직도 무덤 윗부분과 아래에서는 대량의 筒瓦와 板瓦가 수습되고 있다.[7]

발굴자들은 이 무덤을 동구의 옛 무덤들 가운데 대형의 계단식 적석 무덤

5　위와 같음.

6　吉林省文物考古硏究所·集安市博物館 編著, 위의 책, 109쪽. 圖 89의 5와 圖版 49의 6. 靑銅帳构의 남아있는 길이는 9cm이고 폭은 0.6cm이다.

7　吉林省文物考古硏究所·集安市博物館 編著, 위의 책, 109~117쪽.

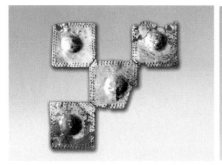
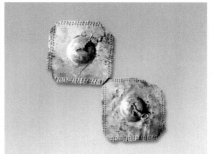

그림 6 서대 무덤 출토 금동제장식

으로 위치와 양식, 규모, 출토 기물 등의 여러 요소로 보아 왕릉으로 판단했
다. 또한 이미 도굴된 왕릉이지만 도굴의 규모가 매우 철저하여 보통 도적의
능력으로서는 불가능하고 군대행위 혹은 전쟁과 관련된 상황일 것으로 판단
했다.

『삼국사기』에 고구려 왕릉이 도굴된 기록은 2번 보인다. 처음 일어난 큰 규
모의 도굴 행위는 296년 서천왕 무덤으로, 「고구려본기」 봉상왕 5년조에, "가
을 8월에 모용 외가 침입하여 고국원에 이르러 서천왕의 무덤을 보고 사람을
시켜 파다가 … "[8]라는 내용이다. 또 다른 예는 342년 미천왕 무덤의 훼손이
다. 「고구려본기」의 고국원왕 12년조에, "(前燕 慕容 皝)황이 그의 말을 좇아
미천왕의 무덤을 파서 그의 시체를 싣고, 대궐 창고에 있는 역대 보물들을 약
취하고 남녀 5만여 명을 사로잡고 궁실을 불태우고 환도성을 허물어 버리고
돌아갔다"[9]하였다.

---

8 『三國史記』 卷18 「高句麗本紀」 烽上王條. " … 秋八月, 慕容廆來侵, 至故國原, 見西川王墓, 使人
發之 … ."

9 『三國史記』 卷18 「高句麗本紀」 故國原王條. "皝從之. 發美川王廟, 載其尸, 收其府庫累世之寶, 虜
男女五萬餘口燒其宮室, 毀丸都城而丸."

그림 7 서대 무덤 출토 청동帳构

같은 내용이 『위서』 「고구려전」에도 있는데, "建國 4(고국원왕 12)년에 慕容 元眞이 군사를 거느리고 그들을 공격하였다. 남쪽 길로 침입하여 木底에서 전투를 벌여 釗의 군대를 대파시키고 승승장구, 드디어 丸都까지 침입하니 釗는 혼자서 도망쳤다. 元眞이 釗의 아버지 무덤을 파헤쳐서 시체를 싣고, 아울러 그의 어머니와 부인 그리고 진귀한 보화와 남녀 오만 명을 약탈하고, 그 궁실을 불살라 환도성을 파괴한 뒤 귀환하였다"[10]고 했다.

그러면 서대 무덤은 위의 내용들과 어떠한 관련이 있는지 출토 유물 분석을 통해 무덤 주인에 대하여 고찰해 보기로 한다. 서대 무덤에서는 11점의 와당이 출토되었다. 대부분의 와당에는 원형에 8등분한 문양이 있고 다시 그 안에 卷雲紋이 보인다. 발굴자들은 와당에 보이는 글자가 陽文으로 되었고, 예서체와 유사하다고 보았다. 중앙에 "大"자가 남아있고, 문양 안에 글자가 있으나 해석은 어렵다[11]고 했다.

발굴자들은 집안에서 출토된 같은 종류의 와당에 보이는 문자와 서대 무덤 출토 와당 문자(그림 8, 8-1~5)를 비교하여, "□歲在□□年造"라고 해석하는 것이 맞다고 했다. 또한 와당[12] 중앙에 양문이 있으나 글자가 모호하여

---

10 『魏書』卷100「列傳」高句麗傳. "建國四年, 慕容元眞率衆伐之, 入自南陝, 戰於木底, 大破釗軍, 乘勝長驅, 遂入丸都, 釗單馬奔竄. 元眞掘釗父墓, 載其屍, 幷掠其母妻·珍寶·男女五萬餘口, 焚其宮室, 毁丸都城而還."

11 吉林省文物考古硏究所·集安市博物館 編著, 위의 책, 112~114쪽. 圖92와 圖版 52의 1·2·3. 대부분 직경이 14~14.5cm이고, 두께는 2cm 정도이다.

12 吉林省文物考古硏究所·集安市博物館 編著, 위의 책, 112~114쪽. 圖92의 3과 圖版 52의 1. 직

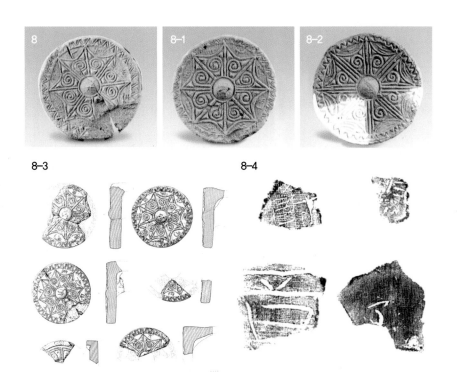

"己"자로 보이고, 주변에 선명하게 八자가 있으나 판별하기 어려우며, 순서가 불분명하여 문자의 의미가 서로 통하기 어려운 까닭에 해석 또한 쉽지 않다고 했다. 발굴자들은 試釋하여 "己丑年□□于利作"이라 했다. 어떤 와당은 거의 훼손되고 10분의 1 정도 남았는데 테두리 부분에 "在"자가 보인다. 어떤 것은 2분의 1 정도 남아있어, 두 개 와당의 남은 부분을 합쳐보면 한쪽에 "丑"자, 또 다른 한쪽 테두리에는 "己"자와 "利"자가 보이기도 한다. 그 외에도 문자가 양각되어 있는 板瓦편이 여럿 있는데 그 가운데 "丁" 혹은 "了"자가 보이

경이 14.5cm이고, 두께는 2.5cm이다.

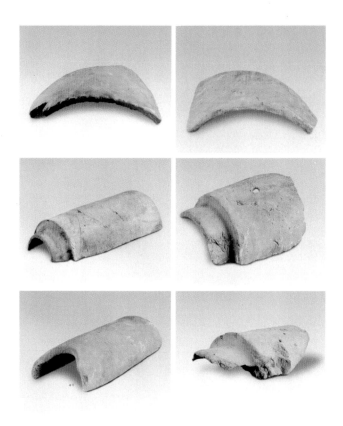

그림 8-5 서대 무덤 출토 판와

고, 板瓦 뒷면에는 "爵"자가, 가운데 부분에 "音"자와 "章"자, "意"자가 보이는 것들이 있으며, 우산 992호 무덤에서 출토된 와당에 보이는 문자처럼 "瓦"자와 유사한 것도 있다.[13]

이러한 내용을 종합해 볼 때 서대 무덤에서 출토된 와당 가운데 "己丑"의 연대와 관련이 있는 사건은 342년에 있었던 미천왕릉 훼손사건이다. 왜냐하

---

13 吉林省文物考古硏究所·集安市博物館 編著, 위의 책, 112~116쪽. 圖 93과 圖版 53.

면 서천왕 재위 23년 동안 "기축"년이 없다. 296년에서 342년 사이에는 오직 1번의 기축년이 있는데 329년 뿐으로 미천왕 30년이다. 미천왕은 2년 후 사망한다.[14] 발굴자들은 고구려 풍습에는 미리 장례 준비를 하는 풍습이 있어[15] 미천왕이 재위 시기인 329년 기축년에 자기의 무덤을 건축하면서 와당도 같이 만들었던 것으로 분석하였다. 그리고 서대 무덤의 양식과 출토유물의 특징 등에서도 이 연대가 대체로 부합한다고 보았다.[16]

이처럼 발굴자들은 문헌자료와 板瓦편에 나타나는 글자에 대한 試釋 등을 통해 서대 무덤은 미천왕의 무덤으로 추정했다. 그리고 가장 큰 요인으로는 이 무덤의 도굴 규모가 매우 커서 일반 도적에 의한 것이라고 볼 수 없고 군대행위나 전쟁으로 인한 훼손일 수밖에 없다고 추정했다.[17]

발굴자들은 서대 무덤이 무덤의 깊은 곳과 밑바닥까지 도굴되었다는 점에서 이 시기 고구려 무덤의 건축구조를 잘 알고 있었던 사람들이 훼손시켰던 것으로 파악하였다. 그것은 도굴 당시 무덤방 뿐만 아니라 무덤방 밑바닥의 고유한 성격을 지니는 유적들까지 크게 훼손시킨 점이다.

특히 고구려 왕릉에는 두 개의 층으로 된 특수한 구조가 있었다. 현존하는 집안의 대형 무덤 가운데 밑바닥까지 도굴된 무덤이 여럿 있는데, 칠성산 211호와 871호 무덤, 마선 90호 무덤 등이다. 발굴자들은 이 무덤들의 훼손이 전쟁과 같은 일이 없었다면 이처럼 1,000㎡ 규모로 쌓여진 석재를 옮기는 훼손행위를 할 수 없다고 생각했다. 따라서 후대의 소규모 무덤도굴의 수준으로

---

14 『魏書』卷100 「列傳」 高句麗傳 ; 『三國史記』 卷17 「高句麗本紀」 故國原王 12年條 참조.
15 『三國志』 卷30 「烏丸鮮卑東夷傳」 高句麗傳. "男女已嫁娶, 便稍作送終之衣."
16 吉林省文物考古研究所·集安市博物館 編著, 위의 책, 112~114쪽. 圖 92와 圖版 52의 1.
17 위와 같음.

는 할 수 없는 일이라고 판단했던 것이다.[18]

『輯安縣志』의 기록에 의하면, 장군총 무덤방의 동북 모서리에 비어있는 동굴이 있어 마을사람들이 둥근 돌을 그 안에 운반해 놓았다. 그 후 동굴에서 나던 소리가 오랫동안 멈추게 되었다고 했다.

이 특이한 현상은 70년대에 이르러 검증되었다. 즉 2003년 서대 무덤에 대한 조사와 동시에 무덤 동쪽 400m에 위치한 훼손이 심한 마선 610호 무덤의 기초조사를 진행하였는데, 그 무덤을 해체하는 과정에서 타원형의 토갱을 발견하였다.[19] 그 주변의 구조물은 이미 훼손되었지만 토갱을 무너뜨릴 때 갱안에서 100여 kg의 동전이 출토되었다. 동전 가운데 연대가 가장 늦은 것이 왕망시기의 "貨泉"이었다. 이와 같은 상황에서 발굴자들은 이 왕릉을 "腰坑"이 있는 유적으로 분석했다. 또한 발굴조사단은 2003년 태왕릉을 조사할 때에도 무덤방과 별도로 石壙이 있었고, 이 때문에 무덤방 아래에 별도의 도둑 굴이 만들어졌던 것이라 생각했다. 따라서 고구려 무덤의 구조적 특징에 의해 무덤방에는 상하 두층의 매장 장소가 건축되었을 것으로 추정되었다.[20]

발굴자들은 무덤방양식의 고찰을 통해 서대 무덤이 계단적석 무덤의 발전 과정 중에서 형성단계에 속하는 것으로 분석했다. 이상을 종합해서 서대 무덤은 부근에 위치한 천추 무덤보다 이른 시기에 조성되었고, 발전 단계에 있는 칠성산 211호 무덤보다는 늦은 것으로 분석했다. 이러한 서대 무덤의 특수한 유적양식과 역사적 배경은 고구려 왕릉 분기의 표지성 무덤이 될 것으로 생각된다.

---

18 위와 같음.
19 吉林省文物考古研究所·集安市博物館 編著, 위의 책, 117쪽.
20 위와 같음.

2. 미천왕시기 왕관의 정치기능

서대 무덤의 주인은 과연 발굴자들의 분석대로 미천왕일까? 서대 무덤이 파헤쳐진 미천왕의 무덤인 까닭을 역사적 사실을 통해 좀 더 상세히 살펴보기로 한다. 304년에 氐族이 중국 북부지역에 大成을 건국한 것을 시작으로 匈奴·鮮卑·羯·氐·羌 등의 이민족들이 중국 북부지역에 16개 나라를 세워 정권이 교체되는 5호 16국의 혼란기가 지속되었다. 고조선의 영역이었던 지금의 요서 지역을 수복하고자 노력을 기울였던 고구려에게는 좋은 기회가 찾아온 셈이 되었다. 이러한 역사적 배경은 미천왕으로 하여금 적극적으로 西進政策을 펴게 하였다.

> (美川王) 3년 가을 9월에 왕은 군사 3만 명을 이끌고 玄菟郡에 침입하여 8천 명을 사로잡아 平壤으로 옮기었다.[21]
>
> (美川王) 12년 가을 8월에 장수를 보내 요동군의 서안평현을 쳐서 이를 차지하였다.[22]
>
> (美川王) 14년 겨울 10월에 낙랑군에 쳐들어가 남녀 2천여 명을 사로잡았다.[23]
>
> (美川王) 15년 가을 9월에 남쪽으로 대방군에 쳐들어갔다.[24]

21 『三國史記』卷17「高句麗本紀」美川王條. "三年, 秋九月, 王率兵三萬侵玄菟郡, 虜獲八千人, 移之平壤." 3장에서 밝혔듯이 지금의 평양 지역에는 최씨낙랑국이 있었는데, 최씨낙랑국은 300년에 망하였으므로 이 시기에 평양 지역은 고구려 영토였다.

22 『三國史記』卷17「高句麗本紀」美川王條. "十二年, 秋八月, 遣將襲取遼東西安平."

23 『三國史記』卷17「高句麗本紀」美川王條. "十四年, 冬十月, 侵樂浪郡, 虜獲男女二千餘口."

24 『三國史記』卷17「高句麗本紀」美川王條. "十五年, …… 秋九月, 南侵帶方郡."

(美川王) 16년 봄 2월에 玄菟城을 공격하여 격파하였는데 죽이거나 획득한 사람이 매우 많았다.[25]

미천왕은 재위 3(302)년부터 현도성을 공격하기 시작해서 동왕 12년에는 요동군의 서안평현을 점령하였고, 14년에는 낙랑군을 공격하였으며, 15년과 16년에는 대방군과 현도군을 차지하였다. 이후 미천왕은 319년과 320년에 계속 요동군을 공격하였으나 큰 성과를 거두지 못했다.[26] 결과적으로 미천왕 시기 고구려는 지금의 요서지역의 고조선 옛 영토를[27] 완전히 되찾았다.

위의 사서의 미천왕 시기 전쟁기록에 대해, 종래의 연구에서 한사군의 낙랑군이 대동강 유역에 있었던 것으로 잘못 인식하여, 이때의 고구려가 서쪽과 남쪽에서 동시에 전쟁을 했던 것으로 해석하는 견해가 있다. 하지만 한 국가가 위치와 방향이 서로 다른 두 지역에서 동시에 전쟁을 한다는 것은 어려운 일이다. 상식적으로 고구려가 그 같은 전쟁을 계속 진행했을리 없다. 위의 기록에서 말하는 상황은 미천왕이 서쪽으로 진격해 가면서 같은 지역인 지금의 요서지역에 위치해 있었던 현도군·낙랑군·대방군·요동군 등을 침공했던 사건을 이야기하고 있는 것이다.[28]

고구려는 315년에 현도군·낙랑군·대방군을 차지하게 되었다. 그 결과 지금의 난하 유역까지를 그 영토에 포함시켜 고조선 서쪽의 옛 영토를 완전히 되

---

25 『三國史記』卷17 「高句麗本紀」 美川王條. "十六年, 春二月, 攻破玄菟城, 殺獲甚衆."
26 『三國史記』卷17 「高句麗本紀」 美川王 20·21年條.
27 윤내현·박선희·하문식, 『고조선의 강역을 밝힌다』, 2006, 지식산업사 : 박선희, 『고조선 복식문화의 발견』, 지식산업사, 2011
28 윤내현, 『한국열국사연구』, 314쪽.

찾아 고구려가 그 지역에서 추구했던 목표는 일단 이루어졌다고 할 수 있다.

그러한 상황은 『삼국사기』 「고구려본기」의 기록에 나타난다. 이 시기까지 고구려는 주로 서쪽으로 진출을 꾀하여 중국 지역에 있었던 나라들과 무력 충돌을 했으며 한반도에 있었던 백제나 신라와의 충돌은 거의 없었다. 백제는 자신들이 고구려와 마찬가지로 부여에서 왔다는 친밀한 의식을 가지고 있었고,[29] 신라는 245년에 고구려에 제압당한 뒤 248년에 고구려와 화친을 맺은 상태였다.

이상을 종합해보면 미천왕 초기에 만들어졌을 금관은 도굴 등의 사건으로 모두 손실되어 그 양식을 가름할 수 없지만, 고조선 서쪽 지역을 되찾고자 한 의미를 상징하고자 했을 것으로 생각된다. 앞에서 서술한 바와 같이 『삼국사기』 「고구려본기」와 『위서』 「고구려전」에 의하면 慕容皝이 궁궐에 불을 질러 환도성을 허물고 고국원왕의 어머니와 남녀 5만 명을 사로잡고 미천왕릉을 발굴하여 그 시체와 보물들을 가지고 돌아갔다.[30] 그리고 다음해에 고구려에서는 왕의 동생으로 하여금 진귀한 예물을 많이 가지고 가서 前燕에 稱臣하는 조건으로 미천왕의 유골은 돌려받았다.[31] 따라서 이 시기 고국원왕은 돌려받은 미천왕의 유골을 그대로 방치하였을 리 없고 다시 부왕에 대한 예를 갖

---

29 『三國史記』 卷25 「百濟本紀」 蓋鹵王 18年條. "(개로왕이 북위에 보낸 國書)臣은 고구려와 더불어 근원이 부여에서 나왔다. 그러므로 先代에는 옛 우의를 매우 돈독히 하였다. 그런데 그 선조인 釗(고국원왕)가 가벼이 이웃간의 우호를 깨뜨리고 친히 군사를 거느려 우리의 국경을 짓밟았다. 그래서 臣의 선조인 須(근구수왕)는 군사를 정비하여 번개같이 기회를 타서 달려가 돌풍처럼 공격하여 화살과 돌멩이가 잠시 오간 끝에 釗의 목을 베어 높이 매달았다. 이후부터는 감히 남쪽을 엿보지 못하였다(臣與高句麗, 源出扶餘, 先世之時, 篤崇舊款. 其祖釗輕廢隣好, 親率士衆, 凌踐臣境. 臣祖須整旅電邁, 應機馳擊, 矢石暫交, 梟斬釗首. 自爾已來, 莫敢南顧)."

30 『三國史記』 卷18 「高句麗本紀」 故國原王 12年條.

31 『三國史記』 卷18 「高句麗本紀」 故國原王條. "十三年, 春二月, 王遣其弟稱臣入朝於燕, 貢珍異以千數, 燕王皝, 乃還其父尸, 猶留其母爲質."

추어 안치했을 것으로 생각된다. 분명한 것은 고국원왕이 미천왕을 다시 안치한 곳은 훼손이 큰 원래의 무덤이 아닐 것이라는 점이다.

그러므로 서대 무덤은 미천왕의 무덤이지만 훼손된 이후 주인이 없는 무덤이 되었다고 생각되며, 그러한 까닭에 당시 훼손상태가 지금까지 그대로 남아있는 것으로 여겨진다. 고국원왕은 미천왕의 유골을 돌려받으면서 새로이 축조한 우산 992호 무덤에 안치했을 가능성이 높다. 그것은 고구려 왕릉 가운데 서대 무덤과 우산 992호 무덤이 와당 및 금동제관식에서 가장 유사성을 보이며, 그 축조시기에서 또한 가능성이 가장 크기 때문이다. 미천왕을 다시 안치했을 것으로 여겨지는 우산 992호 무덤에 대하여는 다음 6장에서 상세히 밝혀보기로 한다.

제6장

우산 992호 무덤
금제관식과 미천왕

1. 우산 992호 무덤 금제관식과 정체

우산 992호 무덤(그림 1, 1-1, 1-2)은 동구의 옛 무덤들 중에서 중요한 무덤으로 집안시에서 동북으로 2.5km 정도 떨어진 태왕진 우삼촌 북쪽에 위치한다. 1966년 길림성박물관과 집안현문관소에서 동구의 옛 무덤을 조사할 때 우산 무덤지역에 있는 제992호 무덤을 簡記 JYM992로 했다.[1] 무덤은 우산에 독립해 있는데 우산을 배경으로 남쪽으로는 압록강, 동쪽으로는 龍山, 서쪽으로는 국내성을 바라보고 있다.

2003년 4~8월 길림성문물고고연구소에서는 이 무덤에 대해 전면적인 재조사를 진행했다. 무덤과 계단, 무덤 위의 盜坑과 封石을 부분적으로 해부하

---

1   吉林省文物考古硏究所·集安市博物館 編著, 『集安高句麗王陵』-1990~2003年 集安高句麗王陵 調査報告, 文物出版社, 118쪽.

고 동시에 무덤 밖의 동쪽과 서쪽, 북쪽을 파내어 구조적인 조사를 진행하였으며 墓域과 주변 상황도 분석했다. 그 결과 무덤의 구조를 보다 정확히 파악하고 대량의 유물자료를 새로 얻게 되었다.[2]

우산 992호 무덤의 정리과정에서 수습된 많은 유물들을 종류별로 구분하면 금과 금동으로 만든 장식품, 청동기, 철기, 도기와 석기, 건축구성물 등이다. 기와류가 무덤 바닥과 위에서 가장 많이 출토되었고, 나머지는 무덤 남쪽의 흩어진 돌과 흙이 쌓인 盜坑에서 출토되었다.

특기할 것은 금으로 만든 관장식이 4점 출토된 점이다(그림 2, 2-1, 2-2, 2-3). 4점의 유물은 달개집에 달개장식이 달린 것과 금사가 달려있는 달개집 그리고 원형의 달개와 장식으로 추정되는 금편이

그림 1, 1-1, 1-2
우산 922호 조감도와 전경, 서쪽 祭臺 전경

---

2 위와 같음.

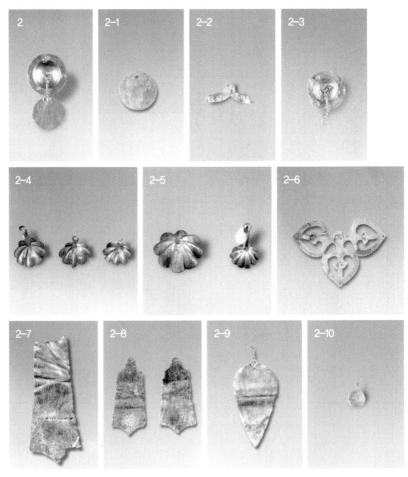

그림 2~2-3 우산 992호 무덤 출토 금제관식
그림 2-4~2-10 우산 992호 무덤 출토 금동제관식

다. 원형으로 가운데가 볼록 나온 달개집은 직경 1.5cm이고 여기에 달린 달개장식은 직경이 1.3cm이며, 다른 것의 직경은 1.2cm이다.[3] 이처럼 금제달개장식이 있었다는 것은 금관이 있었다는 증거이다.

금동으로 만든 장식품은 만든 양식이 다양한데 총 29종류나 된다. 대부분이 금관 부속물들로 서로 다른 양식의 달개장식 32개와 꽃잎형장식, 圭形장식, 우산모양장식 등이다(그림 2-4~10).[4] 재질은 모두 금동으로 관장식에 속한다.[5]

우산 992호 무덤에서는 금동으로 만든 削鞘(칼집)(그림 3)[6]과 함께 말갑옷 조각도 여러 편 출토되었다. 이 칼집의 외부면은 금동으로 되었고, 중간의 대

---

3 吉林省文物考古研究所·集安市博物館 編著, 위의 책, 128쪽.

4 吉林省文物考古研究所·集安市博物館 編著, 위의 책, 127쪽의 圖102와 圖版 55 ; 孫仁杰·遲 勇, 『集安高句麗墓葬』, 香港亞洲出版社, 2007, 70~72쪽.

5 吉林省文物考古研究所·集安市博物館 編著, 위의 책, 125쪽·129쪽의 圖 102

6 吉林省文物考古研究所·集安市博物館 編著, 위의 책, 129쪽의 圖103의 11과 圖版 56의 1. 길이는 13.2cm이고 넓이는 2.8cm이며, 두께는 1.4cm이다.

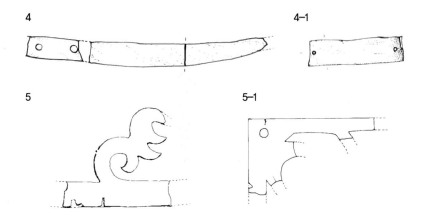

4   4-1

5   5-1

그림 4, 4-1 우산 992호 무덤 출토 긴 띠모양 금동제조각 모사도
그림 5, 5-1 우산 992호 무덤 출토 금동제관식 부분 모사도

부분은 비늘모양의 문양이 조각되었으며, 안쪽은 나무를 대었다. 말갑편은 아래 부분을 둥글린 것과 둥근 단추양식의 철징을 박아 만든 것으로 모두 고조선의 양식을 이은 고구려 고유의 양식[7]이다.

금동으로 만든 관장식은 11점인데, 장식단추와 달개장식의 두 가지이다. 장식단추양식은 4점인데 모두 꽃잎모양이다. 우산모양 꽃잎양식도 여러 개이다. 가운데 달개집에 매어 달았을 직경 5cm의 달개장식이 있다. 장식단추 가운데 장방형의 동편이 있다. 달개는 7점으로 직경 1.2cm의 원형 1개, 길이 6cm이고 넓이 3.4cm의 나뭇잎양식 1점, 긴 나뭇잎양식 3점이 출토되었다. 긴 나뭇잎양식의 직경은 6.8cm인데 달개의 가장자리에는 두 줄의 요철문이 있고 엽편 가운데를 원형으로 볼록 나오게 하여 달개장식을 달았던 구멍이 있다.

---

7 박선희, 『한국고대복식-그 원형과 정체』, 지식산업사, 2002, 547~674쪽.

8 吉林省文物考古硏究所·集安市博物館 編著, 위의 책, 126~128쪽. 길이 7.2cm, 넓이 3.5cm, 두께 0.05cm이다.

圭形달개장식 3점과 불규칙형이[8] 있다. 그 외에 片形飾件 17점, 鳳首形 1점, 장방형 3점, 장조형 6점, 불규칙형 7점, 금동편식 등이 있다.

특히 금동으로 만든 긴 띠모양의 조각편(그림 4, 4-1)들과 관테둘레로 보이는 장식 구성물 조각들이(그림 5, 5-1) 출토되었는데 폭 1.5cm, 0.8cm, 1.1cm이다.[9] 남아있는 길이가 너무 짧아 관테둘레로 사용되었는지 여부는 판단하기 어렵다. 그러나 이 관식은 남은 길이가 4.8cm, 폭 1.5cm로 그림

그림 6 우산 992호 무덤 출토 금동제띠모양
관식과 모사도

6[10]에서와 같이 가운데 부분을 돌출시켜 탄력을 높이고자 했고, 그 위에 달개장식을 연속으로 달았던 흔적이 있다. 특히 금제관식의 양쪽으로 일정하게 점열문을 새긴 점 등은 관테둘레로 사용되었을 가능성을 보여준다. 그 외에 관꼭대기와 주변을 장식했을 것으로 보이는 금으로 만든 달개장식들이 여럿 출토되었다.[11]

이처럼 고구려에서 둥근 달개장식을 관모에 사용한 것은 고조선의 장식양식이 계속 이어져 왔음을 보여주는 좋은 예가 된다. 둥근 달개장식은 절풍과

9 吉林省文物考古硏究所·集安市博物館 編著, 위의 책, 127~128쪽, 圖 102의 16·17·20과 圖版 56의 2.
10 吉林省文物考古硏究所·集安市博物館 編著, 위의 책, 128쪽, 圖 102의 18과 圖版 56의 3.
11 吉林省文物考古硏究所·集安市博物館 編著, 위의 책, 117~138쪽.

함께 고조선시기부터 복식의 중요한 양식으로 다양하게 표현되었고, 고조선 붕괴 이후 여러 나라시대와 삼국시대로 이어져 한민족 장식양식의 중요한 부분으로 자리 잡게 되었다. 따라서 고구려 초기 금관에 보이는 달개장식에 대한 비교 분석과 통시적 전승만을 검토해 보아도 우리 금관의 원형이 중국이나 북방지역에서 오거나 영향을 받았다는 기존의 견해는 수정되어야 할 것이다.

우산 992호는 대형 계단 적석 광실 무덤이다. 이 무덤은 넓고 평평하며 주위에는 다른 무덤이 없다. 무덤 위에는 일찍부터 기와가 큰 규모로 흩어져 있었고 건축물이 있었던 흔적이 있다. 무덤 밖의 祭臺는 도굴되었지만 남아있는 수장품은 매우 정교하게 만들어졌다. 여기서 출토된 금동으로 만든 물고기 비늘양식문양의 칼집은 고구려 유물의 높은 수준을 알려주는 동시에 이 무덤의 주인이 왕이었음을 의미하는 것이다.

발굴자들은 종래에 고구려 石墓葬의 발전사에서 壙室 무덤은 석실 무덤보다 이른 시기인 3세기 무렵에 출현하여 4세기 무렵에 유행했고, 석실 무덤은 4세기 말에 출현하기 시작했다는 견해를 통해 이 무덤의 시기를 판단했다. 우산 992호는 무덤 계단을 겹쳐 쌓는 방식으로 계단식 무덤의 발전기에 속해 있음을 보여준다. 천추 무덤과 태왕릉 등의 양상과 비교해 볼 때 비교적 이른 시기에 속할 것으로 판단했다. 그리고 이러한 분석을 통해 우산 992호는 4세기 무렵에 속할 것으로 추정했다.[12]

특히 이 무덤에서 "戊戌" 기년 와당(그림 7, 7-1)이 출토되었다.[13] 기년이 있는 와당은 고구려 왕릉에서 흔하지 않는 문자 사료로 연대를 알 수 있는 중요

---

12 吉林省文物考古硏究所·集安市博物館 編著, 위의 책, 138쪽.
13 吉林省文物考古硏究所·集安市博物館 編著, 위의 책, 132~134쪽, 圖 106와 圖版 54.

그림 7 戊戌年 기년이 있는 와당

한 자료이다. 3~4세기에는 丿戊戌年이 278년, 338년, 398년 3번 나온다. 『삼국사기』에 의하면, 398년은 "國罡(岡)上廣開土境平安好太王" 7년이다. 그러나 우산 992호의 무덤양식과 와당성격은 모두 호태왕시기보다 빠르다. 278년은 서천왕 9년인데, 서천왕 무덤은 慕容氏에 의한 도굴행위가 있어 우산 992호와 맞지 않고 오히려 크게 훼손된 칠성산 211호 무덤일 가능성이 크다.[14]

나머지 338년은 고국원왕 8년이다. 발굴자들은 무덤양식과 와당의 성격 등이 고국원왕 8년과 부합하는 것으로 보아 우산 992호를 고국원왕의 릉으로 추정하였다. 또한 2003년 국내성을 발굴하던 중에 태운 구덩이에서 와당

---

14 吉林省文物考古硏究所·集安市博物館 編著, 위의 책, 138쪽.

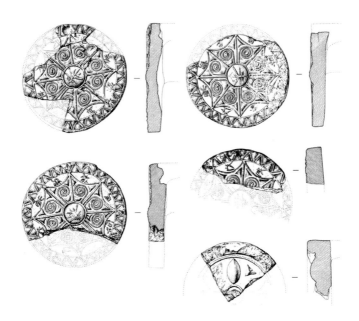

그림 7-1 戊戌年 기년이 있는 와당 모사도

을 발견했는데 출토 당시 상층부분에 東晋의 靑瓷器가 있어 고국원왕 시기와
일치한다[15]고 했다.

이 무덤에서는 금제관식뿐만 아니라 와당에서도 서대 무덤에서 출토된
것과 같은 양식의 것이 출토되었다. 원형 와당이 25점인데 연화문 와당도 1
점 있다. 권운문 와당은 24점인데 이들 와당의 중심에 예서체로 "秦"자를 양
각으로 새겼고 시계침 방향으로 "戊戌年造瓦故記歲"가 보인다. 와당에서는
"歲" "戊" "年" "造" "瓦" "記" "故" "秦"자가 주로 보인다.

그 외에 판와 몸체에 布紋과 繩紋, 方格紋, 菱形紋이 있거나 가장자리에

15　吉林省文物考古研究所·集安市博物館 編著, 위의 책, 117~138쪽.

指壓紋이 있는 판와도 많은 양이 출토되었다. 어떤 것은 표면에 부호가 각인되어 있는 것도 있다. 刻劃文字瓦는 1점 출토되었는데, 기와표면에 "富"자가 보인다.

이러한 사실들은 서대 무덤이 만들어진 시기가 고국원왕시기였음을 충분히 알게 한다. 그러면 서대 무덤과 우산 992호 무덤에서는 왜 서로 같은 양식의 금제관식과 와당이 만들어졌을까? 고국원왕은 미천왕의 유골을 어디에 안치했을까? 또한 북한학자들은 황해남도 안악군 옹리에 위치한 안악 3호 무덤을 고국원왕의 무덤으로 추정했는데 그렇다면 우산 992호 무덤의 주인은 누구일까? 이러한 여러 문제들을 『삼국사기』 「고구려본기」를 통해 2절에서 상세히 밝혀보기로 한다.

2. 우산 992호 무덤과 서대 무덤의 연관성

미천왕때 고구려는 서쪽으로 지금의 난하유역까지 영토를 넓혀 고조선 서쪽 영토를 수복하는데 성공하였다. 『삼국사기』 「고구려본기」에 따르면 이때까지 고구려는 주로 중국으로 진출하였고 남쪽에 있는 백제와 신라는 공격하지 않았다.

그러나 고국원왕 때부터 정책에 큰 변화가 나타났다. 이 때부터 중국과는 충돌을 피하고 화친관계를 유지하고자 노력하였다. 반대로 백제와 신라를 공격하여 충돌하기 시작했다. 그것은 고조선의 고토수복을 목표로 한 고구려로서는 중국에 속해 있던 요서지역을 이미 수복했으므로 앞으로의 목표는 한반도의 남쪽에 백제와 신라지역의 통합이었을 것이다.

　미천왕을 이은 고국원왕시대는 요서지역으로의 진출에서 남쪽으로 진출하는 정책의 과도기로 보여진다. 또한 미천왕의 공격을 받았던 선비 모용씨의 공격에도 대처해야 했다. 실제로 慕容廆의 아들 慕容皝이 前燕을 건국한지 2년 만인 339년에 고구려에 침입하였다. 고국원왕은 중국 세력과 충돌하지 않으려고 이들에게 和盟을 청하거나[16] 모용황에게 세자를 사절로 보내기도 했다.[17]

　모용황은 342년 친히 4만 명의 정병을 거느리고 남쪽으로, 長史 王寓에게 군사 1만 5천 명을 주고 북쪽에서 고구려를 침략하였다. 이 때 모용황은 고구려 궁궐을 불태우고 丸都城을 허물었다. 또한 고국원왕의 어머니와 남녀 5만 명을 사로잡고 미천왕릉까지 훼손하여 그 시체와 보물들을 가지고 돌아갔다.[18] 고구려는 다음해 왕의 동생이 진귀한 예물을 많이 가지고 가서 前燕에 稱臣하는 조건으로 미천왕의 유골은 돌려받았으나 왕의 어머니는 볼모로 그대로 남겨두었다.[19] 345년에도 모용황은 그의 동생 慕容恪을 보내 고구려의 南蘇城을 빼앗아 군대를 주둔시키고 돌아갔다.[20] 결국 고구려는 지금의 요서지역 일부를 다시 잃게 되었다.

　이처럼 어려운 상황이 계속되었지만 고국원왕은 돌려받은 미천왕의 유골을 그대로 방치하였을리 없다고 생각된다. 앞에서 서술했듯이 중국학자들은

16　『三國史記』卷18「高句麗本紀」故國原王條. "九年, 燕王皝來侵, 兵及新城, 王乞盟, 乃還."

17　『三國史記』卷18「高句麗本紀」故國原王條. "十年, 王遣世子, 朝於燕王皝."

18　『三國史記』卷18「高句麗本紀」故國原王 12年條.

19　『三國史記』卷18「高句麗本紀」故國原王條. "十三年, 春二月, 王遣其弟稱臣入朝於燕, 貢珍異以千數, 燕王皝, 乃還其父尸, 猶留其母爲質."

20　『三國史記』卷18「高句麗本紀」故國原王條. "十五年, 冬十月, 燕王皝, 使慕容恪, 來攻拔南蘇, 置戍而還."

우산 992호를 고국원왕의 무덤으로 추정했다. 이 무덤에서 출토된 "戊戌"기년 와당의 무술년을 338년(東晋 咸康 4년), 즉 고구려 고국원왕 8년으로 보고 우산 992호 무덤의 주인을 고국원왕으로 추정했다. 이 무술 기년에 대한 분석은 타당성이 매우 크다. 따라서 고국원왕이 재위 8년에 우산 992호 무덤을 조성했던 것은 분명한 사실이라 생각된다.

고국원왕이 재위 8(339)년에 우산 992호 무덤을 새로 축조한 목적은 자신의 사후를 대비하고자 했던 것으로 여겨진다. 그러나 고국원왕은 모용황에 의해 부왕의 능이 훼손되는 등의 일을 겪으면서 되찾은 유골을 자신의 사후대비를 위해 축조한 우산 992호 무덤에 모셨을 가능성이 크다. 안악 3호 무덤을 미천왕의 무덤으로 보는 견해[21]도 있으나, 이 무덤이 357년 축조된 것으로 본다면 343년 미천왕의 유골을 돌려받은 후 14년간이나 방치했다가 안악 3호 무덤이 축조된 후 안치했다고 보기 어렵기 때문이다.

북한학자들은 고구려가 삼국통일을 추진하기 위해 고국원왕 때부터 남방진출을 위한 전진기지로 황해도 신원 일대를 개발했다는 '남평양설'을 주장했다. 이러한 주장과 고국원왕시기의 어려운 상황으로 본다면 북한학자들의 견해대로 안악 3호 무덤은 고국원왕의 무덤일 가능성이 크다. 안악 3호 무덤은 제7장에서 상세히 살펴보기로 한다.

고국원왕시기는 중국과 화친관계를 유지하기 위해 많은 노력을 했다. 동왕 25년 전연에 사신을 보내 다른 볼모를 주고 왕의 어머니를 환국토록 하여[22] 전

---

21 金貞培, 「安岳 3號墳 被葬者 논쟁에 대하여-冬壽墓說과 美川王陵說을 中心으로」, 『古文化』 16, 한국대학박물관협회, 1978, 12~25쪽.

22 『三國史記』 卷18 「高句麗本紀」 故國原王條. "二十五年, ……冬十二月, 王遣使詣燕, 納質修貢, 以請其母, 燕王雋許之, 遣殿中將軍刀龕, 送王母周氏歸國, 以王爲征東大將軍營州刺史, 封樂浪公王如故."

연과 고구려의 관계는 일단 원만하게 해결되었다. 이러한 어려운 현실에서도 고국원왕은 東晉에 두 차례나 사신을 보내 화친관계를 유지하고자 했다.[23] 고국원왕의 이러한 대 중국 외교는 남쪽으로 진출하기 위함이었을 것으로 판단된다.

고국원왕은 전연과의 관계가 안정되자 백제 정벌을 시작했다. 369년 2만 명의 군사를 친히 거느리고 백제를 공격하였으나, 雉壤(지금의 황해도 배천) 전투에서 패하였다.[24] 이 사건으로 고구려와 백제의 화친관계는 무너지고 전쟁이 계속되었다. 2년 뒤인 371년 백제 근초고왕은 3만 명의 군사를 이끌고 평양성을 공격했으며, 이 전투에서 고구려 고국원왕은 전사했다.[25]

이처럼 고국원왕은 고조선의 옛 고토를 수복하기 위해서 고조선의 영토였던 한반도 남쪽의 백제와 신라까지[26] 그들의 통치영역에 들어와야 한다고 생각했으며, 정복 전쟁을 통해 정치이념을 실행에 옮겼던 것이다. 따라서 고국원왕 시기의 금관은 이러한 고구려 정책변화의 과도기를 반영했을 것이라 여겨진다.

미천왕의 서대 무덤이 크게 훼손된 후 고국원왕이 미천왕의 유골을 되찾아 올 때 왕관을 되돌려 받았다는 기록은 없다. 따라서 서대 무덤에 있던 미천왕의 금관은 손실되었으며, 고국원왕이 우산 992호 무덤에 미천왕의 유골을 다시 안치할 때 금관도 새로 만들어졌다고 보아야 한다. 그리고 그 금관이 도굴당하고 남은 잔여물이 앞에 보이는 금관장식들이다. 금으로 만든 관식이

---

23 『三國史記』 卷18 「高句麗本紀」 故國原王條. "六年, 春三月, …… 遣使如晉貢方物." "十三年, …… 秋七月, …… 遣使如晉朝貢."

24 『三國史記』 卷18 「高句麗本紀」 故國原王條. "三十九年, 秋九月, 以兵二萬, 南伐百濟, 戰於雉壤, 敗績."

25 『三國史記』 卷18 「高句麗本紀」 故國原王條. "四十一年, 冬十月, 百濟王率兵三萬, 來攻平壤城, 王出師拒之, 爲流矢所中, 是月二十三日薨."

26 제5장의 주 27 참조.

출토된 것은 금관이 있었다는 뚜렷한 증거이다.

1장에서 6장에 이르기까지 분석된 내용을 통해 다음의 정리가 가능해진다. 첫째는 칠성산 871호 무덤에서 출토된 청동관식을 관테둘레로 분류한다면 고구려에서 관테둘레가 있는 청동관의 출현 시기는 늦어도 2세기 무렵일 것으로 생각된다. 둘째는 서천왕 무덤으로 추정되는 칠성산 211호 무덤과 고국원왕시기 축조되어 미천왕이 다시 안치된 것으로 생각되는 우산 992호 무덤에서 출토된 긴 띠모양 금동관테둘레와 금제관식에서 고구려는 초기부터 금관과 금동관이 함께 존재했을 것으로 생각된다. 셋째는 일찍부터 관테둘레가 출토된 것으로 보아 고구려 초기부터 절풍에 관장식을 바로 꽂지 않고 관테둘레에 여러 개의 세움장식을 세운 겉관이 속관인 절풍과 독립되어 이중구조를 이루는 왕관이 출현하기 시작했다고 할 수 있다. 신라 금관의 구조와 같은 양식이었던 것이다.

고구려의 관테둘레와 세움장식 및 달개장식에서 뿐만 아니라 절풍양식의 속관과 관테가 이중구조를 이루는 금관양식은, 통설에서처럼 우리나라 금관의 원류가 시베리아 샤면의 문화적 전통에서 비롯되었다는 해석이 잘못임을 알게 하는 또 다른 준거가 된다.

제7장

안악 3호 무덤과 고국원왕

1. 안악 3호 무덤벽화 복식의 국적

안악 3호 무덤은 1949년 북한학자들에 의하여 발굴 조사되었고, 2004년 유네스코 세계문화유산에 등록되었다. 이 고분은 황해남도 안악군 오국리에 위치해 있는데, 발굴당시는 안악군 룡순면 유순리였고, 1957년도 발굴보고서를 낼 당시는 류설리였다.[1]

이 고분이 발견된 이후 지금까지 무덤의 주인에 대하여 다양한 논의가 이루어졌다. 논의의 쟁점은 동수묵서명에 대해 한국, 북한, 중국, 일본학계에서 무덤 주인의 국적이나 정체에 대해 서로 다르게 해석하는 데 있다. 발굴 당사

1 조희승, 「안악 3호 무덤의 피장자와 신원장수산유적에 대하여」, 『고구려유적 공동조사 학술회의』, 고구려연구재단·사회과학원, 2005, 1~47쪽.
2 전주농, 「안악'하무덤'에 대하여-그 발견 10주년을 기념하여-」, 『문화유산』, 1959년 5기, 14~35쪽 ; 박진욱, 「안악 3호 무덤의 주인공에 대하여」, 『조선고고연구』, 1990년 제2호, 2~6쪽.

자인 북한학계에서는 고구려 왕릉설[2]과 동수 무덤설[3]이 있는데, 고구려 왕릉설은 다시 미천왕설[4]과 고국원왕설[5]로 나누어진다. 한국학계에서는 동수설[6]과 고국원왕설[7] 및 미천왕설[8]이 있다. 중국학계[9]와 일본학계[10]는 모두 전연의 망명객인 동수 무덤설을 지지하고 있다.

또한 무덤 벽화의 복식에 대한 연구에서 고구려의 복식이라는 견해[11], 중국 하북성 망도에서 발견된 한묘와 요양 지역의 벽화에 보이는 복식과 유사하다는 견해,[12] 벽화 구성원들의 복식이 모두 고구려 복식이며 특히 무덤주인의 관모와 겉옷이 고구려 왕의 복식으로 왕릉이라는 견해,[13] 벽화에 보이는 관모

3 김용준, 「안악 제3호분(하무덤)의 년대와 그 주인공에 대하여」, 『문화유산』, 1957년 3기, 1~22쪽.

4 전주농, 「다시 한번 안악의 왕릉을 논함」, 『고고민속』, 1963년 2기 ; 박윤원, 「안악 제3호분은 고구려 미천왕릉이다」, 『고고민속』, 1963년 2기.

5 리여성, 「대동강반 한식유적, 유물과 '낙랑군치'설에 대하여」, 『력사과학』, 1955년 5기, 84~102쪽 ; 박진욱, 「안악 3호 무덤의 주인공에 대하여」, 『조선고고연구』, 1990년 2호, 2~6쪽.

6 蔡秉瑞, 「安岳地方의 壁畵古墳」, 『白山學報』 第2號, 白山學會, 1967, 1~64쪽 ; 金元龍, 「高句麗古墳壁畵의 起源에 대한 研究」, 『震檀學報』 第21輯, 震檀學會, 1961, 41~107쪽 ; 孔錫龜, 「安岳3號墳의 墨書銘에 대한 考察」, 『歷史學報』 第121輯, 歷史學會, 1989, 1~41쪽.

7 李仁哲, 「安岳 3號墳의 연꽃무늬와 墨書銘」, 『韓國 古代의 考古와 歷史』, 學研文化史, 1997 참조.

8 金貞培, 「安岳 3號墳 被葬者 논쟁에 대하여-冬壽墓說과 美川王陵說을 中心으로」, 『古文化』 16, 한국대학박물관협회, 1978, 12~25쪽.

9 宿 白, 「朝鮮安岳所發現的冬壽墓」, 『文物參考資料』, 1952年 第1期, 101~104쪽 ; 楊 泓, 「高句麗壁畵石墓」, 『文物參考資料』, 1958年 第4期, 12~21쪽 ; 洪晴玉, 「關于冬壽墓的發現和研究」, 『考古』, 1959年 第1期, 27~35쪽.

10 李進熙, 「黃海道發現の高句麗壁畵古墳」, 『駿台史學』 6, 1956 ; 熊谷宣夫, 「冬壽墓の紹介」, 『佛敎藝術』 37, 1958 ; 岡崎敬, 「安岳3號墳の研究」, 『史淵』 93, 九州大, 1964 참조.

11 천석근, 「안악 제3호 무덤벽화의 복식에 대하여」, 『조선고고연구』, 사회과학원 고고학연구소, 1986년 제3호, 22~27쪽.

12 김용준, 「안악 제3호분(하무덤)의 년대와 그 주인공에 대하여」, 『문화유산』, 1957년 3기, 1~22쪽 ; 전주농, 「안악 하무덤(3호분)에 대하여」, 『문화유산』, 사회과학원출판사, 1959년 5기, 14~35쪽.

13 박선희, 『한국고대복식-그 원형과 정체』, 지식산업사, 2002 참조.

가 모두 중국의 것과 유사하다고 하여 동수 무덤으로 보는 견해[14] 등이 있다.

안악 3호 무덤벽화의 복식과 망도의 한묘와 요양지역의 벽화에 보이는 복식과 유사하다는 견해는, 모두 비슷한 모양의 幘을 쓰고 있다는 것이다. 그러나 실제로 중국의 책과는 다르다. 망도 한묘 벽화의 관리들과 요양 삼도호굴업 제4현장 벽화고분 家居圖의 무덤 주인이 쓴 책에는 뒤에 늘어뜨려진 收가 있지만 안악 3호 무덤벽화 관리들의 책에는 수가 없다. 책에 수가 없는 것이 고구려의 특징이다. 또한 인접한 봉태자둔고분과 령지영장군 무덤벽화에 보이는 복식은[15] 안악 3호 무덤벽화의 복식과 달리 중국의 특징적인 요소를 보여준다.

고구려는 한반도와 만주를 통합한 통일국가를 이루지는 못했지만 나당 연합군에게 멸망할 때까지 동북아시아에서 가장 강성한 국가였다. 『삼국사기』「고구려본기」를 보면 고구려는 건국한 뒤부터 멸망할 때까지 계속해서 주변 국가들과 전쟁을 하거나 교류관계를 가졌다. 이러한 이유 때문에 복식연구에서는 고구려의 복식구조가 중국이나 북방의 영향을 받아 이루어진 것으로 보는 것이 일반적이다. 따라서 대체로 4세기에서 6세기에 조성된 고구려 무덤벽화에 보이는 복식의 양식들이 고구려 고유의 것이 아니라 중국이나 북방의 영향에 의한 외래적인 것으로 해석되었고, 일부분의 특징들만이 고구려의 고유한 요소로 인식되고 있다. 그나마 고구려의 고유한 요소로 인식되는 부분도 그 원형은 북방민족의 영향으로 이루어진 것으로 보고 있다.

이러한 연구 상황은, 안악 3호 무덤벽화에 보이는 무덤 주인(그림 1)을 비

---

14 孔錫龜, 「安岳 3號墳 主人公의 冠帽에 대하여」, 『高句麗研究』 第5輯, 高句麗研究會, 1998, 157~193쪽.

15 李文信, 「遼陽發現的三座壁畵古墳」, 『文物參考資料』, 1955年 第5期, 15~42쪽.

그림 1 안악 3호 무덤벽화 주인도

롯한 구성원들의 복식이 한민족 복식의 고유성과 독자성을 잘 지니고 있는데
도 우리복식의 독자성을 부정하는 전래설에 종속되어 있을 뿐만 아니라 우
리복식의 정체성을 올바로 파악하지 못한 채 여전히 논쟁만 불러일으키고 있
다. 실제로 고구려 벽화 자체가 그렇듯이 서역 문화를 개방적으로 받아들였으
면서도 복식에 있어서는 고구려 고유의 양식을 그대로 지키고 있다. 고구려의
고유복식은 고구려가 중국이나 북방민족 등과 다른 독자적인 문화를 온전하
게 지키고 있었다는 중요한 증거가 된다.

　아래에서는 먼저 안악 3호 무덤벽화 중에서 무덤 주인의 복식을 중심으로
중국과 북방민족 복식과의 비교 검토를 통하여 안악 3호 무덤벽화에 보이는
복식이 고조선의 복식을 계승한 고구려의 고유한 복식이었음을 밝혀 보고자
한다. 또한 안악 3호 무덤벽화에 보이는 갑옷을 이웃 나라의 것과 비교해 보
기로 한다. 이러한 분석은 현재 논란을 빚고 있는 안악 3호 무덤벽화의 무덤

주인의 국적이 고구려의 왕임을 입증하는 중요한 근거를 제공할 뿐만 아니라, 무덤 주인이 고국원왕임도 밝히게 될 것이다. 아울러 고구려 왕이 썼다는 금테를 두른 백라관의 양식을 확인할 수 있을 것이다.

1) 무덤 주인공 부부의 관모와 머리모양

고구려의 왕이 썼던 백라관과 옷에 대하여 알아보고 이어서 고급관리들이 썼던 羅로 만든 관에 대하여 살펴보기로 한다. 『구당서』 「열전」 고(구)려전과 『신당서』 「열전」 고(구)려전에는 다음과 같은 내용이 나온다.

웃옷과 아래옷의 복식을 보면, 왕만이 五綵로 된 옷을 입으며, 흰색 나로 만든 관을 쓰고 흰 가죽으로 만든 小帶를 두르는데, 관과 허리띠는 모두 금으로 장식했다. 벼슬이 높은 자는 푸른 나로 만든 관을 쓰고 그 다음은 붉은 나로 만든 관을 쓰는데, 새깃 두 개를 꽂고 금과 은으로 장식했다.[16]

왕은 5채로 된 옷을 입고 흰색 나로 만든 관을 쓰며 가죽으로 된 허리띠에는 모두 금테(금단추)를 두른다. 대신은 청색 나로 만든 관을 쓰고 그 다음은 진홍색 나로 만든 관을 쓰는데, 두 개의 새깃을 꽂고 금테(금단추)와 은테(은단추)를 섞어 둘렀다.[17]

---

16 『舊唐書』 卷199 「列傳」 高(句)麗傳. "衣裳服飾, 唯王五綵, 以白羅爲冠, 白皮小帶, 其冠及帶, 咸以金飾. 官之貴者, 則靑羅爲冠, 次以緋羅, 揷二鳥羽, 及金銀爲飾."

17 『新唐書』 卷220 「列傳」 高(句)麗傳. "王服五采, 以白羅製冠, 革帶皆金釦. 大臣靑羅冠, 次絳羅, 珥兩鳥羽, 金銀雜釦."

이 두 기록의 내용에서 羅冠의 모양을 알 수 있다. 고구려 왕의 관은 흰색 나로 만들어지고 그 위에 금으로 테를 두르거나 금장식 단추로 장식했다. 대신은 청색 나로 만든 관을 쓰고, 그 다음 관리는 진홍색 나로 만든 관을 쓰는데, 두 개의 새깃을 꽂고 금테와 은테 또는 금장식 단추나 은장식 단추를 섞어 둘렀다.

중국은 위진남북조시대에도 진한시대의 복식제도를 그대로 이어 기본적으로는 巾幘을 썼고, 수당시대에는 위가 높은 건책과 幞頭가 크게 유행한다. 그러나 고구려에는 이러한 양식이 들어오지 않는다.

안악 3호 무덤벽화 주인도(그림 2)에서 왕이 평상시 사용했던 백라관이 확인된다. 무덤벽화에 보이는 주인도의 남자주인공이 쓴 관을 살펴보자. 이 인물은 흑색의 책 위에 흰색의 나로 만든 덧관을 쓰고 있는데, 관의 앞 이마 부분에는 금색의 테두리가 둘려져 있고 이 테는 다시 귀의 가운데 부분에서 위로 연결되어 있다. 관 끈이 귀의 뒷부분에서 내려와 턱에서 묶여져 袍의 옷고름 위까지 내려와 있는데, 끈 끝부분은 화려한 장식으로 마무리 되어 있다. 이 같은 白羅冠의 모습은 위의 기록과 거의 일치하고 있다.

기존의 견해들은 어떠할까? 안악 3호 무덤에 대해서는, 주인공의 관을 백라관으로 보면서 이 고분을 왕릉으로 보는 견해와,[18] 중국 무관들이 쓰던 관과 비슷하므로 망명객인 동수 무덤[19]으로 보는 두 가지 견해로 나뉜다. 동수 무덤으로 보는 견해는 벽화의 주인공이 쓴 관이 위에 얇은 천으로 덧관을 한 점에 착안해서 이를 『晉書』 興服志의 武冠 혹은 惠文冠 천의 결이 마치 매미

---

18 전주농, 「안악 하무덤(3호분)에 대하여」, 『문화유산』, 1959년 5기, 14~35쪽 ; 박진욱, 「안악 3호 무덤의 주인공에 대하여」, 『조선고고연구』, 1990년 제2호, 2~6쪽.

19 주 14와 같음.

그림 2 안악 3호 무덤벽화 백라관을 쓴 주인도의 부분

의 날개와 같다[20]는 내용과 결부시켜 이 관을 혜문관이라고 보았다. 그리고
혜문관의 모습을 한대의 화상석에서도 확인하고 문관계층도 썼지만 무관계
층이 더 많이 썼으며 고취악대들도 이 혜문관을 썼다고 주장했다.

그러나 동수 무덤이라는 견해에서 자료로 제시한 화상석에 보이는 관들은
비록 유사성이 있지만 자세히 살펴보면 서로 다른 양상을 띠고 있으며, 안악
3호 무덤벽화 주인도의 남자 주인공 관 역시 화상석에 보이는 관들과는 큰 차

---

20 『晋書』卷25「志」輿服. "武冠, 一名武弁, 一名大冠, 一名繁冠, 一名建冠, 一名籠冠. 卽古之惠文
冠, 或曰趙惠文王所造, 因以爲名, 亦云惠者蟬也. 其冠文經細如蟬翼, 故名惠文, …… 天子元服亦
先加大冠, 左右侍臣及諸將軍, 武官通服之."

이가 있다. 이를 필자는 다음의 내용으로 분석한 바 있다.[21]

첫째, 고구려와 중국은 관을 만든 직물이 다르다. 동수 무덤이라는 견해는 감숙성 무위현에 있는 49호 무덤과 62호 무덤에서 출토된 '흑색 漆纚冠'[22]의 紗가 무관이 썼던 관의 잔여물로, 안악 3호 무덤벽화 주인공의 관과 유사하다고 했다. 발굴자들은 이 49호 무덤이 동한 중기(약 126~167년)에 속하고 62호 무덤이 왕망 시기(9~24년)에 속한다고 했다. 이 관을 만들 때 사용된 누에천인 흑색의 紗는, 발굴자들이 밝혔듯이 둘 다 날실과 씨실의 직경이 매우 굵은 실로 성글게 짜여져 마름모형과 네모형의 구멍으로 연결된 모습을 한 천이다.

紗는 누에실을 꼬아 짜지 않아 얇고 성근 고운 천이다. 62호 무덤 남주인공이 썼던 흑색 칠리관의 紗는 날실과 씨실의 올수가 cm 당 7×7이고, 날실과 씨실의 실 직경은 모두 0.2cm이며, 섬유조직에 네모난 구멍이 형성되었다. 49호 무덤 남주인공이 썼던 흑색 칠리관의 紗는 올수가 매 cm 당 14×14이고, 날실과 씨실의 실직경은 모두 0.15cm이며, 섬유조직에 마름모형 구멍이 형성되었다.

이 같은 섬유조직의 내용으로 보아 그 짜임이 매우 성근 그물모양의 조직을 가졌음을 알 수 있고, 이 같은 이유로 여러 화상석에서는 관들을 그물모양으로 표현한 것이다. 顧愷之도 '洛神賦圖'에서 漆紗籠冠을 그물처럼 그리고 있다[23](그림 3, 3-1). 그러나 안악 3호 고분벽화 주인공의 덧관은 그물모양으로 표현되지 않았다. 이것은 중국에서 비교적 성근 紗로 관을 만든 것과 달

---

21 박선희, 『우리 금관의 역사를 밝힌다』, 지식산업사, 2008, 98~101쪽.

22 甘肅省博物館, 「武威磨咀子三座漢墓發掘簡報」, 『文物』, 1972年 第12期, 9~23쪽.

23 上海市戲曲學校中國服裝史研究組編著, 周 迅·高春明 撰文, 『中國服飾五千年』, 商務印書館香港分館, 1984, 57쪽.

그림 3 고개지가 그린 '낙신부도'의 부분

리 고구려는 비교적 고운 羅로 만들었기 때문일 것이다. 안악 3호 무덤벽화에 보이는 왕의 관과 달리 덕흥리 무덤벽화와 쌍영총 주인도의 관은 靑羅冠으로 비교적 섬세한 그물로 표현되어 있어 비교적 성근 羅로 만들어졌을 것으로 생각된다. 이는 이 고분들의 주인공이 안악 3호 무덤벽화의 주인공과 같은 왕의 신분이 아님을 나타내는 것이다.

둘째, 49호 무덤과 62호 무덤의 발굴자들은 흑색 紗와 함께 관 주위와 관의 윗부분을 받쳤던 대나무가 출토되었다고 하였다. 그리고 이 관이 『후한서』 여복지에 기록된 대나무를 사용한 長冠[24]과 法冠[25]의 내용과 일치한다고 했을 뿐 武冠이라고는 하지 않았다. 실제로 안휘성 호현에 위치한 동원촌 2호

---

24 『晉書』卷25 「輿服」. "長冠, 一名齊冠. 高七寸, 廣三寸, 漆纚爲之, 制如版, 以竹爲裏."
25 『晉書』卷25 「輿服」. "法冠, 一名桂後, 或謂之獬豸冠. 高五寸, 以縱爲展筩."

동한 무덤에 보이는 인물화상에는 두 사람의 文官[26]이 모두 같은 관(그림 4)을 쓰고 있다. 따라서 이러한 관을 반드시 무관만이 썼던 것은 아니라고 생각된다.

셋째로, 동수 무덤이라는 견해에서 제시한 중국의 관과 안악 3호 무덤의 주인공 관은 양식에서 차이가 있다. 한대의 화상석에 보이는 관들의 덧관은 크게 두 가지로 구분된다. 하나는 덧관이 속관인 책의 앞부분에서 조금 들어가 덧관이 연결되는 것이고 다른 하나는 덧관이 속관의 앞부분에서 거의 같이 연결되는 것이다. 그러나 안악 3호 무덤벽화 주인공의 관은 덧관이 속관의 뒷부분에서 연결되어 있다. 그리고 중국의 관은 幘의 경우와 마찬가지로 거의 모두

그림 3–1 칠사롱관 모사도

덧관의 아래에 收가 늘어져 있으나, 안악 3호 고분벽화에는 늘어뜨린 수가 없다. 덧관과 속관의 연결모습과 수의 모습은 안악 3호 무덤벽화의 고취악대들에서도 마찬가지이다.

넷째로, 관끈(영(纓))의 길이에 큰 차이가 있다. 안악 3호 무덤벽화의 주인공을 보면, 백라관을 쓴 귀밑으로 비교적 검은색 관 끈이 턱의 아래 부분에서 가볍게 묶어져 겉옷의 앞부분 옷고름이 있는 데까지 내려와 끝부분은 단추 혹은 솔장식과 같은 것으로 화려하게 마무리되어 있다. 이와 달리 한대의 화상석에 보이는 관에 연결된 끈들의 대부분은 거의 턱 아랫부분에서 짧게

26 亳縣博物館,「安徽亳縣發現一批漢代字磚和石刻」,『文物資料叢刊』2, 文物出版社, 1978, 142~
173쪽.

그림 4 동원촌 2호 무덤 인물화상

묶어져 있다. 이는『후한서』여복지에서, "관들은 모두 纓蕤가 있는데, 執事와 武吏는 모두 끈으로, 늘어진 길이가 5寸이다"[27]라고 한 내용에서도 볼 수 있듯이, 관의 끈을 묶고 늘어뜨리는 길이가 약 11.5cm 정도로 매우 짧았음을 알 수 있다.

11.5cm로 계산한 것은 다음 자료를 기준한 것이다. 1975년 지금의 중국 호북성 운몽현 수호지 11호 秦墓에서 출토된 '倉律'에서 1척을 지금의 약 0.23cm로 보고 있어, 1寸은 10분의 1尺이므로, 이를 따르면 1촌은 2.3cm로 5촌은 11.5cm가 된다. 그러나 안악 3호 무덤벽화 주인공이 늘어뜨린 관의 끈은 그 길이가 길게 앞 가슴부분까지 내려와 있다. 중국과 고구려 간의 이 같은 관과 관끈제도의 차이는 고구려의 관이 중국의 영향과 무관한 사실을 드러내는 것이다.[28]

또한 조양 원태자 무덤벽화에 보이는 무덤 주인의 黑冠이 안악 3호 무덤 주인의 백라관과 유사하다고 보고 있다. 중국 발굴자들은 원태자 무덤을 東

---

27 『後漢書』卷30 「志」興服下. "諸冠皆有纓蕤, 執事及武吏皆縮纓, 垂五寸."
28 박선희, 앞의 책, 100~102쪽 참조.

晉의 4세기 초~중기에 해당하는 북방민족의 무덤으로 분류하고 있다. 그러나 1장에서 필자는 이미 원태자 고분과 그 주변에 위치한 북표현 방신촌 晉墓 및 전초구 晉墓가 고구려의 무덤임을 밝혔다. 원태자 무덤에서 출토된 다양한 고구려 유물, 고구려 고유양식의 철기군, 삼족오, 검은 곰 등을 묘사한 내용은 모두 고구려 고유의 특징들을 그대로 나타내 주고 있기 때문이다.

따라서 중국의 발굴보고서와 연구 성과들을 인용할 때 이를 고스란히 인용하면 상대적으로 큰 오류를 범하게 된다. 우리의 시각과 연구 성과들을 바탕으로 재해석하는 일이 필요하다.

지금까지 살펴 본 바와 같이 중국의 羅冠과 안악 3호 무덤벽화 주인공의 백라관은 큰 차이가 있음을 알 수 있다. 또한 안악 3호 무덤벽화 주인공의 백라관에 둘러진 금색 테두리는 왕관임을 알려주는 것으로, 이 무덤이 동수 무덤이 아니라는 것을 말해주고 있다. 이는 주인공이 입은 의복과 무덤벽화의 다른 구성원들의 복식이 고대 한민족 복식의 특징을 그대로 하고 있다는 점에서 더욱 그러하다.

다음으로 남녀주인공의 머리모양에 대하여 알아보자. 안악 3호 무덤을 비롯한 여러 고구려 무덤벽화에 보이는 구성원들은 모두 상투머리를 하였다. 이는 『후한서』 「동이열전」 韓條[29]에서 한민족이 머리를 틀어 묶고 상투머리를 했다고 한 기록에서 확인된다. 안악 3호분 무덤 주인의 경우도 상투머리를 하여 머리가 관모 뒤로 늘어뜨려지지 않았고, 여주인공의 머리도 상투머리를 기본으로 하였다. 이와 같은 예가 안악 3호 무덤보다 약간 앞선 시기에 만들어진

---

29 『後漢書』卷85 東夷列傳. 韓條, "대체로 머리를 틀어 묶고 상투를 드러내 놓으며, … (大率皆魁頭露紒, …)."

그림 5 고구려 도용(등에 연대와 관직이 새겨져있다)

것으로, '晉永和乙巳年'(345년)의 연대와 '大兄'의 관직이 새겨진 고구려 陶俑 (그림 5)[30]에서 확인된다.

안악 3호 무덤벽화의 여주인공(그림 10 참조)은 상투머리를 크게 하고 타원형으로 둘린 것으로 보아 가체를 사용했던 것으로 생각된다. 이 가체 머리 위에 화려한 머리꽂이를 앞과 옆에 꽂아 이마와 귓전까지 늘어뜨렸다. 이 같은 여주인공의 머리모양은 같은 시대인 중국의 남북조시대의 머리모양과 다르다. 남북조시대에는 불교의 영향으로 머리를 양쪽으로 나누어 머리 위 양쪽으로 둥글게 틀어 올리는 '飛天髻'가 궁중에서부터 민간으로까지 크게 유행하였고, 또한 귀족부녀들은 나르는듯한 금으로 만든 머리장식을 꽂은 가체 머리를 많이 하였다.[31]

이상의 분석에서 안악 3호 무덤 주인공이 쓴 관은 금테 두른 백라관이고

---

30   김대환 소장.

31   上海市戲曲學校中國服裝史研究組編著, 周 迅·高春明 撰文, 앞의 책, 62~63쪽.

남녀주인공의 머리모양과 머리장식
역시 고구려의 고유한 양식이었음
을 알 수 있다. 따라서 남주인공은
고구려 왕이며 여주인공은 고구려
왕비일 것으로 추정된다.

　다음으로 고구려 후기에 속하는
중국 수·당시대 관모를 살펴보자.
수나라가 건국된 후 周禮에 근거하
여 복식제도를 개혁하고자 했으나
경제가 회복되지 못하여 복식제도
를 바꾸는 것이 불가능하였다. 이로
인해 부분적으로 관모와 禮器만을
새로이 했다. 이후 수양제가 즉위한

그림 6　면관을 쓴 중국의 진무제와
칭사롱관을 쓴 신하

후 비로소 새로운 복식제도를 만들어 위로는 황제와 왕으로부터 아래로는 서
리에 이르기까지 각각 차등 있게 하였다. 남자들은 주로 복두와 사모를 썼다.

　당나라의 화가 염립본은 당태종의 초상화를 그렸으며, 관복제도를 정하는
데 직접 참여하였다. 염립본이 그린 '帝王圖'(그림 6)와 돈황 莫高窟 220굴의
帝王出行벽화(그림 7)에서 당나라 면복의 특징을 상세히 알 수 있다. 관리들
은 介幘이나 롱관을 썼다. 당태종이 쓴 면관과 관리들이 쓴 칠사롱관은 고구
려나 백제 등의 관모에 전혀 나타나지 않는다. 단지 신라의 경우만이 다를 뿐
이다.[32]

32　박선희, 『우리금관의 역사를 밝힌다』, 지식산업사, 2008, 91~113쪽 참조.

그림 7 돈황 막고굴 220굴 벽화에 보이는, 면관을 쓰고 면복을 입은 중국의 황제와 신하

　신라는 고구려나 백제보다 늦게 외래 문물을 받아들임으로써 오히려 그들 문화의 고유성을 오래 보존했다. 법흥왕 때 중국과 대외관계에 노력을 기울이지만 불교의 공인은 고구려나 백제보다 늦게 이루어졌고, 법흥왕 때부터 신분에 따른 복식의 차이를 제도화했으나[33] 신라 고유의 것을 고수했다.[34] 경주 백률사 石幢記에 양각되어 있는 이차돈의 순교 당시 입은 의복과 모자(그림 8)가 그 좋은 예가 된다.[35]

　그러나 신라는 진덕여왕 2(648)년 김춘추가 당에 가서 당의 복식제도를 따

33　『三國史記』卷4「新羅本紀」法興王 7年條. "七年春正月, 頒示律令. 始制百官公服朱紫之秩."
34　『三國史記』卷33「雜志」色服. "至第二十三葉法興王, 始定六部人服色尊卑之制, 猶是夷俗."
35　국사편찬위원회 소장, 『慶州栢栗寺石幢記』.

르겠다고 말하고 돌아온 뒤인 진
덕여왕 3년부터 당의 복제를 받아
들였다.[36] 문무왕 4(664)년에는 부
인들까지도 중국의 복식제도를 따
르도록 했다.[37] 따라서 신라는 진덕
여왕 이후 고유한 양식인 변, 절풍,
나관, 책 등과 이것을 금속으로 만
든 금동관과 은관, 금관은 차츰
사라져 갔다. 이는 금관이 유행하
던 시기가 5~7세기인 점과도[38] 무
관하지 않을 것이다.

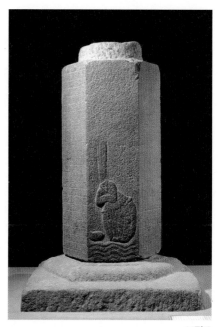

그림 8
경주 백률사 석당기에 보이는 이차돈 순교시 복식

신라 복식제도의 변화는 관모
에서도 예외가 아니다. 모두 중국
의 관모인 복두로 바꾸었는데, 이 같은 변화에서 신라 사람들은 고조선시대
부터 써왔던 모자양식을 버리게 되었으며, 한민족의 양식을 갖는 관장식이나
금관을 더 이상 만들지 않게 된 것으로 생각된다.

이상의 논의에서 고구려는 건국 때부터 중국이나 북방과 접촉했으면서도
이들지역의 관모를 받아들이지 않았음을 알 수 있다. 이것은 고구려 등 한민
족이 북방민족이나 중국과는 다른 고유한 문화를 굳게 지키고 있었다는 중요
한 근거가 된다.

---

36 『三國史記』卷5 「新羅本紀」 眞德王 3年條. "三年春正月, 始服中朝衣冠."
37 『三國史記』卷6 「新羅本紀」 文武王 4年條. "下敎婦人, 亦服中朝衣裳."
38 주 32와 같음.

위의 분석은 현재 논란을 빚고 있는 안악 3호 무덤벽화 주인의 국적이 고구려이며 신분은 왕임을 입증할 수 있는 중요한 근거가 된다. 아울러 고구려 복식의 원형에 대해 중국이나 북방 호복 계통의 영향을 받았다는 기존의 견해는 수정되어야 할 것이다.

2) 무덤 주인공 부부의 겉옷양식

『구당서』의 「열전」 고(구)려전과 『신당서』 「열전」 고(구)려전에서 고구려 왕은 五綵로된 옷을 입는다고 했다.[39] 안악 3호 무덤벽화 주인의 포는 자주색과 검은색 그리고 옅은 고동색 등이 나는 바탕에 화려한 줄무늬가 있고, 크게 비스듬히 여민 깃의 이음새부분을 붉은 옷고름으로 마무리했다. 무덤 주인이 입은 겉옷에서 오채를 가려내는 것은 어렵다. 그러나 안악 3호 무덤벽화를 비롯한 고구려 무덤벽화들에 보이는 복식은 무덤 주인의 겉옷이 여러 색을 띠고 있는 것과 달리 단색을 띠고 있어 겉옷이 오채의 복식이라고 보아도 무리가 없겠다. 또한 깃과 끝동에 옅은 색의 선을 두르고 그 위에 다시 가는 검은 선을 두른 다음 작은 장식단추를 연결하여 화려함을 더하고 있다(그림 9).

여주인공의 겉옷(그림 10)은 자주색과 붉은색 바탕에 화려한 무늬가 있고 옅은 색의 넓은 소매가 달린 겉옷을 입고 있다. 이 긴 겉옷이 포인지 길이가 긴 襦인지는 알 수 없다. 팔과 소매에는 짙은 녹색의 색동을 달았고, 무덤 주인과 마찬가지로 깃과 끝동에 선을 둘렀다. 깃에 두른 선위에는 다시 붉은색 선을 둘리고 그 위에 장식단추를 장식했고, 팔과 끝동에는 짙은 녹색이 나는 옷감으로 덧대어 색동으로 하고 그 위에 장식단추를 둘러 매우 화려한 모양이다.

---

39 주 16·17과 같음.

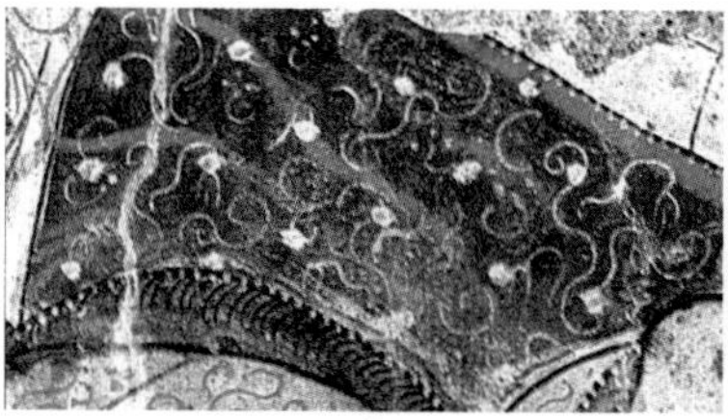

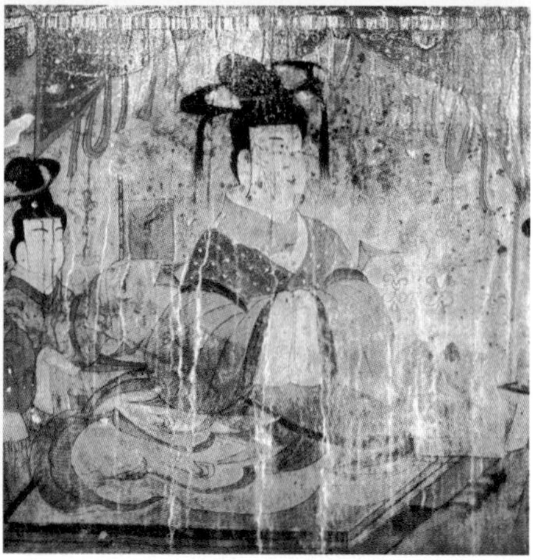

그림 9 안악 3호 무덤벽화 주인도의 부분
그림 10 안악 3호 무덤벽화 부인도의 부분

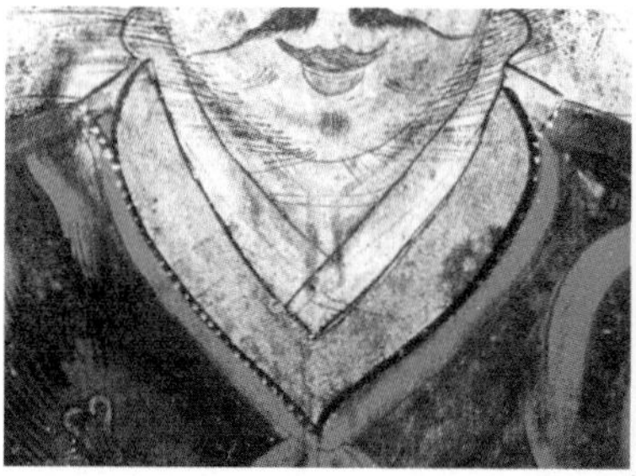

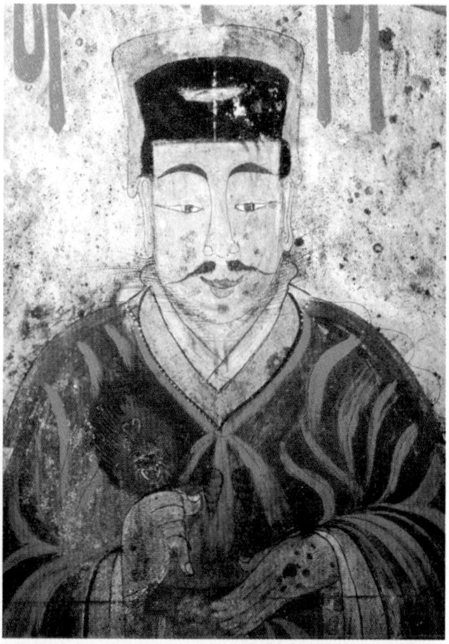

고구려에서 복식에 장식단추를 사용하는 것은 고조선의 복식양식을 계승한 것이다. 고조선에서는 청동장식단추를 의복뿐만 아니라 모자나 신발, 활집 등 복식의 여러 부분에 다양하게 사용했다.[40] 고조선에 속했던 부여에서는 금과 은으로 모자를 장식했다.[41] 이는 중국이나 북방지역에서는 볼 수 없는 화려하고 높은 수준의 복식양식이다. 『삼국지』 「오환선비동이전」의 예전의 기록을 보자.

(예는) 남녀 모두 曲領을 입었는데, 남자는 銀花를 옷에 달았으며, 넓이는 여러 寸으로 꾸며졌다.[42]

즉 濊에서는 일반적으로 남자들이 입는 曲領[43]에 약 5cm 이상 되는[44] 銀花를 꿰매어 장식했음을 알 수 있다. 이 기록은 고조선이 붕괴된 후의 예 풍속에 관한 것이지만 예는 고조선에 속했으므로 이같이 웃옷에 은화를 다는 풍속은 고조선의 것을 계승했을 것이다. 『후한서』 「동이열전」 고구려 전에는,

---

40 中國科學院考古研究所內蒙古工作隊, 「赤峰葯王廟·夏家店遺址試掘報告」, 『中國考古集成』 東北卷 靑銅時代(一), 1997, 678~680쪽 ; 조선유적유물도감편찬위원회, 『조선유적유물도감』 1-고조선·진국·부여편, 외국문종합출판사, 1989, 70쪽 ; 박진욱, 『조선고고학전서』, 과학 백과사전 종합 출판사, 1997, 50쪽·57~58쪽.

41 『三國志』 卷30 「烏丸鮮卑東夷傳」 扶餘傳. "以金銀飾帽."

42 『三國志』 卷30 「烏丸鮮卑東夷傳」 濊傳. "男女皆衣著曲領, 男子繫銀花廣數寸以爲飾."

43 曲領은 袵形을 가리키기도 하고 襦의 명칭으로 불리워지기도 하는데, 위의 기록에서는 襦의 명칭으로 사용되었다.

44 1寸은 10분의 1尺이다. 睡虎地秦墓竹簡整理小組는 『睡虎地秦墓竹簡』 「倉律」에서 1尺을 지금의 약 0.23cm로 보고 있어 이에 따르면 1寸은 23cm가 된다. 그러므로 濊에서 넓이가 數寸이 되는 銀花를 달았다는 것은 적어도 2寸 이상일 것으로 5cm 이상 되는 銀花를 달았음을 알 수 있다.

(고구려 사람들이) 그들의 공공모임에서 입은 옷은 모두 물감을 들인 오색실로 섞어 수놓아 짠 絲織物 옷으로 금과 은으로 장식했다.[45]

고 했는데, 이러한 고구려의 풍속도 예와 마찬가지로 고조선의 것을 이었을 것이며, 그 실제 모습이 사신도(그림 11)[46]에서 확인된다. 사신도에 보이는 고구려 사신은 나뭇잎모양으로 장식을 하고 가운데와 주변을 金花로 장식한 것으로 보이며, 백제 사신도 양쪽 팔 윗 쪽에 변형된 나뭇잎모양의 장식이 있고 그 아래 3개의 나뭇잎모양의 금화를 장식한 것이 보인다. 이러한 내용에서 금화와 금장식단추는 같은 의미이며 그 양식이 원형과 나뭇잎모양으로 나타남을 알 수 있다. 이 같은 두 가지 양식의 장식단추는 고조선보다 앞선 서기전 25세기 무렵부터 출현한다.[47] 이러한 내용에서 남녀주인공의 복식양식은 고조선에서 이어진 고구려 복식의 특징을 그대로 보여주고 있다고 하겠다.

남녀주인공의 겉옷에 두른 襈에 대하여 알아보자. 『周書』 고(구)려전[48]과 『北史』 고(구)려전[49]에 부인들이 입은 유에 선을 둘렀다고 기록하였다. 여주인공은 깃과 끝동에 선을 둘렀는데 깃에는 붉은색의 선을 더 둘렀다. 여주인공의 긴 겉옷의 도련부분에 선이 둘러진 것과 의장기수가 입은 겉옷의 도련에

---

45 『後漢書』卷85「東夷列傳」高句麗傳. "其公會衣服皆錦繡金銀以自飾."

46 李天鳴, 『中國疆域的變遷』上冊, 國立故宮博物院, 臺北, 1997, 80쪽. 그림 11은 唐太宗(627~649년)시기의 '王會圖'로서 고구려·백제·신라의 사신을 그린것이다. '王會圖'는 閻立本(?~673년)의 작품으로 알려져 있지만, 臺灣 故宮博物院에서 출판한 『故宮書畵錄』에 의하면 精品인지의 여부를 가리지 못하여 이 '王會圖'를 〈簡目〉에 列入시킨다고 했다.

47 주 13과 같음.

48 『周書』卷49「列傳」高(句)麗傳. "부인은 군과 유를 입었고, 도련과 끝동은 모두 선을 둘렀다(婦人服裙襦, 裙袖皆爲襈)."

49 『北史』卷94「列傳」高句麗傳. "부인의 군과 유에 선을 둘렀다(婦人裙襦加襈)."

●高麗國人 ●新羅國人 ●百濟國人

그림 11 왕희도의 사신들

선이 둘러진 것으로 보아 겉옷에는 반드시 도련에 선을 둘렀음을 알 수 있다. 이외에도 무용총의 무용도에 보이는 겉옷이나 장천 제1호 무덤벽화에 보이는 겉옷 등이 모두 깃·끝동·섶·도련에 반드시 선을 둘렀다. 따라서 고대 한국의 겉옷은 깃·끝동·섶·도련에 반드시 선을 두르는 것을 고유양식으로 했고 남녀나 계층과 신분의 구분이 없이 동일하게 적용되었다. 또한 신분에 따라 선의 양식에 다양한 변화를 주었다. 이와 달리 고구려 무덤벽화가 만들어진 위진남북조시대 중국은 겉옷의 도련부분에 선을 두르기도 했고 두르지 않기도 했다.

이러한 선의 양식 이외에 특기할 것은 무덤 주인의 겉옷 양쪽 어깨부분에 짙은 고동색 천으로 덧대고 그 위에 다시 투명한 얇은 천으로 굴곡지게 장식한 양식이다. 이러한 경우는 무덤 주인의 양옆 관리들과 부월수의 웃옷에서도 보인다.

중국이나 북방지역의 복식에서 찾아볼 수 없는 고구려의 衫·襦·袍에 보이는 또 다른 특색은 삼·유·포 속에 겉옷과 다른 엷은 색의 속옷을 단정히 입은 점이다. 예를 들어 안악 3호 무덤벽화의 겉옷과 유, 삼을 입은 모든 사람들은 겉옷 속에 겉옷의 깃보다 엷은 색의 속옷이 단정하게 올라와 있으며, 襈이 둘러진 겉옷의 소매에는 소매에 둘러진 유의 폭보다 좁거나 넓게 속옷의 소매가 나와 있다. 이 같이 속옷과 겉옷의 서로 다른 색감이 조화를 이루는 단아한 복식양식은 겉옷만 강조되는 중국이나 북방지역의 복식이 주는 강한 분위기와 크게 다르다.

3) 무덤 남주인공의 허리띠양식

고대 한국은 가죽과 직물로 만든 허리띠를 사용했는데 장식물 없이 사용하거나 금속으로 만든 장식물들을 곁들여 사용하기도 했다. 『구당서』 「동이열전」 고(句)려전에 고구려 왕은 흰 가죽으로 된 좁은 허리띠를 둘렀다고 했다.

(왕)은 흰 가죽으로 만든 小帶를 (두르는데), 그 冠과 帶는 모두 金으로 장식했다.[50]

고구려 왕이 두른 흰색의 폭이 좁은 허리띠는 안악 3호 무덤벽화 주인도의 남주인공이 착용한 허리띠에서 그 실제 모습을 볼 수 있다. 좁은 허리띠에 긴 줄무늬와 붉은색장식이 화려하게 되어 있다.

그러면 고대 한국의 허리띠가 갖는 고유한 모습은 어떠한 것이었을까? 일

---

50 『舊唐書』卷199 「東夷列傳」 高(句)麗傳. "(王) ;…… 白皮小帶, 其冠及帶, 咸以金飾."

그림 12 당태종 초상화

반적으로 복식연구자와 고고학자들은 고대 한국의 복식에 나타나는 허리띠가 북방계통이라는 견해를 가지고 있다. 허리띠의 고유한 모습을 정리하는 것은 고조선이 북방지역보다 앞서 허리띠에 장식을 사용했던 사실[51]과 함께 허리띠가 북방의 영향으로 이루어졌다거나 중국의 영향이라는 견해가 잘못되었음을 알게 해준다.

우선 허리띠 사용 방법의 차이를 보자. 안악 3호 무덤벽화 남주인공의 경우 깃보다 넓은 폭으로 허리띠를 두르고 허리 오른쪽에서 묶어 늘어뜨렸다. 덕흥리 무덤벽화 남주인공의 허리띠는 안악 3호 무덤벽화 남주인공의 경우와 같은 모습인데 속에 맨 허리띠의 방향이 왼쪽으로 되어 있다. 이는 안악 3호 무덤벽화와 덕흥리 무덤벽화 남주인공의 신분이 서로 다르기 때문으로 볼 수 있다. 그러나 고구려는 일반복식에서 허리띠를 묶는 방법이 매우 자유스러웠던 것으로 보아 신분에 따른 규제는 아니었을 것으로 생각된다. 허리띠를 묶는 방향은 신분과 직업에 관계없이 앞과 뒤에서 묶는 경우 또는 오른편과 왼편의 옆에서 묶는 경우 등 다양하고 자유스럽다.

중국은 상시대부터 위진남북조시대에 이르기까지 허리띠는 복식에서 필

---

51 박선희, 『한국고대복식-그 원형의 정체』, 464~465쪽.

수적인 요소였다. 이는 수·당시대에도 마찬가지였으며, 관복에서는 더욱 그랬다. 그리고 허리띠의 폭은 매우 다양했으며, 허리와 臀部에서 묶어지는데 방향은 반드시 앞이나 뒤의 정 가운데에서 묶어지는 것을 특색으로 하고 있었다(그림 12).[52] 북방지역의 고대 胡[53]服은 허리띠를 사용치 않거나, 좁은 폭의 허리띠를 앞에서 묶어 내리거나 또는 緊帶를 사용하는 복식이었다.[54] 그러나 고구려의 경우 허리띠는 복식에서 필수적인 요소가 아니었으며 허리띠를 묶는 방향도 신분과 직업에 관계없이 자유스러웠다. 허리띠의 폭은 반드시 깃과 거의 같은 폭으로 했다.

이상의 비교에서 고구려와 중국 및 북방지역 허리띠의 사용과 특징이 서로 다름을 알 수 있다. 중국에서 허리띠를 묶는 방향은 반드시 앞이나 뒤의 정 가운데에서 묶어지는 것을 특색으로 한다. 그러나 안악 3호 무덤벽화 주인도의 남주인공이 착용한 허리띠의 묶음은 오른쪽 옆으로 늘어뜨려져 있다. 이것은 남주인공이 중국인이 아니라는 것을 말해 준다. 남주인공이 착용한 허리띠는 사서에 기록된 고구려 왕이 두른 '白皮小帶'라고 하겠다.

---

52 上海市戲曲學校中國服裝史研究編著, 周汛·高春明 撰文, 앞의 책 참조.

53 胡는 일반적으로 중국 고대의 북방 초원 지구에 거주하던 여러 민족을 가리킨다. 『漢書』 「匈奴傳」에 "南有大漢, 北有强胡"라는 기록이 있는 것으로 보아 北胡는 匈奴를 가리키고, 烏桓과 鮮卑 등의 조상은 匈奴의 동쪽에 있어서 東胡라 불리었고(『史記』 卷110 「匈奴傳」의 東胡에 대하여 『史記索隱』에 "服虔云, 東胡, 烏丸之先, 後爲鮮卑. 在匈奴東, 故曰東胡"라고 했다), 西域各族은 匈奴의 서쪽에 있어서 西胡라 불리었다(『漢書』 卷96上 「西域傳」).

54 李肖冰, 『中國西域民族服飾研究』, 新疆人民出版社, 1995, 52쪽·60~62쪽·109쪽 ; 黃能馥·陳娟娟, 『中華服飾藝術源流』, 高等敎育出版社, 1994, 75쪽 ; 覃旦冏, 『中華藝術史綱』 上冊, 光復書局, 臺北, 1972, 50쪽.

4) 무덤 여주인공의 신발모양

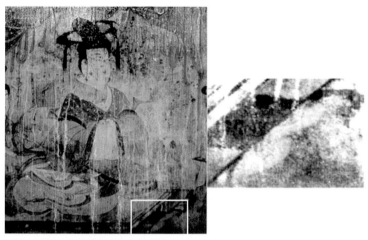

그림 13 안악 3호 무덤벽화 부인의 이(履)

안악 3호 무덤벽화 여주인공 앞에는 붉은 색의 목이 없는 낮은 신발이 놓여있다(그림 13). 고구려의 귀한 사람들[55]과 大臣[56]들, 일반 남자들은[57] 모두 '黃革履'를 신었다.

문헌자료에 따르면 고대 한국의 신발은 크게 목이 없는 履[58]와 목이 있는

---

55 『隋書』卷81「列傳」高(句)麗傳. "貴者, …… 黃革履."
56 『舊唐書』卷199「列傳」高(句)麗傳. "官之貴者, 則靑羅爲冠, 次以緋羅, …… 黃韋履."
57 『周書』卷49「列傳」高(句)麗傳. "丈夫 …… 黃革履."
58 『說文解字』;『釋名』; 睡虎地秦墓竹簡整理小組, 『睡虎地秦墓竹簡』, 文物出版社, 1978, 220쪽; 『北堂書鈔』卷136 履81 참조. 履는 『說文解字』에 의하면 "足所依也"라 했고, 『釋名』「釋衣服」에서는 "履禮也. 飾足以爲禮, 亦曰履拘也. 所以拘於足也"라 하여 履가 지금의 버선이나 양말을 가리키는지 신발을 가리키는지 알 수 없다. 그러나 『史記』「留侯世家」에 張良이 圯橋에서 黃石公이 다리밑에 떨어드린 履를 주워다가 그에게 신게 하고 兵書를 받았다는(『史記』卷55「留侯世家」. "良嘗閒從容, 步游下邳圯上, 有一老父, 衣褐, 至良所, 直墮其履圯下, 顧謂良曰, '孺子, 下取履!' 良鄂然, 欲毆之. 爲其老, 彊忍, 下取履. 父曰, '履我!' 良業爲取履, 因長跪履之.'") 故事의 내용에서 漢시대에 履가 신발을 지칭하는 의미로 사용되었음을 알 수 있다.

靴[59]로 나눌 수 있고, 靴는 다시 목
이 긴 靴와 목이 짧은 鞾 둘로 나
눌 수 있다. 무덤 여주인공의 붉은
색 신은 목이 없는 낮은 신발이므
로 履에 속한다. 실제로 고구려 무
덤벽화와 사신도 및 고분출토 유물
에서 履가 남녀의 구분 없이 일반

그림 14 장사 마왕퇴 1호 무덤의 이(履)

적으로 사용되었음이 확인되고, 그 모습은 앞부분이 모두 버선코처럼 올라간
모습을 하고 있다. 이러한 고구려의 履 모습은 중국과는 다르다. 중국의 장사
마왕퇴 1호 무덤에서 출토된 푸른 누에천으로 만든 履는 앞이 나룻배처럼 위
로 들려있으며 양쪽으로 뾰족하게 갈라져 있다(그림 14).[60] 또한 강릉 봉황산
167호 무덤[61]에서 출토된 마직물로 만든 앞부분이 각이진 履와도 다르다.

이상의 내용에서 고구려와 중국 모두 목이 없는 履를 신발의 기본양식으
로 했음을 알 수 있다. 차이가 있다면 중국은 鞋처럼 앞이 높이 들린 모양을
의례로 삼았고, 고구려는 모양을 바꾸지 않고 금동징이나 철징으로 변화를
주거나[62] 달개 등을 장식하는 것을 의례로 삼았다.

고구려의 문화는 중국과 다르고, 호 등의 북방민족과도 다르다. 고구려는

---

59 『釋名』;『廣韻』;『隋書』「禮儀志」;馬 縞,『中華古今注』卷上 참조.

60 湖南省博物館·中國科學院考古研究所·文物編輯委員會,『長沙馬王堆一號漢墓發掘簡報』,文物出版
社, 1927年, 圖版6-4.

61 周 汛·高春明 著, 栗城延江 譯,『中國五千年女性裝飾史』, 京都書院, 1993, 299쪽 圖417;金 立,
「江陵鳳凰山8號漢墓竹簡試釋」,『文物』1976年 第6期, 67~70쪽. 江陵鳳凰山 8호 무덤의 遺册
에 '絲履'로 기재했다.

62 耿鐵華,「高句麗文物古蹟四題」,『中國考古集成』東北卷 兩晋至隋唐(二), 1992, 465~467쪽.

그림 15 쌍영총 무덤 주인부부도의 화(靴)

중국보다 호 등의 북방민족과 흐름을 같이 했기 때문에 문헌자료나 고구려 벽화 등에 나오는 靴 또는 鞾를 호 등의 북방민족으로부터 받아들인 것으로 추측하기도 했다. 그러나 고구려에서는 목이 긴 靴는 나타나지 않고, 목이 짧은 鞾만 나타난다. 이것도 일반화된 것이 아니라 쌍영총 무덤 주인부부도(그림 15)와 같이 특수계층만 신었던 것이다. 만일 북방민족과 문화의 흐름을 같이 했다면 화는 일반화되었을 것이다. 그러나 벽화 등의 사례에서는 그렇게 나타나지 않고 있다. 그리고 고구려는 건국 때부터 중국과 접촉했으면서도 중국의 혜 등을 받아들이지 않았다. 이는 고구려 등 한민족이 북방민족이나 중국과는 다른 고유한 문화를 굳게 지키고 있었다는 중요한 증거가 된다.

고대 한국의 고유한 신발양식은 履에서 찾을 수 있다. 履는 성별·신분·직업 등을 가리지 않고 모두 신었다. 이는 바닥이 얇고 목이 없으며 앞부분이 조금 뾰족하게 올라온 모양이다. 여주인공의 신발은 고구려의 고유한 履이다.

5) 무덤 행렬도에 보이는 갑옷과 투구양식

고구려의 갑옷에 대하여 『周書』 「열전」 고(구)려전과 『梁書』 「동이열전」 고(구)려전에서 다음과 같이 기록하고 있다.

병기는 갑옷·쇠뇌·활과 화살·戟·矟·矛·鋋이 있다.[63]

고구려의 말은 모두 작아 산에 오르기 편리하다. 나라 사람들은 氣力을 숭상하여 활·화살·칼·창을 잘 다루었고, 철갑옷을 입고 전투를 익혀, 沃沮·東穢가 모두 복속했다.[64]

위의 내용은 고구려는 우수한 무기와 철갑옷을 입고 싸웠음을 말하고 있다.

고구려가 철갑옷을 입은 것은 옥저와 동예를 복속시켰을 때이다. 고구려는 태조대왕 4(56)년에 동옥저를 복속시켰다.[65] 고구려 건국이 서기전 37년의 일이므로, 100여 년도 지나지 않은 건국 초기에 해당되는 일이다. 따라서 고구려가 철갑옷을 입은 시점은 건국 이전까지 소급될 수 있을 것이고, 이는 고조선의 갑옷을 이어받았을 것으로 생각된다. 고구려 보장왕 4(645)년에 당태종이 고구려를 정벌할 때 요동성의 추모왕 사당에 있었다는 '銷甲'[66]이 그 좋

63　『周書』卷49 「列傳」 高(句)麗傳. "兵器有甲弩弓箭戟矟矛鋋."
64　『梁書』卷54 「列傳」 高句麗傳. "其馬皆小, 便登山. 國人尚氣力, 便弓矢刀矛. 有鎧甲, 習戰鬪, 沃沮· 東穢皆屬焉."
65　『三國史記』卷14 「高句麗本紀」. 太祖大王 4年條. "秋七月, 伐東沃沮, 取其土地爲城邑, 拓境東至 滄海, 南至薩水."
66　『三國史記』卷21 「高句麗本紀」. "(寶藏王 4년)성안에 주몽의 사당이 있고 사당에는 철갑옷과 날카로운 창이 있었는데 망녕되게 이전 연나라시대에 하늘이 내려준 것이라고 했다(城有朱蒙 祠, 祀有銷甲銛矛. 妄言前燕世天所降)."

은 예이다.

추모왕은 고구려 건국 후 고조선의 고토 회복뿐만 아니라 통치질서와 사상의 재건까지를 의미하는, 즉 천하질서를 재건해야 한다는 多勿理念을 실현하고자 했다. 이를 위해 건국 다음해부터 국가의 기틀을 다지는 전쟁을 계속해나갔다. 이 과정에서 고조선이 멸망하자 고조선에 속해 있던 나라뿐만 아니라 鮮卑와 王莽이 세운 新의 高句麗縣을 병합하고 동한의 요동태수를 물리쳤다. 이러한 정복전쟁이 가능했던 이유는 고조선에서 사용하던 무기와 갑옷 등을 더욱 발전시켜 사용했기 때문일 것이다. 무기와 갑옷이 사당에 보관된 것은 다물이념을 실현하겠다는 상징적인 의미로 생각된다. 이 같은 고구려 인들의 의지는 갑옷의 생산에도 큰 발전을 가져왔다. 그 예로 요서지역으로 진출하기 위하여 동천왕 20(247)년 魏나라의 관구검과의 전투에서 鐵騎[67] 5천명을 거느리고 싸워 승리했는데, 이 철기는 바로 병사와 말이 모두 갑옷을 입은 군사를 말하는 것이다. 고조선시대에 병사들만 입던 철제 찰갑옷이 열국시대로 오면서 전쟁이 빈번해지자 말에게도 입혀진 것으로, 갑옷의 우수성은 물론 생산력 또한 활발했음을 짐작할 수 있다.

중국의 경우 춘추시대까지 철갑을 생산하지 못했다. 전국시대에 철갑이 만들어졌으나 그 사용이 일반화되지 않았다. 진제국시대의 철갑 실물이 아직 발견되지 않은 것으로 보아 생산하지 않았을 가능성이 크다. 섬서성 임동 출토의 진병마용에 나타난 진대갑옷의 갑편은 모두가 가죽으로 만들어졌으

---

67 『三國史記』卷17 「高句麗本紀」. "(東川王 20年) 왕이 모든 장수들에게 이러 말하기를 '위나라의 많은 군사가 도리어 우리의 적은 군사만 같지 못하다. 관구검은 위나라의 명장이지마는 오늘에는 그의 목숨이 나의 손에 있구나'하고 곧 철기 5천을 거느리고 쫓아가서 쳤다(王謂諸將曰 '魏之大兵, 反不如我之小兵. 毌丘儉者魏之名將, 今日命在我掌握之中乎'乃領鐵騎五千, 進而擊之)."

며, 부분적으로 금속을 상감하거나 코뿔소의 가죽을 사용한 것이었다.[68] 이
같은 진시황 병마용에서 보이는 갑옷은 주로 앞가슴과 등 뒷부분 및 어깨만
을 덮는 것으로 고구려 벽화 무덤에 보이는 몸 전체를 덮는 가죽갑옷과는 큰
차이가 있다. 동한 후기 무덤인 하남성 합현 劉家渠 무덤에서 출토된 陶俑은
활을 겨루고 있고 筩袖鎧[69]를 입고 있다. 삼국시대와 위진남북조시대는 전쟁
의 확대와 함께 북방의 소수민족들이 대거 남하하여 황하유역의 漢族과 섞
여 거주하게 되면서 생활습속이 점차 융합하게 되어 복식에도 변화가 나타났
다. 한족은 좁고 기다란 소매의 짧은 웃옷과 허리띠가 있는 호복을 입기 시작
했다. 용수개도 이 같은 호복의 영향으로 만들어진 것이다. 이 같은 용수개는
西晉이 전국을 통일한 후 개갑의 주요양식이었음이 西晉 무덤에서 출토된 도
용들에서 보이며[70] 東晉시대에도 크게 유행했다.[71] 筩袖鎧 갑편의 양식은 아래
부분이 넓은 원형인 찰갑편과 넓은 장방형의 찰갑편을 특징으로 하고 있다.
이 같은 용수개의 갑편양식과 달리 안악 3호 무덤벽화 대행렬도에 보이는 무
사들의 갑옷은 좁다란 장방형의 갑편으로 되어 있다. 이러한 갑편양식은 실제
로 고구려의 여러 유적들에서 출토되는 철갑편들에서 확인된다.[72] 이러한 찰

---

68 孫 機, 『漢代物質之化資料圖說』, 文物出版社, 1991, 146~147쪽.

69 黃河水庫考古隊, 「河南陝縣劉家渠漢墓」, 『考古學報』, 1965年 第1期, 135~136쪽·138쪽의 圖
    27·139쪽의 圖28과 圖版陸-2.

70 河南省文化局文物工作隊第二隊, 「洛陽西晉墓의 發掘」, 『考古學報』, 1957年 第1期, 169~186쪽 ;
    河南省文化局文物工作隊第一隊, 「河南鄭州晉墓發掘記」, 『考古通訊』, 1957年 第1期, 37~41쪽.

71 雲南省文物工作隊, 「雲南省昭通后海子東晉壁畵墓淸理簡報」, 『文物』, 1963年 第12期, 4쪽, 圖版
    肆의 2.

72 耿鐵華, 「高句麗兵器初論」, 『中國考古集成』 東北卷 兩晋至隋唐(二), 1992, 244~245쪽 ; 吉林省
    博物館文物工作隊, 「吉林安省的兩座高句麗墓」, 『中國考古集成』 東北卷 兩晋至隋唐(二), 1992,
    569~576쪽 ; 李曉鐘·劉長江·佾俊岩, 「沈陽石台子高句麗山城試掘報告」, 『中國考古集成』 東北卷
    兩晋至隋唐(二), 1992, 282~287쪽 ; 徐家國·孫 力, 「遼寧撫順高爾山城發掘簡報」, 『中國考古集
    成』 東北卷 兩晋至隋唐(二), 1992, 298~310쪽.

그림 16 덕흥리 무덤벽화의 개마무사

들로 구성된 덕흥리 무덤벽화에 보이는 갑옷(그림 16)은 중국의 용수개처럼 단순히 윗부분만을 보호하는 것이 아니라, 전투에서 무사들의 역할과 기능에 따른 활동의 차이에 맞도록 다양하게 만들어졌다.

만들어진 양식에 대하여 살펴보면 다음과 같다. 첫째로, 갑옷은 웃옷과 아래옷을 다입은 경우 갑옷 웃옷에 허리띠를 매어 갑옷이 몸에 맞도록 했다. 웃옷은 소매가 긴 것과 소매가 없는 것 등 소매길이에 차이가 있다. 또한 목 부분을 보호하는 頸甲을 했다. 둘째로, 갑옷을 웃옷만 입은 경우와 긴 겉옷과 같은 갑옷을 입은 경우이다. 행렬도 중에 보이는 무사의 갑옷은 얼굴만 내놓고 머리와 목을 완전히 보호하는 모습을 하고 있다.

이상의 내용은 중국이 일률적으로 거의 같은 모습의 용수개(그림 17)[73]를 입은 것과 달리 고구려의 갑옷은 기병과 보병으로 구성된 군대의 구성과 역할에 따라 그들의 기능을 충분히 발휘할 수 있도록 다양성을 가졌음을 알게

---

73 上海市戱曲學校中國服裝史研究組編著, 周 迅·高春明 撰文, 앞의 책, 70쪽.

한다. 고구려가 건국 이후 계속 갑옷을 발전시켜나간 것과
는 달리 중국은 동한 이후 鐵鎧가 활발히 만들어지기 시
작했으나 兩晋시대에 이르기까지 용수개의 양식만이 주
로 사용된 점으로 보아 다양한 변화 없이 그 보급량만
확대되었던 것으로 생각된다. 투구의 경우도 중국은 용
수개를 입은 무사는 귀가 덮힌 주물 쇠투구를 쓰거나
가죽투구[74]를 썼다. 반면에 안악 3호 무덤벽화의 행렬도
좌우에 배치된 개마를 탄 무사가 쓴 투구는 갑옷과 같
은 갑편으로 만들어진 것으로 신축성이 있는 기능성
투구였다. 또한 용수개에 쓴 투구의 꼭대기에는 긴
끈이 바로 투구 윗부분에 세워서 장식되어 있다.[75]
고구려 투구는 투구의 꼭대기에 半求形의 장식을 얹
어 붙이고 그 위로 한 뼘 이상의 축관을 세워 그 상
단에도 上平下圓의 장식을 올리고 여기에 긴 털을
하나 가득 담고 이것을 좌우로 반반씩 갈라 길게 수식했다.[76]

그림 17 양진시대 용수개를
입은 무사 도용

　　중국은 남북조시대에 오면 기병이 군대에서 중요한 부분을 차지하며 갑옷
은 더욱 발전하여 胸甲과 背甲으로 이루어진 양당개가 등장한다. 이는 기병
들이 裲襠(그림 18)을 입고 투구를 쓰고 있는 도용[77]의 모습에서 알 수 있다.

74　柳 涵, 「北朝的鎧馬騎俑」, 『考古』, 1959年 第2期, 97~100쪽.
75　上海市戱曲學校中國服裝史硏究組編著·周 迅·高春明 撰文, 앞의 책, 70쪽 ; 河南省文化局文物工
　　作隊第二隊, 「洛陽晋墓的發掘」, 169~186쪽.
76　전주농, 「고구려시기의 무기와 무장 II-고분 벽화 자료를 주로 하여」, 『문화유산』, 1959, 61쪽.
77　河北省博物館 文物管理處, 「河北曲陽發現北魏墓」, 『考古』 1972年 第5期, 33~35쪽, 圖版拾 ; 陝
　　西省文物管理委員會, 「西安南郊草廣坡村北朝墓的發掘」, 『考古』 1959年 第6期, 285~287쪽.

그림 18 감숙성 돈황지역 가죽 양당개를
입은 무사 도용

또한 도용이 입은 갑옷이 지금의 고차부근에 위치했던 서역의 龜玆國 갑옷의 특징인 가슴 좌우부분에 魚鱗狀 타원형의 護心圓을 짜넣은 모습(그림 19)을 그대로 모방하고 있다[78]는 점에서 이 당시 중국의 갑옷은 서역의 영향을 많이 받고 있었음을 알 수 있다.

이상의 서술을 볼때 안악 3호 무덤벽화에 보이는 갑옷에는 중국의 양당과 투구 모습은 전혀 보이지 않는다. 또한 서역의 영향을 받은 갑옷의 모습도 찾아볼 수 없다.

북방의 경우는 어떠했는가? 北魏시대 (386~535년)에 제작된 맥적산 맥찰 127굴 벽화에 보이는 갑옷과 말갑옷의 모습과[79] 돈황 285굴 西魏벽화에 보이는 기병의 모습(그림 20)은 가죽 갑옷에 철편을 드문드문 박아 넣거나 매우 큰 철편을 연결한 것이다.[80] 또한 서방의 영향을 받은 明屋에서 발견된 것은(그림 21) 희랍무사들의 모습과 비슷하다. 이 같은 북방지역의 갑옷들은 안악 3호 무덤의 갑옷 모습과는 그 찰갑의 형태나 투구 또는 전체의 모습에서 전혀 다른 차이를 갖는다.

---

78 李肖冰, 『中國西域民族服飾研究』, 新疆人民出版社, 1995, 130쪽.
79 柳 涵, 앞의 글, 97쪽, 圖2의 1.
80 柳 涵, 앞의 글, 97~100쪽.

그림 19 극자 석굴벽화의 무사
그림 20 돈황 막고굴 285굴 벽화의 양당개를 입은 기마인

안악 3호 무덤벽화에 보이는 갑옷은 고조선의 갑옷양식을 계승한 고구려의 고유한 갑옷양식으로 고구려의 왕릉임을 입증하는 또 하나의 귀중한 자료가 된다.[81]

이어서 안악 3호 무덤벽화에 보이는 말갑옷과 말투구의 양식을 알아보기로 한다. 중국 학자 柳 涵은 중국에서 가장 이른 개마의 형상을 4세기 중엽에 속하는 안악 3호 고분벽화에 보이는 기병과 北朝초기에 속하는 草場坡 1호 고분에서 출토된 개마 騎俑으로 보고 있다.[82] 안악 3호 무덤은 柳 涵을 비롯하여 중국 학자들이 중국 것으로 인식하고 있다.

그림 21 명옥 유적 출토 무사 도용

고구려의 개마는 중국이나 북방지역보다 앞서 생산되었다. 4세기 중엽에 건축된 고구려의 안악 3호 무덤벽화에 보이는 개마는, 중국의 北朝 초기에 속하는 초장파 1호 고분의 도용에서 보이는 개마보다 그 연대가 훨씬 앞선다. 그런데 안악 3호 무덤보다 앞선 3세기 유적인 강원도 철령 유적에서 개마모형들이 출토되었다. 이 개마모형들은 고구려 개마가 보여주는 모습을 다 갖추고 있어 고구려에서 개마의 출현시기가 3세기 이전으로 올라갈 것으로 추정케 한다. 이는 『삼국사기』 「고구려본기」에 동천왕 20(246)년의 기록에서 확인된다.

---

81 박선희, 『한국고대복식』, 621~645쪽 참고.
82 柳 涵, 앞의 글, 100쪽.

왕이 모든 장수들에게 일러 말하기를 '魏나라의 많은 군사가 도리어 우리의 적은 군사만 같지 못하다. 毌丘儉은 위나라의 명장이지마는 오늘에는 그의 목숨이 나의 손에 있구나' 하고 곧 철기 5천을 거느리고 쫓아가서 쳤다.[83]

위의 내용에서 갑옷을 입은 개마기병이 5천이었음을 알 수 있고, 3세기 이전에 이미 개마가 출현했음을 추정케 한다.

개마 복식의 양식을 고구려 무덤벽화에 보이는 개마와 중국 및 북방지역에서 처음 보이는 개마의 모습을 비교해보면 그 양식상에서 다음과 같은 차이를 갖는다. 물론 앞선 생산연대를 갖는 고구려의 개마가 중국이나 북방지역보다 훨씬 발달된 모습을 보여준다. 고구려 개마의 형태를 보여주는 실물자료는 황해남도 신원군에 있는 장수산성의 고구려 유적에서 나온 3세기 무렵의 개마모형[84]과 3세기를 전후한 시기로 편년되는[85] 안악 3호 무덤벽화의 행렬도와 매우 비슷한 강원도 고산군 회양군 철령에 있는 고구려 유적의 기마모형들과 갑옷을 입힌 개마들이다.[86] 또한 안악 3호 무덤벽화(그림 22), 약수리 무덤벽화, 덕흥리 무덤벽화(그림 23), 개마 무덤벽화, 삼실총 벽화, 쌍영총 벽화에서도 찾아볼 수 있다.

고구려 개마는 크게 말갑옷과 말투구로 나누어 볼 수 있다. 말투구는 귀

---

83 『三國史記』卷17「高句麗本紀」東川王 20年條. "王謂諸將日 '魏之大兵, 反不如我之小兵. 毌丘儉 者魏之名將, 今日命在我掌握之中乎' 乃領鐵騎五千, 進而擊之."
84 안병찬, 「장수산일대의 고구려유적유물에 대하여」, 『조선고고연구』, 1990년 제2호, 7~11쪽.
85 리순진, 「강원도 철령유적에서 발굴된 고구려기마모형에 대하여」, 『조선고고연구』 1994년 제4호, 2~6쪽.
86 위와 같음.

그림 22 안악 3호 무덤벽화의 개마
그림 23 개마총의 개마

막이 부분이 꽃잎모양으로 된 것과
둥근 모양의 두 가지이다. 철령 유적
에서 나온 개마모형들과 삼실총, 쌍
영총, 개마총의 무덤벽화에 보이는
귀막이는 꽃잎모양으로 장식적인 효
과를 나타낸 것이 특징이고, 안악 3
호 무덤벽화와 약수리 무덤벽화의 것
은 둥근 모양으로 되어 있다. 고구려
의 개마와 5세기 혹은 6세기 무렵에
처음 나타나는 중국과 북방의 개마
는 차이가 있다.

그림 24 돈황 285굴 서위벽화의 개마

첫째, 고구려의 개마는 모두 말투구를 했다. 그러나 함양 저장만 北周墓(6
세기 무렵)의 개마 騎俑[87]과 서안 초장파 1호 무덤(5세기 무렵)의 개마 騎俑,[88]
5~6세기 무렵의 北朝시대 하남 등현 채회화도상[89]에 보이는 개마들은 모두
말투구가 없다. 북방지역의 西魏 大統 5(539)년에 그려진 돈황 285굴 서위벽
화[90]에 보이는 개마도 말투구가 없다. 고구려의 말투구는 아래턱이 자유스럽
게 된 금속판으로 만들었는데 귀막이와 볼보호용 구조면이 있는 것이 특징이
다.[91] 좋은 예가 3장에서 서술한 조양 십이대향전력 88 M1 무덤에서 출토된

87 柳 涵, 앞의 글, 97쪽, 圖2의 1.
88 陝西省文物管理委員會, 「西安南郊草廣坡村北朝墓的發掘」, 『考古』 1959年 第6期, 285~287쪽.
89 陳大章, 「河南鄧縣發現北朝七色彩繪畵象磚墓」, 『文物』 1958年 第6期, 55쪽.
90 黃能馥・陳娟娟, 『中華服飾藝術源流』, 高等敎育出版社, 1994, 160쪽.
91 주 80과 같음.

마면갑(제3장의 그림 18 참조)이다.

그러나 북방지역의 돈황 285굴 서위벽화에 보이는 말투구는 말의 앞부분을 제외한 모든 부분을 철갑으로 감싸고 있어 자유롭지 않게 보이고, 고구려 말투구에 있는 귀막이와 볼보호용 구조면이 없다. 맥적산 맥찰 127굴 북위벽화(5~6세기 무렵)에 보이는 말투구는 전체를 철판으로 씌웠는데 입이나 코 부분이 자유롭지 못하게 보이며 역시 귀막이와 볼보호용 구조면이 없다(그림 24).

둘째, 고구려 고분벽화에 그려진 개마들은 아래 부분이 타원형인 찰갑편을 연결한 찰갑옷을 입힌 것과 장방형의 찰갑편을 연결한 갑옷을 말발굽만 보일 정도로 길게 입힌 것이 있다. 이와 달리 맥적산 맥찰 127굴 북위벽화의 개마는 가죽 갑옷에 철편을 드문드문 박아 넣은 것이다. 함양 저장만 북주 무덤 개마 騎俑은 6각형의 찰갑을 연결하여 만든 것으로 말의 다리부분은 그대로 드러난 채 몸만을 가리고 있다. 서안 초장파 1호 무덤 개마 騎俑은 말의 몸부분만을 갑옷을 씌우고 머리와 목부분은 그대로 드러나 있다.

이상의 비교에서 중국이나 북방지역 개마의 형태가 고구려 개마보다 훨씬 미숙한 것으로 확인 되었다. 이것은 고구려 개마의 생산시기가 중국이나 북방지역보다 약 2세기 정도 앞섰다는 것을 증명하는 것으로 중국이나 북방지역의 개마는 고구려의 영향을 받았을 가능성이 매우 높을 것으로 추정된다. 따라서 고대 한국의 말갑옷이 북방지역이나 중국의 영향을 받았다는 견해는[92] 수정되어야 할 것이다. 또한 집안 동구 12호 무덤벽화와 장천 2호 무덤벽화에 보이는 개마무사들은 釘이 솟아 있는 신을 신었는데, 실제 집안 경내에서

92 전주농, 앞의 글, 66쪽.
93 耿鐵華, 「高句麗文物古蹟四題」, 『中國考古集成』 東北卷 兩晉至隋唐(二), 1992, 465~467쪽.

鐵釘과 鎏金銅釘[93]으로 만든 釘이 솟은 신발 바닥이 출토되었다(그림 25). 이런 모양의 신은 중국이나 북방지역에서는 생산되지 않았다.[94] 발굴자들은 이 신들이 매우 정교하게 만들어졌다고 했다.

고구려 갑옷에 보이는 한민족 고유성의 계승은

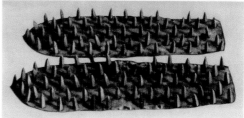

그림 25 집안 출토 금동으로 만든 신바닥

그들이 추구했던 多勿이념이 단순히 지난 날의 고조선 영토만의 회복이 아니라 통치질서와 사상의 재건까지를 의미하는 것으로서 이 같은 실천의 노력은 일반 복식방면에서[95] 뿐만 아니라 군복에서도 예외가 아님을 보여주고 있는 것이다.

안악 3호 무덤벽화의 갑옷과 말갑옷에서 보이는 고구려 갑옷의 고유양식은 이 무덤이 동수 무덤이 아니라는 것을 잘 나타내고 있다. 또한 장수산성 유적과 철령 유적에서 출토된 기마모형들 가운데는 간혹 鐙子(발걸이)가 보이고 있어(그림 26), 고구려의 등자 생산연대가 주변국보다 앞선 것으로 생각된다.

무덤 주인공 외에 안악 3호 무덤벽화 구성원들이 신고 있는 신의 양식에서도 무덤 주인의 국적을 가름할 수 있다. 한국 고유의 신발양식은 履에서 찾

---

94 위와 같음.
95 박선희, 『한국고대복식-그 원형과 정체』 참조.

그림 26 철령 유적 기마모형에 보이는 등자

을 수 있다. 履는 성별·신분·직업 등을 가리지 않고 모두 신었다. 履는 바닥
이 얇고 목이 없으며 앞부분이 조금 뾰족하게 올라온 모양이다. 안악 3호 무
덤벽화에 나오는 사람들은 모두 履를 신었다.

또한 안악 3호 무덤벽화에 보이는 장하독과 의장기수의 관모인 책은 중국
책과 무관한 고조선 때부터 사용했던 관모양식이다. 고조선때부터 지속된 고
구려 복식양식은 웃옷과 아래옷양식에서도 마찬가지이다.

중국이 衫·襦·袍의 깃·섶·도련·끝동에 일률적으로 선을 두른 것과 달리
고구려의 삼·유·포는 여밈새에 따라 선을 깃·섶·도련·끝동에 두른 것과 부
분적으로 두른 것 등으로 다양하게 나타난다. 즉 고구려 무덤벽화에 보이는
袍의 깃과 끝동에는 반드시 선을 둘렀다. 섶의 경우 선을 두를 것인지 여부는
여밈새와 관계가 있다. 크게 여민 깃과 마주 여민 깃의 경우에는 섶에 선을 두
르지 않았다. 왼쪽 여밈과 오른쪽 여밈의 경우에도 앞여밈새를 옷고름으로 처
리한 경우에는 섶에 선을 두르지 않았다. 안악 3호 무덤벽화 주인의 포, 의장
기수의 포, 장하독의 웃옷, 부월수 웃옷의 경우 길고 짧은 옷고름을 매고 있
다. 이처럼 옷고름이 있는 경우 섶에 선을 두르지 않는 것은 선이 둘러지고 옷
고름이 그 위에 매어지는 복잡한 분위기의 양식을 선택하지 않은 것으로 고
대 한국인들의 여유 있는 미적 감각의 우수성을 말해준다. 옷고름은 중국 복

그림 27 안악 3호 무덤벽화 의장기수의 허리띠 부분
그림 28 안악 3호 무덤벽화 시종무관도의 장하독 허리띠와 부분

식이나 호복에서는 볼 수 없는 한국 의복만이 갖는 여밈새의 우아한 처리방
식이며, 한국 복식이 갖는 감각적이고 공간적인 여유라고 말 할 수 있다. 또한
의장기수가 입은 겉옷인 긴 길이의 고구려 겉옷은 중국의 겉옷과 달리 衫이나
襦와 마찬가지로 襂의 양식으로서 다양한 모습으로 변화가 있었던 복식이다.

다음은 장하독과 의장기수가 입은 아래옷에 대해 알아보자. 이들이 입은
궁고는 바로 대구고이고 밑바대가 있는 바지를 말하며 중국이나 북방지역의

그림 29 흥산문화 유적 출토 옥으로 만든 허리띠장식

영향을 받은 것이 아니라 衫·襦·袍와 함께 고조선시대부터 내려온 한민족 고유의 복식양식이다. 고대 한국의 남자들은 바지를 겉옷으로 입었고 여자들은 바지를 치마 속에 입었다. 고구려에서는 신분과 계층의 큰 구분 없이 궁고를 입었다.

장하독과 의장기수의 허리띠양식을 보자. 의장기수도의 기수는 나뭇잎모양의 패식이 달린 허리띠를 맸다(그림 27). 시종무관도의 장하독은 기수의 허리띠와 달리 네모진 銙板으로 이어져 있고 나뭇잎모양의 패식이 달려 있다(그림 28). 銙板을 허리띠에 사용하는 양식은 곡옥과 달개장식 등과 같이 이미 흥산문화 유적(그림 29)[96]부터 보이기 시작하여 이후 고조선과 부여, 고구려 등의 초기 유적에서[97] 보여지며 삼국으로 이어진다. 이러한 장하독과 의장기수의 허리띠양식에 있는 나뭇잎모양의 패식과 네모진 銙板으로 이어진 양식 등은 중국이나 북방지역의 것과 다른 고구려 고유의 허리띠양식이다.

이상의 고찰에서 안악 3호 무덤벽화에 그려진 벽화의 주인공 부부를 비롯

96 劉振峰·金永田, 『紅山古玉藏珍』, 万卷出版公司, 2007, 52쪽의 圖29.
97 박선희, 『한국고대복식-그 원형과 정체』, 459~506쪽.

하여 다양한 구성원들이 모두 고구려의 고유 복식을 하고 있음을 알 수 있다. 복식은 벽화의 여러 소재들 가운데 가장 많은 부분을 차지하고 있고, 또한 당 시대를 그대로 반영해주는 가장 좋은 자료이다. 따라서 안악 3호 고분벽화의 다양한 복식에서 보이는 고구려 복식의 고유성과 독자성은 무덤 주인이 고구려 사람이었다는 것을 증명해준다. 특히 무덤 주인의 복식이 역사서에 기록된 왕의 복식과 일치하고 있어 안악 3호 무덤이 고구려 왕릉이라는 사실을 일깨워준다.

2. 금테 두른 백라관과 고국원왕

안악 3호 무덤벽화 구성원들의 복식이 고구려의 고유한 특징들을 나타내고 있는데도 불구하고 지금까지의 연구에서 이 왕릉에 대해 논란이 있었던 요인은 다음의 이유일 것이다. 안악 3호 무덤은 4세기 중엽에 축조된 것으로 이야기 된다. 그런데 앞의 4장에서 서술했듯이 미천왕은 재위 3년(302)부터 현도성 공격을 시작으로 311년에는 요동군의 서안평현을 점령하였다. 그리고 313년에는 낙랑군을 공격하였으며, 연이어 대방군과 현도군을 격파하였다.[98] 결과적으로 미천왕시기 고구려는 지금의 요서지역에 이르는 고조선의 옛 영토를 완전히 되찾았다.

이러한 일련의 사건은 미천왕이 서쪽으로 진격해 가면서 지금의 요서지역에 위치해 있었던 현도군·낙랑군·대방군·요동군 등을 공격했던 사건을 이야

---

98 『三國史記』卷17「高句麗本紀」美川王 15·16年條.

기하고 있는 것이다.[99] 기존의 연구에서는 이들 한사군이 황해도와 평안도 지역에 있었던 것으로 잘못 인식한 탓에 복식연구에서도 이 지역에 위치한 고분벽화에 나타나는 복식양식은 만주지역과 달리 중국 한족계통의 복식양식이 정착했다고 보아왔다.

과거 일본인들이 대동강 유역을 발굴하고 그 유적과 유물을 해석하는 데 오류를 범하여 그 지역이 한사군의 하나인 낙랑군으로 주장한 이후 낙랑군을 대동강 유역으로 보는 견해가 통설이 되었다. 그러나 지금은 낙랑·임둔·진번은 난하와 대능하 사이에 위치해 있었고, 현도군은 대능하와 지금의 요하 사이에 있었으며, 그 가운데 낙랑군의 위치는 난하 하류 동부 유역이었다는 견해가 제기된 상황이다.[100] 또한 1977년 요령성 錦西지역에서 출토된 '臨屯太守章' 封泥는 한사군이 지금의 요서지역에 설치되었을 가능성을 말해준다.[101] 따라서 평안도지역의 고분벽화가 중국 한사군의 영향을 받았다는 기존 견해는 수정을 필요로 한다.

이 같은 사실은 서기전 3세기에서 서기전 1세기에 해당하는 평양 일대에서 출토된 누에천(실크)에서도 확인된다. 조희승은 이 누에천에 대한 실험·분석 결과 중국 사직물의 성분 요소는 전혀 발견할 수 없었다며 이 천들을 고조선이 만든 것이라고 했다.[102] 또한 출토된 청동 및 철기의 금속유물도 그 구성

---

99 윤내현, 『한국열국사연구』, 지식산업사, 1998, 314쪽.

100 윤내현, 『고조선 연구』, 394~395쪽.

101 복기대, 「臨屯太守章 封泥를 통해 본 漢四郡의 위치」, 『白山學報』 제61호, 白山學會, 2001, 47~62쪽.

102 조희승, 「평양 락랑유적에서 드러난 고대 비단에 대하여」, 『조선고고연구』, 사회과학원 고고학 연구소, 1996년 제1호, 20~24쪽.

103 강승남, 「락랑유적의 금속 유물에 대하여」, 『조선고고연구』, 사회과학원 고고학연구소, 1996 년 제2호, 37~43쪽.

성분이 중국의 것과 달라 이들을 고조선 유민들의 것이라고 보았다.[103] 따라서 이 지역의 유적이나 유물들이 중국 것이나 중국의 영향을 받았다는 선입관은 버려야할 것이다.

낙랑군이 설치된 연대는 서기전 108년이다. 만일 낙랑군이 평양 낙랑구역에 위치해 있었다면 이들 누에천은 중국직물의 특징을 나타내야 한다. 그러나 낙랑구역에서 출토된 직물들이 모두 고조선의 석잠누에실로 짠 생산품인 것으로 확인됐다. 그러므로 낙랑구역에서 출토된 유적이나 유물들은 낙랑군 유적이 아니라 고조선 유적인 것이다. 또한 낙랑구역에서 출토된 사직물들은 같은 시기 중국에서 만든 제품보다 품질이 우수하고 독창적인 직조방법과 염색기술 등을 갖고 있었다.[104] 이러한 사실을 종합해 볼 때 서기전 3세기에서 2세기까지 기간에 평양지역에는 한사군의 낙랑군이 아니라 낙랑국이 거주했음도 알 수 있다. 낙랑국의 존속기간을 살펴보면, 최리왕이 다스렸던 낙랑국은 가장 빠른 기록이 서기전 28년으로[105] 건국은 이보다 앞섰을 것으로 생각된다. 이후 고구려 대무신왕 15(32)년에 고구려의 침략을 받아[106] 낙랑국의 국력은 약화되었으며, 결국 37년에 고구려에게 멸망하였다.[107] 그후 낙랑국은 동한 광무제의 도움을 받아 44년에 재건[108]되었다가 300년 대방국과 함께 신라에 투항할 때까지 존속했다.[109]

---

104 박선희,『고조선 복식문화의 발견』, 지식산업사, 2011, 211~270쪽 참고.

105 『三國史記』卷1「新羅本紀」始祖 赫居世居西干 30年條 참조.

106 『三國史記』卷14「高句麗本紀」大武神王 15年條 참조.

107 『三國史記』卷1「新羅本紀」儒理尼師今 14年條. "高句麗王無恤, 襲樂浪滅之."

108 윤내현,『한국열국사연구』, 130~135쪽.

109 『三國史記』卷2「新羅本紀」基臨尼師今 3年條. "3월에 牛頭州에 이르러 太白山에 望祭를 지냈다. 낙랑과 대방 兩國이 귀복하였다(三月, 至牛頭州, 望祭太白山, 樂浪·帶方兩國歸服)."

위의 내용을 볼때 낙랑국은 적어도 서기전 1세기 무렵에 건국되어 300년까지 존속했으며, 평양 낙랑구역에서 출토된 서기전 1세기 전후한 시기에 속하는 羅직물과 絹직물, 2세기 무렵에 속하는 縑직물들은 낙랑국의 유물일 가능성이 크다. 또한 낙랑국의 위치가 대동강유역으로 한사군의 낙랑군이 313년 고구려 미천왕에게 축출되었다는[110] 사실과 연관해 볼때 다음의 사실이 정리된다. 즉 300년에 멸망한 낙랑은 최리왕의 낙랑국으로 대동강유역에 위치해 있었고, 313년에 고구려의 공격을 받은 낙랑은 한사군의 낙랑군이었다는 사실이다. 아울러 일본인들이 낙랑구역에서 발굴한 유적과 유물들은 한사군이 아닌 최리왕의 낙랑국의 유적과 유물이라 할 수 있다. 낙랑구역에서 출토된 직물들 또한 한사군이 아닌 낙랑국의 생산품으로 밝혀졌다.[111] 낙랑구역의 무덤에서 출토된 유리구슬도 분석결과 산화연을 주원료로 사용한 연유리와 소다유리, 회분유리 등으로 한민족 유리의 특징을 가지고 있는 것으로 밝혀졌다.[112]

이처럼 대동강유역 출토 유물들에 대한 다양한 연구결과는 낙랑 유적의 금속유물들이 중국의 것이 아니라는 견해[113]와 함께 복식방면에서도 기존의 견해를 수정할 수 있는 근거를 마련하게 되었다. 복식유물의 재료를 통해 평양지역의 낙랑 문화에 대해 국가 정체성을 새롭게 밝힐 수 있는 것은, 복식

---

110 『三國史記』卷17「高句麗本紀」美川王 14年條. "고구려가 313년에 낙랑군을 치고 남녀 2천여 명을 사로잡았다(十四年, 侵樂浪郡, 虜獲男女二千餘口). "

111 주 102와 같음.

112 강승남, 「평양부근 고대유적에서 드러난 유리구슬의 화학조성과 그 재질에 대한 고찰」, 『조선 고고연구』 1993년 제3호, 39~43쪽.

113 강승남, 「락랑유적의 금속유물에 대하여」, 『조선고고연구』, 사회과학원고고학연구소, 1996년 제2호, 37~43쪽 ; 로철수, 「대동강유역에서의 금속가공기술에 대하여」, 『조선고고연구』 1999년 제1기, 사회과학출판사, 39~42쪽.

이 고고학 유물로서 문화 정체성을 시각적으로 보여주는 결정적 자료이기 때문이다. 복식의 특성 연구는 곧 민족문화의 정체성을 밝히고, 복식양식과 자료의 고유성에 관한 분포 연구는 민족국가의 지리적 경계를 파악하는 데까지 이를 수 있다.

2010년에 새롭게 발견된 옥도리 무덤벽화의 복식에서도 당시 이 지역에 중국 세력이 존속하지 않았음을 보다 확실히 증명해 준다. 옥도리 무덤벽화는 4세기 말에서 5세기 초에 속하며 평안남도 남포시 용강군 옥도리에 위치해 있다. 지금까지의 복식연구에서 집안지역 무덤벽화의 복식양식은 고구려 고유양식이고, 평안도와 황해도지역 무덤벽화의 복식은 중국 세력에 의한 중국의 한족계통일 것으로 보았다. 그러나 옥도리 무덤벽화에 보이는 무덤 주인의 생활도 등의 구성원들 복식(그림 30, 30-1)[114]은 불꽃문양과 함께 집안지역 무덤벽화에서 보이는 고구려 복식의 특징과 동일하다. 따라서 이 지역에 중국세력이 거주하였다는 사실은 잘못임이 입증된다.

안악 3호 무덤이 고구려 왕의 무덤인 것은 복식 뿐만 아니라 무덤 구조 등에서도 확인된다. 조희승은 무덤양식이 "무덤칸에 가는 무덤길이 있고 판돌로 칸을 구성한 것이라든가 삼각고임천정을 한 것이라든가 모든 것이 중국의 무덤과 확연히 차이가 난다"고 했다. 또한 벽화의 행렬도 깃발에 보이는 '성상번(聖上幡)'이라는 글자에서 '성상'은 고구려 왕을 의미하며, 평양성에서 백제의 3만 대군과 전투 중에 전사한 고국원왕으로, 여기서의 평양은 남평양으로 오늘의 장수산성이라고 했다. 또한 벽화에 보이는 발방아(디딤방아), 키질, 용두

---

114 동북아역사재단 편, 『옥도리 고구려 벽화무덤』, 동북아역사재단, 2011 ; 동북아역사대단 편, 『남포시 용강군 옥도리 일대 역사유적』, 동북아역사재단, 2011, 95쪽 사진 39·117쪽 사진 61.

30-1

그림 30, 30-1 옥도리 무덤벽화 안칸 동벽 중단 북쪽의 남녀기수와
옥도리 무덤벽화 안칸 동벽 벽화의 모사도

레우물, 아궁이 등에서도 중국이나 북방지역에서 볼 수 없는 고구려만의 고유한 생활풍습의 특징이 있음을 분석하였다.[115]

이상의 안악 3호 무덤벽화의 복식과 풍습에 관한 분석에서 고조선을 계승한 고구려만의 고유한 특징은 결론적으로 무덤의 주인은 고구려 왕이며 그

---

115 조희승, 「안악 3호 무덤의 피장자와 신원 장수산유적에 대하여」, 『고구려유적 공동조사 학술회의집』, 고구려연구재단·사회과학원, 2005, 7쪽.

가 쓴 관은 금테 두른 백라관임을 알게 한다. 백라관은 고구려 왕이 평상시에 혹은 조정에서 집무를 볼 때 썼던 관이다. 금관은 의례용이었을 가능성이 커서 평상시에는 착용하지 않았을 것이다. 따라서 안악 3호 무덤의 벽화는 무덤 주인공이 조정에서 집무를 보는 모습을 보여주는 것이라 할 수 있다.

중국 고고학자들의 서대 무덤에 대한 여러 분석과 북한학자들의 고구려가 삼국통일을 추진하기 위해 고국원왕 때부터 남방진출을 위한 전진기지로 황해도 신원 일대를 개발했다는 '남평양설'을 받아들인다면, 중국학자들에 의해 고국원왕의 무덤일 가능성이 제기되었던 우산 992호 무덤은 앞장에서 밝혔듯이 고국원왕시기에 조성되었으나 모용황으로부터 되돌려 받은 미천왕의 유골을 안치한 미천왕의 무덤이라고 하겠다. 이러한 내용에서 안악 3호 무덤의 주인은 고국원왕일 것으로 판단된다.

제8장

마선 2100호 무덤
금제관식과 소수림왕

1. 마선 2100호 무덤 금제관식과 정체

마선 2100호 무덤은 집안시 서쪽의 마선향 홍성촌 남쪽에 위치하며 동쪽으로는 집안시와 약 3km 떨어져 있다. 이 무덤은 계단적석 무덤으로 동구 옛무덤들이 있는 마선묘구의 대형 무덤 가운데 하나이다. 주위는 큰 규모의 고구려 왕릉들이 둘러싸고 있다. 서남쪽으로 1.7km 떨어진 곳에는 마선 626호 무덤이 있다. 정남쪽으로 800m 거리에는 천추 무덤이 있고 동남쪽으로 1.2km 거리에 마선 2378호 무덤이 있다.

발굴자들은 1966년 동구 옛 무덤 떼를 조사하면서 이 무덤을 마선 무덤 제 2100호로 하고 JMM2100이라 簡記했다. 이 무덤은 2003년 4월부터 7월까지 길림성문물고고연구소와 집안시문물보관소가 상세한 재조사와 발굴을 진행했다. 그 결과 금과 금동으로 만든 장식품과 동기, 철기, 도기와 기와 등 모두 550여건의 유물이 수습되었다. 무덤의 양식과 구조, 연대, 등급과 무덤 밖의 유적들에 대해서도 상세히 조사되었다.[1]

현재 무덤의 꼭대기는 평평하게 되어 있고, 서쪽 북단에는 약 2m의 넓은 구멍이 뚫려있다. 이 구멍은 무덤 아래에서부터 꼭대기까지 통하게 되어 있다. 이 구멍에는 안쪽에서 내려온 굵은 돌과 많은 양의 흑토가 섞여있고, 토석에서 상당 양의 금동과 금으로 만든 장식물이 수습되었다. 발굴자들은 이 구멍을 일찌기 만들어진 도굴 굴로 보았다. 또한 이 구멍안의 부식토가 비교적 두텁고 윗쪽에서 길게 흘러들어간 나무로 가득차 있고, 뿌리가 거칠고 무성하게 깊은 곳까지 돌 사이로 뻗어있는 것으로 보아 도굴 굴로 만들어진 시기가 비교적 빠른 시기였을 것으로 추측했다. 무덤 꼭대기 부분은 파괴된 상태가 매우 심각하고 중간부분은 구덩이가 얕으며 무덤방은 흔적이 없다. 무덤의 위와 아래에서 큰 덩어리의 석재나 꼭대기를 덮었을 돌덩어리 등이 발견되지 않아 이 무덤방이 큰 덮개돌을 하지 않은 壙室 구조에 속했을 것으로 추측했다.[2]

마선 2100호 무덤의 낙석을 정리하는 과정에서 수습된 550여 점의 유물 대부분은 서쪽과 북쪽 양쪽에서 출토되었는데, 金器와 금동기, 철기, 피혁, 釉陶와 靑瓷器 잔편 및 와당과 기와 조각 등이었다. 금으로 만든 관식을 비롯하여 비교적 중요한 유물로는 鐵鏡과 鐵矛; 금동으로 만든 馬形 鏤孔片, 금동으로 만든 鳳鳥鏤孔片을 들 수 있다.

금으로 만든 관식인 金帽釘, 달개장식과 그 부분품들이 무덤방의 서쪽 도굴 구멍인 도랑에서 다수 수습되었다. 관 달개장식은 17점인데, 온전한 것은 3

1 吉林省文物考古硏究所·集安市博物館 編著,『集安高句麗王陵-1990~2003年 集安高句麗王陵調查報告』, 文物出版社, 2004, 138쪽.
2 吉林省文物考古硏究所·集安市博物館 編著, 앞의 책, 138~167쪽.

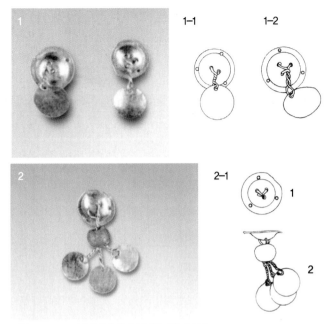

그림 1, 1-1, 1-2 달개집에 달린 금제달개와 모사도
그림 2, 2-1 달개집에 달린 세잎금제달개와 모사도

점이다. 둥근형 달개장식은 달개장식을 꽂는 달개집[3]과 달개 줄기와 나뭇잎의 3부분이 한 조인 것과 단순한 달개와 3잎으로 구성된 두 가지 양식이 있다. 그 외에 나뭇잎줄기에 1개의 구슬이 더해진 것도 있다. 둥근형 달개장식이 달렸던 달개집은 원형으로 꼭대기 부분에 달개를 달았던 구멍이 3개 있고, 변두리 부분에 3개의 구멍이 있어 이 부분을 금관에 달았던 것으로 보인다. 나뭇잎가지는 1줄의 금사로 연결되었다. 나뭇잎은 모두 원형으로 평면양식과 원형으로 구부러진 면, 그리고 규형양식 나뭇잎의 3종류로 분류된다.

---

3 달개장식을 꽂는 달개집은 구조상 1번을 뜻하고 여기에 금사 등으로 연결된 달개장식은 2번을 의미한다(그림 2-1 참조). 이를 중국학자들은 飾座로 표현했으나 필자는 달개집으로 부르고자 한다.

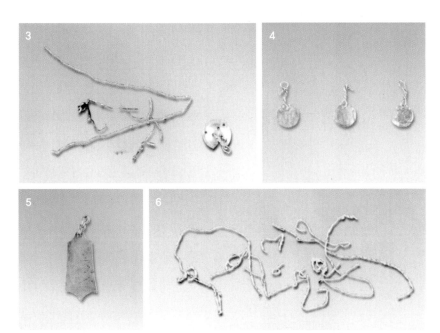

그림 3, 4, 5, 6 마선 2100호 무덤 출토 금제관식들

홑나뭇잎양식의 금제달개장식은 2점이다. 서로 다른 양식으로 하나는 원형 달개에 평면의 나뭇잎양식달개가 달렸다. 달개집의 직경은 0.95cm이고 여기에 달린 원형의 나뭇잎달개는 직경 0.8cm이다. 다른 하나는 달개양식의 가운데가 볼록한 곳에 달개가 달린 것으로 달개양식의 직경은 0.55cm이고 달개의 직경은 0.45cm이다(그림 1, 1-1, 1-2).[4]

3잎 금제달개는 1점인데, 나뭇잎달개 줄기에 황색의 작은 瑪瑙구슬이 한개 달려있고 다시 3줄기로 나뉘어져 원형의 달개장식이 1개씩 달려있다. 달개장식을 꽂는 달개집의 직경은 0.7cm이고 이곳에 달려있는 달개의 직경은 0.5cm이다(그림 2, 2-1). 원형의 금제달개집은 2점으로, 모두 추 조각으로 이

---

4 吉林省文物考古研究所·集安市博物館 編著, 앞의 책, 146쪽~148쪽. 圖119의 3·4, 圖版57의 1.

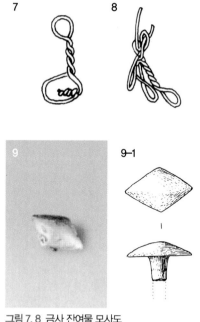

그림 7, 8 금사 잔여물 모사도
그림 9, 9-1 금모동정과 모사도

루어졌다. 3개의 구멍 안에 金絲가 남아있는 것으로 보아 달개장식이 달렸던 장식을 꽂는 달개양식일 것이다. 달개집의 직경은 0.75cm이다 (그림 3). 금제달개장식편이 11점인데, 그중 8점은 금사줄기가 남아있다. 달개는 모두 금으로 만들었는데, 두께는 0.7mm이다. 양식은 대체로 원형의 볼록한 것과 평평한 것, 규형의 나뭇잎으로 3종류이다. 구부러진 금제달개는 4건이다. 그 중 5건은 금사줄기가 꿰어져있다 (그림 4). 금제달개의 직경은 7cm이다. 평면달개장식은 6점이다. 그중 2점은 형태가 비교적 큰 홑 나뭇잎달개장식이다. 규형달개도 1점이다. 이 금제달개장식에는 상단에 구멍이 하나있고, 길이는 2cm이고, 넓이는 1cm이다(그림 5). 금사가 함께 수습되었다(그림 6). 나뭇잎을 달았던 금사의 잔여물은 20점이다. 2개는 비교적 완전한데 길이는 1.15cm이다(그림 7, 8). 金帽銅釘은 1점인데 릉형으로 긴 직경은 0.9cm이고, 짧은 직경은 0.6cm이며, 두께는 0.2cm이다. 銅釘의 단면은 원형이고 못의 뾰족한 부분이 약간 남아있는데 전체길이는 0.5cm이다(그림 9, 9-1).[5]

---

5 吉林省文物考古研究所·集安市博物館 編著, 앞의 책, 148쪽. 圖119의 2·15·16, 圖版57의 2·3·4·5·7.

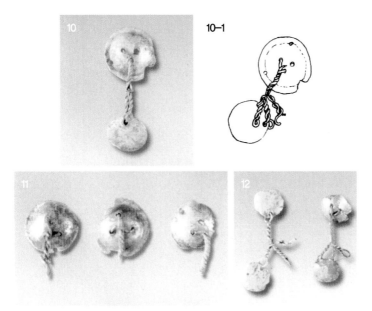

그림 10, 10-1 마선 2100호 무덤 출토 금동제달개집과 달개, 모사도
그림 11, 12 마선 2100호 무덤 출토 금동제달개집과 달개

금동으로 만든 것은 비교적 많은 종류가 수습되었다. 수량이 가장 많은 것이 관식으로 쓰였을 달개장식이고 다음으로 관식과 泡釘, 갑편, 帶卡 鏤孔片飾 등이다. 금동제관식의 수량은 비교적 많은데 달개집과 달개가 모두 얇은 동편 추모양으로 만들어졌고, 중간에 줄기를 사용해 연결했는데, 줄기는 銅絲를 많이 비벼 꼬아 하나 혹은 3개로 이루어졌다. 단엽달개장식과 3엽 달개장식의 2종이다.

남아있는 것 가운데 달개 나뭇잎장식이 제일 많은데 달개잎이 큰 것과 작은 것, 볼록한 것 평평한 것으로 형상도 서로 다르다. 3엽의 달개장식은 6점이다. 달개집 원형의 가운데 줄기는 3가닥의 동사를 꼬아서 만들었는데 꼬은 1가닥은 다시 3가닥으로 나뉜다. 끝부분은 모두 비벼 꼬아서 둥근 모양이고 1

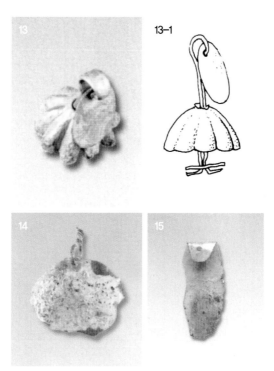

그림 13, 13-1 마선 2100호 무덤 출토 우산모양 금동제달개집과 달개, 모사도
그림 14, 15 마선 2100호 무덤 출토 금동제달개와 장식

편의 달개장식을 달았다(그림 10, 10-1). 같은 양식으로 달개장식이 모두 떨어져 나간 원형의 달개집이 그림 11이다. 이 달개의 직경은 1.4cm이고, 줄기는 1.2cm이다. 줄기와 달개가 남아있는 것은 줄기가 십자형으로, 둥근 모양의 끝 부분과 좌우로 달개가 달린 달개집과 서로 연결되었을 것으로 보이는데 달개 집 부분이 남아있지 않은 것도 있다. 이 볼록한 원형 달개의 직경은 1.1cm이 다(그림 12).

　　단엽의 달개장식 다수가 이미 손실되었다. 주로 원형달개집에 원형의 달개 장식을 매어단 양식과 우산모양 달개집에 타원형과 원형의 달개장식을 매어

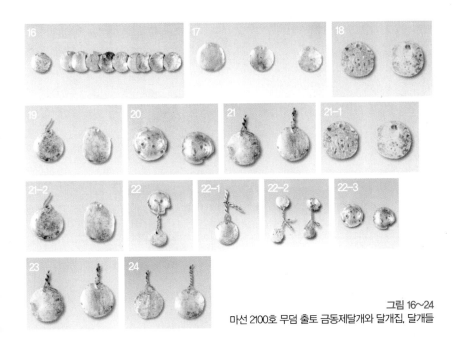

그림 16~24
마선 2100호 무덤 출토 금동제달개와 달개집, 달개들

단 것 3종류이다. 우산모양 달개집은 중간에 구멍이 있으며 구멍에 둥글게 굽은 연결고리가 있고 여기에 타원형의 달개가 달린 양식이다. 직경은 1.6cm이고 높이는 0.9cm이다. 달개의 직경은 1.2~1.4cm이다(그림 13, 13-1). 원형 달개집은 모두 45점이다. 원포형으로 직경은 1.4~1.5cm이다. 줄기는 두겹의 銅絲로 이루어졌고 끝부분 둥근 곳에 1개의 달개를 달았다. 금동제달개는 원형과 나뭇잎양식의 두 가지이다. 달개집의 달개는 이미 손실되었으나 직경 1.5cm의 원형으로 그림 11과 같다.[6]

원형의 금동제달개장식은 모두 105점이다. 타원형 잎모양으로 된 것 1개 이외에는 대부분 원형이다. 원형 달개의 큰 것은 직경이 2cm, 작은 것은 1cm

---

6 吉林省文物考古研究所·集安市博物館 編著, 앞의 책, 149~150쪽. 圖120의 12, 圖版59의 7·9·11·12.

그림 25, 25-1 마선 2100호 무덤 출토 금동제말장식과 모사도

이며 달개면은 평평한 것과 볼록한 것으로 구분된다. 桂葉형은 끝부분이 약

간 손실되었는데 윗부분은 구부러진 상태이다. 남아있는 길이는 3.7cm이고,

넓이는 0.6~1.2cm이다(그림 14). 3분의 1 정도 남은 원형의 볼록한 것은 구멍

에 銅絲도 남아있는데 직경이 2.1cm이다(그림 15). 볼록한 원형의 달개는 직경

이 1.9cm이다(그림 16). 볼록한 면 윗부분 구멍에 동사가 있고 직경은 1.9cm이

다(그림 17). 볼록한 달개로 매단 구멍에 동사가 남아 있는 것은 직경이 모두

1.1cm이다(그림 18). 대부분 평면이거나 볼록한 원형의 양식이다(그림 19~24).[7]

鏤空銅飾은 일반적으로 동질의 얇은 편을 재료로 하여, 鏤, 刻, 나뭇잎양

식으로 만들어졌다. 크고 작은 것을 막론하고 전체가 금동으로 만들어졌다.

어떤 것은 달개를 달아 장식성이 매주 강하다. 보존상태가 비교적 양호한 것

이 7점이다.

특기할 것은 나는 듯한 형상의 말장식(그림 25, 25-1)이다. 발굴자들은 이

장식을 봉황모양관식으로 분류했다. 이 관식은 천마총의 천마도를 연상케 하

듯이 말이 나는 듯한 생동감있는 자태를 보이며, 말의 몸체 양면에 모두 달개

---

7 吉林省文物考古研究所·集安市博物館 編著, 앞의 책, 149~150쪽. 圖120의 12, 圖版58의 7, 圖
版59의 1·2·3·5·6·7·8·9·10.

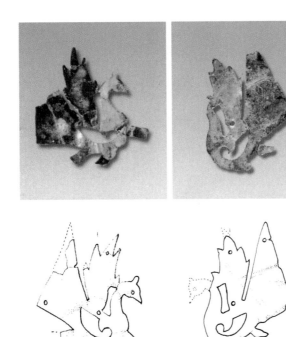

그림 26 마선 2100호 무덤 출토 새모양 금동제관식과 모사도

를 달았다. 부식된 곳이 많아 현재 달개장식은 대부분 손실되었고 오직 1개가 달려 있다. 금동제달개장식은 타원형으로 볼록한 양식이며 직경은 0.8~1cm 이다. 전체길이는 8.5cm이고 남은 높이는 5.8cm이며 두께는 0.1cm이다.[8]

또 하나 특기할 관식은 2점의 새모양장식(그림 26)이다.[9] 양식은 서로 같으며 모두 홑날개로 날개를 펼쳐 날아가려는 듯한 형상이다. 이 장식에는 4개의 구멍이 있고 양쪽으로 줄기가 뻗어있으며 달개는 모두 손실되었다. 관식의 일

8 吉林省文物考古硏究所·集安市博物館 編著, 앞의 책, 151쪽. 圖121의 1, 圖版58의 1
9 吉林省文物考古硏究所·集安市博物館 編著, 앞의 책, 151쪽. 圖121의 2·3, 圖版58의 3·4.

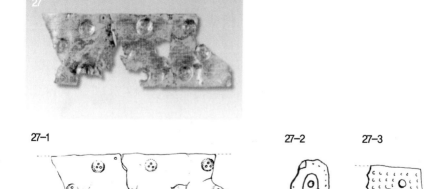

그림 27, 27-1, 27-2, 27-3 마선 2100호 무덤 출토 금동제관테둘레 잔여부분과 모사도

부로 보이는 두 새장식은 관모에 서로 대칭되게 장식했을 것이다. 보존상태가 비교적 좋은 편이나 꼬리부분과 발부분이 약간 손상되었다. 길이는 3.6cm이고 남은 높이는 4cm이다. 다른 하나는 머리부분과 다리부분이 훼손되었고, 등과 꼬리부분, 날개에 3개의 구멍이 있다. 남은 길이는 2.9cm이고 높이는 4.3cm이다.[10]

말장식은 나는 듯 생동감이 넘치며 몸체 양면에는 모두 나뭇잎장식이 달려있다. 말장식과 2개의 새장식 모두 관식일 것으로 판단된다.[11] 따라서 이 관장식들이 어울려 조화를 이루게 되면 고구려왕이 썼던 세움장식이 있는 왕관 양식을 훌륭히 보여줄 수 있을 것이다.

---

10 위와 같음.

11 吉林省文物考古研究所·集安市博物館 編著, 위의 책, 152쪽의 圖121 ; 張福有·孫仁杰·遲 勇, 『高句麗王陵通考』, 香港亞洲出版社, 2007, 34~35쪽. 圖121의 2·3, 圖版58의 3·4.

중요한 것은 관모에서 큰 역할을 하였을 금동으로 만든 관테둘레의 잔여 부분(그림 27, 27-1, 27-2, 27-3)이 출토된 사실이다. 그림과 같이 넓은 관테둘레에 달개가 3줄로 교차되어 원형의 볼록한 양식으로 나열되어 있고, 볼록한 원형의 꼭대기에는 삼각대칭으로 작은 구멍이 있는데, 구멍에 달개를 달았던 동사줄기가 부분적으로 남아있다. 달개는 모두 손실되었다. 관테둘레에는 1개의 연이는 작은 못구멍이 있다. 남은 길이는 9.5cm이고 넓이는 3.5cm이다.[12] 이것은 금속으로 만든 세움장식을 여러 개 세울 경우 관테둘레를 가죽이나 천 또는 백화수피로 만들게 되면 받치는 힘이 약하므로 금속으로 만들게 된 것으로 여겨진다.

금동제관테둘레는 3줄로 원형의 볼록장식을 일정 간격으로 하여 강도와 탄력을 높여 버팀 효과를 내게 하였다. 그 외에 관식으로 쓰였을 꽃모양장식과 장식을 고정시키는데 쓰였을 장식못들(그림 28)이 여럿 출토되었다. 꽃모양장식은 모두 파손되어 작은 부분만이 남아있다. 남은 것의 윗부분은 둥글게 곡선을 이루며 점차 아래에서 밖으로 뻗어나가 중간에 상하로 두 개의 구멍이 있으며 둘레에 점선문을 장식했다. 남은 길이는 1.4cm이다. 그 외에 둥근 꽃장식(그림 29)이 수습되었는데, 전체가 원형으로 한 송이 만발한 연꽃과 같다. 꽃중심에는 원형의 볼록한 泡狀이 있고 중심에 작은 구멍이 있으며, 8개 꽃잎이 대칭으로 전개되어 꽃모양을 이루고 있다. 꽃잎 안에는 투조한 구멍이 있는데 바깥 둘레에 볼록한 점열문이 두줄로 균일하게 되어 있다. 직경은 3.8cm이다.[13]

---

12 吉林省文物考古研究所·集安市博物館 編著, 위의 책, 152쪽. 圖121의 6, 圖版58의 5.
13 吉林省文物考古研究所·集安市博物館 編著, 위의 책, 152쪽. 圖121의 7·8·10·11·12, 圖版58의 2·8.

그림 28 마선 2100호 무덤 출토 금동제장식 못
그림 29 마선 2100호 무덤 출토 금동제꽃모양장식
그림 30 마선 2100호 무덤 출토 금동제관식

특기할 것은 네모양식의 금동제장식(그림 30)으로 연결했던 부분이다. 네
모퉁이에 머리가 있는 못이 있고 뒷면에 목의 다른 부분이 모자형상으로 보이
며, 못머리와 장식편 사이에 가죽 잔편이 끼어있다. 매변의 길이는 2.5cm이다.
가죽 잔편이 끼어 있는 것으로 보아 가죽으로 만든 절풍에 연결한 장식일 가
능성이 크다.[14]

그 이외에 왕릉의 면모답게 금동으로 만든 갑편(그림 31, 31-1, 31-2)이 모
두 30점 출토되었다. 양식과 크기가 3종류인데, 모두 물고기 비늘모양을 하고
있다. 크기는 다양하며, 한쪽 면은 둥글고 길이는 긴 것과 짧은 것들이 있다.
그 외에 철도구와 철갑편 263조각이 출토되었다.[15]

무덤의 서쪽과 북쪽의 낙석 가운데에 釉陶片(그림 32)과 자기에서도 고구
려 특징의 유물들이 출토되었다. 특히 4개의 띠고리형 손잡이가 있는 釉陶壺
는 전형적인 고구려의 기물이다. 무덤의 동남쪽 모서리에서는 청자 덮개의 조
각이 출토되었다. 청록색의 윤기가 투명하고 직경은 6cm이다.

---

14 吉林省文物考古研究所·集安市博物館 編著, 위의 책, 152쪽. 圖121의 5, 圖版58의 6.
15 吉林省文物考古研究所·集安市博物館 編著, 위의 책, 158~162쪽. 圖版60의 1·3·7.

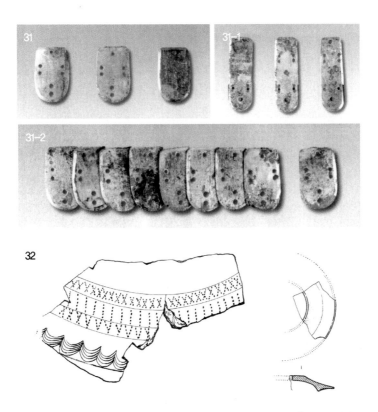

그림 31, 31-1, 31-2 마선 2100호 무덤 출토 금동제갑편
그림 32 마선 2100호 무덤 출토 유약을 바른 질그릇조각 모사도

그 외에 鐵鏡이 1점 출토되었다. 무덤의 정리과정에서 수습된 철기는 공구와 병기가 대부분이고 종류는 칼, 도끼, 창, 화살촉, 거울 등이다. 철경은 드물게 출토되는 진귀한 것으로 가장자리 테둘레가 약간 남아있다. 원형으로 뒷면에는 鬆黑漆이다. 직경은 38cm이다. 양각으로 문자를 새겼는데 훼손이 심하지만 "富"자와 "子"자가 판별되어 발굴자들은 "子孫繡貴"와 같은 길상어로 생각했다(그림 33, 33-1, 33-2, 33-3).[16]

특히 출토관식 가운데 소수림왕 무덤에서 출토된 원형의 볼록장식기법으로 강도와 탄력을 높여 버팀 효과를 낸 관테둘레양식은 천추 무덤에서 출토된 관테둘레양식으로 이어진다. 비록 도굴되었지만 마선구 2100호 무덤의 관장식들과 천추 무덤에서 출토된 관장식들은 그 양식에서 거의 유사한 것[17]이 특징이다. 예를 들어 관테둘레장식양식은 마선구 2100호 무덤의 것과 같으며 달개장식도 원형과 우산모양으로 같고, 청동으로 만든 갑옷조각의 경우도 마찬가지이다.

현재 마선 2100호 무덤의 계단은 4단이지만 원래는 7단이었을 것으로 발굴자들은 추정했다. 이 무덤에서 수습된 금과 금동으로 만든 금제관식과 금동으로 만든 갑편과 錯金鐵刀, 鬆漆鐵鏡 등은 이 무덤이 왕릉임을 충분히 증명해 주고 있다. 송칠철경과 착금철도는 삼국 위진시기 중원의 귀족들이 숭상한 고구려의 표지성 유물이며, 와당의 양식도 고구려양식이다. 따라서 고구려왕릉 임을 의심할 여지가 없다. 발굴자들은 이상의 내용과 무덤에서 출토된 鐵鏡의 조형과 문자 및 垂幛紋이 새겨진 광택있는 陶壺 등에서 이 무덤의

---

16 吉林省文物考古研究所·集安市博物館 編著, 위의 책, 154쪽·155쪽. 圖128의 8·9, 圖版61·62.
17 吉林省文物考古研究所·集安市博物館 編著, 위의 책, 181쪽의 圖146 참조.

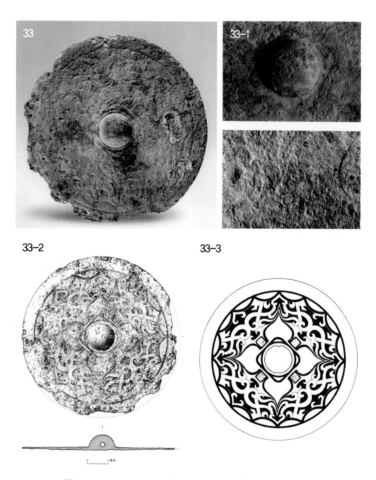

그림 33, 33-1, 33-2, 33-3 마선 2100호 무덤 출토 철경과 부분도 및 모사도

연대를 4세기 중기인 東晋시기에 해당한다고 했다.[18]

계단식 무덤양식의 발전 형태로 보아 마선 2100호 무덤은 고국원왕 무덤으로 추정되는 우산 992호 무덤에 접근한다. 무덤의 위치로 보면, 천추 무덤과 같이 남북으로 축선을 이루며 거리도 가장 근접해있다.

특기할 것은 이 무덤에서 출토된 飛鶴雲紋 와당이 고국양왕의 무덤으로 추정되는 천추 무덤의 와당과 서로 유사한데 이것은 동구 옛 무덤 가운데 유일한 경우이다. 이러한 점들은 두 무덤의 주인 사이에 밀접한 관계가 있음을 알게 한다. 와당의 飛鶴문양에서 기년은 보이지 않지만 우산 992호 무덤과 西大 무덤의 와당에 비하여 늦은 시기에 만들어 졌을 것으로 보여진다. 이러한 내용을 종합해 볼 때 마선 2100호 무덤 주인은 371~384년에 재위한 고구려 제17대 소수림왕으로 추정된다.[19]

2. 소수림왕시기 금관의 정치기능

소수림왕은 왜 금관에 관장식으로 말과 새를 등장시켰을까? 신라 금관의 세움장식은 김알지 신화에서 그 형상의 의미를 찾는다. 즉 신라 금관의 세움장식은 김알지가 출현한 계림을 상징적으로 형상화함으로써, 김씨계 왕실을 신성시하고 왕권을 강화하는 구실을 발휘한다고 한다. 신라 금관에서 세움장식은 살아있는 나무로서 신목을 상징하며, 계림을 풍성하고 조화롭게 상징하

---

18 吉林省文物考古研究所·集安市博物館 編著, 위의 책, 167쪽.
19 위와 같음.

여 금관을 왕관답게 한다.[20] 이처럼 왕권을 강화하고 국가의 정통성을 확립하려는 것은 김알지 신화만이 아니라 왕조와 관련된 시조 신화가 지닌 일반적기능에 해당된다.

고구려 마선 2100호 무덤에서 왕관의 관식으로 말장식과 새장식이 만들어진 것도 고구려본기에 보이는 시조 동명왕의 탄생신화에서 말과 새가 등장하여 큰 역할을 수행했던 내용을 형상화 했을 가능성이 크다. 이 무덤에서는 관장식과 함께 관테둘레 역할을 했을 것으로 생각되는 관식 조각이 출토되었다. 표면에는 3줄로 교차하여 원형의 모양이 도드라져있고 그 한 가운데 표면에 삼각형 모양으로 세 개의 작은 구멍이 나 있다. 이 밖에도 관식과 함께 꽃모양 장식 등이 출토되었다. 이들을 잘 조합하면 고구려 소수림왕이 썼던 왕관이 복원 될 수 있을 것이다.

발굴자들의 견해처럼 마선 2100호 무덤이 소수림왕의 무덤이라면 고구려에서는 왜 이시기에 관 전체가 금으로 된 금관을 만들고 그 위에 건국신화의내용을 상징물로 표현하기 시작했을까? 건국신화는 왕권의 신성한 출현과정을 묘사하며 왕의 통치권력을 강화하고 국가의 기틀을 다지는 구실을 한다. 금관도 국가의 정체성과 왕권의 신성성을 강화하는 정치적 기능을 가지고 있어 신화의 구실과 다르지 않다.[21] 그러므로 소수림왕시기의 금관양식은 건국시조의 신성한 권위를 형상화하는 목적을 가지고 출현했을 것으로 생각된다.

앞장에서 서술했듯이 『삼국사기』「고구려본기」를 보면 고구려는 건국한 직후부터 멸망할 때까지 주변의 국가들과 계속해서 전쟁을 하였다. 따라서 줄

---

20 임재해, 『신라 금관의 기원을 밝힌다』, 지식산업사, 2008, 369~370쪽.
21 임재해, 위의 책, 247~253쪽 참조.

곧 진행되었던 대외전쟁의 성격을 파악하는 것은 고구려 사람들이 대내외적으로 추구했던 궁극적인 목표를 살펴볼 수 있는 길이 될 것이다. 아울러 금관양식에 반영된 통치 권력이 추구했던 목적의 상징적인 의미도 올바르게 해석될 수 있을 것이다.

고구려는 건국 초부터 요서지역으로 진출하기 위한 전쟁을 진행했는데 소수림왕이 즉위하기 이전 고국원왕시기부터 전쟁 방향을 남쪽으로 돌려 백제와 신라를 침공하기 시작해 계속 대립하며 대외정책의 변화를 시도한다. 이 기간 고구려는 중국의 여러 나라들과는 충돌을 피하고 자주 사신을 파견하여 화친관계를 유지하려 했다.[22]

그러나 중국과 달리 375(소수림왕 5)년에 지금의 황해도 신계군에 위치한 백제의 水谷城을 치고 그 다음 해에도 백제의 북부 국경을 공략했다.[23] 이에 백제는 377년 10월 3만 명의 군사로 고구려의 평양성을 공격하자, 고구려도 11월 백제를 공격하는 한편 전진에 사신을 보내 화친을 유지하였다.[24] 이처럼 소수림왕시기는 영토 확장에 따른 중앙집권적 국가제도를 정비하여 왕권을 강화시켜나가며 남진정책의 기반을 마련하는 시기이기도 하다.

마선 2100호 무덤에서도 금제관식이 출토된 것으로 보아 이 시기 왕권의 기반을 더욱 공고히 해나가면서 구체적인 상징물로 관 전체를 금으로 만든 금관을 만들었을 것이다. 또한 고구려 중심의 국가 지배체제의 정비와 함께 국

---

22 『三國史記』卷18 「高句麗本紀」 故國原王條 참조.
23 『三國史記』卷18 「高句麗本紀」 小獸林王條. "五年, …… 秋七月, 攻百濟水谷城." "六年, 冬十一月, 侵百濟北鄙."
24 『三國史記』卷18 「高句麗本紀」 小獸林王條. "七年, 冬十月, …… 百濟將兵三萬, 來侵平壤城. 十一月, 南伐百濟, 遣使入符秦, 朝貢."

가의 정체성과 왕권의 신성성을 강화하는 정치적 기능을 마련하고자 시조왕의 탄생신화를 관식에 상징적으로 형상화한 금동관도 사용했을 것이다. 즉 시조왕의 신화에 등장하는 말과 새를 관식에 표현한 것은 왕의 통치권력 강화와 국가의 기틀을 다지는 의미에 큰 비중을 두었기 때문으로 해석된다.

제9장

천추 무덤 금제관식과
고국양왕

1. 천추 무덤 금제관식과 정체

천추 무덤(그림 1, 1-1, 1-2, 1-3)은 동구 옛 무덤들 가운데 거대한 석분으로 집안시 서쪽 3.5km 떨어진 마선하 동쪽 기슭 마선향 마선촌에 위치한다. 무덤 위에서 발견된 무늬 있는 문자전에 "千秋萬歲永固"의 글자가 새겨져 있어 '千秋墓'라고 불리워졌다. 1966년 동구 옛 무덤을 조사할 때 마선 제100호 무덤이라 하였고 JMM1000이라 簡記했다.[1]

천추 무덤은 학자들이 발견할 당시부터 줄곧 고구려 왕릉으로 인식되었다. 이 무덤 주변에는 고구려 왕릉에 속하는 무덤이 비교적 많다. 즉 동북쪽 1km에는 마선 2378호 무덤이 있고 북쪽 800m에 마선 2100호 무덤이 있으

---

1 吉林省文物考古研究所·集安市博物館 編著, 『集安高句麗王陵-1990~2003年 集安高句麗王陵調查報告』, 文物出版社, 2004, 168쪽.

며, 서북 약 1.3km에 마선 626호 무덤이 있다. 또한 서쪽으로 약 2km에 서대 무덤도 있다. 천추 무덤이 위치한 高崗은 황토퇴적층이며 토층의 두께는 약 8m이다. 토질이 깨끗하고 맑아 1940년대부터 오랫동안 사람들이 磚과 瓦 등을 파내다 보니 동쪽과 북쪽면의 토층이 심각하게 유실되어 원래의 지면보다 3~5m정도 낮아졌다. 무덤의 계단석도 촌락과 가깝고 교통이 편리한 까닭에 흩어져 없어진 것이 무척 많은데, 대부분 사람들이 가져다 사용하거나 혹은 구덩이로 흘러 떨어졌다.[2]

1966년 길림성박물관과 집안현 문물보관소가 조사를 진행한바 있고, 이후 1970년대에 다시 조사하여 기록을 남기고 보호하기 시작했다. 이후 1980년대 초에 천추 무덤은 『集安縣文物志』에 고구려왕릉으로 처음 기재되었다.

그림 1, 1-1, 1-2 천추 무덤 동쪽 전경과
서쪽 부분, 남쪽 부분 전경

---

2 위와 같음.

그림 1-3 천추 무덤 서쪽 묘역 포석과 동물형상 조각도

2003년 봄 길림성문물고고연구소와 집안시문물보관소 등이 동구 옛 무덤 가운데 중요 유적에 대한 환경정돈 과정에서 천추 무덤 주변에 대하여 상세히 과학적 분석을 거친 결과 많은 양의 진귀한 유물을 발견하였고 더불어 많은 양의 표본도 채집했다. 이 작업을 통해 천추 무덤의 지질상황과 현상, 무덤양식, 고고유물과 주변 陵域시설 등에 대하여 전면적인 보고서가 정리되었다.[3]

천추 무덤은 거대한 형태의 계단 석실 무덤으로 동쪽은 높고 서쪽이 낮은 지세에 위치한다. 무덤의 기반은 자연재해와 사람들의 파괴로 불안전한 상태

---

3 孫仁杰·遲 勇,『集安高句麗墓葬』, 香港亞洲出版社, 2007, 72~76쪽 ; 張福有·孫仁杰·遲 勇,『高句麗王陵通考』, 香港亞洲出版社, 2007, 39~42쪽.

이며 전체적인 무덤양식도 잘 알 수 없는 상태이다. 계단은 5단이 존재한다. 서쪽 중간부분의 보존 상태가 가장 좋은데, 무덤방이 도굴당하고 무너져 내릴 때 대량의 돌덩이가 서쪽 중간지역에 쌓여 무덤을 폐쇄하게 되어 지금까지 보존될 수 있었다.[4]

태왕릉과 장군총처럼 무덤주위에 護墳石이 있다. 석재는 대부분 화강암이고 장방형으로 비스듬히 기대어 스스로의 무게로 계단석이 밖으로 이동하지 못하게 보호하고 있다. 서쪽에는 5개의 호분석이 있는데 현재 상황에서 볼 때 무덤 주변에서 약 20여 개 정도의 호분석이 있었을 것으로 추정된다.[5]

현재는 무덤방이 없지만 계단식 석실 무덤이기 때문에 당연히 무덤방이 있었을 것이다. 그 이유는 첫째, 무덤 꼭대기 중간부분에 두 덩어리로 남북을 향하여 거칠게 가공한 긴 돌이 있다. 이것은 무덤길을 덮은 돌이거나 혹은 문가의 처마돌(門楣石)이었을 것이다. 둘째, 護墳石이 있는 거대한 계단 무덤인 태왕릉과 장군총의 경우 모두 석실을 갖추고 있다. 이로 보면 이들 무덤과 같은 양식인 천추 무덤도 당연히 무덤방을 갖추었을 것으로 생각된다. 셋째, 무덤 중간부분에 작은 돌들을 늘어놓은 범위와 형상이 동서로 약 10m이고 남북으로 약 7m나 된다. 이러한 현상은 천추 무덤에 무덤방이 존재했으나 파괴되었음을 나타내는 것이라 여겨진다.[6]

천추 무덤과 관련된 유적을 살펴보자. 천추 무덤의 능역은 매우 광활하고 다른 시기의 지층 유적이 보이지 않는다. 일찍이 어떤 학자는 무덤의 동쪽편으로 비교적 멀리 있는 가늘고 긴 무덤을 주시하며 이를 陪葬 무덤으로 생각

---

4 吉林省文物考古研究所·集安市博物館 編著, 앞의 책, 170쪽.
5 吉林省文物考古研究所·集安市博物館 編著, 앞의 책, 175쪽.
6 吉林省文物考古研究所·集安市博物館 編著, 앞의 책, 175~177쪽.

그림 2 천추 무덤 남쪽 담의 부분

하기도 했다. 서북쪽에서는 아직도 중간에 구멍이 있는 8각형 주춧돌이 발견
되기도 한다. 이러한 유적들이 무덤시설과 관련이 있을 것으로 보았다. 2003
년에 진행된 조사 과정에서는 무덤과 능역의 관련 유적을 조사하기 위해 무
덤 밖으로 12줄의 도랑을 파서 조사했다. 그 과정에서 무덤의 남쪽 40m에 위
치한 곳에서 담장 유적이 드러났다.[7]

또한 돌담과 무덤 남쪽의 가장자리가 평행을 이루는 것으로 밝혀졌다. 이
것은 돌담 안으로 배수구가 설치되었던 것을 보여주는 것이다. 무덤 남쪽 가
장자리의 계단 가운데에는 축이 연장되는데 돌담 안으로 넓은 단을 이루고
바깥 변에 늘어놓은 석판 위에는 4개의 거리를 두고 네모난 구멍이 있다. 이
것은 나무기둥을 세웠던 것으로 조그만 건축물이 있었을 것이다. 즉 『광대토
왕릉비문』에 "守墓洒掃(무덤을 지키며 소제를 맡게 하였는데)"와 "令備洒掃

---

7   吉林省文物考古硏究所·集安市博物館 編著, 앞의 책, 180쪽.

276 고구려 금관의 정치사

그림 3, 4 천추 무덤 출토 금사와 금으로 만든 달개 및 달개집

(무덤을 수호하고 소제하게 하라)"의 내용이 있는데, 이러한 일은 반드시 祭
禮에 행해야하는 것으로, 아마도 이 건축물에서 거행했을 것으로 생각된다.
천추 무덤 서남쪽 300m에는 큰 돌을 쌓은 담(그림 2)도 여럿 보였다. 2003년
발굴 당시 소조석과 강돌 및 남은 담장이 발견되었으나 발굴조건에 한계가 있
어 큰 면적을 모두 드러낼 수 없었다. 아마도 이 유적은 천추 무덤에 부속된
제사건축 유적으로 추측된다.[8]

　위의 내용에서 천추 무덤이 거대한 규모의 무덤임을 짐작할 수 있다. 이
무덤에서도 금으로 만든 유물들이 수습되었다. 모두 6단으로 만든 金絲가 수
습되었다. 이 금사는 두 가닥의 가는 絲를 꼬아 만들었는데 남은 길이는 1~
2cm이다(그림 3). 金綴를 달았던 달개집은 눌리어 형태가 변형되었다. 평면의
둥근달개장식으로 둥근둘레에 작은 구멍들이 있어 고정시켰던 것으로 보인
다. 원형달개의 꼭대기면에도 삼각형으로 3개의 구멍이 분포되어 있다. 구멍
에는 3가닥의 금사를 꼬아서 줄기를 이루게 하였는데 줄기 끝은 둥근 형태로

8　吉林省文物考古硏究所·集安市博物館 編著, 앞의 책, 圖145, 圖版24의 2.

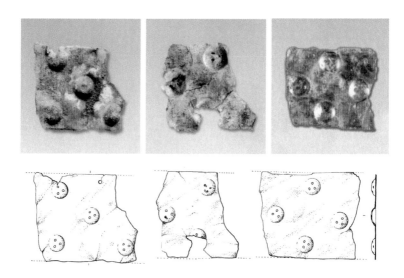

그림 5 천추 무덤 출토 금동제관테둘레와 모사도

달개를 달았을 것이다. 현재 달개는 없다. 직경은 1.5cm이고, 높이는 0.3cm이며, 줄기의 길이는 1.4cm이다. 이들과 함께 출토된 금제달개장식(그림 4)은 상태가 온전한데 원형의 얇은 편으로 되어있고 둘레에 구멍이 1개 있다. 직경은 0.8cm이다.[9] 이처럼 금으로 만든 관식이 출토된 것은 천추 무덤에 금관이 있었다는 증거가 된다.

또한 금동관이 있었을 것으로 추정되는 금동제관테둘레의 부분(그림 5)이 있다. 이 금동제관테둘레는 3줄로 둥글게 볼록한 장식을 평행하게 만들고 장식 중심부에 3개의 작은 구멍을 삼각형 형태로 만들어 달개장식을 달게 했다. 볼록한 부분의 직경은 약 1.3cm이고, 면의 간격은 약 2.3cm이다. 관식의 남은 길이는 6~7cm이고, 넓이는 5.9cm, 두께는 0.05cm이다.[10]

---

9   吉林省文物考古研究所·集安市博物館 編著, 앞의 책, 181쪽. 圖版66의 1, 圖版67의 7.
10 吉林省文物考古研究所·集安市博物館 編著, 앞의 책, 181~182쪽. 圖146의 4·5·6, 圖版66의

그림 6, 7 천추 무덤 출토 원형의 금동제달개장식

금동으로 만든 원형의 달개장식은 2가지 형태로 5점 출토되었다. 하나는
원형의 볼록한 면에 직경 0.4cm의 둥근 구멍이 있고 둘레는 안으로 구부려져
있다. 태왕릉에서 같은 종류의 달개장식이 보이는데 뒤의 오목한 부분을 나
무로 채웠고, 위에는 별도로 원형의 못을 사용해 나무구조물에 고정하였다.
높이는 1.4cm, 직경은 5.9cm, 두께는 0.05cm이다(그림 6). 일부 훼손된 것은
직경 6.1cm, 두께 0.05cm이다(그림 7).[11] 다른 하나는 원형의 볼록한 형태로
중심에 0.4cm의 둥근 구멍이 있고, 둘레가 한번 꺾이어 평평한 면을 이루고
있다. 직경은 3.5cm, 높이는 0.6cm, 두께는 0.05cm이다.

금동으로 만든 화변형식은 모두 7점으로 그 중 2점이 비교적 보존상태가
좋다. 반원형 둥근 양식에 장식이 더해졌으며 달개장식과 한 벌이다. 반원형
둥근 양식은 10개의 구부러진 꽃잎으로 구성되었으며, 중간에 원형의 구멍이
있고 청동으로 만든 두 개의 줄기가 지난다. 銅絲줄기는 꼭대기가 구부려져
고리를 이루며 얇은 타원형의 달개를 달았다. 꽃잎장식의 직경은 1.8cm 높이
는 0.9cm이다.[12] 이같은 금동제달개장식은 4점 출토되었다. 원형으로 둘레가

5, 圖版67의 8·9.

11 위와 같음.

12 吉林省文物考古硏究所·集安市博物館 編著, 앞의 책, 181~183쪽. 圖版66의 9, 圖版67의 4·5·6.

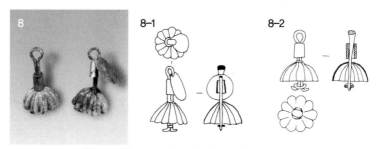

그림 8, 8-1, 8-2 천추 무덤 출토 금동제꽃모양 달개장식과 모사도

구부러져 평평한 언저리를 이루는 달개에는 3개의 삼각형 분포를 이루는 작은 구멍이 있고, 그 사이에 가는 銅絲가 있는데 줄기와 달개는 이미 손실되었다. 달개 언저리에는 간격을 두고 3개의 구멍을 내어 매달았던 것이다. 직경은 1.1cm 높이는 0.3cm이다(그림 8, 8-1, 8-2).[13]

또 다른 양식의 관테둘레 잔여물이 출토되었다. 금동으로 연속하여 기울인 마름모꼴 문양을 투조하고, 아래 부분에는 2cm마다 삼각형을 이루는 3개의 구멍이 연속해 있는데 이곳에 달개를 달았다. 그리고 투조된 기울인 마름모꼴에는 테둘레를 둘러 입체감을 주었다. 현재 남은 길이는 3.3cm, 넓이는 1.9cm, 두께는 0.05cm이다. 달개의 직경은 1.4cm이고 양면 모두 금을 입혔다(그림 9, 10). 이 관식은 앞에서 설명한 관테둘레의 잔여물과 연결되는 것으로 왕관의 중요한 구성물이었을 것으로 생각된다. 이 장식들과 함께 원형의 달개 장식들이 출토되었는데 일부에 가는 동사가 남아있다(그림 11, 11-1).[14]

금동으로 만든 둥근 관장식(그림 12)이 5점 출토되었다. 긴 대롱모양으로 주조했다. 길이는 3.3cm이고, 직경은 0.7cm이며, 벽면의 두께는 0.1cm이다.

13　吉林省文物考古硏究所·集安市博物館 編著, 앞의 책, 181~183쪽. 圖版146의 10·11, 圖版66의 2.
14　吉林省文物考古硏究所·集安市博物館 編著, 앞의 책, 181~183쪽. 圖版146의 23, 圖版66의 3·4.

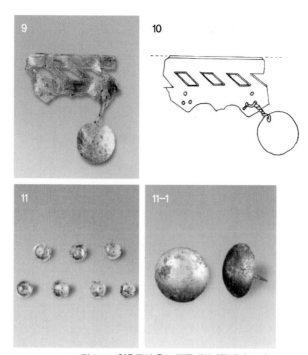

그림 9, 10 천추무덤 출토 금동제관테둘레와 모사도
그림 11, 11-1 천추무덤 출토 금동제관식

다른 하나는 직경이 0.6cm이며 길이가 약간 길다. 이것은 목걸이장식으로 생
각된다. 그 외에 금동을 입힌 갑편이 3점(그림 13) 출토되었다. 금동못도 모두
9점 출토되었다(그림 14, 14-1, 14-2). 원형의 머리가 있는 짧은 못과 얇은 못
이다.[15]

또한 紅瑪瑙로 만든 管飾(그림 15)이 출토되었는데 옅은 홍색에 흰색문양
이 섞여있고 管狀이며 중간에 구멍이 있다. 길이는 2.2cm 직경은 0.7cm이다.

15 吉林省文物考古硏究所·集安市博物館 編著, 앞의 책, 181~184쪽. 圖版66의 6·10·11·12, 圖版
   67의 10.

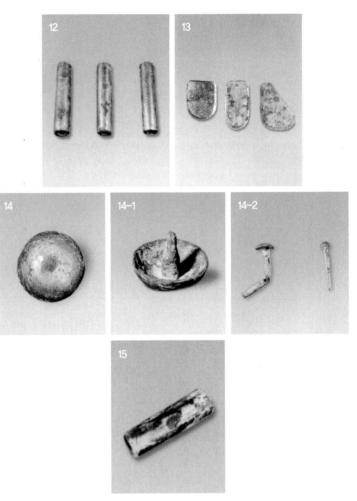

그림 12 천추 무덤 출토 금동제관식
그림 13 천추 무덤 출토 금동제갑편
그림 14, 14-1, 14-2 천추 무덤 출토 금동제못
그림 15 천추 무덤 출토 붉은 마노

그림 16 천추 무덤 출토 청동방울

구멍의 직경은 0.1cm이다.[16]

또한 같은 양식의 청동방울이 3점 출토되었다. 훼손이 심한 상태이다. 꼭대기는 타원형이며 중간에는 구멍이 나있는 납작한 꼭지가 있다. 방울의 높이는 5.1cm이고 높이는 2~3.4cm이고, 측면의 두께는 1.8cm이며 벽면의 두께는 0.2cm이다(그림 16). 다른 2개의 청동방울도 대체로 비슷하다. 이러한 양식의 청동방울은 고조선 무덤에서 자주 출토되었으며, 고구려로 이어진 우리민족의 고유양식이다. 태왕릉에서도 동일한 양식의 청동방울이 나왔다.[17]

그 외에 무덤을 구성했던 전돌(그림 17~17-5)이 많이 출토되었다. 천추 무덤의 가장 큰 특징은 명문전 혹은 문자전으로 부르는 전의 출현이다. 2003년 무덤 주변을 정리할 때 모두 300여 점을 수집했는데 무덤의 서쪽 변과 남쪽 변 낙석에서 많은 양을 발견했다. "千秋萬歲永固"와 "保固乾坤相畢"의 두 가지 양식이다. 그 외에 대부분 한글자로 "王", "上", "下", "前", "後" 등이 새겨진 瓦塼이 있다. 이 가운데 "왕"자는 이 무덤의 주인이 고구려왕이라는 것을

---

16 吉林省文物考古硏究所·集安市博物館 編著, 앞의 책, 184~186쪽. 圖版66의 8.
17 吉林省文物考古硏究所·集安市博物館 編著, 앞의 책, 186~192쪽. 圖版69·70·71.

그림 17~17-1 천추 무덤 출토 명문전

의심의 여지가 없게 한다. 그 외에 몇 가지 單字는 위치의 표기이다. 더욱 중요한 것은 여러 건의 인물과 기년 및 지명이 새겨진 기와로, 비록 문자는 많지 않으나 고구려사 연구에 매우 귀중한 자료이다.[18]

회색筒瓦의 정면에 "월장군"을 새긴 기와(그림 18)가 있는데, 남은 두 줄의 9자에서 6자를 인식할 수 있다. 오른쪽에서 왼쪽으로 읽으면, 오른쪽 行은 " …… 越將軍 … ", 왼쪽 行은 " …… □未在永樂 …… "이다. 이 내용은

---

18 위와 같음.

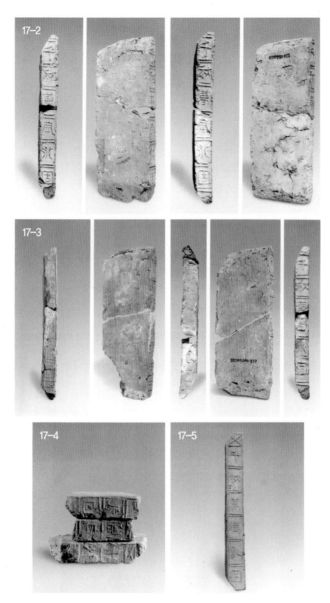

그림 17-2～17-5 천추 무덤 출토 명문전

그림 18 천추 무덤 출토 문자를 새긴 기와조각

중요한 사실을 알려준다. '永樂'은 광개토대왕의 왕호이며, '未'는 간지를 뜻하는 것으로 판단된다. 광개토대왕 재위 22년 사이에 乙未년(395)과 丁未년(407년)이 있다. 『광개토왕릉비문』에는 "自上祖先王以來, 墓上不安石碑, 致使守墓人烟戶差錯. 唯國罡上廣開土境好太王, 盡爲祖先王, 墓上立碑, 銘其烟戶, 不令差錯 … (선조왕들 이래로 능묘에 석비를 세우지 않았기 때문에 수묘인 烟戶들이 섞갈리게 되었다. 오직 國罡上廣開土境好太王께서 선조왕들을 위해 무덤 위에 비를 세우고 그 烟戶를 새겨 기록하여 착오가 없게 하라고 명하였다 …)"[19]는 내용이 보인다. 그런데 지금까지 집안지역에서 『광개토왕릉비문』 외에는 문자가 있는 비석이 발견된 예가 없어 중국학자들은 '立碑'가 아마도 무덤을 지키고 기와를 얹는 일을 포함하는[20] 것으로 해석했다.[21]

천추 무덤의 양식은 계단 적석 석실 무덤이다. 계단은 10단 정도이며 계단과 무덤방 사이에는 태왕릉과 유사한 양식의 완만한 제방이 하나 있다. 무덤

---

19 위와 같음.

20 吉林省文物考古研究所·集安市博物館 編著, 앞의 책, 193쪽

21 吉林省文物考古研究所·集安市博物館 編著, 앞의 책, 193~212쪽. 圖版72의 1·2.

위에는 기와가 흩어져 있으며 장식전돌도 있다. 무덤방은 돌구조이며 안에는 세밀하게 다듬어진 덮개가 있는 石槨이 있는데, 아마도 별도의 隨葬壙이거나 하층 무덤방일 것이다. 무덤 계단 위에는 제사성격의 석판을 세웠고, 무덤 둘레에는 거대한 護墳石이 있다. 주변에 鋪石이 무덤을 둘러쌓고 있다.

1940년대에 일본학자 후치타 료사쿠(藤田亮策)는 원래 무덤의 동쪽 30여 m 되는 곳에, "가늘고 긴 장방형 돌더미는 크고 작은 파괴된 陪冢群으로 보인다. 이 陪冢群의 전면에는 赭紅色의 고구려 기와가 널리 퍼져있다. 그 색상이 무덤 위에 회색기와와 磚과 서로 다르다. 이것은 陵과 동시에 수축한 다른 종류의 건축이다"라고 했다. 이러한 陪冢群의 구조와 건축재료의 특징은 태왕릉 등 다른 왕릉의 제단 수준과 서로 유사하다. 따라서 천추 무덤에도 당연히 제단이 존재했을 것으로 생각된다.[22]

무덤 남쪽 담장은 1단이 남아있는데 "門"터를 보존하고 있는 귀중한 가치를 지닌 유적이다. 담장은 기초를 다졌고 담장 안에는 배수구가 있으며, 중간에 돌출된 장방형의 단이 있다. 바깥 부분과 담장은 작은 문을 갖추었다. 문은 네기둥의 三間式으로 되어있고, 기둥은 네모모양이다. 남아있는 기와는 없다. 발굴자들은 이러한 형태의 유적이 호태왕비에 기재된 "守墓洒掃"와 연관이 있을 것으로 생각했다.

墓域의 鋪石은 고구려 왕릉의 보편적 특징이다. 그런데 천추 무덤의 포석은 서쪽 변에만 있는데 범위가 분명하고 형상이 완전하여 능역을 복원하는데 중요한 가치가 있다. 鋪石은 山石으로 태왕릉의 山石과 조약돌, 장군총의 강

---

22 吉林省文物考古研究所·集安市博物館 編著, 앞의 책, 212쪽.
23 위와 같음.

돌과는 다른 것으로 연대상의 차이가 있을 것이다.[23]

이상의 조사 내용을 종합하여 발굴자들은 무덤의 연대와 무덤 주인에 대하여 다음의 결론을 내리고 있다. 무덤양식에서 계단 석실 무덤을 고구려왕릉의 발전 형식으로 본다면 천추 무덤은 초기 형태이다. 몇 기의 같은 계단 石壙 무덤으로 서대 무덤과 마선 2100호 무덤 및 우산 992호 무덤과 비교하면, 천추 무덤은 무덤방이 건축되어 보다 발전된 형태로 보여진다. 천추 무덤과 태왕릉 및 장군총을 계단석의 상태로 서로 비교해보면, 천추 무덤의 계단석 가공 수준은 대체로 거칠고, 바깥부분에 움직임을 막기 위한 ∏한 모서리가 없는 등 비교적 초기 형태를 표현하고 있다. 천추 무덤의 墓域 포석과 陵園 유적은 태왕릉의 완전함을 따르지 못하여, 아마도 태왕릉보다 이른 시기일 것으로 생각된다. 이러한 분석에서 천추 무덤은 고구려 18대 고국양왕의 무덤일 가능성이 매우 크다.[24]

2. 고국양왕시기 금관의 정치기능

고국양왕 伊連은 고구려 제19대 호태왕의 아버지로 8년간 재위(384~391년)했다. 만일 고국양왕이 즉위 초에 큰 규모의 천추 무덤을 壽陵으로 만들었다면, 재위기간에 완공할 수 없었을 것이다. 광대토대왕이 아버지인 고국양왕의 천추 무덤을 계승해서 완성했을 것이다. 이러한 추측은 천추 무덤과 태왕릉의 유적과 유물이 서로 일치하는 부분이 있고, 두 무덤의 양식이 서로 같

---

24 吉林省文物考古研究所·集安市博物館 編著, 앞의 책, 216쪽.

고, 규모도 서로 유사하며, 陵域 시설이 일치한다는 점에서이다.

두 무덤은 모두 도굴되었지만 잔여 유물 가운데도 친근한 관계임을 나타내는 증거들이 남아있다. 특히 두 무덤에는 모두 영원함을 기원하는 문자磚이 있고, 양식이 같은 청동방울이 출토되었다. 그리고 두 무덤 모두 6개 꽃잎의 연화문 와당을 사용했다. 특히 천추 무덤에는 호태왕의 왕호인 "永樂"자를 나타내는 刻劃문자가 있다. 이러한 내용들은 모두 호태왕시기에 천추 무덤을 修墓했음을 증명한다. 뿐만 아니라 천추 무덤과 태왕릉의 연대가 근접해 있으나 천추 무덤이 태왕릉보다 이르다는 고고학적인 증거에서 천추 무덤은 고국양왕의 무덤으로 추정된다.

고국양왕은 384년 소수림왕을 이어 즉위하였다. 중국 동북부지역에서는 전진에게 멸망한 전연 모용황의 아들 慕容垂가 後燕을 건국하였다. 고구려와 모용씨는 이전부터 관계가 좋지 않아 계속 충돌하였다. 이 시기에 지금의 난하 하류유역에 위치했던 요동군과 난하 서쪽으로 옮겨 위치했던 대방군과 현도군을 고구려가 공격하였다.[25] 또한 후연이 이를 다시 탈환하는 전쟁도 있었다.[26]

고구려는 이러한 상황에서도 남진정책을 중단하지 않았다. 386(고국양왕 3)년 고구려가 백제를 공격하자,[27] 이에 대응하여 백제는 389년과 그 다음 해 두 차례에 걸쳐 고구려를 공격하여 都押城을 격파하고 주민 2백여 명을 사로

---

25 윤내현, 『고조선연구』, -志社, 1994, 499~524쪽.

26 『三國史記』卷18 「高句麗本紀」故國壤王條. "二年, 夏六月, 王出兵四萬襲遼東, 先是. 燕王垂命帶方王佐, 鎭龍城, 佐聞我軍襲遼東, 遣司馬郝景, 將兵救之, 我軍擊敗之, 遂陷遼東·玄菟, 虜男女一萬口而還. 冬十一月, 燕慕容農, 將兵來侵, 復遼東·玄菟二郡. 初, 幽冀流民多來投, 農以范陽龐淵爲遼東太守, 招撫之."

27 『三國史記』卷18 「高句麗本紀」故國壤王條. "三年, …… 秋八月, 王發兵南伐百濟."

28 『三國史記』卷18 「高句麗本紀」故國壤王條. "六年, …… 秋九月, 百濟來侵掠南鄙部落而歸." "七年, 秋九月, 百濟遣達率眞嘉謨, 攻破都押城, 虜二百人以歸."

잡아갔다.[28] 또한 고구려는 392년 신라에 사신을 보내 수호관계를 맺었는데, 신라의 내물마립간은 그의 조카인 實聖을 고구려에 볼모로 보냈다.[29] 이러한 상황에서 신라는 완전히 고구려의 통제 아래 있게 되었다.

이러한 국제정세는 고국양왕 금관이 소수림왕 금관보다 강력한 왕권을 상징하는 것으로 천추 무덤에서 출토된 넓은 관테둘레 양식과 화려한 달개장식들에서 그 상징성과 조형미를 엿 볼 수 있다.

---

29 『三國史記』卷18 「高句麗本紀」故國壤王條. "九年, 春, 遣使新羅修好, 新羅王遣姪實聖爲質."

제10장

태왕릉 금관과 광개토대왕

1. 태왕릉 금관과 관식의 정체

태왕릉은 동구 옛 무덤군 우산 무덤구 동남부의 대형 계단식 석실 무덤으로 1966년 동구 옛 무덤군을 조사할 때 우산 무덤구 제541호 무덤으로 기록하였고, 簡記 JYM0541로 하였다. 무덤은 집안시에서 서쪽으로 약 4km 떨어진 우산 남쪽 녹산에 위치한다. 무덤의 동북 360m 도로변에는 태왕릉과 밀접한 관련이 있는 호태왕비가 있다(그림 1).[1]

태왕릉에서 500m 범위 안의 유적을 조사한 결과, 연대가 비교적 이른 우산 520호 무덤의 대형 계단 광실 무덤이 있고 나머지 유적은 모두 연대가 비교적 늦은 소형 봉토 동실 무덤이었다. 태왕릉 주변에는 고구려왕릉이 많이

---

1 吉林省文物考古硏究所·集安市博物館 編著,『集安高句麗王陵-1990~2003年 集安高句麗王陵調査報告』, 文物出版社, 2004, 216쪽. 圖172·179, 圖版25-1·2, 圖版26-1·2, 圖版27-1·3, 圖版28-1·2·3·4.

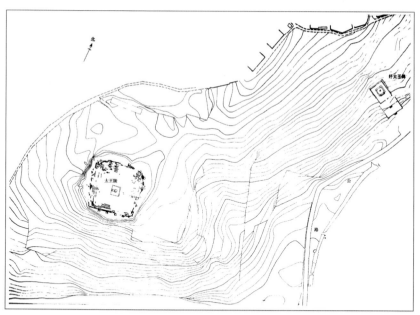

그림 1 태왕릉 부근 형세도

확인된다. 태왕릉에서 거리가 가까운 동쪽에는 임강 무덤이 있고 서북쪽에

우산 992호 무덤이 있는데 직선거리로는 700m와 900m 정도 떨어져 있다.

이보다 멀리 떨어져 있는 것은 장군총과 우산 2110호 무덤으로 왕릉들이 이

일대에 집중되어 있다(그림 7 참조).

　태왕릉의 무덤양식은 대형 계단식 석실 무덤(그림 2, 2-1)이다. 무덤은 해

발 198m에 위치하고 사방은 경사가 완만하여 시야가 트였다. 무덤의 현존 높

이는 14m이고, 화강암과 석회암, 山礫石, 강돌 등 다양한 종류의 석재로 축

조되었다. 주로 계단과 무덤방 두 부분으로 조성되었고 무덤 밖에는 배수관

시설이 있다. 능역은 광활하고 주위는 배장 무덤과 능의 담장, 제단, 높은 계

단이 있는데 석재의 가공이 정교하고 돌을 쌓은 법도가 근엄하며, 사면에 돌

그림 2
호태왕비와 태왕릉 원경.
동남-서북쪽에서 본 원경

아가며 호분 거석을 세웠다.[2]

　호분석은 현재 15개가 남아있는데, 남측에 5개, 동측에 4개, 북측에 2개, 서측에 4개(그림 2-2)이다. 모두 자연석의 큰 화강암 덩어리로 거대하고 중후하며 웅장하고 세련된 조형미를 나타내준다. 그리고 태왕릉 동북 모서리부분에는 散水 板石이 있는데 그 아래에 筒瓦를 재료로 배수관 시설을 하였다.[3]

　무덤 아래 부분을 정리하는 과정에서 정교하며 아름다운 유물이 대량 출토되었다. 즉 무덤아래 남쪽 SGI 중부지역(그림 6 참조) 서쪽의 무덤둘레에서

2　孫仁杰·遲　勇, 『集安高句麗墓葬』, 香港亞洲出版社, 2007, 76~84쪽 ; 張福有·孫仁杰·遲　勇, 『高句麗王陵通考』, 香港亞洲出版社, 2007, 44~50쪽.
3　吉林省文物考古研究所·集安市博物館 編著, 앞의 책, 228쪽.

그림 2-1
동남-서북쪽에서 본
근경, 남쪽계단

2.9m 떨어진 곳에서 "辛卯年 好太王" 등의 글자를 새긴 청동방울이 출토되었다. 이곳에서 서쪽으로 2번째 호분석 아래에서는 훼손된 銅灶(아궁이)와 금동으로 만든 幔架가 출토되었고, 銅灶에서 0.8m 위치한 계단석 안에서 案足과 帳鉤, 등자, 節約 등의 청동기와 금동으로 만든 유물이 30여 점 출토되었다. 이 유물들은 도굴 당시 남겨진 것으로 보인다.[4]

1990년 무덤방 안 2m 두께의 깨어진 돌과 진흙 아래에서는 태왕릉의 石槨을 이루었을 두 개의 지붕 조형과 4개의 벽 등 17개의 석재를 발견했다. 이를 복원한 것이 그림 5이다. 석곽 내부에는 시상대(棺床) 2座가 남북으로 병렬

---

4 吉林省文物考古硏究所·集安市博物館 編著, 앞의 책, 232쪽.

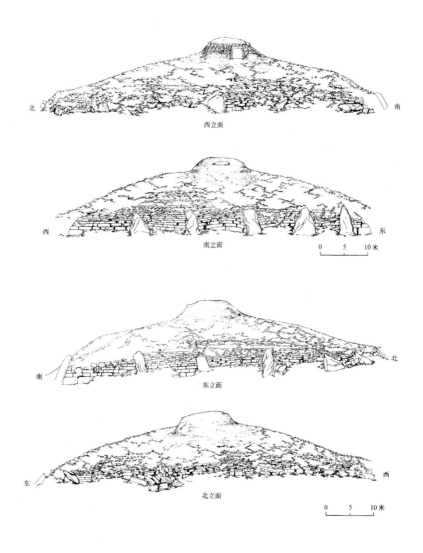

그림 2-2 태왕릉 立面圖 서쪽면, 남쪽면, 동쪽면, 북쪽면

되어 있어(그림 5-1과 그림 5-2 참조) 합장 무덤임을 알 수 있다.

또한 태왕릉에는 陵園 유적이 있다. 태왕릉 아래 떨어진 돌과 계단을 정리하는 동시에 무덤 주위의 능원이 조사되었다. 동, 서, 남면의 조사결과 무덤 주변의 散水와 배수구가 있고 3면 모두 상당한 범위의 강돌을 늘어놓은 층이 있다. 서쪽 포석은 현존하는 면적이 작고 남북 길이가 대략 120m이며, 동서의 넓이는 30~35m이다. 서북 모서리에는 무덤 주변에서 50m 내외로 강돌을 깔아놓았다. 동쪽의 鋪石은 남북으로 90m, 동서로 50m이며 무덤 동쪽 가장자리 길이를 넘어섰다. 남쪽의 강돌은 陵墻까지 깔려있다. 이처럼 넓은 면적에 강돌을 깔아놓을 수 있었던 것은 대규모 인력을 동원하여 조직적으로 운반했기 때문에 가능했을 것이다. 현존하는 鋪石 범위로 보면 후세에 조성한 것이라고 할 수 없다. 이는 태왕릉 밖의 전체 능원에 강돌을 고루 펴 깔은 현상이 무덤 남쪽의 담벽 밖에서는 보이지 않는 점에서도 그러하다. 陵園 鋪石과 무덤 담장 이외에 태왕릉 주변에는 제대 유적(그림 3)과 배장 무덤 및 기초 유적이 남아 있다.[5]

---

5 吉林省文物考古硏究所·集安市博物館 編著, 앞의 책, 254~257쪽.

그림 4 배장 무덤과 무덤방 석곽

배장 무덤(그림 4)의 위치는 SGI 중부(그림 6)이다.[6] 북으로 태왕릉 남쪽 제1급 계단과 3m 정도 떨어져 있고 편호는 03JYM541PI이다. 4개의 입석과 밑바닥 덮개돌 6면이 모두 獨石으로 조성된 무덤이다. 태왕릉과 마찬가지로 03JYM541PI 역시 황토층 위에 건축되었다. 강돌과 墓域의 板石은 모두 그 주위를 겹쳐 쌓아, 태왕릉 墓域과 동시에 구축한 것으로 보이며, 무덤 주인은 호태왕과 관련이 있을 것이다. 현재 바닥돌은 깨어져 솟아 있고, 덮개돌은 존재하지 않는다. 북쪽의 입석은 무덤 밖으로 넘어져 있으며, 남쪽의 석판은 강돌층 위에 떨어져 있는데, 양쪽의 세운 돌이 땅속에 비교적 깊게 매몰되어 있다. 아마도 태왕릉 무덤방을 도굴할 때 함께 무너져 내렸을 것으로 추측된다.[7]

밑바닥 돌은 장방형으로 가공이 잘되어 있는데, 길이는 2.5m, 넓이는 2.3m, 두께는 0.15m인데 3덩어리가 남아있다. 서쪽의 석판은 길이가 2.7m,

---

6 吉林省文物考古硏究所·集安市博物館 編著, 앞의 책, 255쪽의 圖 198.
7 吉林省文物考古硏究所·集安市博物館 編著, 앞의 책, 257쪽.

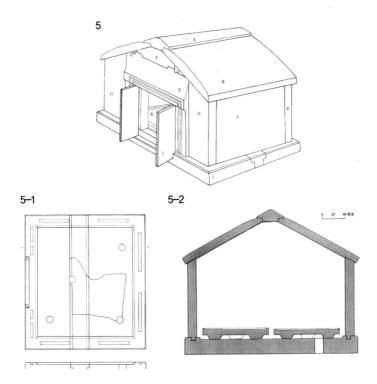

그림 5, 5-1, 5-2 태왕릉 석곽 복원도

두께는 0.35m이다. 북쪽에 세운 돌의 길이는 2.9m, 넓이는 2.1m, 두께는 0.15m이다. 덮개석이 파손되면서 무덤 안으로 떨어졌을 것이다. 남쪽에 있는 돌은 평면의 사다리형으로 길이는 2.5~3.35m, 넓이는 1.65m, 두께는 0.13m이다. 고인돌 무덤의 일반적인 상태로 보면 이 돌판은 門石으로 만들어졌고 남쪽에 세워져 언제든지 열고 닫을 수 있게 되어 있는데, 이것은 지상과 매장된 사람 및 수장품을 서로 연결하기 편리하게 하기 위함이었다고 생각된다. 석판은 땅에 떨어져, 돌 위에 동쪽으로는 한 덩이의 정교하게 가공된 장방형 泥質岩 석재가 있다. 서쪽으로는 한 무더기의 불에 탄 부서진 뼈들이 있는데,

8편의 灰陶 잔편과 함께 출토되었다. 무덤의 덮개석은 훼손되었고, 관 안에는 단지 3~4덩어리의 크고 작은 불균형하게 쪼개진 조각들이 있다. 무덤 내부 아래돌과 북단 板石이 끼워진 틈에서 짐승뼈와 잘게 부수어진 뼈들이 많이 출토되었고, 白灰와 남은 기와, 磚, 1개의 금제 관식이 발견되었다.

門石의 서쪽에는 긴 돌이 있는데, 돌의 형상은 불규칙하다. 길이는 1.4m, 폭은 0.5m, 두께는 0.4m이다. 그 동남쪽에 두 덩어리의 청회색 큰 磚이 있는데 "未豆"라는 2글자가 새겨 있다. 서쪽과 무덤의 북쪽 일대에는 菱形 花紋磚이 약간 남아 있다. 무덤 안에는 인골과 오소

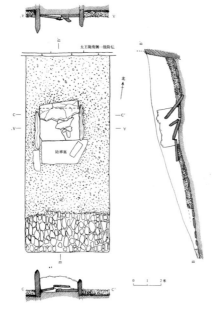

그림 6 배장 무덤과 남측 SGI 평면도 및 단면도

리, 말, 사슴, 거북이와 날짐승들의 뼈가 남아있다. 인골은 불태워 잘게 부서진 상태인데, 조상을 생각하는 의미 혹은 동시에 호태왕의 직계 혈친일 가능

---

8 吉林省文物考古硏究所·集安市博物館 編著, 앞의 책, 257~260쪽.

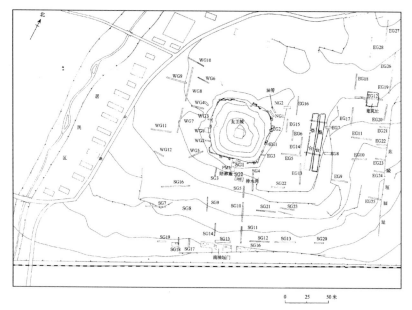

그림 7 공중에서 본 태왕릉 위치와 유적분포도

성을 생각하게 한다.[8]

태왕릉은 지표 10~11m 위에 만들어졌는데, 무덤방을 중앙에 세우고, 돌을 봉한 후 형성된 이중 구조의 覆頭形 외관으로 왕릉양식에서 새롭고 독특한 양식으로 평가된다. 태왕릉은 구조상 무덤방과 계단을 나누어 동시에 건축한 것으로, 계단은 무덤방의 높이를 올리기 위한 것이 아니고 무덤방의 기초를 보호하기 위한 것에 치중했던 것이다. 이 점은 이보다 이른 시기에 만든 다른 계단 석실 무덤과 다른 점이다. 총체적으로 태왕릉에는 넓은 능역이 구비되었고 배장 무덤과 祭臺, 墓碑, 陵墻 등의 시설이 가지런히 구비되어 있어(그림 7), 왕릉장제의 발전된 모습을 보여준다. 그 외에 화강암을 대량으로 사용했고, 석재를 가공한 가장자리가 几형 이다. 산수와 배수, 호분석을 설치한

그림 8
태왕릉 출토 청동방울

합리성 등에서도 고구려 돌 무덤 가운데 중요한 위치를 차지한다.[9]

무덤주인에 대하여 좀더 상세히 알아보기로 한다. 석실이 있는 왕릉은 집안 일대에 태왕릉과 천추 무덤, 장군총 뿐이다. 이들 무덤은 위에서 아래에 이르기까지 석재를 가공하여 일정하게 쌓았고 무덤 밑바닥에 기초시설을 건축한 점에서 구축상태가 가장 정교하고 아름답다. 천추 무덤은 규모에 있어 태왕릉과 비슷하지만 석재가 비교적 여러 가지이고, 條石 표면에 휘어진 면과 돌출된 모서리가 없으며 구축된 상태 또한 태왕릉에 미치지 못하는데 장군총은 더욱 그러하다. 와당의 경우 천추 무덤은 6등분한 연화문 도안 위주로 일정량의 卷雲紋 와당이 함께 쓰였다. 장군총은 8등분 연화문 와당만 쓰였고, 태왕릉은 6등분 연화문 도안 위주로 소량의 6등분 연화문과 8등분 연화문이 모두 쓰였다. 따라서 태왕릉은 무덤양식과 구축상태 및 와당의 규모 등에서도 가장 우월하다고 할 수 있다.[10]

특기할 점은 태왕릉에서 무덤주인이 광개토대왕이라는 것을 알려주는 명

---

9 吉林省文物考古硏究所·集安市博物館 編著, 앞의 책, 334쪽.

10 위와 같음.

문 청동방울(그림 8)이 발견된 점이다. 이 명문 청동방울은 무덤 아래 도랑을 정리하는 과정에 남쪽 SGI 중부지역 서쪽의 무덤둘레에서 2.9m 떨어진 곳에서 출토되었다.[11] 청동방울의 입구는 원형이고 꼭지는 훼손되었으며, 표면 역시 녹슬어 구멍이 나있다. 방울에는 4행의 명문이 있는데, 매행이 3자로 되어 있다. 명문은 "辛卯年 好太王 □造鈴 九十六"의 12자로 되어 있다. 그리고 청동방울이 발견된 지점의 2번째 호분석 아래에서 銅炷와 금동慢架가 발견되었고, 동조에서 0.8m 떨어진 계단석 이음새에서 案足과 帳鉤, 등자, 節約 등의 銅器와 금동기물 30여 점이 출토되었다.[12]

『광개토왕릉비문』에 의하면, " … 18세에 왕위에 올라 칭호를 영락대왕이라 하였다. … 39세에 세상을 버리고 떠나시니, 甲寅年 9월 29일 乙酉에 山陵으로 모시었다"[13]고 하였다. 여기서 광개토대왕이 18세 계위한 해(391년)가 신묘년임을 알 수 있으며, 즉위 이후 바로 청동방울 만드는 일이 시작되었다고 생각된다. 즉위 이전에 만들었다면 청동방울에 "辛卯年好太王"(그림 9)의 내용이 새겨질 수 없다. 호태왕 "宴駕"의 해는 412년이며 장수왕이 평양으로 천도한 시기는 436년으로 이 시간 안에 집안에 태왕릉을 건조할 수 있는 왕은 장수왕 뿐이다. 또한 집안에 있는 왕릉 가운데 태왕릉과 견줄만한 왕릉은 장

---

11 吉林省文物考古研究所·集安市博物館 編著, 앞의 책, 232쪽.

12 吉林省文物考古研究所·集安市博物館 編著, 앞의 책, 334쪽. "이번 조사 과정에서 수집하고 발견한 유물들은 金器를 비롯하여 磚瓦와 銅과 鐵로 만든 유물 등 천여 점이다. 기와를 제외한 대부분의 기물들은 1990년에 수습한 유물들로 모두 무덤의 남측 도굴 구멍과 무덤 아래 낙석을 정리하면서 나온 것이다. 이들 가운데 작은 것들은 도굴 구멍과 돌 사이의 홈에 분산되어 있던 것을 체로 쳐서 얻은 것이다. 집중 출토된 것은 1990년에 남쪽 제1급 계단석이 이어지는 곳과 동쪽으로 제3호분석 아래의 동쪽 두 곳으로 서로 1m가 안되는 거리이다."

13 『廣開土王陵碑文』. " … 二九登祚, 號爲永樂大王 … 卅有九宴駕棄國, 以甲寅年九月廿九日乙酉遷就山陵 … "

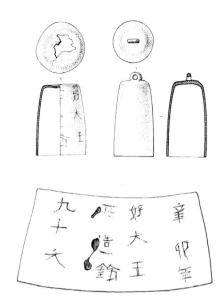

그림 9 태왕릉 출토 명문 청동방울 모사도와 탁본 및
모사본

군총 뿐이다. 이러한 점으로 보아 장군총은 장수왕릉이고, 태왕릉은 광개토대왕릉으로 추정된다. 태왕릉의 건축 시작연대는 정확히 알 수 없으나 『광개토왕릉비문』에 "遷就山陵"라 하여 안치된 때는 甲寅年인 414년으로 추정된다.[14]

석기와 料器의 발견은 매우 적은데 모두 珠飾이다. 금주와 함께 뀄 마노구슬 이외에 料珠가 4점이다. 모두 藍色으로 타원형 구슬형태이며, 중간에 1개의 구멍에 연이어 끼워져 있다. 크기가 같은 3알의 구슬로 직경은 0.4cm, 높이는 0.3cm 정도이다(그림 10). 다른 것은 위의 것보다 작은데, 雙珠 중간에 한단의 銅絲를 끼워 串珠를 만들었다. 동사의 위와 아랫단이 남아있으나 어떠한 장식을 끼웠는지 알 수 없다(그림 11). 마노구슬은 11점으로 대부분 홍색 마노를 갈아 만든 것이다(그림 12, 12-1). 그 중 3점은 淡紅色으로 직경은 0.5~0.6cm, 높이는 0.4cm이며 중간 구멍에 銅絲를

---

14 吉林省文物考古研究所·集安市博物館 編著, 앞의 책, 334~335쪽.

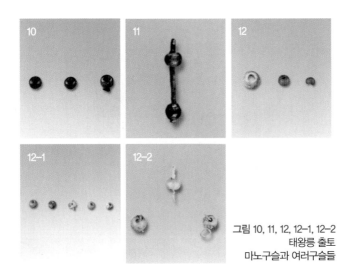

그림 10, 11, 12, 12-1, 12-2
태왕릉 출토
마노구슬과 여러구슬들

꿰었다. 구슬을 꿴 동사를 둥근 모양으로 만들기도 했는데 아마도 다른 장식
물 위에 달았던 것 같다(그림 12-2).[15]

　금으로 만든 것은 모두 장식품으로, 주로 무덤의 남쪽 도굴 구멍에서 출토
되었다. 대부분 진흙 속에 있는 것을 체로 쳐서 수습한 것이다. 각종 관식이
위주가 되며 질이 좋은 美金으로 만든 釘과 金絲 등 작고 정교한 장식들이다.

　금관을 구성했던 장식의 일부였을 반원형 관식(그림 13)은 질좋은 금으로
만들었는데, 주변을 균일하게 두들겨서 경사면을 만들었고 정 가운데에 3개
의 작고 둥근 머리를 만들어 금으로 만든 못을 연결하였다. 길이와 넓이는 각
기 0.7cm, 두께는 0.64cm이다. 그림 14는 菱錐形 못머리로 몸체는 方柱形이
다. 못의 뾰족한 부분은 박을 때 평평하게 되었다. 못머리의 폭은 0.55cm, 높
이는 0.15cm, 길이는 1.35cm이고 전체길이는 1.5cm이다. 금실(그림 15, 16) 28

15　吉林省文物考古硏究所·集安市博物館 編著, 앞의 책, 283쪽.

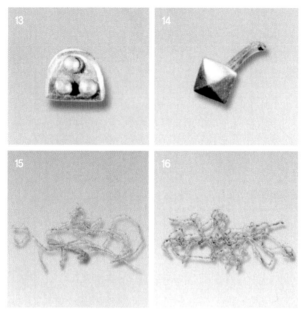

그림 13, 14 태왕릉 출토 금제관식
그림 15, 16 태왕릉 출토 금실

뭉치가 출토되었다. 일부분만 남았는데, 서로 얽혀있는 상태로 출토되었다. 금실의 직경은 0.2mm가 안되며, 좁고 얇은 금편을 꼬아서 만든 것으로 표면은 굴곡이 있다. 길이는 약 5cm와 4cm 등이다. 그 외에 금관의 구성물이었을 금동꽃모양장식과 크고 작은 못 등 그림 17~22의 장식들이 출토되었다.[16]

비교적 완전한 금관의 금제달개장식은 모두 26종이다. 장식의 달개집과 달개가지, 달개잎의 3종류로 구분된다. 달개집은 대부분 원형의 泡狀이며 좁은 테두리가 있고, 달개 꼭대기에는 3개 구멍에 달개가지를 연결하고 둘레에 3개의 구멍이 있어 달개를 연결할 수 있게 했다. 달개가지는 대부분 쌍으로

---

16 吉林省文物考古硏究所·集安市博物館 編著, 앞의 책, 283~286쪽.

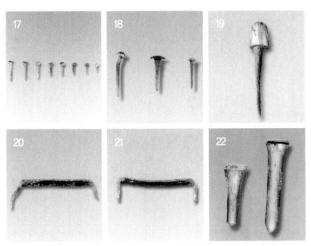

그림 17~22 태왕릉 출토 금동제장식과 장식못

혹은 3겹의 금실을 꼬아서 만든 것이다. 길고 짧은 것이 같지 않고 끝에는 둥근 달개잎 1개를 달기도 했다. 달개의 형상은 원형과 나뭇잎양식의 두 가지이다. 크고 작은 것이 일정하지 않으며 옆에서 보아 평평한 것과 구부러진 것으로 구분된다. 수습과정에서 얻어진 관식은 다수가 달개 잎만 남아있거나 혹은 매어단 달개줄기만 남은 경우이다. 완전한 양식은 단엽(그림 23~28)과 쌍엽(그림 29, 30), 3엽(그림 31, 32)으로 구별된다. 어떤 것은 달개잎 위에 구슬장식을 꿴 것도 있다.[17]

그림 33~39와 같이 구슬을 꿴 달개는 11점이다. 달개양식의 달개집은 사라졌고, 하단양식은 서로 다른데 달개줄기 위에 하나의 금구슬이 있는 것이 3점이고 마노구슬이 있는 것이 1점, 금구슬 위에 料珠 혹은 마노구슬을 더한 것이 5점이다.

17   吉林省文物考古研究所·集安市博物館 編著, 앞의 책, 286~295쪽.

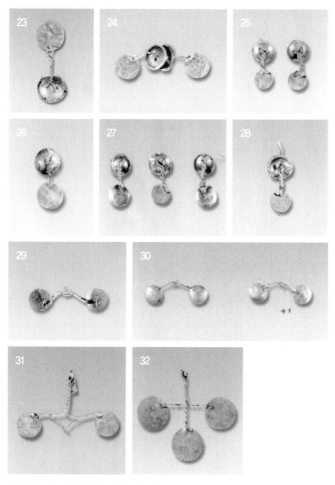

그림 23~28 태왕릉 출토 금제달개장식
그림 29, 30 태왕릉 출토 금제달개장식 쌍엽달개
그림 31, 32 태왕릉 출토 금제달개장식 3엽달개

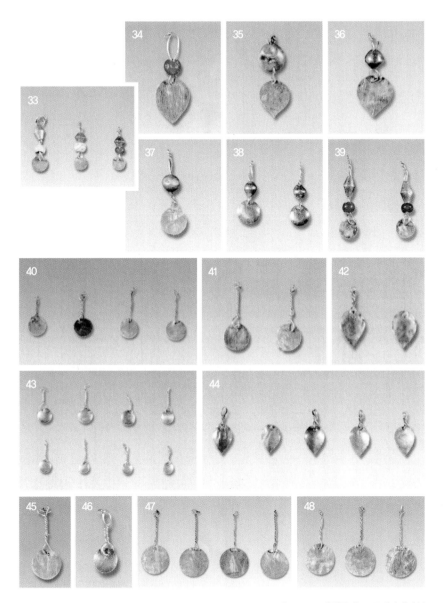

그림 33~48 태왕릉 출토 금제달개장식

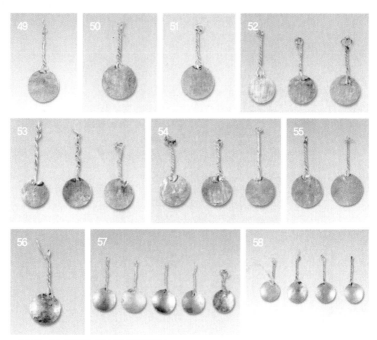

그림 49~58 태왕릉 출토 금제달개장식

금으로 만든 달개잎은 87점이 출토되었다. 줄기는 다수가 소실되었다. 금제달개잎은 원형과 나뭇잎양식의 2종류로 큰 것, 작은 것, 평평한 것, 구부러진 것의 차이가 있다(그림 40~58).

금동제관식은 주로 장식품인데 무덤의 도굴 구멍과 무덤 남쪽 떨어진 돌틈에서 대부분 출토되었다. 장식품들은 금관식과 의복장식, 幾案, 車馬 등에 사용된 것으로 종류가 매우 많다. 도굴당시 훼손으로 인해 대부분의 유물이 파괴되어 온전한 것은 적다. 가장 많은 것이 달개장식으로 468점이다. 금동으로 만든 기물들은 전체가 금동인 경우와 부분적으로 금동을 입힌 것으로

---

18 위와 같음.

구분된다. 달개장식물은 금관장식에 사용된 것으로 거푸집에서 만들었다.[18]

가장 주목을 끄는 것은 비교적 온전한 금동제절풍과 새깃양식관식이 출토된 것이다. 두 개의 금동제절풍은 크기가 서로 다르다. 주변장식이 훼손되거나 소실된 상태로 몸체 2개와 구성물들이 함께 출토되었다. 중국학자들은 이를 단순히 步搖冠으로 분류했으나 그것은 중국학자들이 고구려에서 상투머리를 덮는 절풍을 쓴다는 사실과 이것을 금이나 금동으로 만들었다는 사실을 소홀히했기 때문이다.[19]

금동제절풍의 양식은 서로 같다. 동편을 말아서 만든 것으로 중간이 비어 있는 원통으로, 양단의 크기가 서로 다를 뿐이다. 한점은 남쪽 제1급 계단석의 이음새 부분에서 출토되었고, 다른 것은 이곳에서 멀지 않은 돌틈 사이에서 출토되었다. 출토 당시 모두 눌려 있었고, 일부분은 파손되었다.[20]

금동관(그림 59, 60) 가운데 비교적 온전한 것은 표면에 횡열로 7개의 구멍이 쌍으로 배열되어 있는데, 좁아진 윗부분 끝에는 두 개의 구멍이 7번 있고, 아래 넓은 부분에는 두 개의 구멍이 8번 있어 모두 54조의 구멍이 있다. 구멍에는 꼬은 銅絲를 꿰어 길게 늘어뜨려 원형의 얇은 달개장식을 달았다. 관위에 꼬은 줄기가 20가지 남아있고, 달개장식이 6개이며 나머지는 손실되었다. 금동관의 높이는 14cm이다. 금동관 아래부분의 둘레는 23cm이고, 둘레에 고정할 수 있는 작은 못구멍이 3개 있다. 윗부분의 둘레는 13.5cm이며 변두리에 못구멍이 없다. 이음새는 0.5cm이고 8개의 이음못이 있다.

다른 금동관(그림에서 오른쪽)은 표면에 횡열로 7줄 배열된 두개의 구멍이

---

19 吉林省文物考古研究所·集安市博物館 編著, 앞의 책, 287~291쪽.

20 위와 같음.

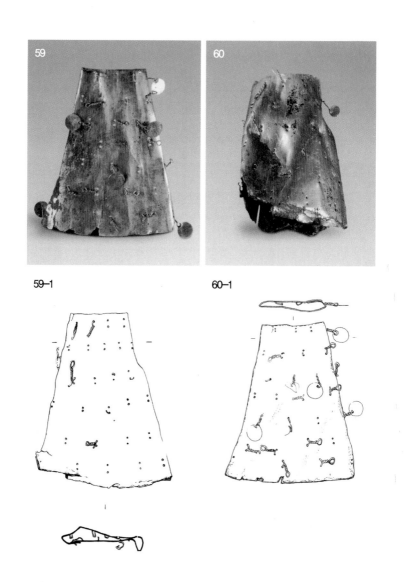

그림 59, 59-1, 60, 60-1 태왕릉 출토 금동제절풍과 모사도

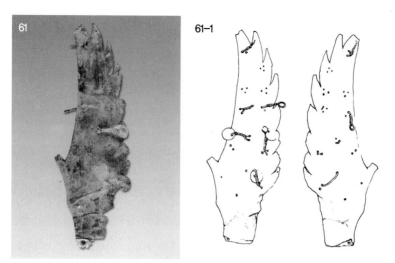

그림 61, 61-1 태왕릉 출토 새깃모양 금동제관식과 모사도

9조를 이루고 있다. 63편의 달개를 달았을 텐데 현존하는 줄기는 5단 뿐이며 달개장식은 모두 소실되었다. 금동절풍의 높이는 10.2cm인데, 아래부분의 둘레는 21.2cm, 윗부분의 둘레는 11.6cm, 이음새는 0.4cm로 이음새에는 이음못 6개를 사용했다. 그 외에 금동관의 양 옆에 세웠을 새날개 혹은 새깃장식(그림 61, 61-1)이 두 점 출토되었다. 훼손된 금동제관식(그림 62) 1점도 함께 출토되었다.

왕관의 중요 구성물이었을 관테둘레 조각이 4편(그림 63~68-1) 출토되었다. 이 가운데 3건은 온전한 상태이다. 이들은 모두 금동으로 만들었다. 관테둘레 앞면에 두 줄로 볼록한 원형의 양식이 배열되어 있다. 3개의 뚫린 구멍에는 달개장식을 매어 달았다.

그림 63의 관테둘레는 앞면에 14개의 원형 달개집이 2줄로 배열되어 있고, 사각 모서리에 있는 작은 구멍이 보이는데 이음새였을 것으로 생각된다. 나뭇

그림 62 태왕릉 출토 금동제관식

잎양식의 달개관식이 남아있다. 관테둘레의 길이는 37.4cm, 넓이는 3.5cm이고 볼록 나온 달개집의 직경은 1.2cm, 나뭇잎모양의 달개장식 직경은 2.3cm, 줄기의 길이는 1.4cm이다.[21]

그림 64 관테둘레는 16개의 원형 달개집이 두 줄로 배열되있고, 그 위에 3개의 구멍이 있어 동사를 꼬아 만든 줄기를 꿰었다. 3개의 줄기 끝에 나뭇잎모양의 달개관식이 달려있다. 관테둘레의 길이는 39.2cm, 넓이는 3.4cm, 두께는 0.08cm이며 볼록나온 달개집의 직경은 1.3cm이며 나뭇잎달개장식의 길이는 2.2cm, 줄기는 1.7cm이다.

그림 65 관테둘레는 부분적으로 손실되었다. 양식은 앞의 관테둘레와 같다. 13개의 볼록한 달개집을 두 줄로 배열하였다. 남은 길이는 33cm, 넓이는 3.6cm이고 나뭇잎모양의 달개관식이 5개 남아있다.

그림 66과 67 관테둘레의 남은 부분의 양식은 앞의 관테둘레와 같으나, 관테의 넓이가 넓으며, 모사도(그림 66-1)에서와 같이 남은 부분에 원형 달개가 4개 남아있다. 줄기도 모두 남아있다. 남은 길이는 15cm, 넓이는 4.8cm이다. 그림 67-1은 두개의 구멍이 3줄로 나열되어 있어 3줄의 달개를 달았을 것이다.

앞의 그림 61, 61-1의 새날개 혹은 새깃양식의 꽂음장식 1쌍은 동편으로 만든 후 금을 입힌 것이다. 윗부분에 7조로 거리를 두고 3개 구멍이 있고 동

---

21 위와 같음.

그림 63, 64, 65 태왕릉 출토 금동제관테둘레

시에 양면을 향해 뻗은 줄기에 양면으로 달개장식이 달렸다. 아래 부분에는 7
조로 두 개의 구멍이 연속되어있고 날개(깃)의 뾰족한 부분은 각기 하나의 구
멍이 있다. 현재 양면에 줄기 3조, 단면에 줄기 1조, 달개장식 2개가 남아있
다. 날개(깃)의 밑부분은 일부 손실되었는데 여전히 큰 못 구멍이 존재하여 다
른 부분과 연결했던 것으로 생각된다. 날개(깃)의 남은 길이는 12.4cm이고, 넓
이는 4.4cm, 두께는 0.05cm이다. 줄기는 두 줄로 꼬아서 만든 것으로 길이는
1.2cm이다. 달개장식은 원형으로 평평하며 직경은 0.8cm이다.[22]

　그 외에 금관의 어느 부분을 장식했는지 가름하기 어려운 금동제관식조
각들이 여럿 출토되었다. 그림 66의 관테둘레는 일부가 소실되었는데, 양쪽
변두리 모퉁이에 4조로 8개의 쌍구멍이 있었을 것으로 추정된다. 현재 6개
만 남았다. 정면 3배열에도 23조의 달개줄기를 달았을 쌍구멍이 있는데 엇갈

22　위와 같음.

66–1

67–1

68–1

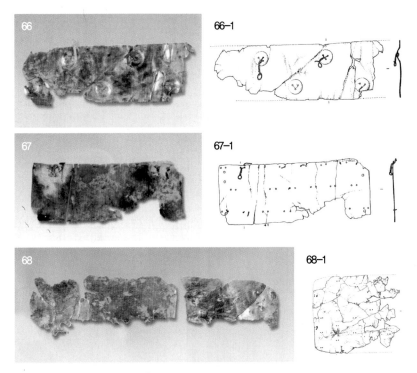

그림 66, 66–1, 67, 67–1 태왕릉 출토 금동제관테둘레와 모사도
그림 68, 68–1 태왕릉 출토 금동제관테둘레의 부분과 모사도

리게 배열되어 있다. 줄기가 아
직 존재하는 것도 있다. 길이는
15.4cm, 넓이는 6cm, 두께는
0.1cm이다. 달개장식의 구멍은
0.1cm이고 매 組 사이의 거리
는 1.5cm이며 배열 사이의 거
리는 2.3cm이다.[23]

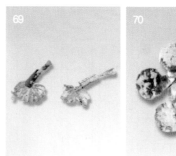

그림 69, 70 태왕릉 출토 금동제관식

그림 67은 장방형 片狀이다. 부분적으로 소실되었으나 서로 연결해 볼 수
있는데 남은 것을 복원해보면 줄기를 달았던 쌍구멍이 횡렬 6줄로 배열되어
있다. 윗부분 가장자리에는 별도로 4조의 구멍이 있고 그 중 1조 구멍에는 銅
絲가 남아있다. 남은 길이는 18cm, 넓이는 16cm, 두께는 0.05cm이다.

그림 68은 같은 장식의 양쪽 잔여부분이다. 윗부분은 대부분 소실되었다.
가장자리에 점열문이 있고 꽃모양으로 투각된 문양이 남아있다. 횡렬로 달개
를 달았을 구멍이 두 개있고 왼쪽으로 한 개의 큰 구멍이 있다. 다른 기물 위
에 연결한 못구멍으로 사용되었을 것이다. 남은 부분의 넓이는 4cm, 길이는
23cm, 두께는 0.04cm이다.

우산모양의 달개장식(그림 69)이 29점이다. 다수는 소실되었다. 꽃잎이 달
린 달개장식(그림 70)도 있다. 크고 작은 원형의 날엽한 달개장식(그림 71~80)
들이 146점으로 많은 양 출토되었다.

3개의 달개가 달린 장식(그림 81, 82)과 1개의 달개가 달린 장식으로 온전한
것(그림 83)이 있는데 달개집의 직경은 1.5cm이고 원형 달개의 직경은 1.3cm이

---

23 위와 같음.

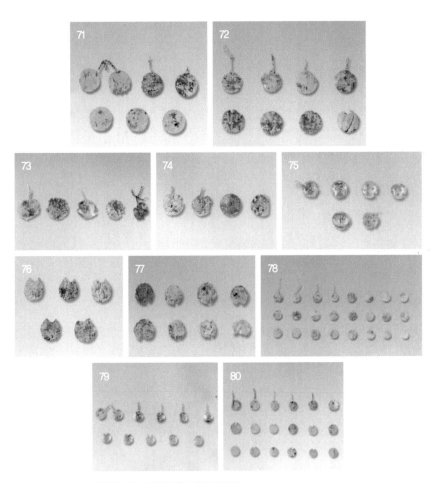

그림 71~80 태왕릉 출토 금동제관식

다. 다양한 크기의 나뭇잎양식 달개들이 많은 양 출토되었다(그림 84~90).

그림 91은 비슷한 크기의 금동제관테둘레로 볼록한 달개집이 없이 모사도(그림 91-2)에서 처럼 아래위 가장자리에 일정한 간격으로 구멍만 남아있다. 이 양식은 3점 출토되었는데 2점이 비교적 온전하다.

그 외에 다양한 양식의 금동관식 조각들이 출토되었다. 긴 띠모양 관식조각(그림 91-1)이 9점, 둥글게 말아서 만든 것이 3점(그림 92)이다. 이것은 직경이 3.2cm, 높이는 6.5cm, 두께는 0.1cm이다. 팔찌모양의 장식(그림 93)은 직경이 23.5cm로 9개의 구멍이 불규칙한 간격으로 있다. 구멍 1개에는 못이 남아있다. 넓이는 1.1cm, 직경은 3.5cm이다. 원형으로 가운데 구멍이 있는 장식(그림 94)의 직경은 1.2cm, 구멍의 직경은 0.5cm이다.[24]

특이한 것으로 길고 넓은 띠모양장식(그림 95)의 일부가 출토되었다. 조각편 위에 1.1cm 폭의 ⌒한 네모문양을 3줄로 나타냈다. 또한 긴 띠모양이지만 폭이 2.1~3cm로 끝으로 가면서 폭이 넓어지고 끝부분에는 2개의 돌출된 타원형의 양식이 있는 장식(그림 96)이다. 이들과 함께 꽃모양관식 2개(그림 97, 98)와 둥근 타원형 구슬양식의 관식(그림 99)이 출토되었다.

그 외에 발굴자들이 왕관장식으로 분류한[25] 관식의 잔편이 20여 점 출토되었다. 대부분 투조하여 아름다운 문양을 나타낸 것(그림 100~111)이다. 투조한 관식들은 대부분 문양 가장자리를 선을 긋거나 점열문을 새겨 보다 견고하게 하였다. 특히 그림 112는 불꽃문양을 연속하여 나타낸 것으로 11장에서 서술하게 될 장수왕의 '博강서군금관'의 양식과 왕권의 상징의미가 같다.

---

24 吉林省文物考古研究所·集安市博物館 編著, 앞의 책, 289~295쪽.
25 吉林省文物考古研究所·集安市博物館 編著, 앞의 책, 295쪽.

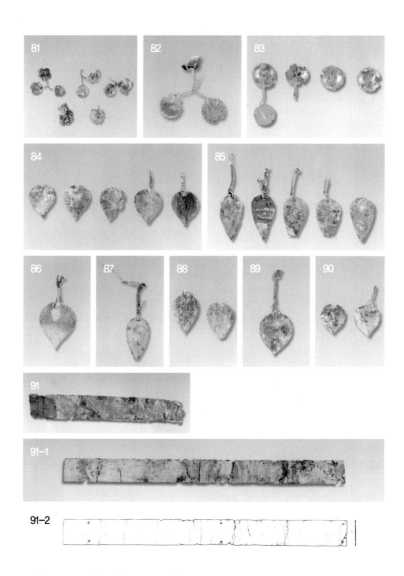

그림 81~91-2 태왕릉 출토 금동제관식과 모사도

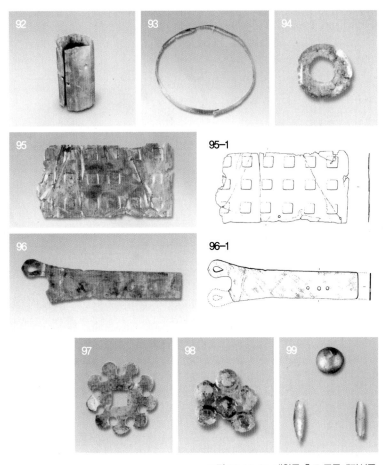

그림 92, 93, 94 태왕릉 출토 금동제장식품
그림 95~99 태왕릉 출토 금동제관식과 모사도

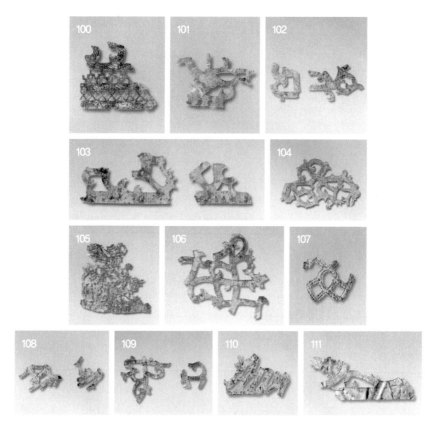

그림 100~111 태왕릉 출토 금동제관식

이를 다음 장에서 상세히 분석하기로 한다. 이외에도 발굴자들이 관식으로 분류했으나 훼손이 심하여 양식을 알 수 없는 장식(그림 113~116)들이 여럿 있다.[26]

이상에 서술한 관식들을 살펴보면 앞부분에 서술한 새깃을 꽂은 절풍양식의 금동관과 뒷부분에 서술한 투조장식의 관식은 서로 다른 양식의 조형미를 보인다. 투조 관식은 도굴된 잔여물이지만 상당히 많은 양으로 보아 앞에 서술한 절풍양식 왕관 이외에 투조한 관식으로 만든 왕관이 하나 더 있었을 가능성이 있다. 그것은 투조하여 만든 화려한 문양의 허리띠장식이 출토되어 더욱 그러하다. 발굴자들은 그림 117을 帶飾으로 분류하였다. 그러므로 투조양식의 허리띠와 왕관이 한 벌로 조화를 이루어 조형미를 이루었던 것이다. 다시 말해 또 다른 왕관은 남아있는 잔여 관식으로 보아 절풍양식 투조금동관이었을 가능성이 크다. 이 허리띠장식과 함께 금동제허리띠부속들(그림 118~127)이 여럿 출토되었다.

마차에 올려져 천막을 씌웠던 투조양식으로 만든 화려한 양식의 案飾과 幔架(그림 128~134)가 마구장식(그림 134~138)과 금동제등자(그림 139~141)들과 함께 출토되었다.

광개토대왕 무덤에서 출토된 기물은 대다수가 금동이며 금동을 처리하지 않은 것은 靑銅灶와 3개의 청동방울과 도굴 구멍에서 출토된 2점의 동전 등이다. 銅灶는 무덤 남쪽에서 다시 동쪽으로 2번째 호분석 아래에서 출토되었는데, 출토시 8덩어리로 훼손이 심한 상태였으나 복원되었다(그림 142, 142-1). 灶는 속이 비어있고 장방체이며, 벽의 두께는 0.5cm 남짓된다. 銅灶의 길이

---

26 吉林省文物考古硏究所·集安市博物館 編著, 앞의 책, 286~303쪽.

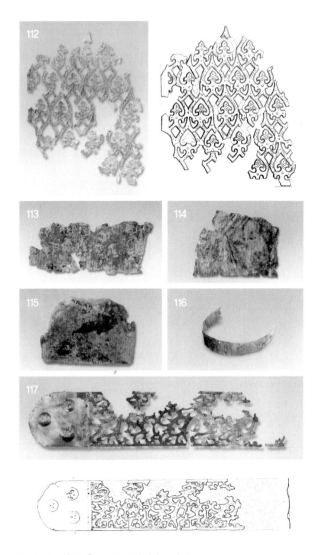

그림 112 태왕릉 출토 금동제관식과 모사도
그림 113~116 태왕릉 출토 금동제관식
그림 117 태왕릉 출토 금동제허리띠장식과 모사도

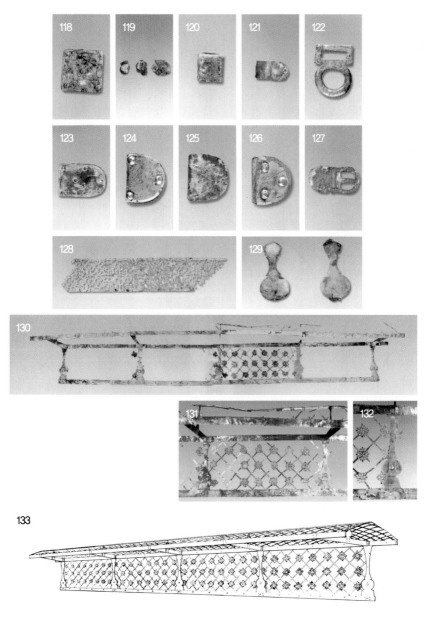

그림 118~127 태왕릉 출토 금동제대식
그림 128~133 태왕릉 출토 금동제案飾, 幔架와 모사도

그림 134∼138 태왕릉 출토 금동제마구장식
그림 139∼141 태왕릉 출토 금동제등자

는 86cm, 넓이는 49.5cm, 높이는 31.8cm이다. 정면에는 길이 32.5cm, 높이 17cm의 장방형 炷門이 있다. 옆면에는 불꽃문양을 장식했다. 꼭대기에는 원형의 큰 구멍이 있는데 직경은 34.2cm이다. 측면에 타원형의 연기구멍이 있는데 가로 넓이는 10.8cm, 높이는 8.5cm이다.[27]

이외에 두 가지 모양의 청동방울 2점이 출토되었다(그림 143, 144). 방울의 몸체는 윗부분이 좁고 아래가 넓은 종모양이다. 꼭대기는 타원형이고 중간에 구멍이 하나있으며, 옆에는 1개의 꼭지가 있고, 꼭지 위에는 둥근 구멍이

---

27 吉林省文物考古硏究所 · 集安市博物館 編著, 앞의 책, 270~272쪽.

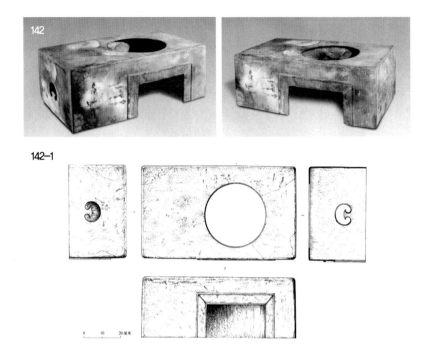

142

142-1

그림 142, 142-1 태왕릉 출토 銅灶와 구성부분 모사도

있어 뗄 수 있게 되어 있다. 꼭지의 높이는 0.7cm, 구멍은 0.2cm, 방울의 넓이는 2.4~3cm, 높이는 5cm이다. 그림 144는 방울 입구가 타원형으로 꼭대기 중간에 1개의 꼭지가 있고 옆으로 둥근 구멍이 있다. 방울 입구의 길이는 2.9cm, 두께는 0.2cm, 높이는 5.2cm이다. 그 외에도 청동으로 만든 단추모양 못과 금동제굴대가 출토되었다(그림 145, 146). 철기는 다양한 양식의 갑편과 鐵斧, 鐵鑿(끌), 鐵劍 등이 다량 출토되었다.[28]

지금까지 광대토대왕 무덤에서 출토된 관식과 동반된 출토유물들을 고찰

그림 143, 144 태왕릉 출토 청동방울

하였다. 현재까지의 출토물로 보아 광개토대왕의 왕관은 3종류가 있었을 것으로 추정된다.

첫째는 금으로 만든 둥글거나 나뭇잎양식의 달개장식이 금사와 함께 많은 양 출토된 것으로 보아 금관이 존재했을 가능성이 충분하다. 모양은 추정할 수 없지만 금으로 만든 달개장식이 많은 양 출토된 것으로 보면 금제달개관식이 많이 달린 금관이었을 것이다.

둘째는 2개의 금동절풍과 많은 양의 금동제달개식과 새깃모양 관식 및 관테둘레가 여럿 출토된 점이다. 이것으로 보아 금동절풍에 관테를 두르고 새깃모양 관식을 장식하고 많은 달개장식을 단 절풍양식 금동관이 두 개 존재했었다고 하겠다. 이 두 개의 금동관은 크기가 서로 달라 왕과 왕비가 사용했던 것으로 생각된다. 앞의 그림 5와 그림 5-1, 5-2의 태왕릉 석곽복원도에서 알 수 있듯이 태왕릉은 다른 왕릉과 마찬가지로 합장 무덤이다. 석곽안에 두 개의 시상대가 남북으로 병렬되어 놓여져 있어 크기가 다른 두 개의 금동관은 광개토대왕과 왕비가 사용했던 것임이 보다 확실해진다.

신라의 경우 양산부부총에서 서로 다른 크기의 금동제절풍과 새날개양식의 관식이 출토된바 있고, 백제는 무령왕릉에서 출토된 왕과 왕비의 금제관식

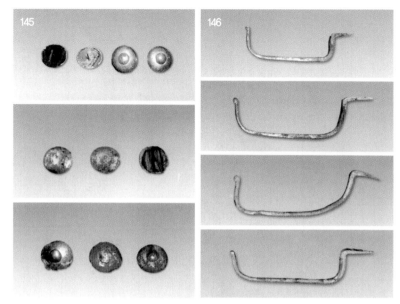

그림 145, 146 태왕릉 출토 청동못과 금동제굴대

이 양식과 크기에서 서로 차이를 가졌다.

셋째는 광개토대왕 무덤에서 출토된 관식 가운데 필자가 존재 가능성을 제기한 투조양식의 왕관이다. 이 불꽃문양을 연이어 투조한 왕관은 구성물들이 모두 조각으로 이루어져 그 본디 모습을 가름할 수 없는 상태로 과제로 남는다. 그러나 투조한 불꽃문양으로 이루어진 왕관은 화려한 문양으로 이루어진 금동허리띠와 함께 한 벌로 사용되었을 것이다.

그림 147과 그림 148은 필자가 절풍양식 왕관에 함께 출토된 새깃장식과 관테둘레 및 관식들을 함께 모아본 것이다. 즉 그림 147은 금동제 왕관과 금동제관식들이다. 그림 148은 금관과 관테둘레는 도굴되었지만 금제관식들이 많이 출토된 점에서 절풍양식의 금관이었을 것으로 추정하여 금제관식들을 함께 모았다. 이들을 잘 조합하면 광개토대왕과 왕비가 썼던 금동관과 금관

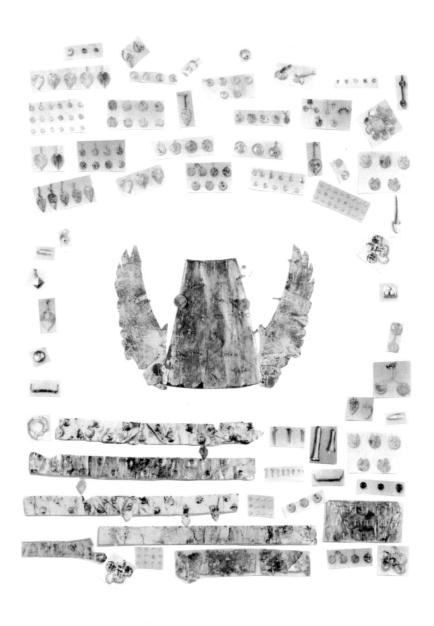

그림 147 태왕릉 출토 절풍양식 금동관과 관테둘레 및 관식 모음

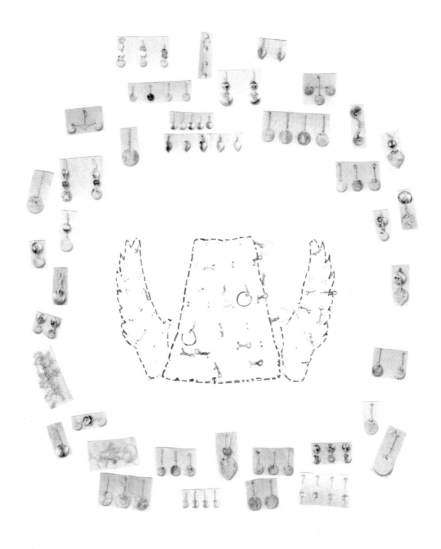

그림 148 태왕릉 출토 금제관식 모음

이 복원 될 수 있을 것이다. 또한 발굴자들이 관식으로 분류한 투조양식의 관식잔여물을 관테둘레로 추정되는 관식과 한 곳에 조합하면 또 다른 투조양식의 금동관도 드러나게 될 것이다.

그리고 주목할 것은 광개토대왕릉 출토 금동절풍이 신라의 천마총 출토 금절풍, 금관총 출토 금절풍, 식리총과 부부총 출토 절풍들과 그 크기가 비슷한 점이다. 또한 백제의 익산 입점리 출토 금동절풍, 나주 신촌리 출토 금동관의 속관, 공주 수촌리 출토 금동관의 속관, 창녕에서 출토된 가야 금동관의 속관 등의 크기와도 거의 같아[29] 한반도와 만주지역이 같은 절풍양식과 크기의 관모를 사용했던 동일한 복식문화권이었음을 알 수 있다.

앞의 8장에서는 소수림왕의 무덤으로 추정되는 마선 2100호 무덤 출토 금관에서 건국신화의 내용을 왕관의 상징물로 표현하기 시작했음을 서술했다. 건국신화는 왕권의 신성한 성립과정을 서술하며 왕의 통치권력을 강화하고 국가의 기틀을 다지는 역활을 한다. 왕관도 국가의 정체성과 왕권의 신성성을 강화하는 정치적 기능을 가지고 있어 신화의 의미와 다르지 않다. 그러므로 소수림왕시기의 왕관양식은 건국 시조왕의 신성한 권위를 형상화하는 목적을 내포하며 출현했을 것으로 생각된다.

이와 달리 광개토대왕의 왕관은 시조왕의 탄생신화를 상징물로 표현한 것이 아니라 고조선시기부터 한반도와 만주지역에서 일반적으로 계층의 구분없이 널리 써왔던 절풍양식을 고스란히 양식의 주체로 삼았다. 그러면 고구려 왕관의 이러한 양식의 차이와 변화는 무엇을 의미하는지 구체적인 논의가 필요하다.

---

29 박선희, 『우리 금관의 역사를 밝힌다』, 지식산업사, 2008 참조.

2. 광개토대왕 왕관양식과 천하질서

왕관은 그것이 만들어진 시기 왕권의 성격과 정치적 기능을 반영하는 실질적인 구조물이다. 따라서 소수림왕과 광개토대왕시기의 왕관양식이 달리 나타나는 요인은 당시 고구려 사람들이 추구했던 대내외적인 정치와 사회의 변화양상과 맞물려 왕의 통치력이 추구했던 목적의 차이에서 찾아질 수 있을 것이다. 왕관은 국가정체성과 왕의 신성한 권위를 상징하기도 하지만 왕권을 구체적으로 발휘할 수 있도록 하여 통치력을 강화하고자 하는 의미의 구실도 하기 때문이다.

『삼국사기』「고구려본기」를 보면 고구려는 건국한 뒤부터 멸망할 때까지 주변의 국가들과 계속해서 전쟁을 하였다. 따라서 줄곧 진행되었던 대외전쟁의 성격을 파악하는 것은 고구려 사람들이 대내외적으로 추구했던 궁극적인 목표를 살펴볼 수 있는 길이 될 것이다. 아울러 왕관에 반영된 통치권력이 추구했던 목적의 상징적인 의미도 올바르게 해석될 수 있을 것이다. 이러한 고구려의 대내외적인 정치적 발전 상황은 앞으로 펼쳐질 남진정책의 기반이 되었을 것이다.

앞장에서 서술했듯이 소수림왕시기는 영토 확장에 따른 중앙집권적 국가제도를 정비하여 왕권을 줄기차게 강화시켜나가며 남진정책의 기반을 마련하는 시기였다. 왕권의 기반을 더욱 공고히 해나가면서 그 구체적인 상징물로 관 전체를 금으로 만든 금관을 만들기 시작했다. 또한 고구려 중심의 국가지배체제의 정비와 함께 국가의 정체성과 왕권의 신성성을 강화하는 정치적 기능을 마련하고자 시조왕의 탄생신화를 상징적으로 형상화하며 왕의 통치권력 강화를 위해 국가의 기틀을 다지는 의미에 큰 비중을 두었다.

반면에 광개토대왕시기에 만들어진 금관은 시조신화를 상징하는 것이 아니라 고조선시기부터 한반도와 만주지역에서 일반적으로 계층의 구분 없이 널리 써왔던 절풍양식을 고스란히 왕관양식으로 삼았다. 이를 실제 출토된 광개토대왕의 왕관을 통해 확인해 보자.

광개토대왕릉에서 출토된 절풍양식의 왕관들은 그 크기로 보아 상투만을 덮을 수 있는 것으로 앞에서 서술했던 천마총과 금령총에서 출토된 윗부분이 둥글거나 각이 진 절풍과 거의 같은 종류와 크기의 것[30]들이다. 이 같은 내용에서 광개토대왕릉에서 출토된 절풍양식 왕관은 실제로 사용했다는 사실이 확인된다. 이 절풍과 함께 출토된 새깃장식[31]은 윗부분에 3개의 구멍이 여러 부분에 뚫려있고 양면으로 달개가지를 만들어 둥근 나뭇잎모양의 달개장식을 달았다. 아래부분에는 1개의 구멍이 몇 군데 뚫려있고 가장 아래 부분에는 한 구석에 큰 구멍이 하나씩 뚫려있어 다른 부분과 연결했던 것으로 보인다.

또한 왕관 테두리로 쓰였을 것으로 생각되는 금동으로 만든 긴 조각편이 4점이 출토되었다. 이들 관테둘레와 함께 원형 혹은 꽃모양, 나뭇잎양식 등의 다양한 모양의 달개장식과 금실 등이 많은 양 출토되었다. 달개장식은 크기가 다른 원형과 나뭇잎양식, 마노구슬을 꿴 것, 원형의 달개 3개를 금실에 꿴 것

---

30 『天馬塚 發掘調査 發掘報告書』「白樺樹皮制 冠帽-三角形冠帽」, 文化財管理局, 1974 ;『1924年度古蹟調査報告書』第一册,「前編 金鈴塚-白樺樹皮制冠帽」, 1932, 73~77쪽. 천마총에서 출토된 윗부분이 둥근 절풍양식의 관모는 높이가 17cm, 하단 폭이 20cm이고, 윗부분이 각진 관모는 높이가 14.5cm이고 상단 폭이 9cm, 하단 폭이 17.5cm이며, 관테둘레 목이 3cm이다. 금령총에서 출토된 자작나무껍질로 만든 절풍 가운데 윗부분이 둥근 관모의 높이는 20cm 정도이고, 하단 폭은 21.1cm 정도이며, 윗부분이 각이 진 모자의 높이는 12.1cm이고, 하단 폭은 18.2cm이다.

31 주 19와 같음.

등 다양하다. 금동으로 만든 것은 대부분 장식품 위주의 달개장식이다. 새깃 모양 관식이 꽂아졌을 관테둘레에는 3줄로 달개장식을 달거나 2줄로 볼록 문양을 만들어 달개장식을 달기도 했다. 이 밖에도 관모의 일부분 혹은 관장식으로 쓰였을 많은 금제장식과 금동으로 만든 조각들이 출토되었다. 그러므로 금동절풍에 관테둘레를 두르고 양옆에 새깃을 세우고 그 위에 여러 관식들을 잘 조합하면 광개토대왕이 썼던 왕관을 훌륭하게 복원할 수 있을 것이다.

고구려에서는 이 시기 왜 금관양식으로 소수림왕시기와 달리 고조선과 이후 여러 나라들이 공통적으로 썼던 절풍양식을 택하게 되었을까? 고구려는 광개토대왕시기에 동서남북 주변에 있는 여러 나라들을 아우르고 고구려 중심의 천하질서를 확립해 나갔다. 따라서 고구려가 정치적 기능을 발휘하는 왕관으로 절풍양식을 선택하게 된 까닭이 대외전쟁의 성격과 연관되어졌을 것으로 판단된다.

『삼국사기』 「고구려본기」에는 고구려의 대외전쟁과 관련한 기록이 큰 비중을 차지하고 있어 이를 통해 대외정책의 성격을 살펴볼 수 있다. 건국 초부터 광개토대왕까지 전쟁의 성격은 다음의 내용으로 정리된다. 초기 추모왕때부터 민중왕때까지는 주변의 작은 나라를 병합해 기반을 다져나가는 시기로 전쟁 성격은 영토 확장에 있었다. 그러나 어느 정도 영토가 확보되고 국력이 충실해지자 이를 기반으로 모본왕 때부터 미천왕 때까지는 지금의 요서지역으로 적극 진출하였다. 이후 고국원왕시기부터는 전쟁의 방향을 남쪽으로 돌려 백제와 신라를 침공하기 시작해 계속 충돌하면서 중국에 있던 나라들과는 되도록 충돌을 피하고 자주 사신을 파견하여 화친관계를 유지하려고 크게 노

32 『三國史記』 卷18 「高句麗本紀」 故國原王條 참조.

력했다.[32]

고구려는 중국의 서한과 동한이라는 통일제국이 있던 시기에 지금의 요 서지역으로 진출했다. 그러나 3세기 말 무렵 西晉에서는 외척이 정권을 장악 하여 8왕의 난이 일어나는 등 몹시 혼란하였다. 이러한 기회를 틈타 중국 북 쪽에 위치한 이민족들이 북부지역으로 진출하여 304년 무렵에는 흉노와 선 비, 강, 저 등의 이민족들이 세운 16개의 정권들이 계속 교체되는 혼란한 시기 였다. 이처럼 고구려는 중국이 여러 나라로 분열되어 흥망이 거듭되는 혼란한 시기에는 오히려 남쪽으로 전쟁의 방향을 돌려 백제와 신라를 공격했던 것이 다. 물론 중국의 정세가 혼란스러운 틈을 타서 고구려는 안정적으로 남하정책 을 펴나가기 시작했다고도 볼 수 있다. 그러나 상식적으로 생각해볼 때 고구 려의 전쟁 목적이 영토 확장에만 있었다면, 고구려는 중국이 분열되어 혼란하 던 시기에 차라리 서쪽으로 계속 진출해 나가는 것이 그 어느 시기보다 영토 확장에서 수월했을 것이다. 이러한 일반적인 판단과 달리 고구려는 전쟁 방향 을 남쪽으로 돌렸던 것이다. 이것은 고구려가 지금의 요서지역으로 향했던 전 쟁이 영토 확장만을 목적한 것이 아님을 의미하며 그 목표가 일단 이루어졌기 때문에 다시 전쟁의 방향을 남쪽으로 옮겼을 것으로[33] 해석할 수밖에 없다.

이러한 남하정책이 있기 이전 미천왕은 요서지역에 있던 중국의 군현을 모두 축출하여 난하유역에 이르기까지 영토를 확장해 나갔다. 이 지역은 고 조선의 영역이었는데 고조선 말기에 위만조선에게 빼앗겼고 다시 그 영역에 서한 무제시기에 한사군이 설치되었던 곳이다.[34] 고구려는 바로 이 지역을 확

---

33 윤내현, 『한국열국사연구』, 지식산업사, 1998, 315~326쪽 참조.
34 위와 같음 ; 윤내현, 『고조선연구』, -志社, 1994, 358~425쪽 참조.

보한 이후 전쟁방향을 남쪽으로 향했다. 이러한 상황은 고구려가 요서지역을 정복하고자 했던 목적은 한사군 등의 설치로 빼앗겼던 고조선의 영토를 되찾고자 했던 것으로 해석된다. 아울러 고구려의 남하정책도 마찬가지로 고조선의 영역이었던 한반도 남부지역을[35] 병합하기 위한 목적으로 진행되었다고 생각된다.

따라서 고구려는 앞의 7장에서 서술했듯이 지금의 난하유역에서 후연과 충돌하면서도 남진정책을 중단하지 않았다. 고국양왕 3년에 고구려는 백제를 공격하였다.[36] 이에 맞서 백제가 389년과 그 다음 해에 고구려를 침공하여 도압성을 격파하고 주민 2백여 명을 사로잡아갔다.[37] 또한 392년 고구려는 사신을 신라에 보내 수호관계를 맺었는데, 신라의 내물마립간이 그의 조카 實聖을 고구려에 볼모로 보내게 되면서[38] 신라는 완전히 고구려의 통제 아래 있게 되었다.

이러한 정세 속에서 광개토대왕은 392년 고국양왕을 이어 즉위하였다. 광개토대왕은 즉위 원년 7월에 백제를 공격하여 10개 성을 빼앗았다. 그리고 그 해 9월에는 북쪽의 거란을 쳐서 5백여 명을 사로잡았으며, 이전에 거란이 잡아간 고구려인 1만여 명을 이끌고 돌아왔다.[39] 한달 후인 10월에는 백제의 關彌城을 침략하여 함락시켰다.

---

35 윤내현·박선희·하문식, 『고조선의 강역을 밝힌다』, 지식산업사, 2006; 박선희, 『고조선 복식 문화의 발견』, 지식산업사, 2011 참조.

36 『三國史記』卷18 「高句麗本紀」 故國壤王條. "三年, …… 秋八月, 王發兵南伐百濟."

37 『三國史記』卷18 「高句麗本紀」 故國壤王條. "六年, …… 秋九月, 百濟來侵掠南鄙部落而歸." "七年, 秋九月, 百濟遣達率眞嘉謨, 攻破都押城, 虜二百人以歸."

38 『三國史記』卷18 「高句麗本紀」 故國壤王條. "九年, 春, 遣使新羅修好, 新羅王遣姪實聖爲質."

39 『三國史記』卷18 「高句麗本紀」 廣開土王 元年條. "秋七月, 南伐百濟, 拔十城. 九月, 北伐契丹, 虜男女五百口, 又招諭本國陷沒民口一萬而歸. 冬十月, 攻陷百濟關彌城."

고구려는 393년과 394년 백제가 남쪽 변경을 침략하자 이를 막아내고 7개의 성을 쌓아 백제 침략에 방비하였다.[40] 다음 해에 광개토대왕은 직접 浿水(지금의 예성강)에서 백제와 싸워 크게 이기고 8천여 명을 사로 잡았다.[41] 396년에는 백제를 침공하여 58개의 성과 700개의 마을을 빼앗고 백제왕의 동생과 대신 10명을 볼모로 데리고 갔다. 이때 백제의 阿莘王은 앞으로 고구려의 臣下가 될 것을 맹세하였다.[42] 398년에는 숙신을 정벌하여 남녀 3백여 명을 사로잡았으며 고구려에 조공을 바치도록 하였다.[43] 400년에는 고구려의 신하나라가 되어 있는 신라에 쳐들어온 왜구와 任那加羅를 정벌하였다.[44] 같은해에 고구려는 後燕에 사신을 보냈다. 그러자 후연은 고구려왕이 거만하다는 이유로 고구려에 쳐들어와 남소와 신성 두 군을 빼앗았다.[45] 그러자 다음해 고구려가 후연의 숙군성을 공격하자 평주자사가 성을 버리고 도망하였으며,[46] 그 다음 해에도 고구려는 후연을 공격하였다.[47] 광개토대왕 17년에는 후연에 사신을 보내 후연왕 모용운에게 종족의 예로 대하여 화친을 맺었다.[48]

---

40 『三國史記』卷18「高句麗本紀」廣開土王條. "二年, 秋八月, 百濟侵南邊, 命將拒之." "三年, 秋七月, 百濟來侵, 王率精騎五千, 逆擊敗之, 餘寇夜走. 八月, 築國南七城, 以備百濟之寇."

41 『三國史記』卷18「高句麗本紀」廣開土王條. "四年, 秋八月, 王與百濟戰於浿水之上, 大敗之, 虜獲八千餘級."

42 『廣開土王陵碑文』永樂 6年條 참조.

43 『廣開土王陵碑文』永樂 8年條 참조.

44 『廣開土王陵碑文』永樂 10年條 참조.

45 『三國史記』卷18「高句麗本紀」廣開土王條. "九年, 春正月, 王遣使入燕朝貢. 二月, 燕王盛以我王禮慢, 自將兵三萬襲之, 以驃騎大將軍慕容熙爲前鋒, 拔新城·南蘇二城, 拓地七百餘里, 徙五千餘戶而還."

46 『三國史記』卷18「高句麗本紀」廣開土王條. "十一年, 王遣兵攻宿軍, 燕平州刺史慕容歸, 棄城走."

47 『三國史記』卷18「高句麗本紀」廣開土王條. "十三年, 冬十一月, 出師侵燕."

48 『三國史記』卷18「高句麗本紀」廣開土王條. "十七年, 春三月, 遣使北燕, 且敍宗族, 北燕王雲, 遣侍御史李拔, 報之."

410년에는 동부여가 조공을 바치지 않으므로 이를 정벌하여 64개 성과 1천 4백여 개의 마을을 함락시켰다.[49]

이처럼 광개토대왕시기 고구려는 동서남북으로 주변에 있는 대부분의 나라들을 복속시키고 고구려 중심의 천하질서를 확립하였다. 이 시기 대외정벌의 상황은 북쪽으로는 부여와 숙신, 서쪽으로는 요서지역 밖의 비려, 남쪽으로는 백제와 가야 및 왜구 등과 신하나라의 관계를 맺었다. 또한 신라는 이전부터 신하나라였다. 따라서 광개토대왕시기 고구려는 한반도와 만주 전 지역과 일본 지역까지를 형식적이나마 통치권 안에 넣었다고 할 수 있다. 이러한 사실은 『광개토왕릉비문』에 보이는 주변에 대한 정복기록에서 잘 나타내고 있다.[50] 고구려는 정복한 주변나라들을 신하나라로서 조공을 바치도록 하여 고조선의 강역인 한반도와 만주를 전 지역으로 하는 천하질서를[51] 확립했다고 할 수 있다. 즉 고구려가 건국 초기부터 추구해 왔던 정치이념인 다물이념, 즉 고조선의 천하질서를 회복한다는 국가시책이 광개토대왕시기에 명분상으로 일단 완성되었다고 해석된다.

고구려가 고조선의 천하질서를 재건하고자 했던 것은 자신들이 고조선을 계승했다고 생각했기 때문이며, 이러한 고구려 사람들의 의식은 장수왕 414년에 만들어진 『광개토왕릉비문』에서 확인된다. 이 비문에는, "동부여는 옛날에 추모왕의 속민이었다"했고, 또한 "백제와 신라는 옛날에 속민이었다"했

---

49 『廣開土王陵碑文』永樂 20年條 참조.

50 『牟頭婁墓誌』・『廣開土王陵碑文』・『三國史記』「高句麗本紀」 참조.

51 박선희, 『한국고대복식-그 원형과 정체』, 지식산업사, 2002 ; 윤내현・박선희・하문식, 『고조선의 강역을 밝힌다』, 지식산업사, 2006 ; 박선희, 『우리 금관의 역사를 밝힌다』, 지식산업사, 2008 ; 박선희, 『고조선 복식문화의 발견』, 지식산업사, 2011.

다.[52] 그러나 실제로 광개토대왕 이전에 동부여와 백제 및 신라는 고구려의 지배를 받으며 속민이었던 사실이 없다. 그러므로 비문의 내용은 고조선시기의 상황을 표현한 것으로 해석해야 할 것이다.

고조선은 한반도와 만주 대부분 지역을 영역으로 했기 때문에[53] 이 지역에 거주한 주민들은 고조선의 속민이었다. 따라서 고구려 사람들은 자신들이 고조선을 계승한 나라로서 동부여와 백제 및 신라, 가야의 거주민들은 마땅히 단군의 후손인 추모왕이 세운 고구려왕의 속민이라고 생각했던 것이다. 그러므로 고구려가 평양으로 수도를 천도하고 남쪽으로 전쟁의 방향을 전환한 것은 한반도 남부해안지역까지 옛 고조선의 영토를 병합하여 새로운 통치 질서를 재건하고자 했던 것으로 생각된다.

광개토대왕의 금관과 같은 양식의 고구려 절풍양식 금동관으로는 제 1장에서 서술한 4세기 말에서 5세기 초에 만들어진 것으로 추정되는 평양시 력포구역 룡산리 7호 무덤에서 출토된 금동관과 평양시 력포구역 룡산 무진리 16호 무덤에서 출토된 절풍양식의 금동관이 있다.[54] 또한 4~5세기 무렵에 만들어진 것으로 추정되는 평양 부근에서 출토된 금동판에 초화문을 투조하여 만든 금동관 등이 있다. 이들 금동관들이 대부분 같은 시기에 만들어졌고 모두 절풍양식을 공통의 요소로 하고 있는 점은 광개토대왕시기에 절풍양식의 왕관이 만들어졌던 까닭과 상통할 것으로 생각된다.

이상의 내용에서 광개토대왕시기 왕관양식으로 고조선과 그에 속한 여러 나라들이 공통적으로 썼던 새깃을 꽂은 절풍양식을 택하게 된 이유는 고구

---

52 『廣開土王陵碑文』. "百殘·新羅舊是屬民, 由來朝貢."; "東夫餘舊是鄒牟王屬民, 中叛不貢."

53 주 51과 같음.

54 조선유적유물도감편찬위원회, 『조선유적유물도감』-고구려편, 민족문화, 1993, 161쪽·267쪽.

려의 대내외적인 상황으로부터 설명될 수 있을 것이다. 즉 왕관인 금관이 고구려왕의 권위를 강화하는 상징물로서 뿐만 아니라 고조선을 계승한 나라로서의 통치적 기능을 발휘할 수 있는 구실도 담당하고자 했던 것이다.

제11장

장군총과 장수왕의
'傳강서군금관'

1. 무덤양식과 유물로 본 장군총의 정체

장군총은 동구 옛 무덤 가운데 걸출한 왕릉으로 우산 무덤지역 동쪽 용산의 남쪽 산기슭에 위치한다. 서남쪽으로 고구려 산성과 약 7.5km의 거리를 두고 있다. 장군총(그림 1, 2)의 기세는 웅장하고 현재 보존이 가장 잘된 대형 계단 석실 무덤으로 동방의 금자탑이라 불리운다. 장군총은 1966년 동구 옛 무덤들을 조사할 때 우산 무덤구 1호 무덤이라 분류되었고 JYM0001이라 簡記하였다.

장군총은 북쪽으로 龍山을 의존하고 주위의 지세 또한 광활하며, 동북쪽으로 2기의 陪葬 무덤과 祭臺가 있으며, 무덤의 서북쪽에는 연대가 늦은 것으로 분류된 封土 무덤이 있다. 또한 서남쪽에는 대형 건축유지가 있다(그림 2). 무덤의 남쪽으로는 넓은 제방이 있고 1.5km위치에 임강 무덤이 있으며,

그림 1 장군총 조감도와 원경

서남쪽 2km에 태왕릉과 광개토왕릉비(그림 4)가 있다.

발굴자들은 장군총의 역사에 대하여 다음과 같이 설명하고 있다. 舊志의 기록에 의하면, 이 무덤은 명나라시대 이전에 도굴을 당했다고 한다. 그러나 비교적 보존이 잘된 무덤으로 현재는 무덤 꼭대기의 條石이 부분적으로 결손되었고, 북쪽으로 중간에 護墳石 1개과 동북쪽과 서북쪽 모서리의 기초석이 약간 빠져있는 상황이다. 건국 이후 장군총 보호를 위해 文物部門에서 장군총과 주변 환경에 대하여 여러 차례의 보수와 정리를 진행했다.[1]

---

1 吉林省文物考古研究所·集安市博物館 編著, 『集安高句麗王陵-1990~2003年 集安高句麗王陵

장군총은 전체가 계단과 무덤
방, 기단의 3부분으로 조성되었다.
계단은 모두 7층이고, 정교하게 연
마된 화강암 가지돌로 쌓아 올렸
다. 쌓은 층 안에는 정리되어 쌓은
돌이 계단 형상을 이루며 금자탑양
식이 되었다. 현존하는 계단 석재
는 1146덩어리인데 31덩어리가 손
실되었다. 무덤 주변에는 면마다 비
스듬히 3덩어리의 호분석이 세워져
있는데 표면에 배열되어 무덤을 둘
러쌓고 있는 모습이다. 아울러 무
덤 밖으로는 배수장치인 지하 水溝
가 있다.[2]

2003년 조사에 의하면, 장군총

그림 2 장군총의 북쪽면, 동쪽면, 근경

調査報告』, 文物出版社, 2004, 335~363쪽. 圖版29-1. 비교적 중요한 여러 차례의 작업은 다
음과 같다. 1) 1963년에 집안시 文管所가 무덤 위와 아래의 진흙을 정리하였다. 2) 1979년에
는 울타리를 다시 수리하였다. 3) 1985년에는 장군총의 환경정리와 주위의 보호담장을 다시
설치하였다. 4) 1994년에는 무덤의 기반을 다시 튼튼하게 구축하였다. 5) 1977년에는 집안시
문관소가 장군총과 배장 무덤에 대하여 상세히 조사하고 2호 배장 무덤 주변을 정비하였다.
6) 2000년에는 길림성문물고고연구소가 서쪽 배장 무덤에 편호를 JYM0002B로 하는 등 재
정비하면서 많은 양의 진귀한 자료를 얻었다. 7) 2003년에는 北京 特種工程設計院이 동구 옛
무덤들의 주요한 유적을 조사하고 주변 환경에 관하여 전면적인 측량과 지질조사를 진행하였
다. 길림성문물고고연구소는 장군총 서쪽 건축 유적에 대하여 넓은 범위 면적에 대한 조사를
진행하고 일부 지역에 대해 발굴을 진행했다.

2 孫仁杰·遲 勇, 『集安高句麗墓葬』, 香港亞洲出版社, 2007, 84~91쪽 ; 張福有·孫仁杰·遲 勇, 『高
句麗王陵通考』, 香港亞洲出版社, 2007, 50~58쪽.

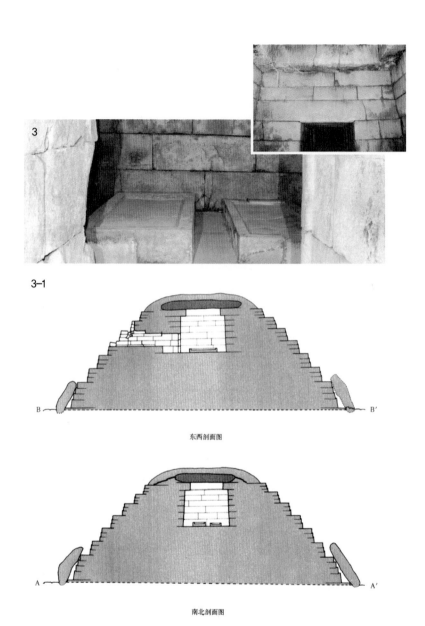

東西剖面圖

南北剖面圖

그림 3 장군총 무덤방과 남쪽벽
그림 3-1 장군총 동서남북 단면도

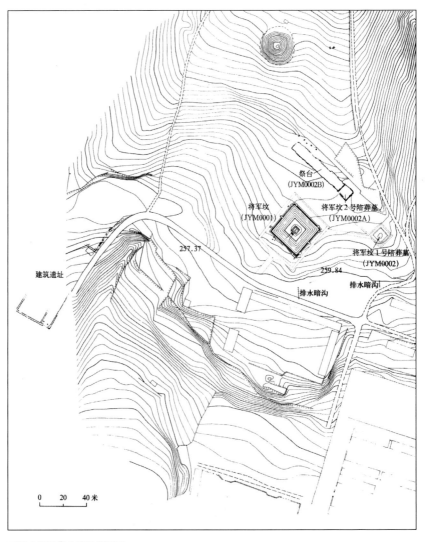

祭台
(JYM0002B)

将军坟
(JYM0001)

将军坟2号陪葬墓
(JYM0002A)

将军坟1号陪葬墓
(JYM0002)

257.37

259.84

建筑遗址

排水暗沟

排水暗沟

0   20   40 米

그림 4 장군총과 부근 형세도

의 계단둘레는 30.15~31.25m이고, 무덤 꼭대기의 護基石은 13.07m이다. 무덤방(그림 3)은 3급의 계단 위에 지어졌다. 무덤길의 입구는 5급의 계단 중앙으로 열려있다(그림 3-1). 무덤방은 대체로 正方形이며, 바닥변 길이는 5.43~5.5m, 높이는 5.1m이다. 무덤방의 4벽은 6층의 긴 돌로 쌓여졌고, 4벽의 위에는 꼭대기에 가깝게 각기 크고 긴 돌을 기둥으로 설치하였고 그 위에 한 덩어리의 평평한 거석을 덮었다. 무덤방 바닥에는 부분적으로 석판을 펼

그림 5 장군총 출토 금동제머리꽂이

쳐 놓았는데 일부분 파괴되었다. 그 위에는 시상대 2座를 놓았다. 시상대 위의 주변에는 ⊓한 모서리가 남아있다. 두 시상대는 동서로 배열되었고, 서로의 거리는 0.5m이다. 서쪽 시상대의 길이는 3.25m, 넓이는 1.45m, 높이는 0.45m이다. 동쪽은 서쪽에 비하여 시상대가 약간 작은데, 길이는 3.2m, 넓이는 1.3m, 높이는 0.38m이다. 무덤길은 무덤방 남쪽 벽의 정가운데로 나있는데, 길이는 8.3m이고 방향은 235도이다. 무덤 길의 양측에는 3층으로 석재를 쌓아 올렸고, 넓이는 2~2.75m, 높이는 1.4~2.2m로 무덤 방은 밖을 향하면서 점점 넓어지며, 중간 높이는 무덤 밑바닥에서 0.75m이다. 무덤 위에는 세 덩어리의 큰 돌을 덮었고, 가장 바깥면의 한 덩어리는 가장자리가 ⊓형태여서 원래 封門 돌이었다는 것을 알 수 있다(그림 3, 4 참고).[3]

아쉬운 것은 장군총에서는 금제관식과 관련된 유물이 발견되지 않았다

---

3 위와 같음.

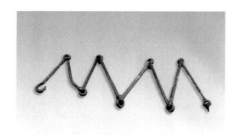

그림 6 장군총 출토 철사슬

는 점이다. 장군총 남쪽 진흙에서 금동으로 만든 머리꽂이(그림 5)가 발견되었을 뿐이다. 이 금동제 머리꽂이는 현재 集安館에서 소장하고 있는데, 전체 길이는 17.9cm, 넓이는 4.7~0.6cm이다. 銅質에 양면이 금동으로, 표면에는 끌로 주변을 돌아가면서 두겹으로 선문양을 나타냈다. 뾰족한 부분은 손실되었다. 뾰족한 갈구리모양의 끝부분에는 작은 구멍이 있어 달개장식을 걸었을 것으로 생각된다.

철쇠사슬이 연결된 상태로 출토되었는데 모두 5단으로 24마디이다. 철사슬이 어어진 전체길이는 2.17m이며 현재 5단이 남아있다. 두 군데에 "□六", "□二"의 문자(그림 6)가 있다. 그 밖에 와당과 板瓦가 출토되었다. 1호 배장 무덤에서는 1977년 무덤 주변을 정리할 때 瓦와 와당, 釉陶片, 철갑편, 馬掌 등이 출토되었다. 2호 배장 무덤에서는 무덤 남쪽 진흙에서 철기와 釉陶片이 출토되었다(그림 7, 7-1, 7-2).

祭臺에서는 동남쪽 모서리 부분과 남쪽으로 약 3m 떨어진 곳에서 金器와 금동기물 이외에 黑恔陶器의 조각이 출토되었다. 또한 金鐺이 1점 출토되었는데 금으로 만들어진 것으로 속이 빈 둥근 金圈이다. 속의 직경은 0.9cm, 環의 직경은 2.8cm, 금권의 직경은 1.2cm이다(그림 8).

그림 7 장군총 1호 배장 무덤
그림 7-1 장군총 2호 배장 무덤과 제대
그림 7-2 제대 서쪽부분과 주변에 깔아놓은 돌

그림 8 장군총 출토 金鐺

금동釘履(그림 9)와 금동제장식(그림 10)도 1점씩 출토되었다. 금동釘履는 銅質에 금을 입힌 것으로 신의 일부분이 남아 있다. 신 바닥에 돌출한 못모양이 9개이고 둘레에 작은 원형의 구멍이 있어 봉합했을 것으로 보이며, 남은 길이 12.5cm, 넓이 10.5cm, 높이 1.6cm, 두께 0.05cm이다. 금동環은 직경 0.3cm의 銅絲를 감아 만든 원형으로 직경은 2.3~2.7cm이다.[4]

발굴자들은 장군총이 건축 당시 매우 과학적이고 합리적인 설계가 이루어진 것으로 높이 평가했다. 즉 무덤에 기초를 다지고 그 위에 기단을 늘어놓고, 기단 밖에 다시 기다란 기초석이 있고 기단위에 계단과 무덤방을 구축했다. 계단석이 층층이 평행으로 쌓였고, 안에는 卵石이 메워져있다. 무덤방 위에는 巨石이 덮어져있고, 둘레에는 거석이 기대어 있다. 따라서 발굴자들은 결구가 근엄하고 구축상태가 치밀한 것으로 보아 계단 석실 무덤의 가장 늦은 양식으로 5세기 무렵에 만들어졌을 것으로 판단하며 계단 석실 무덤 최고의 대표작으로 꼽았다. 또한 장군총의 구축양식은 대체로 광개토대왕릉과 서로 같은데, 광개토대왕릉에는 기초부분 없이 체적이 과대하고 견고함과 돌공예의 성숙미로 보아도 장군총에 못 미친다고 평가했다.[5]

장군총의 무덤주인에 관해서는 일찍이 다양한 학설이 제기되었다. 『集安縣志』에는 " …… 前有東明聖王墓, 屬稱將軍墳 … 高句麗王朱蒙死, 太子類利立, 葬始祖于龍山, 號東明聖王"이라는 내용이 있어 장군총의 주인이 동명

---

4 위와 같음.
5 위와 같음.

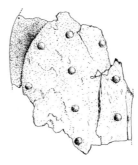

그림 9 장군총 출토 금동제신발 바닥과 모사도

왕이라는 견해가 제시되었다.

『通溝』의 내용에서 장군총이 산상왕릉이라 인식하기도 했다. 산상왕은 고구려 제10대왕으로 196~227년까지 재위하였다. 그러나 발굴자들은 장군총에서 출토된 고고학 유물자료들이 이 시기와 부합하지 않는다고 했다.

장수왕설은 가장 먼저 일본에서 제기되었다. 주요 근거는 무덤양식이었다. 장군총은 석실구조의 왕릉으로서 가장 늦은 형태로 5세기 무렵이며 이 때는 바로 장수왕 재위기간이라는 주장이었다. 장수왕은 412년에 계위하여 15년 후인 427년에 평양으로 천도했는데 그가 살아있을 때 자신의 무덤을 수축하였을 것으로 보아, 『후한서』 「동이열전」 고구려전에 "장례에 사용할 물건들을 조금씩 미리 준비한다"[6]는 내용을 들었다. 더구나 이와 같은 큰 건축물은 광개토대왕릉 및 광개토왕릉비와도 밀접한 관계가 있을 것으로 보며 장수왕으로 비정하였던 것이다.[7]

---

6 『後漢書』 卷85 「東夷列傳」 高句麗傳. "便稍營送終之具."
7 주 1과 같음.

그림 10 장군총 출토 금동제장식

1907년 프랑스 고고학자인 Eduard Chavannes(沙畹)가 집안에 와서 조사할 때 장군총 무덤방에서 그 지역사람들이 올린 木牌를 발견했는데 목패 위에 '好太王之位'라고 쓰여져 있던 까닭에 단순히 광개토대왕릉이라 생각하여 잘못 기록했었다. 또한 1980년대를 시작으로 일부 일본학자들이 장군총과 광개토대왕릉에서 보이는 와당양식의 연구 소견과 장군총과 광개토왕릉비가 서로 마주보고 있는 등의 상황을 근거로 장군총이 광개토왕릉비라는 견해를 제출하기도 했다. 그런 까닭에 광개토대왕릉에서 출토된 대량의 문자전에 보이는 "願太王陵安如山固如岳"의 명문도 달리 해석되었다.[8]

앞의 10장에서 서술했듯이 2003년 광개토대왕릉에 대한 재조사 과정에서 청동방울이 출토되어 기존의 이러한 의혹들을 정리하게 되었다. 즉 청동방울에 "辛卯年 好太王 □造鈴 九十六"의 刻字가 있어 이 무덤이 광개토대왕릉이라는 것이 정론으로 자리잡게 되었다.

장군총 북쪽에 있는 배장 무덤은 고구려 왕릉 매장제도의 좋은 예이다. 이것은 가족과 종족, 왕족 장제에서 자주 보이는 현상이다. 1호 배장 무덤의 규모는 비록 작으나 양식은 장군총과 같은 것으로 보아 혈연적으로 매우 가깝고 지위가 높았을 것이다. 2호 배장 무덤은 1호 배장 무덤에 비하여 높이가 낮다. 그러나 주변에 상징적인 호분석이 있어 이러한 시설은 신분과 지위의

---

8 위와 같음.
9 위와 같음.

의미를 설명해주고 있다고 여겨진다.[9] 이러한 내용들은 모두 고구려 초기 무덤양식의 중요한 의미를 나타내 주고 있는 것이다.

또한 祭臺와 무덤이 같이 배열된 것은 장군총의 특수한 부분이다. 중국학자들은 대체로 고구려 초기왕릉은 단지 배장 무덤만 있고 제대는 없을 것으로 생각하였다. 그것은 제대와 배장 무덤과의 구분이 쉽지 않기 때문이기도 하다. 발굴자들은 고구려 초기부터 4세기 초에 속할 것으로 추정되는 우산 992호 무덤에 이르기까지 줄곧 제대가 성숙되어 갔던 것으로 파악했다. 그리고 그 가운데 광개토대왕릉의 제대는 규모가 가장 크고 특징이 분명한 전문성을 보여주는 것으로 평가했다. 그런데 장군총에서 배장 무덤과 제대가 함께 출현하는 현상이 일어나 그 까닭을 의문점으로 남겼다.[10]

문제는 장군총에서 금관과 관련된 유물이 출토되지 않은 점이다. 관식과 관련해서는 단지 앞에서 서술한 발굴자들이 금동제머리꽂이로 분류한 것뿐이다. 이러한 장수왕시기 금관양식과 그곳에 나타났을 정치이상과의 관계를 규명할 수 있는 한계를 극복할 수 있는 것이 '傳강서군금관'이다.

2. '전강서군금관'의 불꽃문양과 주체

'傳강서군금관'은 해모수의 출현을 상징하는 태양을 형상화하며 고구려가 추구했던 천하관과 왕실의 신성한 권위를 나타내고 있다. 이 금관의 장식은 고구려 건국신화인 주몽신화 가운데 특히 태양신을 상징하는 해모수의 출현

---

10 위와 같음.

그림 11, 11-1~7 '傳강서군금관'과 세움장식의 부분

을 의미한다. 룡산리 7호 무덤에서 출토된 고구려 금동관의 문양에 삼족오와
화염문을 장식한 상징성과 마찬가지로 태양의 타오르는 불길을 나타내고 있
는 것이다. 신라 금관과 마찬가지로 고구려의 금관과 금동관이 그 양식은 차
이가 있지만 건국신화의 내용을 왕관으로 형상화하고 있는 점에서 우리 금관
문화의 문화적 통일성을 읽게 된다.

2절에서는 출토장소와 제작시기가 분명하지 않은 '전강서군금관'(그림 11,
11-1~7)[11]에 관하여 현존하는 고구려 금관과 금동관의 양식 및 출현시기 등

---

11 개인소장.

을 상세히 비교 분석하
여 그 주체를 밝혀보고
자 한다. 강서군에서 출
토되었다는 근거는 일
제강점기 이 금관의 최
초소장자 혹은 중개상
의 명함이(그림 11-8)
유일하다. 명함 뒷면에
이 금관의 출토장소가

그림 11-8 일제강점기 이 금관의 최초 소장자 혹은 중개상의 명함

江西郡 普林面 肝城里라고 적어 놓았다.[12] 이 금관은 고구려 금관의 고유양식
을 모두 갖추고 있어 우리나라 금관사를 새로 서술해야할 귀중한 자료이며,
신라 금관양식을 해석하는 데에도 중요한 정보를 제공하는 자료로서 학계의
주목을 끌만하다. 이 금관은 꽃문양을 음각한 관테둘레 위에 불꽃양식의 세
움장식을 세워 타오르는 태양을 형상화했을 화려하고 역동적인 조형미를 표
현한 왕관이다.

'전강서군금관'과 함께 수습되었다고 전하는 유물들은 대부분 금동제관식
들(그림 12)이다. 이는 우산 992호 무덤과 마선 2100호 무덤, 천추 무덤 등에
서 금제관식과 금동제관식이 함께 출토되어진 것과 같은 경우인 것이다.

금관은 왕권을 신성시하며 강화하는 구실을 발휘한다. 신라 금관에서는
김알지 신화와 국호의 상징인 계림을 형상화하기 위해 고조선의 신단수전통
을 이어 다섯그루의 신수로 세움장식을 세워 왕권의 신성한 권위를 확보하고

---

12 일제강점기 이 금관 명함 주인의 주소는 京城府 明倫町 三丁目 77番地이다.

그림 12 '전강서군금관'과 함께 수습되었다고 전하는 금동제관식과 갑편 및 청동방울, 기타 부분품들

국가의 정통성을 확립하고자 했다.[13] 이러한 신라 금관의 고유양식은 신라복식제도의 변화와 함께 648년 무렵까지 줄곧 지속되다 사라져 간다.[14] 신라와 달리 고구려 금관의 세움장식은 여러 차례의 양식변화를 보인다.

제8장에서 서술했듯이 소수림왕시기의 왕관에서는 말장식과 새장식 등 건국신화의 내용을 상징물로 세워 시조왕의 신성한 권위를 형상화하고 왕권을 강화하며 국가의 기틀을 다지려는 목적을 보인다. 이후 광개토대왕시기 왕관은 고조선시기부터 일반적으로 널리 사용했던 관모인 절풍에 새깃을 꽂은 양식을 왕관으로 하여 전통적으로 보이면서도 왕의 초월적인 통치력을 강화하고자 하는 구실을 감당하는 형상의 구조물로 해석하게 한다. 그러나 '전강서군금관'은 7개의 화려한 불꽃양식이 세움장식으로 세워져 왕권의 상징적인 의미와 정치적인 목적의 변화 양상을 새롭게 형상화하고 있다.

이러한 금관양식의 변화에서 금관은 곧 왕권을 상징하는 까닭에 금관의

---

13 임재해, 『신라 금관의 기원을 밝힌다』, 지식산업사, 2008 참조.
14 박선희, 『우리 금관의 역사를 밝힌다』, 지식산업사, 2008, 197쪽.

제작이 곧 왕의 신성한 권위와 초월적인 통치력을 보장하는데 이바지함을 알 수 있다. 금관양식은 그것이 만들어진 시기의 왕권의 성격을 보여주는 실질적인 구조물이며 당시대를 반영하는 정치적 유산이기도 한 것이다. 그러므로 왕권과 밀접한 관련을 가지는 금관조형물의 양식변화를 고찰하는 것은 단순히 왕권의 신성한 상징성을 해석하는데 머물지 않고 금관이 대내외적으로 발휘하고자 했을 정치적 기능을 밝히는 일이 될 것으로 생각된다.

고구려 금관 가운데 가장 세움장식이 화려한 '전강서군금관'은 어느 시기에 어떠한 목적으로 불꽃양식의 세움장식을 형상화하여 왕권을 상징하고자 만들어졌을까? 이 금관의 주체를 해석하는 것은 고구려 금관의 독창성과 고유성을 밝히는 작업으로 고구려의 문화적 전통을 바르게 인식하는 길이 될 것이다. 아울러 고구려 금관이 드러내는 독특한 양식변화는 고구려가 추구했던 대내외적인 정치이념과 세계관을 올바르게 해석하는 일이기도 하다.

'전강서군금관'은 꽃문양이 음각된 관테둘레에 불꽃문양의 세움장식이 7개 세워진 매우 화려한 양식의 금관이다. 금관의 높이는 15.8cm이고, 지름은 위와 아래가 각각 19cm와 19.5cm이며, 둘레는 59cm이다. 관테둘레의 폭은 3.4cm이다. 관테둘레위에 세워진 세움장식의 높이는 13.7cm이고, 두 가지 양식을 나타내는 세움장식의 폭은 모두 6.3cm이다. 관테둘레에는 16개의 꽃문양이 연이어 음각되어있다. 달개장식은 지름이 0.8cm인데 관테둘레와 세움장식에 0.05cm 두께의 금사로 연결해 모두 242개나 달려있다. 달개장식은 관테둘레에 38개(위 19개, 아래 19개)와 세움관식에 28개×5개(모두 140개) 및 32개×2개(모두 64개)로 합하여 242개로 무척 화려한 장식기법의 조형의지를 보여주고 있다.

상투머리를 덮었을 속관은 발견되지 않았으나 우리나라 관모사의 특징으로 보아[15] 절풍양식으로 만들어졌을 것이다. 이 절풍양식의 속관은 겉관과 마찬가지로 금으로 만들어졌는데 소실되었거나, 가죽이나 천으로 만들어져 부패되었을 가능성이 있다. 이 금관이 만들어진 시기와 목적을 상세히 고찰하기 위해 현재까지 출토되어진 고구려의 금관양식들을 분석하고 아울러 이들이 출현하게 된 정치와 사회의 변화요인 등도 살펴보기로 한다.

소수림왕과 광개토대왕시기의 금관보다 발전된 양식이 강서군에서 출토되었다고 전하는 금관이라 여겨진다. 이 금관은 그 전해지는 출토지가 평안남도 강서군으로 고구려가 수도를 평양으로 옮긴 이후라고 추정하지 않아도, 세움장식이 매우 화려하여 소수림왕이나 광개토대왕이 썼던 금관보다 후에 만들어진 양식으로 보인다.

광개토대왕의 금관과 같은 양식으로 만들어진 고구려의 절풍양식 금동관으로는 4세기 말에서 5세기 초 무렵에 만들어진 것으로 추정되는 평양시 력포구역 룡산리 7호 무덤에서 출토된 금동관과 평양시 력포구역 룡산 무진리 16호 무덤에서 출토된 같은 절풍양식의 금동관이 있다.[16] 또한 같은 4~5세기 무렵에 만들어진 것으로 추정되는 평양 부근에서 출토된 금동판에 초화문을 투조하여 만든 금동관 등이다. 이들 금동관들이 대부분 같은 시기에 만들어졌고 모두 절풍양식을 공통의 요소로 하고 있는 점은 광개토대왕시기에 절풍양식의 왕관이 만들어졌던 까닭과 상통할 것으로 생각된다.

그러면 고구려 금관은 평양천도 이후 어느 시기에 일반적인 절풍양식에서

---

15 박선희, 앞의 책 참조.
16 조선유적유물도감편찬위원회, 『조선유적유물도감』-고구려편, 민족문화, 1993, 161·267쪽.

불꽃문양의 세움장식이 화려한 금관양식으로 변화되었을까? '전강서군금관' 이외에 4~5세기 무렵으로 추정되는 평양시 대성구역 청암리 토성부근에서 출토된 금동관도 같은 불꽃양식으로 비슷한 시기에 만들어졌을 것으로 생각된다. 따라서 '전강서군금관'과 청암리 출토 금동관이 서로 재질은 다르지만 제작기법과 불꽃문양의 조형성 등을 비교 분석해보면 제작연대와 더불어 고구려가 금관과 금동관에 담아 창출하고자 했던 정치이념과 역사적 상황을 인식할 수 있을 것이다. 청암리 토성 출토 금동관과 '전강서군금관'에 대한 분석표를 정리해 보면 다음의 내용이다.

〈표 1〉 청암리 출토 금동관과 '전강서군금관'의 비교 내용

	비교내용	청암리 토성 출토 금동관	'전강서군금관'
1	재질	금동 (청동에 도금)	금 (금 78.5%, 은 19.9, 기타 1.6%)
2	세움장식	관테둘레와 세움장식을 한 판에서 오려냈음	일반적인 금관제작기법으로 관테둘레와 세움장식을 별도 제작하여 금사로 이어붙여 세움
		9개의 세움장식 (관테둘레에 2개 포함)	7개의 세움장식
3	관테둘레 끝부분 이음방식	이어붙인 흔적이 없음	세로로 구멍을 뚫고 금사로 이어붙임(태왕릉 출토 금동관 테둘레 연결방식과 동일)

4	드리개장식	금동판을 오려붙임	없음
5	달개장식	없음	금관테둘레와 세움장식에 242개가 달려있음
6	금관테둘레 장식	당초(구름)문양을 투각	점열문으로 꽃문양을 새김
7	부분별 관식 비교		

이음새 없음

그림 13 '전강서군금관' 동반 출토 금귀걸이
그림 14 강서군 보림리 6호 무덤 출토 금귀걸이

청암리 출토 금동관은 고분에서 출토된 부장유물이 아니고 토성부근의 기와편이 널려있는 건물지 부근에서 출토된 유물이다. 이 금동관은 관테둘레와 세움장식을 별도로 이어 붙이지 않고 같은 판에서 오려 투각한 것으로 일반적으로 사람이 착용했던 금관과는 제작방식이 다르다. 일본 호오류사의 백제관음보살입상의 보관과 거의 유사한 기법으로 제작되었으며, 관테둘레의 이음흔적이 보이지 않는다.

〈표 1〉에서 두 유물을 비교한 결과 '전강서군금관'은 세움장식의 거치문이나 관테둘레장식에 투각이 없는 점 등으로 미루어 청암리 출토 금동관보다 약간 이른 시기에 조성되었을 가능성이 크다. 청암리 출토 금동관이 5세기 중엽에 만들어졌을 것으로 비정되므로 '전강서군금관'의 조성년대는 대략 5세기 초반으로 볼 수 있을 것이다.

〈표 1〉의 사진에서 보이듯이 세움장식의 불꽃문양은 두 종류로 거의 일치하지만 청암리 출토 금동관의 불꽃문양은 2단으로 되어있고, '전강서군금관'의 불꽃문양은 3단으로 되어 있어 차이를 가진다. 세움장식 11-3, 5의 불꽃 윗부분은 일반적으로 거치문양(톱날모양)으로 불리우는 뾰족뾰족한 문양

으로 표현되었는데 이는 사진에서 보듯이 집안에서 출토된 금동조익관, 금동 제관식에서도 나타난다. 세움장식 11-1, 2, 4, 6, 7의 불꽃의 상단 끝부분은 마름모꼴로 표현되었는데, 덕흥리 무덤벽화의 화염문과 일치한다. 또한 금관 테둘레의 꽃문양은 나주 신촌리 9호 무덤 출토 금동관의 꽃문양과 유사한데 이같은 양식은 신라 금관에서는 나타나지 않는다.

그 외에 '전강서군금관'과 동반 출토되었다고 전하는 금제귀걸이(그림 13) 한쌍은 평양력사박물관에 소장되어있는 5세기로 비정된 강서군 보림리 6호 무덤 출토 금귀걸이(그림 14)와 같은 형식으로 굵은 중심고리에 원추형의 드림 장식으로 되어있다.

고구려의 대표적인 무덤벽화인 덕흥리 무덤벽화에는 현실세계와 천상세계를 나누는 부분에 금관형식의 불꽃문양이 화려하고 장엄하게 자리잡고 있다 (그림 15-3~6). 금관과 관식(그림 15, 15-1~2)에 보이는 불꽃문양 역시 절대 권력자인 왕이 현실세계와 천상세계의 매개자로서 가지는 역할을 의미하거나 천손의 신성성을 상징하는 연관성 속에서 출현한 것이라는 사실을 문화적 맥락에서 이해하지 않을 수 없다. 또한 이것이 바로 고구려 금관의 독창성과 역사성을 가장 잘 드러내는 고유성이라고 생각된다.

그림 15~15-6 화염문이 보이는 고구려관식과 덕흥리 무덤벽화

집안 출토 금동제관식(요령성 박물관 소장)

금동제관식(국립중앙박물관 소장)

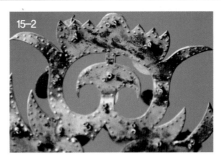

'전강서군금관' 세움장식의 부분(개인소장)

불꽃문양은 일반적으로 태양을 상징하는 것으로 해석된다. 동명성왕은 북부여에서 태어났지만 부여족은 아니었다. 추모왕의 어머니는 하백의 딸 유화였고 아버지는 해모수였다.[17] 해모수는 '해머슴아' 즉 '日子'라는 뜻으로 고조선의 단군을 해모수라고도 불렀다.[18] 이로부터 추모왕은 단군의 혈통을 이은 후손임을 알 수 있으며, 단군은 해의 아들이라고 불리었다고 하겠다. 이에 관해서는 뒷부분에서 보다 상세히 다루고자 한다.

이러한 해석을 통해 '전강서군금관'의 불꽃문양 세움장식이 태양신으로 상징되는 추모왕 혹은 단군을 의미했다고도 생각된다. 그러면 왜 평양천도 이후 금관에 천제 즉 단군의 아들로서의 주몽이 부활되었을까? 이는 단순히 신라 금관처럼 고구려 건국신화에 보이는 태양신 해모수를 상징적으로 형상화하여 왕실의 혈통과 왕권을 신성하게 강화해 나가고자 불꽃문양 세움장식의 금관

---

17 『廣開土王陵碑文』·『牟頭婁墓誌』·『三國史記』 卷13 「高句麗本紀」 始祖 東明聖王條 참조.
18 金庠基, 「國史上에 나타난 建國說話의 檢討」 『東方史論叢』, 서울대학교출판부, 1984, 6~7쪽의 주7.

을 만들었다고 해석되기 어렵다.

　그것은 앞에서 언급한 것처럼, 신라는 처음 금관을 만들기 시작하면서부터 7세기 무렵 금관을 더 이상 만들지 않을 때까지 줄곧 김알지 후손들이 계림을 상징하는 같은 양식의 금관을 통해 김씨계 왕의 신성한 혈통과 왕권을 강화하고자 했다. 그러나 고구려 소수림왕시기의 금관은 건국신화의 내용을 상징물로 표현하여 건국 시조왕의 신성한 권위를 형상화하고 왕의 통치권력을 강화하며 국가의 기틀을 다지려는 목적을 보여주었다. 이후 광개토대왕시기 금관은 일반적인 관모인 절풍을 금관양식으로하여 단순히 왕의 권위를 강화하는 상징물로서가 아니라 고조선을 계승한 나라로서의 통치적 기능까지도 확보하고자 했던 것으로 생각된다. 따라서 고구려 금관양식의 변화는 대외정책과 밀접한 관련이 있음을 알 수 있다.

　고구려에서 평양천도 이후 다시 해모수를 상징하는 불꽃문양 세움장식의 금관이 출현한 것은 왕권의 상징적인 의미와 목적이 변화를 가진 것으로 해석된다. 이 금관이 강서군에서 출토되었다고 전하는 것이 옳다면 장수왕 15년 고구려가 도읍을 국내성에서 대동강유역의 평양으로 천도하는 시기 이후를 생각하게 된다. 위에서 서술한 바와 같이 고구려는 건국한 뒤부터 멸망할 때까지 주변의 국가들과 계속해서 전쟁을 하였다. 그러므로 평양천도의 목적도 고구려의 대외정책과 관련이 깊다고 볼 수 있으며, 추모왕의 아버지인 해모수의 부활도 마찬가지로 생각된다. 특히 고구려는 장수왕의 평양천도 이후 중국에 있는 나라들에 사신을 자주 파견하여 화친관계를 유지해나가며 백제와 신라를 병합하기 위한 침략전쟁에 주력하였다.[19]

---

19 『三國史記』卷18「高句麗本紀」長壽王條 참조.

지금까지의 연구에서 장수왕이 평양으로 천도한 목적은 단순히 통일의 준비를 위한 남하정책이 아니라 오랜 국내성시대에 성장한 귀족세력을 억제하고 경제적 기반의 확보를 위한 전제왕권의 확립수단일 수 있다고 해석된다.[20] 또는 농경지 확대를 위한 남방경영으로 보며[21] 경제력 확보로 이해되기도 한다. 그러나 고구려의 평양천도가 경제적 기반의 확보를 위한 것이 주목적이었다면 혼란이 거듭되던 중국으로의 진출이 더욱 유리했을 가능성을 생각하게 된다.

다른 연구에서는 고구려 남하정책의 의미를 잡곡시대에서 도작시대로의 이행인 동시에, 새로운 동아지중해의 질서를 주도하려는 수단일 수 있다고 보거나,[22] 경제와 군사적 강화에 따른 국토통일 위업의 전단계로서의 남하정책으로 주장한다.[23] 또는 고구려 초기부터의 대외전쟁은 한반도와 만주를 재통합하여 고조선의 천하질서를 재건하기 위한 것으로서 바로 다물이념의 실현을 위한 것이었다고 해석한다.[24]

고구려 초기의 전쟁은 주변의 작은 나라들을 침략해 영토를 확보해 나가는데 주력한다. 그리고 국력이 어느 정도 충실해진 이후 전쟁의 방향을 지금의 요서지역으로 향하여 이 지역을 차지하기 위해 중국의 서한과 동한제국에 맞서 힘든 전쟁을 계속해 나간다. 반면에 고구려는 중국이 분열되고 이민족들이 침입하여 단명한 왕조들이 흥망을 거듭하던 혼란한 시기인 동진시대와 남

20 서영대, 「고구려 평양천도의 동기」, 『한국문화』2, 1981, 115~137쪽.
21 박성봉, 『高句麗 南進 經營史의 硏究』, 백산자료원, 1981, 13쪽.
22 윤명철, 『한민족의 해양활동과 동아지중해』, 학연문화사, 2002, 251~283쪽.
23 손영종, 『고구려사』1, 과학백과사전종합출판사(백산자료원), 1997, 338쪽.
24 윤내현, 『한국열국사연구』, 지식산업사, 1998, 295~326쪽.

북조시대에는 중국을 향해 침략하지 않고 오히려 전쟁의 방향을 백제와 신라로 향했다.

이러한 사실은 고구려의 대외전쟁이 영토를 확장하여 경제적인 기반을 확보하고자한 목적이었다고만 해석하기 어렵다. 상식적으로 고구려는 중국이 혼란한 시기에 한반도에서 전쟁을 할 것이 아니라 중국을 침공하는 것이 수월했을 것으로 판단되기 때문이다. 그러나 고구려가 전쟁의 방향을 한반도의 남쪽으로 향한 것은, 고구려 대외전쟁의 목적이 고조선의 영토를 수복하여 고조선의 천하질서를 재건하고자한 목적에 있었다[25]고 보아야 할 것이다.

앞의 10장에서 서술했듯이 고구려가 고조선의 천하질서를 재건하고자 했던 것은 자신들이 고조선을 계승했다고 생각했기 때문이며, 이러한 고구려 사람들의 의식은 장수왕 414년에 만들어진 『광개토왕릉비문』에서 확인되었다. 고구려 사람들은 자신들이 고조선을 계승한 나라로서 동부여와 백제 및 신라의 거주민들은 마땅히 단군의 후손인 추모왕이 세운 고구려 왕의 속민이라고 생각했던 것이다.[26] 그러므로 고구려가 평양으로 수도를 천도하고 전쟁의 방향을 남쪽으로 전환한 것도 한반도 남부지역의 옛 고조선에 속해있던 영토를[27] 통합하여 새로운 통치질서의 재건을 위한 것이었다고 생각되어진다.

그러므로 광개토대왕의 왕관양식이 고조선시기 한반도와 만주의 모든 지역에서 널리 썼던 절풍양식으로 만들어진 것은 당시 고구려가 형식적이지만 고조선의 천하질서를 회복한 고조선의 계승자라는 의미가 작용했던 것으로 해석된다. 그러나 장수왕시기로 오면 차츰 한반도와 만주 전 지역을 직접 지

---

25 위와 같음.
26 『廣開土王陵碑文』. "百殘·新羅舊是屬民, 由來朝貢."; "東夫餘舊是鄒牟王屬民, 中叛不貢."
27 제10장의 주 51 참조.

배영역으로 만들기 위해 전쟁에 주력하면서 왕권을 강화하고 국가의 정통성을 확립하여 고조선시기의 천하질서를 재건하고자 했다고 생각된다. 따라서 그러한 의식이 반영된 것이 장수왕시기에 만들어졌을 것으로 생각되는 '전강서군금관'으로 해의 아들인 고조선의 단군을 타오르는 불꽃문양의 세움장식으로 형상화했다고 여겨진다.

'전강서군금관'을 비롯하여 요서지역과 집안지역 출토 고구려 금관과 금동관 및 관식 등에 보이는 관테둘레와 위로 솟은 세움장식, 그 위에 달려있는 원형과 나뭇잎모양의 달개장식, 속관으로의 절풍양식 등은 신라 금관에 모두 그대로 나타나 양식적 연관성은 물론 역사적 계승관계를 가진다. 단지 고구려 금관은 고구려의 건국신화와 정치이념을 형상화고자 했으나, 신라 금관은 김알지 신화를 형상화하여[28] 김씨계 왕의 신성한 혈통과 왕권을 상징하고자 한 점에 차이가 있을 뿐 동일한 문화적 정체성을 드러낸다.

3. '전강서군금관'과 장수왕의 정치이념

'전강서군금관'과 평양시 대성구역에서 출토된 금동관은 모두 7개의 불꽃양식 세움장식을 올리고 있다. 룡산리 7호 무덤에서 출토된 금동 절풍에도 타오르는 불꽃문양이 표현된 가운데 삼족오 문양이 핵심을 이루고 있다. 이들 관모장식이 모두 불꽃양식으로 표현된 것은 고구려 건국신화인 주몽신화 가

---

28 임재해, 「왜 지금 겨레문화의 뿌리에 주목하는가?」, 『比較民俗學』 제 31집, 比較民俗學會, 2006, 183~241쪽.

운데 특히 해모수의 출현을 형상화하고 있는 것으로 해석 가능하며 곧 태양신을 반영하고 있는 것이다.[29]

『삼국사기』「고구려본기」의 시조 동명왕조와[30] 『광개토왕릉비문』에서는 고구려의 건국과정을 설명할 때, 주몽은 자신을 '天帝의 아들'[31]이라 했다. 『牟頭婁墓誌』에서는 "日月의 아들인 鄒牟"[32]라 했다. 추모는 천제의 아들인 해모수와[33] 류화를 부모로 한다. 『삼국유사』「기이」편 '고구려'조에 저자 자신의 주석에서는, "『壇君記』에 이르기를, '단군이 西河 하백의 딸과 친하여 아들을 낳아 夫婁라 이름하였다'하였는데, 지금 이 기록을 살펴보건데 해모수가 하백의 딸을 사통하여 뒤에 주몽을 낳았다 하였다. 『단군기』에 '아들을 낳아 부루라 이름하였다' 하였으니 부루와 주몽은 어머니가 다른 형제일 것이다"[34]라고 했다. 이 내용에서 단군과 해모수가 같은 사람이라는 점과 천제의 아들인 단군을 해모수라고도 불렀음을 알 수 있다. 또한 추모왕은 북부여에서 출생하여

---

29 임재해, 『신라 금관의 기원을 밝힌다』, 지식산업사, 2008, 605~612쪽 참조 ; 임재해, 「신시고국 환웅족 문화의 '해' 상징과 천신신앙의 지속성」, 『단군학연구』 제23호, 단군학회, 2011, 371~375쪽.

30 『三國史記』卷13「高句麗本紀」始祖 東明聖王條 참조.

31 『廣開土王陵碑文』. "옛날에 시조인 추모왕이 나라를 세울 때 그의 아버지는 북부여 천재의 아들이었고 어머니는 하백의 딸이었는데 … (惟昔始祖鄒牟王之創基也, 出自北夫餘, 天帝之子, 母河伯女郞 …)."

32 『牟頭婁墓誌』. "하백의 손자요 해와 달의 아들인 추모성왕은 원래 북부여에서 나왔다(河伯之孫, 日月之子, 鄒牟聖王元出北夫餘)."

33 李奎報, 『東明王篇』. "漢 神雀 3년 壬戌年에 하느님이 태자를 보내어 扶余王의 옛 도읍에 내려가 놀게 했는데 解慕漱라 이름했다. … 熊心山에 머물다가 십여 일이 지나서야 비로서 내려왔다. 머리에는 烏羽冠을 쓰고 허리에는 용광의 칼을 찼다(漢神雀三年壬戌歲, 天帝遣太子降遊扶余王古都号解慕漱, … 止熊心山經十餘日始下. 首戴烏羽之冠, 腰帶龍光之劍)."

34 『三國遺事』卷1「紀異」高句麗條의 저자 자신의 주석. "『壇君記』云, 君與西河河伯之女要親, 有産子, 名曰夫婁, 今按此記, 則解慕漱私河伯之女而後産朱蒙. 『壇君記』云, 産子名曰夫婁, 夫婁與朱蒙異母兄弟也."

그림 16 감신총에 보이는 불꽃문양

그곳에서 성장했지만 그의 혈통은 고조선의 단군계였음이 확인된다. 단군은 고조선의 정치와 종교의 최고 우두머리 즉 최고 통치자에 대한 칭호이다.[35]

해모수의 解는 하늘의 해, 慕漱는 '머슴애'를 뜻하는 것으로 해모수는 해의 아들 즉 日子를 의미한다.[36] 즉 고조선의 단군은 해의 아들이라고 불리었으며 태양신을 상징한다. 따라서 '전강서군금관'과 평양시 대성구역에서 출토된 금동관에 표현된 태양의 불꽃이 활활 타오르는 듯한 모습의 세움장식은 해모수 곧 태양신을 반영하고 있는 것이다. 해모수신화의 상징성이 고구려 왕관에 그대로 형상화되어 고구려가 고조선의 전통을 계승하고 있음을 알 수 있다. 고조선의 태양신 숭배사상은 고조선 후기에 만들어졌을 것으로 추정되는 요령성 평강지구 유적에서 출토된, 삼족오 아래 곰과 호랑이가 있는 금으

---

35 최남선 지음·정재승·이주현 역주, 『불함문화론』, 우리역사연구재단, 2008, 113~119쪽.
36 주 17과 같음.

그림 17 각저총에 보이는 불꽃문양과 삼족오

로 만들어진 장식품(제2장 그림 9 참조)[37]에서도 잘 나타난다.

이처럼 고조선을 이어 태양신을 섬기는 전통은 고구려의 금관과 금동관에서 뿐만 아니라 고분벽화에서도 표현되어졌다. 감신총 전실 북쪽의 천정과 서측벽화에 불꽃문양이 연이어 보이며(그림 16), 각저총의 안칸 동남쪽에도 같은 양식의 연이은 불꽃문양과 삼족오가 함께 보인다(그림 17). 덕흥리 무덤벽화(그림 18)와 무용총(그림 19)에도 유사한 양식의 불꽃문양이 표현되어있다. 이들 고분벽화에 묘사된 불꽃문양이 대체로 검은색과 짙은 갈색의 짧고 강한 불꽃양식으로 표현된 것과 달리 오회분 5호 무덤 현실벽화의 불꽃문양(그림 20)은 강렬한 붉은색의 활활 높이 타오르는 긴 불꽃으로 표현되었다. 고구

---

37 徐秉琨·孫守道, 1998, 『中國地域文化大系』, 上海遠東出版社, 129쪽, 그림 149.

그림 18 덕흥리 고분벽화에 보이는 불꽃문양
그림 19 무용총에 보이는 불꽃문양

그림 20 오회분에 보이는 불꽃문양
그림 21 고구려 와당에 보이는 불꽃문양

려의 불꽃문양은 와당(그림 21)에도 나타나 태양신을 섬기는 문화적인 전통이
고구려 사회에 깊이 자리 잡고 있음을 알 수 있다.

　고구려는 고조선의 전통을 이어 불꽃문양과 함께 삼족오를 관모와 고분
벽화의 여러 곳에 표현하고 있다. 룡산리 7호 무덤의 금동절풍에는 불꽃양식
과 함께 태양의 모습을 상징하는 원테둘레 안에 삼족오를 역동적으로 나타냈
다. 무용총, 삼실총, 각저총, 오회분, 덕화리 1호분,[38] 조양 원태자 무덤[39] 등의

38　김주미, 『한민족과 해 속의 삼족오』, 학연문화사, 2011, 121쪽 표1 참조. 삼족오는 안악 3호
　　분, 진파리 1호분, 강서중 무덤, 장천 1호분, 삼실총, 안악 1호분, 덕흥리 고분, 천왕지 신총, 복
　　사리 벽화분, 연화총, 쌍영총, 성총, 덕화리 1호분, 덕화리 2호분, 개마총, 내리 1호분, 각저총,
　　무용총, 통구사신총, 오회분 5호 무덤, 오회분 4호 무덤, 약수리 고분, 우산리 1호분, 매산리
　　사신총, 진파리 4호분 등에 보인다.
39　遼寧省博物館文物隊·朝陽地區博物館文物隊·朝陽縣文化館, 「朝陽袁台子東晉壁畫墓」『文物』
　　1984年 第6期, 29~45쪽. 원태자 무덤의 발굴자들은 이 무덤이 東晉의 4세기 초에서 4세기
　　중엽에 속한다고 하였다. 일반적으로 한국학자와 중국학자들은 무덤주인의 국적을 막연히 북
　　방민족일 것으로 분류한다. 그러나 필자가 보기에는 벽화 구성원들의 일반복식과 개마복식 및
　　출토된 대다수의 유물들(질그릇, 청동기, 복식품, 우마차, 마구장식 등)의 성격이 모두 고구려

벽화에도 고조선문명권의 삼족오 태양이 보인다. 고조선족과 고조선문명권의 원민족들은 태양과 새를 결합하여 태양신을 상징적으로 형상화할 때는 삼족오, 세발까마귀로 상징화하여 표현하였다. 까마귀를 신성시하는 원시부족은 사회사에 가끔 보이지만, 삼족오, 세발까마귀는 오직 고조선문명권만이 가졌던 태양신의 상징이었다.[40]

'전강서군금관'의 세움장식은 불꽃이 타오르는 태양신을 표현하고 있지만 신라 금관은 계림으로 김씨 왕권을 상징하고자 나무모양으로 올려 세움장식 가지 끝을 생명력의 움이 씨눈 형태로 맺혀 있는 도톰한 새순모양으로 표현했다.[41] 그리고 신라 금관에 일정한 간격으로 주렁주렁 달려있는 곡옥은 김알지 신화에서 시림의 여명과 함께 나뭇가지의 황금궤 안에 들어있던 아기를 형상화하고 있다. 곡옥의 형상은 태아의 모습과 일치한다.[42] 이처럼 신라 금관과 고구려 금관은 왕의 통치권력을 강화시켜주는 상징물로서의 본디 기능에서는 공통점을 지니지만 그것을 만든 주체의 성격이 다른 까닭에 장식의 의미와 상징도 달리 표현된 것이다. 하지만 공통점도 뚜렷하게 존재한다. 고구려와 신라, 백제, 가야의 금관과 금동관 등에는 모두 양식과 크기가 거의 같은 원형의 달개장식이 달려있는 점이다. 이 달개장식은 금관과 금동관 뿐만 아니

의 특징들을 보이고 있어, 고구려의 무덤일 것으로 추정된다. 이 무덤벽화에는 삼족오 태양과 검은 곰도 그려져 있다. 보다 상세한 것은 다른 논문에서 밝히고자 한다.

40 愼鏞廈, 『韓國 原民族 形成과 歷史的 傳統』, 나남출판, 2005, 99~104쪽. "오직 고조선 문명권에서만 태양신 또는 태양신의 천사를 '삼족오(三足烏)'로 표현하였다. 왜 '삼족'(세발)이까? 필자는 이것이 삼신(三神)을 상징화한 것이라고 생각한다. 고조선 문명권에서는 '삼족오' 자체가 실재하지 않는 까마귀이기 때문에 처음부터 '신' 자체였으며, '삼족오'는 삼신을 상징화한 것이었다고 본다. 고조선의 '삼신'은 널리 아는바와 같이 '환인·환웅·단군'으로 인지되었다."

41 임재해, 앞의 책, 406~412쪽 참조.
42 임재해, 앞의 책, 420~425쪽 참조.

그림 22 황남대총 북분 출토 금관세움장식과
관테둘레에 보이는 점선타출문양

라 귀걸이와 허리띠장식, 마구장식 등에 이르기까지 광범위하게 사용되었다.

'전강서군금관'과 신라 금관의 공통점은 세움장식에 나타나는 점열문양을 찍은 기법과 관테둘레에 일정한 간격으로 볼록하게 하여 탄력 효과를 낸 부분에서도 나타난다. 다만 고구려의 금관장식은 대체로 음각기법을 많이 사용했고, 신라와 백제의 경우는 양각기법을 주로 많이 사용하거나 양각과 음각을 병행한 점에 차이가 있다.

점열문양은 콕콕 찍어서 볼록하게 튀어나오거나 들어가도록 연속적으로 점선문양을 새기는 방법이어서 타출문양이라고도 한다. 금판과 금동판에 새긴 점열문양은 이 문양을 새기기 위해 뾰족한 쇠붙이를 금판에 대고 망치질을 할 때마다 충격을 받은 금판의 결정이 깨져 규칙적으로 배열되어 있던 전자의 분포가 엉키게 되므로 금판의 강도와 탄력은 현저하게 높아진다.[43] 신라 금관의 세움장식에는 달개장식 이외에 곡옥이 달려있어 세움장식의 버팀 효과를 위해 관테둘레와 세움장식에 점열문양을 두 줄 혹은 무게에 따라 세 줄 또는 다양한 선문양을 더하여 조형미를 살리며 탄력효과를 조절했다. 타출문양의 형태는 둥근 양식과 점선문양(그림 22) 혹은 세모양식(그림 23, 23-1) 또는 줄곧 이어지는 선문양 등이다.

---

43 임재해, 위의 책, 150쪽.

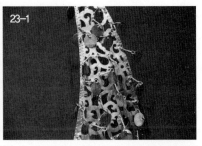

그림 23, 23-1 금관총 금관식과 금관식에 보이는 세모타출문양 부분

　자세하게 분석해보면 '전강서군금관'의 경우 관테둘레에 연속적으로 장식한 16개의 꽃잎문양도 같은 음각의 점열문양으로 새겨 넣어 장식효과와 탄력효과를 함께 고려한 것으로 생각된다. 또한 관테둘레와 세움장식에 모두 음각으로 점열문양을 새겼다. 그러나 신라 금관의 점열문양은 모두 양각으로 하거나 세움장식은 양각으로 하고 관테둘레는 음각으로 하는 경우가 있다. 예를 들어 신라의 곡옥이 있는 서봉총 금관(세움장식의 나뭇가지 3단)과 금관총 금관(세움장식의 나뭇가지 3단), 천마총 금관(세움장식의 나뭇가지 4단), 황남대총 북분 금관(세움장식의 나뭇가지 3단)의 세움장식은 양각이고 관테둘레는 음각이다.

　또한 곡옥이 없는 금령총 금관(세움장식의 나뭇가지 4단)은 세움장식과 관테둘레 모두 양각으로 되어있다. 가야 고령에서 출토된 금관은 세움장식에는 곡옥이 없고 관테둘레에만 곡옥이 있는데 세움장식과 관테둘레 모두 음각으로 되었다. 곡옥이 없는 호암미술관 소장 금동관은 모두 양각으로 되었고, 경

그림 24 천마총 출토 금관 관테둘레에 보이는
점선타출문양
그림 25 태왕릉 출토 금동제관식에 보이는
네모난 타출문양

산 임당동 7호 무덤 출토 금동관은 세움장식은 양각이고 관테둘레는 음각으로 되어있다. 이러한 내용으로 보아 금관과 금동관에 보이는 점열문양에 사용된 음각과 양각의 표현은 세움장식에 올린 나뭇가지 단의 수와 곡옥의 여부와 관계없이 표현된 것으로 생각된다.

그 외에 신라 금관에서는 관테둘레에 일정한 간격으로 볼록하게 나오게 둥근 모양을 대부분 양각으로 하여 점열문양과 마찬가지의 탄력효과를 내었다(그림 24). 고구려 광개토대왕릉에서 출토된 좁은 관테둘레는 신라 금관 관테둘레와 마찬가지로 둥근 모양을 두 줄로 볼록하게 했으나, 넓은 관테둘레로 보이는 금동장식에는 네모모양을 세 줄 연속 음각으로 타출하여 역동적으로 나타낸 것이(그림 25) 특징적이다.

이처럼 관테둘레에 탄력효과를 위해 볼록하게 하는 양각과 음각기법은 4장에 서술했듯이 이미 2세기 무렵으로 추정되는 고구려의 칠성산 871호 무덤에서 달개장식과 함께 출토된 청동장식품(제4장 그림 3, 3-1 참조)에서 보여진다.[44] 이 청동장식에는 아래 위로 두 줄의 점열문양도 나타난다. 또한 4장에

---

44 吉林省文物考古硏究所·集安市博物館 編著, 위의 책, 39~51쪽, 圖版39-1.

서 서술한 3세기 무렵에 해당하는 칠
성산 211호 무덤에서 출토된 달개장
식이 달린 폭이 좁은 금동관테둘레
(제4장 그림 7 참조)에서도[45] 나타난
다. 따라서 신라 금관에 보이는 점열
문양과 관테둘레에 볼록 나오게 한
기법 등이 고구려 금관양식에서 고스
란히 나타나 신라 금관에 보이는 금
속을 다루는 기법이 고구려로부터의
영향인 것으로 확인된다.

그림 26 황남대총 북분 출토 관테둘레 이음방식
그림 26-1 황남대총 북분 출토 관테둘레와 세움
장식 연결부분 이음방식

　고구려는 관식의 점열기법에서 양
각과 음각을 자유롭게 사용했으나,
음각을 보다 즐겨 사용한 듯하다. 고
구려 13대 서천왕의 무덤으로 추정되
는 칠성산 211호 무덤에서 출토된 3
개의 금동으로 만든 관장식은 모두 음각으로 되어있다.[46]

　소수림왕의 무덤일 것으로 추정되는 마선 2100호 무덤에서 출토된 꽃모양
장식(제8장 그림 29 참조)은 꽃잎을 따라 두 줄로 음각하였다. 평양시 대성구
역에서 출토된 금동관 세움장식의 점열문도 음각이다. 이와 달리 발굴자들이
고국원왕의 무덤일 것으로 추정하는 우산 992호 무덤에서 출토된 꽃모양 금

45　吉林省文物考古硏究所·集安市博物館 編著, 위의 책, 84~97쪽.
46　吉林省文物考古硏究所·集安市博物館 編著, 위의 책, 90~93쪽.

그림 27 태왕릉 출토 금동관테둘레 모사도에 보이는 이음방식

동으로 만든 관장식은 양각으로 되었고, 미천왕의 무덤으로 추정되는 서대 무덤에서 출토된 금동으로 만든 五聯方飾은(제5장 그림 6 참조) 양각으로 했다.

'전강서군금관'에서는 관테둘레에 연속 장식한 7잎의 꽃잎문양을 음각했으나 5세기 무렵에 속하는 나주 신촌리에서 출토된 백제의 금동관은 절풍양식의 속관 문양과 3개의 불꽃문양 세움장식을 세운 겉관관테둘레에 연속된 꽃잎문양을 모두 양각했다. '전강서군금관'의 관테둘레에 연속한 꽃잎문양과 신촌리 백제 금동관의 관테둘레에 연속한 꽃문양이 7잎의 형태로 유사하다.

고구려 금관은 신라 금관과 점열기법 등의 차이 이외에 관테둘레 뒷면 끝나는 부분의 이음새 연결방법에서도 차이를 보인다. 황남대총 북분 출토 금관은 관테둘레 뒷면 이음새부분의 연결에서 양면을 겹쳐 작은 구멍을 뚫고 조금 굵은 듯한 금줄로 엮었다(그림 26). 또한 관테둘레와 세움장식의 이음새부분은 작은 구멍을 뚫어 둥근 금장식 못을 박은 기법을(그림 26-1) 사용했다.

반면에 고구려 광개토대왕 무덤 출토의 한 관테둘레의 끝부분은 아래위로 2개씩 세로로 구멍을 뚫어 금줄로 엮어 다른 면과 연결했던 것으로(그림 27) 보인다. 이러한 연결기법은 '전강서군금관'의 관테둘레 연결기법에서도 동일하게 나타난다(그림 28). 또한 관테둘레와 세움장식의 이음새부분도 같은

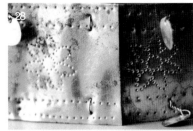
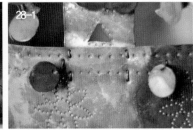

그림 28 '전강서군금관' 금관관테둘레 이음방식
그림 28-1 '전강서군금관' 금관관테둘레와
세움장식 연결부분 이음방식
그림 29 '전강서군금관' 달개장식의 뒷면 이음새

방법으로 세로로 금줄로 꿰매어(그림 28-1) 마무리했다. 따라서 이러한 이음
새 연결기법은 고구려의 금속을 다루는 고유한 특징으로 보여진다.

다음으로 금관에 화려하게 달린 달개장식들은 매어단 후 뒷면을 어떻게
처리했는지 살펴보기로 한다. '전강서군금관'의 이음방식은(그림 29) 금관총이
나(그림 30) 천마총의 이음방식(그림 31)과 같이 달개장식 하나하나를 꿰매어
달았다. 반면에 신라의 금속 절풍 등에 꽂았을 금제관식과 규모가 작은 금관
의 경우는(그림 32, 32-1) 하나하나 매어 달지 않고 달개들을 줄곧 연결하여
이음질한 흔적을 연속하여 남기고 있다. 그러나 고구려 광개토대왕 무덤 출토
의 절풍양식의 금관과 새깃장식은 크기가 작은 것임에도 달개장식을 하나하
나 꿰매어 달았다.

'전강서군금관'에 세워진 7개의 세움장식은 가운데 꼭대기가 뾰족뾰족한
불꽃을 표현한 양식으로 된 세움장식을 중심으로 끝부분이 꽃봉오리모양으

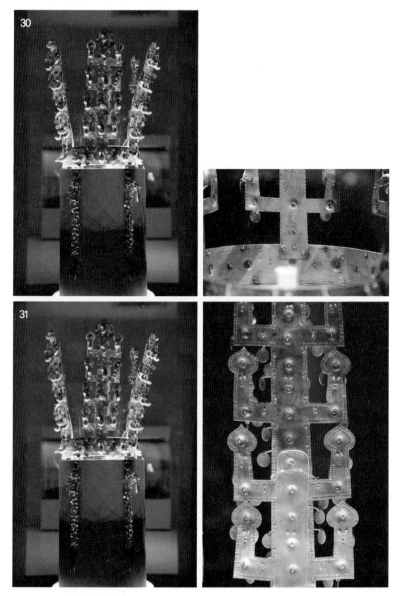

그림 30 금관총 금관의 뒷면 이음새
그림 31 천마총 금관의 뒷면 이음새

그림 32 경주 교동 출토 금관과 뒷면 이음새

로 된 세움장식이 대칭으로 놓여있으며 가운데 세워진 양식과 같은 것이 뒷부분에 좌우로 2개씩 배치되어있다. 세움장식의 가운데부분에는 꽃봉오리양식과 함께 나뭇잎의 뾰족한 끝부분이 위를 향해 있어 모두 세움장식의 훨훨 타오르는 불꽃을 더불어 표현하고 있다고 생각된다. 꼭대기가 뾰족뾰족한 유사한 양식이 고구려 초기 왕릉인 칠성산 211호 무덤, 서대 무덤, 우산 992호 무덤 등의 금으로 만든 긴 달개장식에서 보인다.

그림 32-1 천마총 출토 금제관식과 뒷면 이음새

또한 관테둘레 양측에 대칭으로 세워진 세움장식의 꽃봉오리모양에 보이는 문양은(그림 33) 고구려 금동관 세움장식과 관장식에도(그림 34) 나타나고, 평양시 대성구역에서 출토된 금동관의 불꽃세움장식의 아래부분, 황남대총 북분에서 출토된 환두대도(그림 35), 요령성 환인현에서 출토된 환두대도의 손잡이부분양식(그림 36)에서도 그대로 나타나 고구려 사람들의 태양신 사상의 전통이 깊이 자리매김되어 있다는 사실을 잘 드러내고 있다.

이처럼 '전강서군금관'과 금동관들에 보이는 세움장식이 태양을 표현한

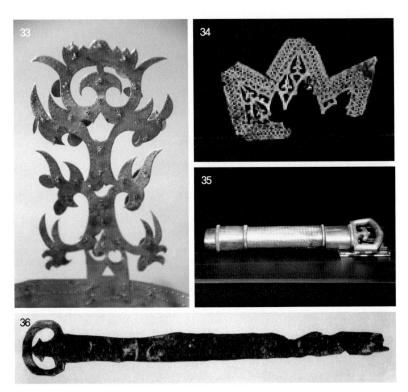

그림 33 '전강서군금관'의 불꽃봉오리문양
그림 34 고구려 금동제관장식의 문양
그림 35 황남대총 북분 출토 환두대도의 손잡이부분문양
그림 36 요령성 환인현 출토 환두대도의 손잡이부분문양

그림 37 고구려 금동관 앞장식의 부분
그림 38 호암미술관 소장 금동관

것은 모두 해모수의 아들 주몽의 후예들이 태양신 해모수를 상징하는 불꽃
문양 관모를 통해서 왕실의 혈통과 왕권을 강화해 나가고자 했던 사실을 알
려준다. 고구려는 고조선의 태양신을 섬기는 문화적 정통성을 계승하고 있음
을 고스란히 표방하고 있다는 사실을 뚜렷하게 알 수 있다.

'전강서군금관' 꽃봉오리의 가장 높은 부분은 뾰족한 불꽃문양을 양쪽으
로 나타냈는데 이를 보다 적극적으로 표현한 것이 요령성박물관의 새날개 혹
은 새깃을 꽂은 고구려 금동관의 앞장식(그림 37)에서 보인다. 이러한 뾰족한
불꽃문양이 관 전체에 표현된 것이 현재 호암미술관에 전시되어있는 금동관
(그림 38)이다. 이 금동관은 세움장식이 없이 관테둘레에 뾰족한 불꽃문양을
둘러 간결하면서도 생명력 있는 조형미를 보이는데, 옥전 M1 무덤에서 출토된
가야의 은관(그림 39)과 유사한 양식이다. 이러한 뾰족한 문양은 주로 고구려
의 와당이나 금동관, 금관에 나타나고 있어 호암미술관 소장 금동관은 고구
려의 유물일 가능성이 크다. 최근 강릉 초당동 유적에서 출토된 신라 금동관
의 관테둘레에서도 같은 뾰족한 양식이 나타나[47] 고구려 문화와의 관련성을
보여준다. 이러한 뾰족한 문양은 일반적으로 거치문양(톱날문양)으로 부르지

만 관식의 상징성으로 보아 다른
불꽃세움장식처럼 불꽃을 표현했
을 것으로 여겨져 불꽃문양으로
부르는 것이 타당할 것이다.

신라는 처음 금관을 만들기 시
작하면서부터 7세기 무렵 금관을
더 이상 만들지 않을 때까지[48] 줄
곧 김알지 후손들이 계림을 상징

그림 39 옥전 M1 무덤 출토 은관 복제품

하는 같은 양식의 금관을 통해 김씨계 왕의 신성한 혈통과 왕권을 강화하고
자 했다.[49] 그러나 앞서 서술한 바와 같이 고구려 소수림왕시기의 금관은 건국
신화의 내용을 상징물로 표현하여 건국 시조왕의 신성한 권위를 형상화하고
왕의 통치권력을 강화하며 국가의 기틀을 다지려는 목적을 보여주었다. 이후
광개토대왕시기 금관은 일반적 관모인 절풍을 금관양식으로 하여 단순히 왕
의 권위를 강화하는 상징물로서가 아니라 고조선을 계승한 나라로서의 통치
적 기능까지도 확보하고자 했던 것으로 생각된다. 따라서 고구려에서 해모수
를 상징하는 불꽃문양 세움장식의 금관이 출현한 것도 왕권의 상징적인 의미

---

47 국립춘천박물관 소장

48 신라 금관은 신라에서 진덕왕 2년(648년)에 김춘추가 당나라에서 돌아와 신라고유의 복식을
　　중국의 복식으로 바꾸기 이전까지 사용되었다. 진덕왕 3년부터 관모는 모두 중국의 관모인 복
　　두로 바뀌었기 때문에(『三國史記』卷6「新羅本紀」眞德王 2年條) 이 시기부터 왕이 사용했던
　　금관도 더 이상 만들지 않게 되었고, 금관과 함께 사용된 수식과 귀고리장식, 허리장식 등이
　　함께 사라져 갔다. 그러므로 금관이 사용된 하한연대를 6세기 전반 무렵으로 잡는 종래의 연
　　구와 달리, 7세기 초기까지로 보는 것이 타당할 것이다. 이 연대를 확실하게 해줄 수 있는 한
　　예가 황룡사지에서 출토된 7세기 무렵에 만들어졌을 신라의 굵은 귀고리이다(박선희, 앞의 책,
　　197쪽).

49 임재해, 앞의 책, 347~400쪽 참조.

와 목적이 변화를 가지면서 출현했던 것으로 해석된다.

4. 불꽃문양 금관의 주체와 장수왕 이념

'전강서군금관'은 한반도 북부지역에서 발견된 것으로 보아 장수왕 15년 고구려가 도읍을 국내성에서 대동강유역의 평양으로 천도하는 시기 이후를 생각하게 된다. 고구려는 건국한 뒤부터 멸망할 때까지 주변의 국가들과 계속해서 전쟁을 하였다. 그러므로 평양천도의 목적이 고구려의 대외정책과 관련이 깊다고 볼 수 있으며, 추모왕의 아버지인 해모수의 부활도 같은 맥락으로 해석되어진다. 특히 고구려는 장수왕의 평양천도 이후 중국에 있는 나라들과는 화친관계를 유지해나가며 남쪽으로 백제와 신라를 병합하기 위한 전쟁에 주력하였다.[50]

지금까지 연구에서 장수왕이 평양으로 천도한 목적은 오랜 국내성시대에 성장한 귀족세력을 억제하고 경제적 기반의 확보를 위한 전제왕권의 확립수단일 수 있다고 해석된다.[51] 또는 농경지 확대를 위한 남방경영이나[52] 경제력 확보로 분석되기도 한다. 그러나 고구려의 평양천도의 주된 목적이 경제적 기반의 확보를 위한 것이었다면 혼란이 거듭되던 중국으로의 진출이 영토를 확장하는데 보다 유리했을 가능성이 크다.

상식적으로 고구려는 중국이 혼란한 시기에 한반도에서 전쟁을 할 것이

---

50 『三國史記』 卷18 「高句麗本紀」 長壽王條 참조.

51 주 20와 같음.

52 주 21과 같음.

아니라 중국을 침공하는 것이 수월했을 것이기 때문이다. 그러나 고구려가 전쟁의 방향을 신라와 백제로 향한 것은, 고구려 대외전쟁의 목적이 고조선의 영토를 수복하여 고조선의 천하질서를 재건하고자 하거나 또는 새로운 동아 지중해의 질서를 주도하려는 목적이었다고[53] 보아야 할 것이다.

실제로 광개토대왕의 뒤를 이어 즉위한 장수왕은 413년(장수왕 원년)에 東晉에 사신을 보내 國書를 전하고 桃花色의 말을 선물하였다.[54] 424년에는 신라가 사신을 보내자 후하게 대접하였으며,[55] 425년과 435년·437년에는 北魏에 사신을 보내 화친을 맺기도 했다.[56]

장수왕시기 고구려는 중국에 있던 나라들과는 적극적으로 화친을 유지하면서 백제와 신라를 침략해 나가는 정책을 폈던 것이다. 고구려의 남하정책에도 백제와 신라는 점차 성장하고 있었기 때문에 고구려가 추구하는 천하질서를 완성하는데 크게 걸림돌이 되었을 것이다.

따라서 고구려 장수왕은 439년부터 490년까지 국경을 접하고 있던 북위에는 거의 매년, 어떤 해에는 두세 번 사신을 보냈다. 고구려는 455·474·478년에는 南朝의 宋에도 사신을 파견하였고, 宋을 이은 南齊도 고구려와 화친을 원해 480년과 481년에 사신을 보냈다.[57]

---

53 주 22·24와 같음.
54 『三國史記』卷18「高句麗本紀」長壽王條. "元年, 遣長史高翼入晉奉表, 獻赭白馬, 安帝封王高句麗王樂安郡公."
55 『三國史記』卷18「高句麗本紀」長壽王條. "十二年, 春二月, 新羅遣使修聘, 王勞慰之特厚."
56 『三國史記』卷18「高句麗本紀」長壽王條. "十三年, 遣使如魏朝貢." "二十三年, 夏六月, 王遣使入魏朝貢, 且請國諱, 世祖嘉其誠款, 使錄帝系及諱以與之, 遣員外散騎侍郎李敖, 拜王爲都督遼海諸軍事征東將軍領護東夷中郎將遼東郡開國公高句麗王. 秋, 王遣使入魏謝恩." "二十五年, 春二月, 遣使入魏朝貢."
57 『三國史記』卷18「高句麗本紀」長壽王條.

그러나 고구려의 이 같은 중국과의 관계와 달리 남쪽에 있던 신라나 백제와는 계속 충돌하였다. 440년에 신라 사람들이 고구려의 변방 장수를 죽이자 장수왕은 신라를 침공하려 하였으나, 신라 눌지마립간이 사신을 파견하여 사죄하자 그만두었다.[58] 그러나 고구려는 454(장수왕 42)년에 신라의 북부 변경지역을 침략하였고,[59] 468년에는 장수왕이 말갈병 1만 명을 이끌고 신라의 실직주성을 공격하여 빼앗았으며,[60] 489년에도 신라를 공격하여 고산성을 함락하였다.[61] 이보다 앞서 장수왕은 475년에 군사 3만 명을 이끌고 백제를 공격해 도읍인 한성을 함락하며 백제 개로왕을 죽이고 남녀 8천여 명을 사로잡아왔다.[62]

앞의 8장에서 서술했듯이 이처럼 고구려가 고조선의 천하질서를 재건하고자 줄곧 주변나라와 전쟁을 진행했던 것은 자신들이 고조선을 계승했다고 생각했기 때문이며, 이러한 고구려 사람들의 의식은 장수왕 414년에 만들어진 『광개토왕릉비문』에서 확인된다. 이 비문에는 동부여와 백제 및 신라가 고구려의 속민이었다고 했다. 그러나 실제로 이 나라들이 고구려의 지배를 받았던 적은 없었다. 따라서 비문의 내용은 고조선시기의 상황을 말한 것으로 고구려 사람들은 자신들이 고조선을 계승한 나라로 동부여와 백제 및 신라인들은 고조선을 계승한 고구려 왕의 속민이라고 생각했던 것이다.[63] 그러므로 고구려가 평양으로 수도를 천도하고 남쪽으로 전쟁의 방향을 전환한 것은 한

---

58 『三國史記』卷18「高句麗本紀」長壽王條. "二十八年, 新羅人襲殺邊將, 王怒將擧兵討之, 羅王遣使謝罪, 乃止."

59 『三國史記』卷18「高句麗本紀」長壽王條. "四十二年, 秋七月, 遣兵侵新羅北邊."

60 『三國史記』卷18「高句麗本紀」長壽王條. "五十六年, 春二月, 王以靺鞨兵一萬, 攻取新羅悉直州城."

61 『三國史記』卷18「高句麗本紀」長壽王條. "七十七年, … 秋九月, 遣兵侵新羅北邊, 陷孤山城."

62 『三國史記』卷18「高句麗本紀」長壽王條. "六十三年, … 九月, 王帥兵三萬侵百濟, 陷王所都漢城, 殺其王扶餘慶, 虜男女八千而歸."

63 주 26와 같음.

반도 남부해안지역까지 옛 고조선의 영토를[64] 병합하여 새로운 통치 질서를 재건하고자 했던 때문이라 생각된다.

이상의 내용으로 보아 광개토대왕의 왕관양식이 고조선시기 한반도와 만주의 모든 지역에서 널리 썼던 절풍양식으로 만들어진 것은 당시 고구려가 형식적이지만 고조선의 천하질서를 회복한 고조선의 계승자라는 의미가 작용했던 것으로 해석된다. 그러나 장수왕시기로 오면 차츰 한반도와 만주 전 지역을 직접 지배영역으로 만들기 위해 전쟁에 주력하면서 왕권을 강화하고 국가의 정통성을 확립하여 고조선시기의 천하질서를 재건하고자 했다고 생각된다. 따라서 그러한 의식이 반영된 것이 장수왕시기에 만들어졌을 것으로 생각되는 '전강서군금관'으로 해모수의 아들 주몽의 후예들이 태양신 해모수를 상징하는 불꽃문양의 세움장식으로 형상화해 왕실의 혈통과 왕권을 강화해나가고자 했다고 여겨진다.

고조선의 계승자로서의 국가 정체성과 왕의 권위를 왕관을 통해 시각적으로 상징하는 가운데 왕권을 구체적으로 발휘할 수 있는 힘을 제공하여 왕의 초월적 통치력을 강화하는 구실을 감당하게 하고자 했을 것이다.

---

64 제10장의 주 51과 같음.

1. 분석시료 : 영락장식-01

[측정조건]

측정장치	SEA2220A
측정시간 (초)	150
유효시간 (초)	106
시료실분위기	대기
조사경	원 3.0mm
여기전압 (kV)	50
관전류 (uA)	28
필터	OFF
마이러	OFF

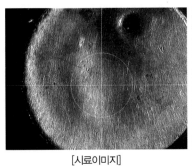

[시료이미지]　　　　　[스펙트럼]

시야 : [X Y] 8.80 6.60 (mm)

[정량결과]

Au	78.55(wt%)	889.453(cps)
Ag	19.92(wt%)	222.525(cps)
Cu	1.54(wt%)	36.797(cps)

2. 분석시료 : 영락장식-02

[측정조건]

측정장치	SEA2220A
측정시간 (초)	150
유효시간 (초)	106
시료실분위기	대기
조사경	원 3.0mm
여기전압 (kV)	50
관전류 (uA)	27
필터	OFF
마이러	OFF

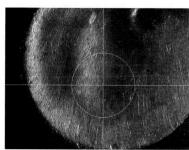

[시료이미지]

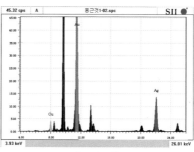

[스펙트럼]

시야 : [X Y] 8.80 6.60 (mm)

[정량결과]

Au	78.19(wt%)	878.756(cps)
Ag	20.14(wt%)	223.212(cps)
Cu	1.67(wt%)	39.479(cps)

3. 분석시료 : 영락장식-03

[측정조건]

측정장치	SEA2220A
측정시간 (초)	150
유효시간 (초)	105
시료실분위기	대기
조사경	원 3.0mm
여기전압 (kV)	50
관전류 (uA)	29
필터	OFF
마이러	OFF

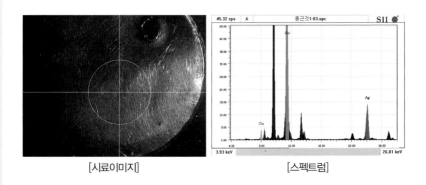

[시료이미지]   [스펙트럼]

시야 : [X Y] 8.80 6.60 (mm)

[정량결과]

Au	78.72(wt%)	904.694(cps)
Ag	19.80(wt%)	224.914(cps)
Cu	1.48(wt%)	35.952(cps)

4. 분석시료 : 영락장식금사부분-01

[측정조건]

측정장치	SEA2220A
측정시간 (초)	150
유효시간 (초)	107
시료실분위기	대기
조사경	원 3.0mm
여기전압 (kV)	50
관전류 (uA)	182
필터	OFF
마이러	OFF

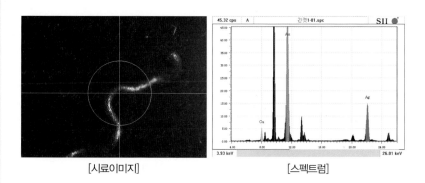

[시료이미지]   [스펙트럼]

시야 : [X Y] 8.80 6.60 (mm)

[정량결과]

Au	76.15(wt%)	807.851(cps)
Ag	21.94(wt%)	237.674(cps)
Cu	1.91(wt%)	43.514(cps)

5. 분석시료 : 영락장식금사부분-02

[측정조건]

측정장치	SEA2220A
측정시간 (초)	150
유효시간 (초)	109
시료실분위기	대기
조사경	원 3.0mm
여기전압 (kV)	50
관전류 (uA)	189
필터	OFF
마이러	OFF

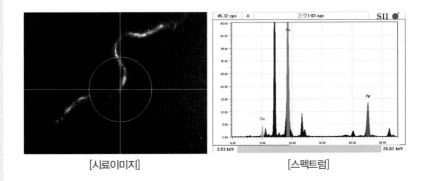

[시료이미지]　　　　　　　[스펙트럼]

시야 : [X Y] 8.80 6.60 (mm)

[정량결과]

Au	76.58(wt%)	772.096(cps)
Ag	21.56(wt%)	221.833(cps)
Cu	1.87(wt%)	40.457(cps)

6. 분석시료 : 영락장식금사부분-03

[측정조건]

측정장치	SEA2220A
측정시간 (초)	150
유효시간 (초)	108
시료실분위기	대기
조사경	원 3.0mm
여기전압 (kV)	50
관전류 (uA)	233
필터	OFF
마이러	OFF

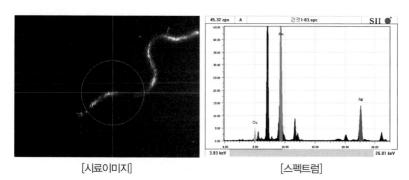

[시료이미지]　　　　　[스펙트럼]

시야 : [X Y] 8.80 6.60 (mm)

[정량결과]

Au	76.15(wt%)	771.919(cps)
Ag	21.93(wt%)	227.078(cps)
Cu	1.92(wt%)	41.677(cps)

◈ 금관 성분분석은 공주대학교 문화재 보존과학과에서 이루어졌음.

제12장

고구려 금관의
국제적 위상과 천하질서

1. 고구려 금관의 국제적 위상

지금까지 고구려 왕릉을 살펴보고 출토된 금관과 금동관 및 금제관식 등의 양식과 조형성 변화를 통해 고구려가 실질적으로 추구했던 대내외적인 정치이념의 내용을 살펴보았다. 아울러 출토된 관테둘레와 금제관식들을 조합하여 요령성지역의 금관양식과 광개토대왕 금관의 조형미를 추정해보고, '전강서군금관'에 사라졌을 절풍을 속관으로 갖추어 본디 모습을 찾아보고자했다.

그러면 고구려 금관의 위상은 한국사와 세계사에서 어떠한 위치에 있을까? 그리고 고구려 금관이 정치적 상징성을 가지면서 실현하고자 했던 천하질서는 지도상에서 어떠한 강역을 말하는 것일까? 이에 대한 답을 찾으면서 이 책에서 이야기하고자 했던 내용들을 마무리하고자 한다.

고대 한국 금관의 유래에 대해서는 대표적인 몇 가지 견해가 있다. 1장에서 서술했듯이 지금까지의 금관연구에서 고구려는 금관
이 없는 것으로 연구되어 있다. 현재까지 백제는 금제관식
과 금동관들만 출토되었다. 그러므로 우리나라 금관의 기
원은 신라 금관으로부터 비롯되었다고 잘못 인식되어 있다.

따라서 고구려 금관에 관해서는 아예 거론되지 않았
고 신라 금관이 만들어진 배경만 다음의 내용을 들어 이야
기 한다. 첫째는 고대한국의 금관이 스키타이와 시베리아
유목민족의 영향을 받은 것으로 보는 견해이다.[1] 그 예로
서기전 3세기 무렵에 해당하는 중앙아시아의 카자흐스
탄 이시크(Issyk) 적석 무덤에서 출토된 관(그림 1)의 세
움장식은[2] 금으로 만든 새 깃을 꽂은 것으로 설명되어진
다.[3] 그러나 이 관에 꽂혀있는 장식은 새 깃이 아니
라 화살과 창의 모형일 뿐으로 고구려 관모에 자
주 보이는 새깃장식이나 신라 금관의 세움장식

그림 1 이시크 적석 무덤 출토
금으로 만든 화살과 창을 꽂은 관

과 거리가 멀다. 이 무덤에서 출토된 화살과 창
을 여러개 꽂은 관은 戰士가 입은 금제갑옷과 한 벌로 쓴 투구처럼 보인다. 금
관으로 분류하기 어렵다. 둘째는 스키타이풍의 북방적 성격과 불교전래와 함
께 꽃을 세워 장식한 보살모자의 인도적 성격이 합성된 위에 신라의 자생성

1 金元龍, 『韓國考古學槪說』, 一志社, 1977, 180~181쪽 ; 秦弘燮, 「百濟·新羅의 冠帽·冠飾에 關
   한 二三의 問題」, 『史學志』, 檀國大學校 史學會, 1973, 1~34쪽 ; 金文子, 『韓國服飾文化의 源流』,
   民族文化社, 1994, 78~96쪽 ; 尹世英, 「韓國古代冠帽考」, 『韓國考古學報』, 第9輯, 韓國考古學硏
   究會, 1981, 34~35쪽.
2 Akishev. K. A., 『Issyk Mound』, Moscow, 1978.
3 金文子, 앞의 책, 77쪽.

그림 2 아프가니스탄 금관
그림 3 사르마트 금관

이 만들어낸 것으로 보는 견해가 있다.[4] 셋째는 당나라의 원숙한 기술의 영향
을 받아 제작되었다고 보는 견해이다.[5] 그리고 넷째는 중앙아시아 아프가니스
탄의 틸리아-테페(Tillya-Tepe) 6호분 유적에서 출토된 박트리아시대에 제작
된 금관(서기전 1~2세기)(그림 2)이 신라 금관보다 앞선 연대에 만들어졌다 하
여 '신라 금관의 祖形이 될 수 있다'고 보기도 한다. 혹은 아프가니스탄 금관
의 기본구조가 나무와 나뭇잎으로 되어 있어 이 모양이 신라 금관과 유사성

4　李如星, 『朝鮮服飾考』, 白楊堂, 1947, 218~219쪽.
5　馬場是一郞·小川敬吉, 「梁山夫婦塚と其遺物」, 『古蹟調査特別報告』 第5冊, 朝鮮總督府, 1926.

그림 4 석채산 출토 전인 금동상

을 갖는다는 것이다.[6]

서기전 2세기 또는 1세기로 이야기되는 흑해 북안의 로스토프지역 노보체르카스크 호흐라치 무덤군에서 출토된 사르마트 금관(그림 3)을 신라 금관의 양식과 비슷한 이미지를 분명히 공유하는 듯하다고[7] 보기도 한다. 또한 운남성 진령 석채산에서 출토된 춤추는 네 사람의 모양을 표현한 滇人 금동상(그림 4)에서 보이는 모자장식이 신라 금관의 세움장식과 관련이 있을 것으로 추정하였다.[8] 그러나 중국의 복식연구자들은 높은 관을 쓰고 춤추는 금동상의 신분을 노예로 보았고, 높은 관 위의 세움장식 끝에 둥근 모양을 花球라고 하였을 뿐이다.[9] 게다가 높은 관의 뒷부분은 두 가닥의 긴 천으로 머리에서 발끝까지 길게 드리워져 있어 신라 금관의 양식과 전혀 무관하다. 양식과 상관

---

6 김병모, 『금관의 비밀』, 푸른역사, 1998, 39~41쪽.

7 이한상, 『황금의 나라 신라』, 김영사, 50쪽.

8 이한상, 위의 책, 52~53쪽.

9 沈從文, 『中國古代服飾硏究』, 上海出版社, 1997, 114~115쪽.

그림 5 진국공주와 부마합장 무덤 출토상황

없이 전인 노예계층이 춤출 때 쓴 모자의 양식을 왕권을 상징하는 신라 금관과 연관시키는 것은 모순이다. 그리고 아프가니스탄 금관에는 다양한 색상의 보석이 장식된 금으로 만든 꽃이 여러 송이 붙어있는 것이 특징이고, 사르마트 금관은 관테둘레를 흰색구슬과 금구슬을 계속 연결하였으며 여인상과 함께 붉은색 보석을 크게 장식하고 있는 것이 특색으로 신라 금관의 여러 양식들과 거리가 너무 멀다. 특히 신라 금관이 갖는 큰 특징인 곡옥도 전혀 찾아 볼 수 없다.

중국은 고대에서 중세에 이르기까지 금관을 만든 적이 없다. 11세기에 이르러 요나라 진국공주와 부마합장묘에서 매장용으로 만들어진 금관(그림 5)이[10] 처음 보일 뿐이다.

이처럼 신라 금관과 양식이 다른 북방민족들의 관을 신라 금관과 관련이 있는 것으로 연결시키는 또 다른 이유는 고분의 구조에서이다. 즉 신라 금관

---

10 內蒙古自治區文物考古硏究所·哲里木盟博物館, 『遼陳國公主墓』, 文物出版社, 1993.

이 출토된 고분의 구조가 적석목곽분으로 시베리아와 알타이 및 몽골지방의 무덤구조와 같다고 보는 것이다.[11]

지금까지 제시된 신라 적석목곽분의 기원에 관한 견해는 크게 두 유형으로 분류된다. 하나는 신라 적석목곽분의 특징적 구조인 적석과 목곽을 각각 분리하여 각각의 기원을 내부의 선행묘제에서 찾는 계통관이다. 다른 하나는 신라 적석목곽분의 원류를 멀리 북방아시아에서 찾는 것이다. 신라 적석목곽분의 계통에 대한 최초의 연구자는 우메하라(梅原末治)였다. 그는 신라 적석목곽분의 목곽은 낙랑군시대의 목곽분에서 온 것이고, 적석은 대구 대봉동 지석묘[12]와 같은 적석지석묘에서 온 것으로 보았다.[13]

적석과 목곽을 각각 분리해서 분석한 계통관은 이후 계속 수정이 가해졌다. 신라 적석목곽분은 대구 대봉동형 변형 고인돌의 지하구조와 경주의 토광묘에서 목곽을 도입하여 발생한 무덤형식이라고 보기도 했다.[14] 또는 신라 적석목곽분은 남하한 고구려의 적석총에 토광목곽묘의 목곽이 결합되어 출현한 것으로 보거나,[15] 고구려의 적석총이 남부지방의 토광목곽묘에 영향을 미쳐 출현하게 된 것이라고 보았다.[16] 이러한 견해들과 달리 신라 적석목곽분의 원류를 시베리아 분묘의 구조에서 찾아야 한다고 하며,[17] 경주의 적석목곽

---

11 김병모, 앞의 책, 20쪽.
12 藤田亮策, 「大邱大鳳町支石墓調査」, 『昭和十一年度古蹟調査報告』, 1937.
13 梅元末治, 「大正十三年度古蹟調査報告」 第一冊, 『慶州金鈴塚飾履塚發掘調査報告』, 1932, 264~268쪽.
14 박진욱, 「신라무덤의 편년에 대하여」, 『고고민속』, 1965년 4기.
15 姜仁求, 「신라 積石封土墳의 구조와 계통」, 『韓國史論』, 서울대학교, 1981.
16 崔種圭, 「中期古墳의 性格에 대한 약간의 考察」, 『釜大史學』 第七輯, 1983.
17 金宅圭・李殷昌, 『鳩岩洞古墳發掘調査報告』, 1978, 135쪽 ; 崔秉鉉, 「古新羅 積石木槨墳 硏究-墓型과 그 性格을 중심으로」, 『韓國史硏究』31, 1980, 6~7쪽.

분은 Siberia Steppe 목곽분의 마지막 형태라고 보기도 한다.

위의 견해들은 시베리아지역에서 돌 무덤이 발견되므로 당연히 돌 무덤은 시베리아에서 유래했다는 '북방전래설'을 따른 결과이다. 그러나 근래의 고고학적 성과는 시베리아 기원설이 크게 문제가 있음을 확연히 보여준다. 그것은 만주지역 동이족문화인 홍산문화에서 발견되고 있는 돌 무덤의 축조시기가 서기전 3,000년을 훨씬 상회하는데 시베리아의 적석묘는 서기전 2,500~서기전 1,200년 무렵으로 추산되기 때문이다. 홍산문화의 돌 무덤양식이 시베리아로부터 몽골과 만주지방을 거쳐 한반도로 내려왔다는 기존의 학설에 모순이 있음을 밝혀준다.

더구나 홍산문화지역을 지나는 대릉하유역은 지리적으로도 시베리아 지역보다 가깝다. 이 같은 사실들은 돌 무덤의 기원지는 동이지역이지 시베리아가 아님을[18] 알려주며, 한반도에서 발견되는 돌 무덤의 기원은 만주의 동이지역일 가능성을 보여준다. 일반적으로 돌 무덤이 고인돌 무덤으로 변했고 다시 고구려의 적석총과 같은 무덤양식으로 변화된 것으로 추정한다. 필자는 홍산문화의 복식유물 연구를 통해 홍산문화의 성격이 중국이나 북방지역의 것과 크게 구별되고, 고조선과 고구려를 비롯한 여러나라시대 복식에 그 특징적 요소들이 그대로 지속되고 있음을 밝힌 바 있다. 그리고 이 과정에서 홍산문화가 고조선이 출현한 초기 청동기시대에 속하는 하가점하층문화로 발전했고, 다시 고조선 비파형동검문화인 하가점상층문화로 발전했음을 인식할 수 있었다.[19]

---

18 이형구, 『발해연안에서 찾은 한국고대문화의 비밀』, 김영사, 2004, 95~102쪽.
19 박선희, 『고조선 복식문화의 발견』, 지식산업사, 2011, 65~125쪽.

이러한 연구의 내용들로부터 고구려의 고분은 만주지역의 한민족문화를 그대로 계승한 것이고, 다소 양식의 차이는 있으나 후대에 신라의 적석목곽분으로 이어진 것임을 알 수 있다.

우리나라는 금관왕국이다. 세계적으로 고대 금관은 모두 13여점에 불과하다. 이를 나열하면, 황남대총 북분 출토 금관, 금관총 출토 금관, 서봉총 출토 금관, 천마총 출토 금관, 금령총 출토 금관, '전고령 출토 가야 금관', 교동 출토 금관, 오쿠라컬렉션 가야 금관, '전강서군금관', 호림박물관 소장 금관, 중앙아시아의 아프가니스탄의 틸리아–테페 6호분 출토 금관, 중앙아시아의 카자흐스탄 이시크 적석 무덤 출토 금관, 흑해 북안 로스토프지역 노보체르카스크 호흐라치 무덤군 출토 사르마트 금관이다. 전세계 금관의 13점 가운데 10점이 한국금관인 것이다. 즉 고구려 금관 1점, 신라 금관 7점, 가야 금관 2점으로 모두 10점이다. 한국의 금관내용을 도표화하면 다음의 내용이다.

현존하는 한국금관		금관이 존재했었을 가능성을 알려주는 금제관식이 출토된 무덤
황남대총 북분 출토 신라 금관 (국립중앙박물관 소장)	'전강서군 고구려 금관' (개인 소장)	1) '전동명왕릉' 2) 우산 992호 무덤 3) 마선 2100호 무덤
서봉총 출토 신라 금관 (국립중앙박물관 소장)	금령총 출토 신라 금관 (국립중앙박물관 소장)	

천마총 출토 신라 금관
(경주박물관 소장)

금관총 출토 신라 금관
(국립중앙박물관 소장)

호림박물관 소장 신라 금관

오쿠라컬렉션 소장 가야 금관

4) 천추 무덤

5) 태왕릉

교동 출토 신라 금관
(경주박물관 소장)

전고령 출토 가야 금관
(삼성미술관 리움 소장)

우리나라는 분명히 '금관의 종주국'[20]이며 가장 많은 금관을 가진 보유국이다. 뿐만 아니라 금제관식만을 남겨놓은 사라진 고구려의 존재했을 여러 금관까지 더한다면, 한반도와 만주지역은 세계적으로 풍부한 금관의 집중지역인 셈이다. 금관의 수량 뿐만 아니라 예술적인 조형미의 독창성과 우수성 및 상징성까지 고려해 보아도 고대 금관의 종주국다운 면모를 훌륭히 갖추고 있다. 금관뿐만 아니라 금동관과 은관은 물론 한반도와 만주에 아직 발굴되지 않은 무덤과 우리나라 금관과 금동관, 은관으로 다른 나라의 박물관과 개인이 소장하고 있는 것 등을 추산하면 더욱 그러하다.

현재까지 세계적으로 고대 금관은 위에 서술한 틸리아-테페 금관과 사르마트 금관 정도이다. 서기전 2세기 또는 1세기 무렵에 만들어진 사르마트 금관이 서기전 1~2세기에 만들어진 틸리아-테페 금관보다 앞서 만들어졌다. 이 금관들과 고구려 금관이 만들어진 시기를 가름해 보기로 한다.

2장에서 서술했듯이 지금의 평양에 위치한 동명왕릉에서 금제관식들이 많은 양 출토되었다. '전동명왕릉'의 축조연대는 소수림왕 때인 4세기 후반기(375년 전후)무렵으로 지금의 평양시 력포구역 룡산리에 축조되었을 것으로 추정되었다.[21]

제 5장에서는 중국 고고학자들의 서대 무덤에 대한 여러 방면에 대한 분석과 북한학자들의 '남평양설'을 참고하여, 중국학자들에 의해 고국원왕의 무덤일 가능성이 제기되었던 우산 992호 무덤 주인은 미천왕일 가능성을 추정했다. 즉 우산 992호 무덤은 고국원왕 때 만들어졌으나 모용황으로부터 되돌

---

20 임재해 외, 『고대에도 한류가 있었다』, 지식산업사, 2007, 26쪽.
21 전제헌, 『동명왕릉에 관한 연구』, 과학백과사전출판사, 1994, 40~51쪽.

려 받았던 미천왕의 유골을 고국원왕이 재위 시 자신의 묘역으로 준비한 우산 992호 무덤에 안치했을 것으로 추정했다. 그리고 황해남도 신원일대에서 북쪽으로 가까운 안악군 오국리에 위치한 안악 3호 무덤은 벽화에 나타나는 복식 특징을 분석하여 고국원왕의 무덤일 것으로 추정하였다.

북한학자들은 동명왕릉이 소수림왕 때 축조되었으나 장수왕의 평양 천도와 함께 시조 무덤을 옮겨왔을 것으로 보았다. 필자의 견해인 안악 3호 고분의 무덤주인이 고국원왕이라는 점과 북한학자들의 남평양설을 종합해 보면, 소수림왕은 고국원왕을 안악 3호 고분에 모시고, 졸본지역에 위치한 시조왕의 무덤은 이전 목적으로 평양지역에 축조하였다고 추정된다. 즉 평양에 있는 '전동명왕릉'은 소수림왕 때 축조되었고, 장수왕 때 평양천도와 함께 졸본에서 옮겨진 것이라고 하겠다.

'전동명왕릉'에서 금제관식이 100여 점이나 출토된 것으로 보면 이 구성물들이 조합을 이루었을 금관이 존재했던 것은 분명하다. 문제는 금관이 만들어진 시기이다. 금관은 무덤을 이장할 때 매장된 것이지만, 만들어진 시기에 관해서는 다양한 연대 추정이 가능하다. 첫째는 금관이 동명왕 재위 시에 만들어 사용되었던 것일 가능성이다. 두 번째는 장수왕이 평양으로 수도를 옮겨와 동명왕릉이 이장될 때 새롭게 만들어져 매장되었을 또 다른 가능성이다. 즉 앞의 경우로 본다면, 동명왕의 금관은 재위연대인 서기전 37~19년에 만들어졌을 수 있으나, 후자의 경우로 보면, 장수왕 평양천도시기인 427년 무렵에 만들어졌을 가능성이다.

'전동명왕릉' 출토 금관의 제작연대를 판단하기 위해서는 이 금관이 생전에 왕이 사용하던 것인지 아니면 장례용 부장품인지 여부가 판단되어야 할 것이다. 왜냐하면 장례용으로 만들어졌다면 동명왕릉이 평양으로 옮겨질 때 만들어졌을 가능성도 있다. 하지만 왕이 생전에 의례용 등으로 사용하던 것이라면 동명왕 재위 시에 만들어진 것으로 보아야 하기 때문이다.

2장에서 금관은 구조와 장식기법, 제작공법, 착용성 등에서 장례용이 아니라 의식용으로 사용되었음을 분석하였다. 따라서 '전동명왕릉'에서 출토된 금제관식들은 장수왕 때 장례용으로 만들어 넣은 것이 아니라 동명왕 재위 시에 만들어 사용했던 것일 가능성이 높을 것으로 추정된다. 따라서 이러한 견해로 보면 '전동명왕릉'에서 출토된 금관의 제작연대는 발굴보고서에 제시되지 않아 관테둘레 여부는 알 수 없으나 동명왕 재위기간인 서기전 37~19년에 만들어졌을 가능성도 남겨놓아야 할 것이다.

현재까지의 출토유물로 2세기 이전에 속할 것으로 추정되는 칠성산 871호 무덤에서 출토된 청동관식을 관테둘레로 본다면 고구려에서 관테둘레가 있는 청동관의 출현시기가 늦어도 2세기 무렵일 것으로 생각된다. 서천왕(270~292년)의 무덤일 것으로 추정되는 칠성산 211호 무덤과 미천왕의 무덤으로 추정되는 우산 992호 무덤에서도 금동으로 만든 긴 띠모양 관테둘레가 출토되었다. 특히 미천왕(300~311년)의 무덤일 것으로 추정되는 우산 992호 무덤에서 금제관식이 출토되어 늦어도 4세기 무렵에 관 전체를 금으로 만든 금관이 존재했을 것으로 추정된다. 왜냐하면 금동관에 금제관식을 달지는 않았을 것이기 때문이다. 따라서 우산 992호 무덤도 다른 무덤과 마찬가지로 대부분의 유물들이 손실된 까닭에 금관의 정체를 알 수 없는 것이 안타까운 일이다. 또한 '전동명왕릉'에서 출토된 금제관식이 동명왕 재위 시에 만들어진 것이 명확히 밝혀진다면, 우리나라에서 금관이 처음 만들어진 시기는 서기전

1~1세기 초로 서기전 1~2세기 무렵에 만들어진 틸리아—테페 금관과 서기전 2세기 또는 1세기 무렵에 만들어진 사르마트 금관과 비슷한 시기이다.

고구려에서 금관이 이른 시기에 만들어졌을 가능성은 고구려 금관의 구성물들과 모자에 화려한 장식을 하는 복식의 특징들이 고조선 이전 시기부터 시작되어 고조선을 이어 고구려 문화로 전승되어지는 통시적인 발달사에서 충분히 짐작할 수 있다. 이러한 관모장식의 발달사는 중국이나 북방지역에서는 나타나지 않는다.

첫째는 제1장에서 서술했듯이 고구려 금관과 금동관의 기본양식인 절풍의 역사가 홍산문화로까지 거슬러 올라가 지속적인 발달사를 가진다. 절풍에 관해서는 1장에서 상세히 분석하였다.

둘째는 고조선의 무덤 유적들은 대부분 머리부분에서 화려한 양식으로 장식되었을 장식단추 혹은 달개장식과 구슬 등이 많은 양 출토되어지는 것을 특징으로 한다. 이것은 한반도와 만주지역의 사람들이 오랫동안 모자에 다양한 장식물을 장식했던 발달사를 알게 해준다. 제1장에서 서술했듯이 장식단추 혹은 달개장식의 기원과 통시적인 발달사의 기원은 홍산문화로부터 비롯된다.

신석기시대의 이른 시기부터 한반도와 만주지역에 거주하던 사람들이 사용했던 장식단추와 달개장식의 복식기법은 홍산문화에서 옥을 재료로 독창적이고 입체적인 양식들을 표현하면서 크게 발전한다. 한반도와 만주지역에서 의복에 장식하던 토기와 돌, 뼈, 뿔, 조개껍질로 만든 달개장식과 구슬 및 옥장식 등은[22] 홍산문화를 지나 고조선시대로 오면 옥과 청동, 철을 재료로

---

22 延邊博物館, 「吉林省龍井縣金谷新石器時代遺址清理簡報」, 『中國考古集成』 東北卷 新石器時代(二), 北京出版社, 1997, 1886쪽.

한 것들로 적극 대체되어 보다 화려해졌다. 옥은 다양한 장신구의 재료가 되었고, 청동과 철은 둥근 모양과 나뭇잎모양의 달개장식으로 만들어져 의복 위에 달아 여밈새를 처리하거나 장식으로 사용되어 다시 고조선문화로 이어져 한층 화려하고 현대적인 조형미의 지속성을 보인다.

즉 한반도와 만주의 신석기시대 여러 지역에서는 지역마다 특색을 달리하는 재료를 융통성 있게 사용해 단추와 달개장식 및 장신구를 만들어 의복 위에 자유로운 조합의지와 다양성을 추구한 장식기법을 발전시켜 나갔다. 이 같은 발전양상은 중국 황하유역의 신석기문화 유적들에서 달개장식이 거의 발견되지 않는 것과 대조적이다.

고조선시대에 오면 직물의 발달과 함께 장식양식이 보다 화려해져 뼈나 뿔, 조개껍질 등으로 만들어진 것보다 옥과 청동, 철을 재료로 하여 만들어진 것들이 적극적으로 사용되었다. 뼈와 뿔, 조개껍질, 옥은 다양한 장신구의 재료가 되었고, 청동과 철은 주로 둥근 모양과 나뭇잎모양의 장식단추 혹은 달개로 만들어져 의복 위에 달아 매어 화려하게 장식했다. 또한 다양한 종류의 직물 발달은 의복에 다는 장식단추와 달개장식품의 사용도 직물의 성격과 어울리게 변화시키는 구실을 하였다. 자연히 종래의 장식단추에 새로운 장식기법이 더해져 대담하고 역동적인 양식으로 발전하였다.

고조선 유적에서 출토되는 달개장식 혹은 장식단추는 주로 원형과 나뭇잎양식이다. 중국 고고학자들은 이것을 銅泡라 부르고, 서양학자들은 단추와 비슷하다고 하여 청동단추(bronze button)라고 부른다. 필자는 고조선의 경우 이를 모자와 옷, 신발, 활집, 갑옷, 투구, 마구 등 여러 곳에 장식했으므로 장식단추 혹은 달개장식으로 분류하고자 한다. 장식단추는 여밈기능과 장식기능, 보호기능 등 다기능의 역할을 한다. 또한 고조선과 이를 이은 고구려와 여러 나라들에서는 단추의 기능보다는 매어 달아 장식효과를 나타내는 지속적인 발달사도 크게 보이고 있어 용도에 따라 달개장식으로도 분류하고자 한다.[23] 다시 말해 원형과 나뭇잎양식 등의 달개와 단추 등으로 구분된다.

그 형태는 윗면이 도드라진 원형인 것과 편편한 원형으로 꼭지가 달린 것, 도드라진 원형으로 단추구멍이 있는 것, 가운데 구멍이 있는 구슬모양의 것, 단추구멍 2개가 나란히 있는 것, 정사각형 가운데 원형의 구멍이 있고 4변 주위에 문양이 있으며 뒷면에 단추꼭지가 있는 것, 원형으로 둘레에 작은 구멍이 있고 뒷면에 단추꼭지가 있는 것, 반원형 등으로 매우 다양하다. 이러한 다양한 양식은 고구려 금제관식에도 그대로 나타난다. 또한 청동장식단추는 표면에 문양을 나타내는 경우와 문양이 없는 소면상태의 두 종류로 크게 구분된다. 표현된 문양은 대부분 신석기시대의 문양양식을 그대로 계승하여 새김무늬 질그릇이나 가락바퀴 등에 보이는 양식과 같다.

청동기시대에는 직물생산량이 크게 늘어나고 옷 만드는 일이 많아지면서 장식단추와 달개의 사용량도 크게 늘어난다. 이 시기 한반도와 만주의 대부분 지역에서는 뼈나 돌을 재료로 한 장식품이 적어지고 청동으로 만든 장식단추를 사용하는 비율이 높아진다. 그러면 고조선은 언제부터 의복에 어떠한 양식의 청동장식단추를 장식했을까?

고조선 유적에서 출토되는 관모와 의복에 달았던 원형과 나뭇잎양식의 장식단추는 고조선보다 앞선 서기전 25세기 무렵부터 출현한다. 원형의 경우 가장 연대가 앞서는 것은 평양부근 강동군 룡곡리 4호 고인돌 유적에서 출토

---

23 박선희, 『고조선 복식문화의 발견』, 320~321쪽 참조.

그림 5 북표 강가둔성터 출토 석범

된 것으로 서기전 25세기에 해당한다.[24] 나뭇잎모양의 경우는 평양시 강동군 순창리 글바위 무덤에서 출토된 금동귀걸이 끝부분에 달린 장식으로 서기전 25~서기전 24세기에 해당한다.[25] 이것으로 보아 고조선에서 사용되었던 원형과 나뭇잎모양의 장식은 적어도 서기전 25세기 이전에 출현했음을 알 수 있다.

지금까지 출토된 나뭇잎모양의 주물틀로서 가장 이른 연대의 것은 하가점하층문화에 속하는 요령성 북표 강가둔성터에서 출토된 석범이다(그림 5).[26] 그리고 고조선의 영역이었던 요령성 오한기에서 출토된 석범[27]이다. 발굴자들은 이 석범을 서기전 11~서기전 9세기 무렵 혹은 그보다 이른 시기에 속할 것으로 보았다. 청동장식단추 혹은 달개장식을 만들었을 이 석범은 긴 나뭇잎모양으로 고조선 장식단추의 특징인 나뭇잎모양의 모습을 그대로 보여준다. 또한 서주초기에 속하는 적봉시 옹우특기 황토량 하가점상층문화 유적에서

---

24 강승남, 「고조선시기의 청동 및 철 가공기술」, 『조선고고연구』, 사회과학원 고고학연구소, 1995년 2기, 21~22쪽.

25 한인호, 「고조선초기의 금제품에 대한 고찰」, 『조선고고연구』, 사회과학원출판사, 1995년 제1호, 22~26쪽; "강동군 순창리와 송석리에서 발굴된 금제품들은 모두 사람뼈와 함께 나왔다. 사람뼈에 대한 절대연대 측정치는 글바위 2호 무덤의 것은 4376±239년이고 글바위 5호 무덤의 것은 4425±158년이다."

26 遼寧省博物館·遼寧省文物考古研究所, 『遼河文明展』, 遼寧省博物館, 2006, 42쪽 그림 2.

27 邵國田, 「內蒙古昭烏達盟敖漢旗李家營子出土的石范」, 『中國考古集成』 東北卷 靑銅時代(一), 北京出版社, 1997, 801~802쪽.

그림 6 적봉시 옹우특기 황토량 출토 풍관과 석범

도 풍관과 함께 크고 작은 크기의 장식단추 혹은 달개장식을 만들었을 석범
(그림 6)이 출토되었다.[28] 서기전 8세기 무렵에 속하는 요령성 여대시 감정자구
강상 무덤에서도 석범이 출토되었다.[29] 이처럼 주물틀을 사용해 만들어지는
달개 혹은 청동장식단추는 생산량이 점차 많아지며 복식에서 쓰임새가 늘어
나면서 관모와 복식양식이 화려하게 변화되어가게 되었다. 이러한 발달상황은
달개와 청동장식단추가 한반도와 만주 전 지역에서 고루 출토되어지는 까닭
이 될 것이다(그림 7, 7-1, 7-2, 7-3).[30]

청동기 초기에 해당하는 길림성 대안현 도아하 유적에서 구슬들과 함께
청동달개가 출토되었다. 청동달개는 원형으로 문양이 없으나 뒷면에 꼭지가

---

28 王永强·史衛民·謝建猷,『中國小數民族文化史』東北卷 壹, 廣西敎育出版社, 1999, 73쪽.

29 조선유적유물도감편찬위원회,『조선유적유물도감』2-고조선·부여·진국편, 조선유적유물도감
    편찬위원회, 1989, 29쪽 그림 16.

30 국립경주박물관,『국립경주박물관』, 통천문화사, 1995, 17쪽, 그림 21 ; 조선유적유물도감편찬
    위원회, 위의 책, 44쪽 ; 그림 51.

31 吉林省文物工作隊,「吉林大安縣洮兒河下遊右岸新石器時代遺址調査」,『中國考古集成』東北卷 新
    石器時代(二),北京出版社, 1997, 1956쪽.

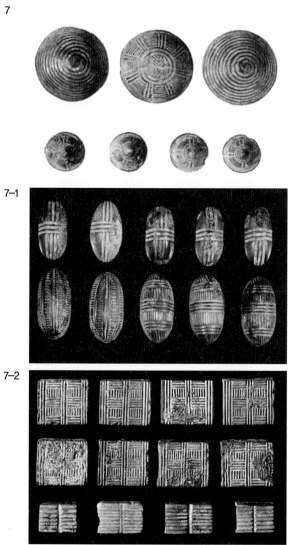

7

7-1

7-2

그림 7, 7-1, 7-2 영천 어은동 출토 다양한 양식의 청동장식단추

있어 의복이나 관모에 달았던 것임을 알 수 있다.[31] 이후 원형의 청동달개양식은 한반도에서는 평양일대의 고조선 초기 유적인 문선당 무덤·대잠리 무덤·구단 무덤·금평리 무덤 등에서 출토된 금동 혹은 금으로 만든 귀걸이양식에서 일관되게 나타난다.[32] 원형과 나뭇잎모양 달개장식은 관모와 허리띠장식과 마구장식

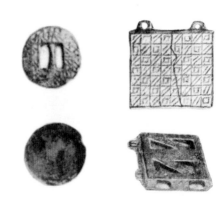

그림 7-3 금서현 오금당 유적 출토 청동장식단추

등으로도 그 양식이 더욱 확산되어간다. 이처럼 금속으로 만든 장식문화가 이른 시기부터 발달한 것은 청동기 사용연대가 이웃나라보다 앞선 데에 있다고 생각된다.[33]

　　청동기문화의 시작 연대를 보면 황하유역은 서기전 2,200년 무렵이고 고조선지역과 문화적으로 관련이 있는 시베리아의 카라수크문화는 서기전 1,200년 무렵에 시작되었다. 고조선의 청동기문화는 서기전 2,500년 무렵으로 동아시아에서 청동기의 생산시작 연대는 고조선이 가장 이르다.[34] 요서지역에서 홍산문화가 발견되면서 금속기 기원문제가 후기 신석기문화인 홍산문화부터 시작되었을 가능성을 보인 자료들이 등장한다.[35] 중국학자 楊 虎는 홍산문화후기(서기전 3,500~서기전 3,000년) 유적에서 발견된 주조틀과 銅環

32　한인호, 「고조선의 귀금속 유물에 대하여」, 『고조선연구』 제3호, 사회과학출판사, 1996, 9~11쪽.
33　박선희, 앞의 책, 333~334쪽.
34　박선희, 『한국고대복식-그 원형과 정체』, 지식산업사, 2002, 550쪽 주8 참조.
35　白雲翔·顧智界 整理, 「中國文明起源座談紀要」, 『考古』, 1989年 第12期, 1110~1120쪽.

그림 8 홍산문화 유적 출토 석범

을 소개하며 당시 청동주조기술의 가능성을 밝혔다.[36] 郭大順은 홍산문화 유적 출토유물과 우하량 Ⅱ지점 4호 무덤에서 출토된 銅環을 들어 금속문화의 시작이 홍산문화로부터 시작되었다는 견해를 제시하였다.[37]

청동주조는 인류가 문명사회에 진입했음을 알려주는 중요한 표시이다. 오한기 왕가영자 향서태 홍산문화 유적에서 많은 양의 청동을 일시에 주조하는 것이 가능한 陶范과 石范이(그림 8) 출토되어[38] 이미 야련업이 활발했음을 알 수 있다. 건평 우하량 제사 유적에서도 청동환과 청동을 끓였던 질그릇 솥(坩鍋)이 출토되었다. 이러한 사실들로부터 홍산문화에서 이미 야련업이 출현했다고 보고 있다.[39] 서기전 2,700년 무렵의 객좌 유적에서는 적탑수에서 銅礦을 채취한 흔적을 발견했고, 적봉 일대에서도 동광채취의 상황과 야련 유적을 발견하였다.[40] 이러한 사실로 본다면 고조선보다 이른 시기에 이미 청동달

36 楊 虎, 「遼西地區新石器-銅石幷用時代考古文化序列與分期」, 『文物』, 1994年 第5期, 48쪽.
37 郭大順, 「赤峰地區早期冶銅考古隨想」, 『內蒙古文物考古文集』, 中國大百科全書出版社, 1994, 278~282쪽.
38 王冬力, 『紅山石器』, 華藝出版社, 2007, 72~73쪽.
39 劉素俠, 「紅山諸文化所反映的原始文明」, 『中國考古集成』 東北卷 新石器時代(一), 北京出版社, 1997, 176~178쪽.
40 王 曾, 「紅山文化的走向」, 『中國考古集成』 東北卷 新石器時代(一), 北京出版社, 1997, 190~195쪽.

개와 장식단추가 만들어졌음이 확실하다.

중국에서는 商代 후기 유적으로 밝혀진 하남성 안양 곽장촌 유적,[41] 산동성 보덕현 유적[42] 등에서 청동장식단추가 출토되기 시작했다. 그러므로 중국에서의 청동장식단추의 생산은 상대 후기인 서기전 11세기 무렵인 셈이다.

이처럼 고조선의 달개 혹은 청동장식단추 생산연대가 중국보다 크게 앞서는 것으로 보면, 중국의 청동장식단추는 고조선의 영향을 받아 만들어졌을 가능성이 크다. 이는 중국 상왕조의 청동기는 고조선 초기의 문화인 하가점하층문화와 밀접한 관계를 갖기 때문에 더욱 그러하다. 이 하가점하층문화에 대해 張光直는, "商에 인접한 최초의 금속사용문화 가운데 하나였으므로 商의 가장 중요한 혁신 가운데 하나—청동기 주조—의 최초기원을 동부해안 쪽에서 찾는 것은 가능할 것이다[43]라고 밝혔다. 이러한 연구의 내용은 고조선과 중국 및 북방지역과의 청동합금기술의 비교에서 더욱 분명해진다.[44]

청동가공기술이 발달하기 이전에는 자연계에서 손쉽게 얻을 수 있는 자연동이나 산화동을 주로 이용했다. 처음에는 천연광석으로부터 얻었으나 점차 야금기술을 가지게 되었을 것이다. 구리는 녹는점이 1,083도인데 산화동과 탄산동은 이보다 더 낮은 온도에서 쉽게 녹는다. 이것은 고온에서 질그릇을 굽는 정도의 기술이면 구리를 뽑아낼 수 있음을 말한다. 그러나 구리는 무른 성격을 가지기 때문에 무기와 도구 등을 만들기에 적당하지 않아 자연동이나 산화동의 단점을 보완하기 위해 석과 연을 비롯한 다른 원소들을 합금하여

---

41 安陽市文物工作隊, 「河南安陽郭莊村北發現一座殷墓」, 『考古』, 1991年 第10期, 902~909쪽.
42 吳振錄, 「保德縣新發現的殷代靑銅器」, 『文物』, 1972年 第4期, 62~64쪽.
43 張光直 지음·尹乃鉉 옮김, 『商文明』, 民音社, 1988, 435쪽.
44 박선희, 위의 책, 562~565쪽.

주조하는 기술이 발전되었다.

한국에서 청동가공기술의 발달 모습은 서기전 2,000년기의 유적들에서 이미 보여진다. 서기전 2,000년기 전반기에 나온 청동제품들은 석과 연을 비롯한 여러 가지 원소들을 합금하여 만든 높은 수준의 청동제품이다. 하가점 상층문화 유적인 요녕성 임서현 대정 銅礦에서 출토된 鼓風管은 합금과정에 필요한 열처리 조절기술을 보여준다.[45] 청동가공기술의 발전은 서기전 2,000년기 말에 이르러 더욱 두드러지게 나타난다. 이 시기 한반도와 만주지역에서 출토된 여러 청동제품들은 동과 석 및 연 등이 주요성분으로 그 함유량이 기물의 특성에 맞게 제조되었다. 청동에서 석과 연은 합금의 세기를 높여주고 녹이 스는 것을 방지시켜 준다. 청동제품의 특성에 맞게 견고하면서도 아름다운 색깔을 낼 수 있도록 노력을 기울였던 것이다.

고조선의 청동합금에는 초기부터 연과 석의 함량이 높은 것을 특징으로 한다. 청동합금에서 연은 연신성을 높여주고 주물을 보다 쉽게 하도록 하여 제품의 질을 높여준다.[46] 석은 청동기의 표면이 윤택이 나면서도 산화를 방지할 수 있게 한다. 청동합금에 석이 16~20% 들어가면 세기가 가장 높아지며 그 이상이 되면 굳기는 하지만 쉽게 부서지는 성질을 가진다. 그것은 석이 16.0% 정도에서 'α-고용체단상조직'으로 되지만 그 이상일 때는 부스러지기 쉬운 'α+δ조직'으로 되기 때문이다.[47] 또한 연은 석과 함께 청동 합금의 세기

---

45 靳楓毅, 「夏家店上層文化及其族屬問題」, 『中國考古集成』 東北卷 靑銅時代(一), 1996, 399쪽, 圖2의 19.
46 강승남, 「고조선시기의 청동 및 철 가공기술」, 『조선고고연구』, 1995년 제2호, 사회과학원 고고학연구소, 22~23쪽.
47 강승남, 「우리나라 원시 및 고대 유색금속의 이용에 대한 고찰」, 『조선고고연구』, 1992년 제4호, 사회과학원 고고학연구소, 39~43쪽.

를 높여주고 녹이 스는 것을 방지해주며 주물온도도 낮추어준다.[48]

⟨표 1⟩ 서기전 2,000년기 고조선 무기와 장식품의 화학성분[49]

유적명	유물명	화학조성(%)									
		Cu	Sn	Pb	Zn	As	Sb	Bi	Fe	Ni	Co
롱곡리 5호 고인돌	비파형창끝	80.9	6.50	10.1	–	0.20	0.05	0.07	0.03	0.06	0.08
라진초도	장식품	53.93	22.3	5.11	13.7	–	–	–	–	–	–
라진초도	치레거리	83.4	7.20	8.0	0.05	0.3	0.85	0.08	0.12	–	–
라진초도	청동덩어리	67.23	25.00	7.50	0.05	흔적	0.24	0.05	0.14	–	0.002
북청군토성	원판형동기	57.7	25.0	7.00	1.00	5.00	2.00	0.30	2.00		

위 ⟨표 1⟩은 고조선의 서기전 2,000년기 유적에서 출토된 청동기들의 화학성분 분석내용이다. 이 내용으로 보면 서기전 2,000년기 고조선의 청동기들은 각각 기물의 용도에 맞는 성분으로 배합되어 있음을 알 수 있다. 표의 내용 가운데 비파형창끝과 치레거리의 경우는 석과 연이 비슷한 량으로 섞였는데, 이는 석과 연이 10.0%를 넘지 않을 정도로 혼합되면 금속조직을 치밀하게 해주며 주물에서 액흐름성과 늘임성을 높여주는[50] 효과를 지킨것이다. 특히 표의 유물 가운데 장식품·원판형동기·청동덩어리는 복식에 장식효과를 내는 것으로 석의 함유량이 모두 20% 이상으로 했다. 이것은 석의 함량이 높으면 높을수록 청동은 아름다운 색깔의 광택을 나타내는 특성을 이용한 것

---

48 강승남, 「우리나라 고대 청동가공기술에 관한 연구」, 『조선고고연구』, 1990년 제3호, 사회과학원 고고학연구소, 34~38쪽 ; 박선희, 위의 책, 588~592쪽.
49 강승남, 「서기전 1000년기 후반기 우리나라 청동야금기술의 특징에 대하여」, 『조선고고연구』, 1990년 제7기, 32쪽, ⟨표 1⟩ 참조.
50 강승남, 「우리나라 고대 청동가공기술에 관한 연구」, 36쪽 ; 주 48과 같음.

이다. 석이 14.0%보다 많으면 회색을 나타내기 시작하여 20.0% 이상에서는 뚜렷한 회색 또는 은백색으로서 아름다운 광택이 난다.[51] 또한 표에는 청동의 질을 높이기 위하여 사용된 비소(As), 안티몬(Antimony), 비스무트(Bi), 코발트(Co), 은(Ag) 등의 다양한 성분들이 보인다. 이러한 주석의 다양한 합금성분은 고조선시대 금속합금기술이 매우 높았음을 알려준다.

〈표 2〉 고조선 후기 청동도끼와 검, 거울 화학성분[52]

번호	유물 이름	나온 곳	연 대	원소들의 화학조성(%)					
				Cu	Sn	Pb	Zn	Fe	Ag
1	도끼	봉산군 송산리	서기전 3~2세기	40.55	18.30	7.50	24.50	1.05	
2	단검	연산	서기전 3~2세기	78.20	17.12	4.32		0.05	흔적
3	단검	순천	서기전 3~2세기	73.14	19.77	6.39			
4	거울	봉산군 송산리	서기전 3~2세기	42.19	26.70	5.56	7.36	1.05	

위 〈표 2〉는 고조선의 서기전 3~서기전 2세기 유적에서 출토된 청동기들의 화학성분 분석표이다. 표에서 도끼와 단검에 함유된 주석의 비율은 17.2~19.77%이고, 거울에 함유된 주석의 비율은 26.70%이다. 청동의 견고성은 19%일 때 가장 높고, 그 이상이면 강도는 높지만 잘 깨지게 된다. 이러한 청동의 특성이 도끼와 단검에 이상적인 비율로 나타난다. 반면에 거울에 함유된 주석의 비율은 26.70%로 높게 나타나 광택을 잘나게 하기 위한 목적이었음을 알

---

51 강승남, 「우리나라 고대 청동가공기술에 관한 연구」, 35쪽.
52 황기덕·김섭연, 「우리나라 고대야금기술」, 『고고민속론문집』8, 과학·백과사전출판사, 1983, 161쪽.

수 있다.

한반도와 만주지역에서 출토된 청동제품들은 이렇듯 동·석·연 등 3원소를 주요 합금으로 했다. 고조선은 위 〈표 1〉에 보이듯이 서기전 2,000년기에 이미 아연[53]을 용도에 맞게 사용했다. 중국은 제가 유적과 안양, 정주지역 등에서 출토된 청동기의 합금성분을 분석한 결과 商시대 후반기부터 비교적 청동합금에 아연성분을 알맞게 사용하기 시작하지만 이후 시기까지 청동합금의 기술이 고조선에 미치지 못했다.[54] 이러한 내용은 한국의 청동기에는 아연

---

[53] 최상준, 「우리나라 원시시대 및 고대의 쇠붙이 유물분석」, 『문화유산』, 1966년 3호, 43~46쪽.

[54] 중국의 서기전 약 2,000년기에 속하는 甘肅省 齊家文化 유적에서 발굴된 紅銅의 화학성분은 청동검의 경우 銅(대량), 연(0.03%), 석(0.1~0.3%), 안티몬(0.01%), 니켈(0.03%)이고, 청동 송곳의 경우는 청동(대량), 연(0.03%), 석(0.1%) 이다(甘肅省博物館, 「甘肅武威皇娘娘台遺址發掘報告」, 『考古學報』, 1960年 第2期, 53~72쪽; 北京鋼鐵學院 中國冶金簡史編寫小組, 『中國冶金簡史』, 科學出版社, 1978, 10쪽). 이로 보아 중국은 이 시기 거의 自然銅에 가까운 성분으로 보여 冶煉을 거쳤다고 하기 어렵다. 서기전 16세기에 해당하는 하남성 鄭州에서 출토된 方鼎의 경우 동(Cu) 75.09%·석(Sn) 3.48%·연(Pb) 17%·규소(Si) 약 0.2%로 나타나 이 시기에는 이미 동과 석 및 연의 합금기술이 있었던 것으로 보이나 연의 비율이 너무 높다. 서기전 13세기에 해당하는 하남성 安陽에서 출토된 銅塊의 성분분석은 동(Cu) 83.79%·석(Sn) 13.07%·연(Pb) 0%이고, 銅刀의 경우 동(Cu) 93.13%·석(Sn) 0%·연(Pb) 5.53%이며, 銅鏃의 경우 동(Cu) 83.46%·석(Sn) 0%·연(Pb) 9.08%·철(Fe) 1.40%·니켈(Ni) 0.03%로 분석되어(北京鋼鐵學院 中國冶金簡史編寫小組, 앞의 책, 24쪽, 表1-3 참조) 銅刀와 銅鏃의 경우 석이나 연이 전혀 섞이지 않았다. 같은 서기전 13세기에 속하는 安陽 小屯에서 출토된 여러 가지 청동기들의 성분을 보면 戈의 경우 동(Cu) 88.98%·석(Sn) 4.01%·연(Pb) 2.59%·철(Fe) 0.13%·니켈(Ni) 0.09%이고, 장식물의 경우 동(Cu) 80.25%·석(Sn) 16.27%·연(Pb) 0.22%·철(Fe) 0.12%·니켈(Ni) 0.07%이고, 禮器의 경우 동(Cu) 79.12%·석(Sn) 20.32%·연(Pb) 0.05%·철(Fe) 0.04%로 분석되어(北京鋼鐵學院 中國冶金簡史編寫小組, 앞의 책, 24쪽, 表1-2b 참조), 석이 禮器나 장식품에는 많이 포함되어 있고 견고해야 할 戈에는 소량이 들어 있음을 알 수 있다. 또한 연의 성분이 적은 것이 공통점이고 석의 성분분석이 기물의 용도에 적절치 못한 함량으로 나타난다. 서기전 13세기 말에서 서기전 12세기 초에 속하는 하남성 安陽縣 殷墟 婦好墓에서 출토된 大型 禮器인 司母辛大方鼎의 경우 동(Cu) 83.60%·석(Sn) 12.62%·연(Pb) 0.50%·아연(Zn) 0.16%·철(Fe) 0%였다. 그리고 婦好偶方鼎의 경우는 동(Cu) 80.20%·석(Sn) 14.16%·연(Pb) 1.69%·아연(Zn) 0.33%·철(Fe) 0%였다(中國社會科學院考古研究所, 『殷墟婦好墓』, 中國田野考古報告集, 考古學專刊, 丁種 第23號, 文物出版社, 1980, 16쪽). 이와 같이 婦好墓에서 출토된 禮器의 경우도 여전히 鉛의 성분이 적고 석의 성분도 'α-고용체단상조직'이 될 수 있는 16.0%에 미치지 못하여 강도가 높지

이 함유되어 있고, 중국의 청동기에는 아연이 없기 때문에 한국 청동기와 중국 청동기는 전혀 무관하고 오로지 스키토-시베리언계통과만 직접적으로 관계가 있다[55]는 의견은 성립될 수 없을 것이다.

시베리아 지역의 청동합금은 동·비소 합금이거나 동석·비소합금으로 동·석합금은 극히 적은 비중을 차지한다. 또한 쏘련의 북깝까즈 지역의 청동합금은 동·비소합금이거나 동·석·비소합금 또는 동·석합금 등으로 이들 지역에서 나온 청동합금들은 비소를 많이 포함하고 있다.[56] 따라서 북방지역 청동기 성분의 비소가 필수성분인 특징은 고조선의 청동기가 스키토-시베리언 계통이 아님을 알게 한다. 또한 고조선 청동합금의 기술도 중국보다 훨씬 합리적으로 발달된 것임을 알 수 있다. 이러한 분석내용들은 한국 청동기의 기원을 중국 商代의 청동기에서 찾는 방법[57] 역시 성립될 수 없음을 알게한다.

중국 청동기에 나타나는 합금의 미숙한 발달 상황은 달개 혹은 청동단추의 경우도 역시 마찬가지다. 발굴자들이 제시한 청동성분표 가운데 같은 시기에 만들어진 청동장식단추가 분석된 예가 없어 고조선 초기인 서기전 25세기 무렵에 만들어진 평양시 상원군 룡곡리 4호 고인돌 유적에서 출토된 청동장식단추의 화학성분과 서기전 7세기에서 서기전 5세기에 속하는 정가와자 6512호묘에서 출토된 청동장식단추의 화학성분인 〈표 3〉의 내용[58] 및 西周時

못하고 광택도 적을 것이다 ; 박선희, 『고조선 복식문화의 발견』, 341~342쪽.

55 金貞培, 『韓國民族文化의 起源』, 高麗大學校出版部, 1973, 137쪽.

56 강승남, 「서기전 1000년기 후반기 우리나라 청동야금기술의 특징에 대하여」, 31~36쪽.

57 李求求, 「靑銅器文化의 비교 I(東北亞와의 비교)」, 『韓國史論』13, 國史編纂委員會, 1986, 344 ~400쪽.

58 조선기술발전사편찬위원회, 『조선기술발전사』, 과학백과사전종합출판사, 1997, 44~46쪽 ; 潘陽故宮博物院·潘陽市文物管理辨公室, 「潘陽鄭家窪子的兩座靑銅時代墓葬」, 『考古學報』, 1975 年 第1期, 153쪽.

기(약 서기전 11~서기전 9세기)에 만들어진 청동장식단추의 화학성분인 〈표 4〉의 내용을 비교해보기로 한다.

〈표 3〉 롱곡리 4호 고인돌 유적과 정가와자 6512호 무덤 출토 청동장식단추의 화학성분

| 유적명 | 유물명 | 화학조성(%) | | | | | | | | | | | |
		Cu	Sn	Pb	Zn	Bi	Sb	As	Fe	Ni	Co	Si	Ag
롱곡리 4호 고인돌	청동 단추	76.0	15.0	7.0	–	0.06 ~0.1	0.06 ~0.1	0.6 ~1	0.03 ~0.06	0.01 ~0.03	0.006 ~0.01	0.3 ~0.6	0.06 ~0.1
정가와자 6512호묘	청동 단추	73.08	11.26	5.53	微量	0.5 ~3		0.5 ~3	半微量	微量		微量	

〈표 4〉 西周시기 청동장식단추 화학성분

| 시대 | 유물명 | 화학조성(%) | | | | | |
		Cu	Sn	Pb	Zn	Fe	Ni
西周시대	청동단추	74.48	16.16	3.97	0.08	0.07	–
西周시대	청동단추	85.45	9.44	2.33	0.07	0.10	0.01

〈표 3〉과 〈표 4〉의 성분비교를 통해 다음의 내용이 정리된다. 첫째는 고조선은 서기전 25세기 무렵에 속하는 롱곡리 4호 고인돌 유적 출토 청동장식에서 이미 적당한 양의 석을 사용했고 이러한 합금 기술은 이후에도 그대로 지속되었음을 알 수 있다. 둘째는 이보다 훨씬 후대인 서기전 11~서기전 9세기 무렵에 속하는 西周의 청동장식단추 가운데 하나는 석을 적당량 섞었으나 다른 하나는 소량으로 했다. 셋째는 연의 경우도 西周의 것이 훨씬 적은 양으로 합금되어 강도와 녹이 스는 것을 방지하는 성분이 고조선의 것보다 못하다.

이처럼 고조선은 중국보다 앞서 우수한 청동으로 만든 청동달개를 생산

하여 관모와 복식장식품으로 상용했음을 알 수 있다. 고대 한국의 청동가공기술이 중국이나 북방지역과 무관하게 독자적으로 발달했음을 알게 해준다. 아울러 위의 분석된 청동합금의 내용들은 중국의 청동단추생산이 고조선의 영향일 가능성을 뒷받침하며, 고조선 달개 혹은 청동장식단추가 갖는 다음과 같은 고유한 특징에서도 확인된다.

중국은 감숙성·섬서성·하남성 등에서 소량의 청동장식단추가 발견되었으나 그 출토지가 매우 적다. 반면에 고조선의 영역이었던 한반도와 만주지역에서는 거의 모든 청동기시대 유적에서 다양한 크기와 문양의 청동장식단추들이 발견되고 있다.[59] 또한 고조선의 달개 혹은 청동장식단추양식은 원형이 주류를 이룬다.

고조선에서는 고구려보다 앞서 합금기술뿐만 아니라 鍍金과 板金, 鏤金 등의 금속가공기술도 발전했다. 고구려 금동관과 금관제작기술은 이러한 고조선의 합금과 가공기술을 이은 것이라 여겨진다. 고조선에서 사용했던 도금법은 아말감합금에 의한 수은도금과 박도금이었다. 수은은 철, 니켈, 코발트 등 일부 금속을 제외한 대부분의 금속을 녹이며 열에 증발하는 특성을 가지고 있다. 이러한 수은의 성격을 이용하여 도금을 하게 되는데, 수은에 금과은 등을 혼합해서 아말감을 만들고 청동기에 바른 다음 열을 가하면 수은은 증발되고 금과 은만 청동기 표면에 남게 되는 방법이다. 실제로 고조선의 서기전 1,000년기 후반기에 생산되어 널리 사용된 마구류와 수레 부속품들 가운데는 아말감합금의 수은도금을 한 금동제품들이 자주 보인다.[60] 금동생산

---

59 윤내현·박선희·하문식, 『고조선의 강역을 밝힌다』, 138~150쪽.
60 황기덕, 『조선원시 및 고대사회의 기술발전』, 44쪽.

기술의 역사는 고조선이 출발점이 된다.

금박이나 은박도금 방법은 청동기에 수은을 바른 다음 금박이나 은박을 씌우고 열을 가하여 수은을 증발시키는 방법이다. 실제로 평양시 정백동 37호 무덤에서 출토된 문양이 있는 범무늬 허리띠고리가 박도금으로 만들어진 것이다.[61] 판금은 금속을 두들겨 얇은 판을 만들어 물체에 씌우는 방법이다. 고조선에서는 세형동검의 맞추개돌과 말관자와 수레장식 등에 판금을 하였다.[62] 누금은 금이나 은을 가는 실로 뽑아 금속판에 장식하는 방법이다. 정백동 37호 무덤에서 출토된 범무늬 허리띠고리에서는 은장식이 보이고, 평양시 석암리 9호 무덤에서 출토된 용무늬 허리금띠고리에서는 금장식이 나타난다. 석암리 9호 무덤과 정백동 37호 무덤은 연대가 서기전 1세기 무렵에 속하는 유적으로 고조선 붕괴 직후일 것으로 생각된다. 이 허리띠장식들은 모두 금실과 은실로 수를 놓듯이 장식하는 누금법이 사용되었는데 매우 훌륭한 조형미를 가진다.[63]

요령성 여대시에 위치한 서기전 8~서기전 6세기 무렵에 해당하는 고조선의 강상 무덤 유적에서 청동실로 만든 장식품이 출토되었는데 직경 0.25mm의 가는 구리실로 짠 것으로 고조선의 수준 높은 금속가공기술을 보여주고 있다.[64] 따라서 앞에 서술한 정백동 무덤과 석암리 무덤에서 출토된 용무늬 허리금띠고리와 범무늬 허리띠고리는 제작기법이 강상 무덤 유적에서 보여지는

---

61 사회과학원 고고학연구소 전야고고대, 「나무곽무덤-정백동 37호무덤」, 『고고학자료집』 제5집, 과학·백과사전출판사, 1978, 15~28쪽 ; 황기덕, 『조선원시 및 고대사회의 기술발전』, 44쪽.

62 조선유적유물도감편찬위원회, 앞의 책, 100~101쪽 사진 198·199·202.

63 조선유적유물도감편찬위원회, 앞의 책, 143족 ; 박선희, 위의 책, 352~354쪽.

64 조중 공동 고고학 발굴대, 『중국 동북 지방의 유적 발굴 보고』, 사회과학원출판사, 1966, 63~89쪽.

가는 금속실을 이용하는 기법과 같아 고조선의 금속가공기술을 계승했을 것으로 생각되며, 고구려 왕릉의 여러 유적에서 출토된 가는 금실과 정교한 금과 금동으로 만들어진 장식기술 역시 그러하다.

고조선 사람들은 금속으로 만든 달개 혹은 장식단추를 의복뿐만 아니라 모자나 신발 또는 활집[65] 등 복식의 여러 부분에 자유롭게 사용했다.[66] 한민족의 여러나라에서는 모자에 새깃을 꽂는 것 이외에 부여,[67] 고구려, 백제, 신라, 가야 등에서 새깃과 함께 금과 은, 옥등으로 장식했다. 이러한 양식은 중국이나 북방지역에서 볼 수 없는 고조선을 계승한 화려하고 높은 수준의 관모양식이다.

고조선 사람들의 모자와 관련된 청동장식단추의 출토 상황을 살펴보면 고구려 왕관장식의 기원을 살펴볼 수 있다. 고조선 초기에는 모자 위에 신석기시대에 많이 사용되었던 뼈와 조개껍질로 만들거나 다양한 색상의 돌, 옥, 흙으로 구워 만든 구슬 등을 재료로 하는 장식품을 청동장식과 함께 사용했다. 이후 청동기술이 발달하면서 모자 위에 뼈구슬과 함께 청동을 재료로 하는 장식을 많이 사용하여 이전보다 화려해진다. 둥근 장식이 두드러지고 이에 못지않게 네모와 마름모양식 등이 조화롭게 형상화되어 자유로운 조형의지와 입체감이 돋보이는 복식을 추구했던 것으로 생각된다.

이처럼 모자에 다양한 장식을 한 양식은 고조선의 여러 유적에서 골고루 나타난다. 예를 들어 고조선 초기의 유적인 요령성 창무현 평안보 유적 3기문화층에서는 나팔모양의 청동귀걸이와 뼈로 만든 구슬이 625개 출토되었다.

---

65 조선유적유물도감편찬위원회, 앞의 책, 70쪽 ; 박진욱, 앞의 책, 50쪽·57~58쪽.

66 위와 같음.

67 『三國志』 卷30 「烏丸鮮卑東夷傳」 扶餘傳. "以金銀飾帽."

대부분이 묘주의 머리와 목 부분에서 출토되어 모자에 달고 목에 둘렀던 장식품으로 판단된다.[68] 모자에 달았던 장식과 목에 걸었던 장식물을 같은 종류의 재질로 만들어 한벌로 사용한 차림새는 서기전 11세기 무렵에 속하는 요령성 객좌 화상구 무덤에서도 나타난다. 이 무덤에서는 비파형동검과 함께 직경 0.2mm인 청동실로 만든 목걸이가 목부분에서 출토되었고, 이 목걸이와 함께 사용했을 모자 위에서 직경 1.7cm의 달개 혹은 청동장식단추들이 출토되어 고조선시대 화려한 모자가 유행했던 것으로 생각된다.[69]

서기전 11~서기전 9세기 무렵에 속하는 하가점상층문화 유적인 적봉 약왕 무덤 M11 유적에서는 다양한 모양의 머리꽂이와 함께 뼈구슬 289개와 청동장식단추, 연이은 구슬모양장식 등이 모두 105개 출토되었다. 이처럼 서로 다른 재질과 모양의 장식들은 주로 묘주의 머리와 목, 가슴, 다리위에서 출토되었다. 발굴자들은 청동장식단추의 뒷면에 천이 붙었던 흔적이 있어 모자와 의복 위에 장식했던 것으로 추정했다. 특히 연이은 구슬모양의 청동달개는 마실로 꿰어 모자에 장식했던 것으로 생각되는데 80줄이나 된다. 목부분 옷깃에는 청동장식 이외에 청동달개 1줄을 가지런히 배열하여 달았다. 이처럼 약왕 무덤 유적에서는 0.8~3.3cm가 되는 다양한 크기의 장식단추[70]를 모자와 의복 위에 자유롭게 장식했던 것이다.

약왕 무덤 유적의 출토상황으로 보면 모자에만 80줄 정도의 구슬모양달

68 遼寧省文物考古研究所·吉林大學考古學系,「遼寧彰武平安堡遺址」,『中國考古集成』東北卷 靑銅時代(二), 北京出版社, 1997, 1554쪽.

69 遼寧省文物考古研究所·喀左縣博物館,「喀左和尙溝墓地」,『中國考古集成』東北卷 靑銅時代(二), 北京出版社, 1997, 1458쪽 ; 박선희, 위의 책, 281~282쪽.

70 中國科學院考古研究所內蒙古工作隊,「赤峰藥王廟, 夏家店遺址試掘報告」,『中國考古集成』東北卷 靑銅時代(一), 北京出版社, 1997, 663쪽.

개를 달거나 장식단추를 장식한 것으로 보아 후대에 금관이 만들어지기 이전 고조선시대에 이미 화려한 관모양식의 발달사를 충분히 보여주고 있다. 따라서 우리나라에서 금관이 만들어진 뚜렷한 통시적인 발달사에서 그 기원을 고조선에 두지 않을 수 없게 된다. 그리고 이러한 양상이 고조선 후기로 가면 더욱 활발해짐을 아래에 서술한 다양한 발굴내용으로부터 알 수 있다.

같은 유적 M17의 매장자는 성년여성인데 의복에 청동달개와 함께 청동구슬 39개와 뼈구슬 471개를 장식하였다. 그 외에도 双尾청동장식 20개, 연이은 구슬모양 청동달개 80개, 검은색과 흰색의 뼈구슬 1,957개가 출토되었다. 청동장식단추 뒷면에는 마직물 흔적이 남아있고, 가슴부분에는 뼈구슬 꿴 것이 두줄 목에서부터 늘어뜨려진 상태로 나타난다. 또 다른 무덤에서도 청동장식단추가 92개 출토되었는데,[71] 그 놓여졌던 위치와 직물흔적으로 보아 대부분 옷과 모자에 달았던 것으로 추정된다. 이러한 출토상황으로 보아 약왕무덤 유적은 다양한 크기의 청동달개를 구슬 등과 함께 모자와 의복에 많은 양을 화려하게 장식했다.

또한 여성 무덤인 M17 유적의 묘주가 M11 유적보다 옷과 모자에 청동달개와 청동장식을 많이 사용했고, 뼈구슬도 약 8배 정도 더 많이 장식한 것으로 나타난다. 이러한 장식기법들은 당시 사람들이 복식에 자유롭게 표현했던 감각적인 조형의지를 잘 보여준다. 이 약왕 무덤들에서 출토된 청동달개는 가장 큰 것의 직경이 3~3.3cm로 뒷면에 꼭지가 있고 줄문양을 새겼으며, 중간 크기의 것은 직경 1.7~1.8cm로 문양이 없다. 작은 크기의 것은 반원모양으로

---

71 위와 같음. 이 약왕무덤들에서 출토된 청동장식단추는 가장 큰 것의 직경이 3~3.3cm로 뒷면에 꼭지가 있고 줄문양을 새겼으며, 중간크기의 것은 직경 1.7~1.8cm로 문양이 없다. 작은 크기의 것은 반원모양으로 문양이 없으며 직경 0.8~0.9cm이다.

문양이 없으며 직경 0.8~0.9cm이다.[72] 이러한 출토상황으로 보아 약왕 무덤 유적은 다양한 크기의 청동달개를 모자와 의복 위에 구슬 등과 함께 많은 양을 화려하게 장식하여 태양빛을 표현했을 고조선 특유의 조형의지를 잘 보여준다. 여성 무덤인 M17 유적의 묘주가 M11 유적보다 옷과 모자에 청동달개와 청동장식을 많이 사용했고, 뼈구슬도 약 8배정도 더 많이 장식한 것으로 나타난다.

하가점상층문화 유적으로 춘추시대에 해당하는 오한기의 주가지 45호 무덤에서는 마포로 얼굴과 머리를 모두 덮고 마포의 옷을 입은 묘장습속이 보인다. 묘주의 머리 부분 오른쪽에는 자작나무껍질로 만든 모자가 있고, 마포로 덮은 머리와 얼굴 위에는 청동장식단추와 緑松石을 달아 장식했다. 그 위에는 부채와 같은 조개를 덮은 특이한 묘장 습속이 보인다.[73] 위에 서술한 노합하유역에 분포한 무덤양식에서와 같이 묘장에서 특히 모자 위에 옥과 청동으로 만든 다양한 장식품을 화려하게 달았던 것으로 보아 고조선 사람들이 하늘의 상징인 해를 나타내고자 했던 내세관을 알 수 있다.

길림성 진래현 탄도북강자에 위치한 춘추시대에서 전국시대에 걸쳐있는 무덤 유적에서는 청동달개 41개가 출토되었는데, 작은 것은 여성묘주의 머리 부근에서 출토되어 주로 모자 위에 장식했던 것으로 추정된다. 청동달개의 출토 위치가 머리부분에 집중되어있어 무척 화려한 장식의 모자였을 것으로 생각된다. M5와 M3 두 무덤에서는 머리에 쓴 두건에 달았을 것으로 생각되는

---

72 주 68과 같음.

73 靳楓毅,「夏家店上層文化及其族屬問題」,『中國考古集成』東北卷 青銅時代(一), 北京出版社, 1997, 409쪽;中國社會科學院考古研究所內蒙古工作隊,「內蒙古敖漢旗周家地墓地發掘簡報」,『中國考古集成』東北卷 青銅時代(一), 北京出版社, 1997, 814쪽.

청동달개가 출토되었는데, 뒷면에 작은 마직품 조각이 붙어있거나 麻線의 흔적이 남아있어[74] 모자나 두건에 화려한 장식을 하는 장식기법이 유행했을 것으로 생각된다.

전국 후기에 속하는 길림성 대안현 東山頭 무덤 유적에서는 청동달개 10개가 출토되었다.[75] 전국후기에서 漢초기에 속하는 길림성 화전 西荒山屯 유적에서는 다량의 옥으로 만든 장식품과 함께 청동달개와 청동반지, 청동거울 등이 출토되었는데, 청동기가 전체기물의 15%를 차지할 정도로 장식품이 큰 비율을 차지했다.[76] 이 유적에서 출토된 대부분의 청동달개들은 묘주의 머리와 가슴과 배 부분에 위치했던 것으로 주로 모자와 옷에 달았던 것으로 추정된다.

고조선 후기에 이르면 철기가 사용되기 시작한다. 철기의 발달로 인한 생산도구의 보급은 직물생산과 수공업을 더욱 크게 향상시켜 나갔다. 실제로 다양한 직물로 만들어진 의복의 일부가 여러 무덤들에서 출토되어진다. 대표적인 유적으로는 하가점상층문화에 속하고 서기전 11세기에서 서기전 5세기 무렵에 속하는 서랍목륜하와 노합하유역에 분포한 적봉 약왕 무덤, 영성현 남산근, 지주산, 홍산후 등의 무덤 유적이다. 이들 유적에서는 겉면에 다양한 장식을 한 모자와 의복이 출토되었고, 鎧甲을 입었던 모습도 나타난다. 묘주들은 의복을 여러 겹 입고 있는데 마직물옷과 모직옷, 가죽옷 등이다. 가죽으로 만

---

74 郭 民·李景冰·劉雪山·韓淑華,「吉林省鑛來縣坦途北崗子青銅時代墓葬清理報告」,『中國考古集成』東北卷 青銅時代(三), 北京出版社, 1997, 2522쪽.

75 匡 瑜·方起東,「吉林大安東山頭古墓葬清理」,『中國考古集成』東北卷 青銅時代(三), 北京出版社, 1997, 2531쪽.

76 吉林省文物工作隊·吉林市博物館,「吉林樺甸西荒山屯青銅短劍墓」,『中國考古集成』東北卷 青銅時代(三), 北京出版社, 1997, 2488쪽.

들어진 모자와 의복 윗면에는 鑲嵌한 청동으로 만든 작은 새모양 달개장식, 누에모양의 청동구슬, 녹송석구슬과 갑옷조각모양의 금장식 등을 달았다.

이처럼 고조선에서 이미 금을 다루는 기술이 발달했던 것이다. 의복 겉에 크고 작은 청동장식단추와 달개장식 등을 가득 달았다. 가슴 앞에는 금으로 만든 원형의 구멍이 있는 새문양 패식을 달았는데, 직경이 약 6~7cm이다.[77] 이처럼 고조선 후기로 오면 金을 장식재료로 사용하는 등 모자와 의복 위에 장식한 장식품의 재료와 규모가 고급화되고 웅장해지며 역동적인 조형미를 나타낸다. 이러한 내용들로부터 고조선에서는 철기가 발달한 시기에도 달개 등의 장식품은 주로 청동으로 만들어 사용했음을 알 수 있는데 고구려의 경우도 마찬가지이다. 이것은 청동이 철보다 광택이 아름다운 것을 특징으로 하기 때문일 것이다.

고조선 사람들은 가죽과 모피를 비롯하여 마직물, 모직물, 사직물, 면직물 등을 생산하여[78] 복식의 재료로 삼아 직물에 성격에 맞게 장식기법을 발전시켜 나갔다고 생각된다. 이러한 복식재료로 만든 모자와 의복 위에 달개장식과 청동장식단추와 다양한 양식의 장식품을 걸거나 달아 절제 있게 혼합된 개성 있는 조형미를 이루어냈다. 그 주요한 모자장식의 양식 특징은 다음의 내용으로 정리될 수 있다.

첫째, 고조선 초기에는 직물이나 가죽으로 만든 모자에 뼈로 만든 구슬, 옥으로 만든 장식품, 다양한 모양의 청동장식 등을 많은 량 사용하여 화려하게 장식했다. 둘째, 고조선 중기 이후에 오면 모자에 뼈와 옥으로 만든 장식이

---

77 劉素霞, 「夏家店上層文化考古資料反映的有關民族習俗」, 『中國考古集成』 東北卷 青銅時代(一), 北京出版社, 1997, 416~418쪽.

78 박선희, 『고조선 복식문화의 발견』, 127~270쪽 참조.

적어지고 주로 청동으로 만든 장식품들이 주류를 이루며 그 양도 이전보다 현저하게 많아져 보다 화려해진다.

고조선 사람들이 모자와 의복 또는 장신구에 장식했던 달개장식과 청동 장식단추의 양식은 고조선 붕괴 이후 여러나라시대로 이어져 나라마다 지역적 특색을 달리하여 발전해 나갔다. 『삼국지』「오환선비동이전」 濊傳에는, "(예 사람들은) 남녀 모두 曲領을 입는데, 남자는 넓이가 여러 寸 되는 銀花를 옷에 꿰매어 장식했다"[79]고 하여 예에서 일반적으로 남자들이 입는 곡령[80]에 약 5cm 이상 되는[81] 은화를 꿰매어 장식했음을 알 수 있다. 또한 『삼국지』「오환선비동이전」 부여전에 의하면, "(부여 사람들은) 국내에 있을 때 …… 가죽신을 신는다. 외국에 나갈 때는 두껍게 짠 누에천[繒] 옷·물감을 들인 오색실로 섞어 짠 누에천에 수놓은[繡錦] 옷[82]·청색 빛깔의 모직물[罽][83] 옷을 즐겨 입고, 大人은 그 위에다 여우·너구리·희거나 검은 담비가죽으로 만든 갖옷을 입으며, 또 금·은으로 모자를 장식했다"[84]고 하였다.

이러한 내용으로부터 부여사람들이 고급직물로 만든 의복에 특히 금과 은으로 화려하게 장식한 모자를 썼음을 알 수 있다. 이는 일반인의 의복에서도

---

79 『三國志』卷30「烏丸鮮卑東夷傳」濊傳. "男女皆衣著曲領, 男子繫銀花廣數寸以爲飾."

80 曲領은 袵形을 가리키기도 하고 襦의 명칭으로 불리워지기도 하는데, 위의 기재에서는 襦(웃옷)의 명칭으로 사용되었다

81 1寸은 10분의 1尺이다. 睡虎地秦墓竹簡整理小組는 『睡虎地秦墓竹簡』「倉律」에서 1尺을 지금의 약 0.23cm로 보고 있어 이를 따르면 1寸은 2.3cm가 된다. 그러므로 濊에서 넓이가 數寸이 되는 銀花를 달았다는 것은 적어도 2寸 이상일 것으로 5cm정도 이상되는 銀花를 달았음을 알 수 있다.

82 박선희, 『한국고대복식-그 원형과 정체』, 34쪽 주28 참조.

83 박선희, 위의 책, 34쪽 주29 참조.

84 『三國志』卷13「烏丸鮮卑東夷傳」扶餘傳. "在國 …… 履革鞜. 出國則尙繪繡錦罽, 大人加狐狸狚白黑貂之裘."

화려한 장식이 가능했던 고조선 복식의 특징으로 중국이나 북방지역에서는 찾아볼 수 없는 것으로 고구려로 이어진다.

실제로 동부여의 유적인 흑룡강성 액이고납우기 拉布達林의 무덤에서는 잔줄문양이 있는 청동거울과 함께 청동달개 등이 출토되었다.[85] 부여에서는 모자와 의복에 달개와 청동장식단추를 장식했음을 알 수 있으며 이러한 장식들은 부여 유적들에서 많이 출토되는 붉은색 만호구슬[86]과 함께 사용되었을 것이다. 『삼국지』 「오환선비동이전」[87]에 부여에서는 붉은 옥과 아름다운 구슬이 나는데 구슬의 크기가 대추만하다고 하였다. 이것은 瑪瑙와 붉은 옥이 많이 사용되었기 때문일 것으로, 동부여의 유적인[88] 길림성 유수현 노하심에서 출토된 붉은색 瑪瑙구슬 266개를 줄에 꿰고 그 사이에 6돈의 금으로 만든 네모모양의 장식을 달아 길이가 98cm나 되는 화려한 목걸이와 달개장식을 연결하여 만든 귀걸이(그림 9)[89]에서 확인된다. 이 부여의 귀걸이 달개장식에서 보이는 양식은 칠성산 211호 무덤 출토 금동제관식과 서대 무덤 출토 금동제달개, 우산 922호 무덤 금동제관식, 마선 2100호 무덤 금제관식 등에서 일관되게 나타나고 있어 한민족 장식의 고유양식이라 여겨진다. 이처럼 일반

85 內蒙古文物考古硏究所 · 呼倫貝爾盟文物管理站 · 額爾古納右旗文物管理所, 「額爾古納右旗拉布達林鮮卑墓葬發掘簡報」, 『中國考古集成』 東北卷 兩晋至隋唐(一)(北京出版社, 1997), 114~122쪽.

86 馬德謙, 「談談吉林龍潭山 · 東團山一帶的漢代遺物」, 『中國考古集成』 東北卷 秦漢之三國(二), 北京出版社, 1997, 1248~1250쪽 ; 吉林省博物館文物隊'吉林大學歷史系考古專業, 「吉林大安漁場古代墓地」, 『中國考古集成』 東北卷 秦漢之三國(二), 北京出版社, 1997, 1256~1262쪽.

87 『三國志』 卷30 「烏丸鮮卑東夷傳」 夫餘傳. " … 出名馬 · 赤玉 · 貂狄 · 美珠, 珠大者如酸棗."

88 吉林省文物工作隊 · 長春市文管會 · 楡樹縣博物館, 「吉林楡樹縣老河深鮮卑墓群部分墓葬發掘簡報」, 『文物』 1985年 第2期, 68~82쪽 ; 孫守道, 「'匈奴西岔溝文化'古墓群的發現」, 『文物』 1960年 第8 · 9期, 25~36쪽 ; 尹乃鉉, 「扶餘의 분열과 變遷」, 『祥明史學』 第三 · 四合輯, 1995, 447~480쪽 ; 박선희, 『한국고대복식-그 원형과 정체』, 617~618쪽 ; 오강원, 『서단산문화와 길림지역의 청동기문화』, 學硏文化社, 2008 참조.

89 王永强 · 史衛民 · 謝建猷, 앞의 책, 32~33쪽.

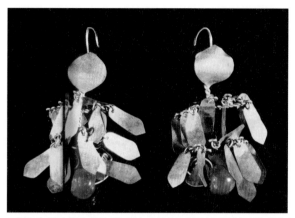

그림 9 노하심 유적 출토 마노구슬과 금으로 만들어진 동부여의 귀걸이

인의 의복에서 화려한 장식이 가능했던 부여의 의복 차림새는 중국이나 북방 지역에서는 찾아볼 수 없는 것으로, 의복에 달개장식 혹은 청동장식단추와 구슬을 장식하는 것은 고조선 복식양식을 계승한 것이다. 고구려 왕릉에서도 금제관식과 함께 마노구슬로 만든 장식이 자주 보이는 까닭이다.

이처럼 복식에 사용된 달개장식 혹은 청동장식단추양식은 고조선 붕괴 이후 여러나라로 이어져 나라마다 특색을 조금씩 달리할 뿐 부여와 고구려, 예, 한, 옥저 등에서 널리 유행했던 것이다. 여러나라에서는 장식단추와 달개 의 크기와 양식에 차이를 두거나 기하학적인 문양의 방향을 달리하여 복식 의 역동적인 가변성을 자연스럽게 표현해 미학적 현상을 자유롭게 개성화해 나갔다.

고구려 사람들은 공공모임에는 모두 물감을 들인 오색실로 섞어 수놓아 짠 누에천[繡錦] 옷을 입고 금과 은으로 장식했다[90]는 기록이 있는 것으로 보

---

90 『後漢書』 卷85 「東夷列傳」 高句麗傳. "其公會衣服皆錦繡, 金銀以自飾."

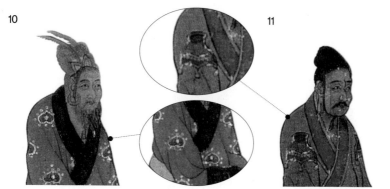

그림 10 고구려 사신 겉옷에 보이는 원형과 나뭇잎모양장식
그림 11 백제 사신 겉옷에 보이는 장식

아 錦으로 만든 옷이 대중화되었음과 錦으로 만든 의복에 금속을 장식했다고 생각된다. 동옥저 사람들도 고구려와 의복이 같았다.[91] 마한 사람들은 金·寶貨·錦·모직물 등을 귀하게 여기지 않았으며, 오직 구슬을 귀중히 여겨서 옷에 꿰매어 장식하기도 하고 목이나 귀에 달기도 했다.[92] 이로보아 북방지역에서 남쪽 지역에 이르기까지 錦으로 된 모자와 옷은 이미 대중화되어 모직물과 함께 귀하게 여기지 않았다고 생각된다. 또한 마한 사람들은 북방지역에서 달개와 청동장식단추를 많이 사용한 것과 달리 의복에 주로 구슬을 장식했음을 알 수 있다.

고구려는 고조선을 계승했으므로 이러한 고구려의 풍속도 예와 마찬가지로 고조선의 것을 이었을 것인데 그 실제 모습이 안악 3호 고분벽화의 주인도와 부인도(이 책의 제7장 그림 9와 그림 10 참조), 왕회도의 고구려 사신(그림 10)과 백제사신(그림 11), 마조총 수렵도 등에서 확인된다. 고구려에서는 의복

---

91 『後漢書』卷85 「東夷列傳」 東沃沮傳. "言語·飮食·居處·衣服有似句驪."
92 『後漢書』卷85 「東夷列傳」 韓傳. "不貴金寶錦罽, 不知騎乘牛馬, 唯重瓔珠, 以綴衣爲飾."

그림 12 개마총에 보이는 장식단추를 단 자주빛 관모와 웃옷

뿐만 아니라 금관과 관장식에 일정하게 장식단추모양의 원형과 나뭇잎모양의 달개장식을 달았다.

고조선 붕괴 이후 여러나라와 삼국시대 사람들은 고조선의 복식양식과 장식기법을 그대로 계승하여 의복뿐만 아니라 금관과 관장식, 허리띠장식, 여러 예술품들과 마구 등의 생활용품에 일정하게 달개와 장식단추양식을 적용하여 발전시켜 나갔다. 고조선을 계승한 고구려에서는 의복뿐만 아니라 금관과 관장식에 일정하게 장식단추모양의 원형과 나뭇잎모양의 달개장식을 달았다. 『北史』「列傳」고구려전에서는, "귀한 사람들은 그 冠을 蘇骨이라고 하는데 대부분 자주빛 羅로 만들어 금이나 은으로 장식했다"[93]고 하고, 『周書』「列傳」고(구)려전에서는 "남자들은 …… 그 冠을 骨蘇라고 하는데 대부분 자주

---

93 『北史』卷94「列傳」. 高句麗傳. "貴者, 其冠曰蘇骨, 多用紫羅爲之, 飾以金銀."

그림 13 신라 토우에 보이는 곡옥과 원형의 장식단추양식

색 羅로 만들고 금과 은으로 섞어 장식했다"[94]고 했다.

　귀한 신분의 남자들은 무늬가 성글게 짠 누에천인 羅[95]로 만든 관을 썼는데 이 관을 蘇骨 또는 骨蘇라고 부르고 그 위에 금과 은으로 장식했음을 알수 있다. 그 실제 예가 개마총 주실 서벽 천정부에 그려진 행렬도(그림 12)에서 확인된다. 행렬도 맨 앞의 귀인으로 보이는 사람은 매우 화려한 세움장식을 꽂은 자주빛 관을 썼다. 이마부분에는 관과 다른 색의 테두리가 있고 그위에 금이나 은으로 보이는 장식단추로 장식했으며, 옷 역시 장식단추로 장식되었다. 신라에서도 곡옥과 함께 원형의 장식달개를 금으로 만들어 의복에화려하게 장식하였는데, 그 좋은 예가 신라 초기의 토우(그림 13)[96]에서 보인다. 이러한 장식달개와 곡옥의 사용은 고조선의 청동장식단추양식과 달개장식기법을 고스란히 계승한 것이다.

94　『周書』卷49「列傳」. 高(句)麗傳. "丈夫 …… 其冠曰骨蘇, 多以紫羅爲之, 雜以金銀爲飾."
95　羅는 『說文解字』에서 새를 잡기 위한 그물로 설명되어 있다. 『釋名』「釋采帛」과 『渤海國志長編』「食貨考」에는 무늬가 성글게 짠 絲織物로 설명되어 있다.
96　한독의약박물관 소장.

신라와 백제, 가야의 금관과 금동관 등에서 보이는 금속으로 만든 관식과 절풍, 원형과 나뭇잎모양의 달개장식, 꽃가지양식, 나뭇잎모양의 끝마무리장식, 곡옥과 새장식 등도 고조선을 계승한 고구려의 금관양식이다. 백제와 신라, 가야에서도 절풍과 금관, 금동관 등에 금이나 은으로 만든 세움장식을 꽂고 그 위에 금과 은으로 만든 원형달개장식과 곡옥장식을 금실과 은실로 꿰어 매달거나 금박장식을 하기도 했다.[97] 이처럼 여러나라시대 관모는 고조선의 관모양식뿐만 아니라 고조선에서 널리 사용했던 달개 혹은 청동장식단추 또한 관모장식에 그대로 계승하여 한민족의 고유한 복식 갖춤새로 자리매김 하였음을 알 수 있다.

이처럼 원형과 나뭇잎모양의 달개 혹은 장식단추는 고조선 이전시기부터 복식에 장식물로서 다양하게 사용되어져 고조선 붕괴 이후 여러나라로 이어 지고 다시 삼국시대로 이어져 금관을 비롯한 여러 예술품들과 마구 등의 생활용품에 이르기까지 한민족의 중요한 장식양식으로 통시적 정체성을 이루었 다고 하겠다. 나뭇잎양식은 4~5세기 초에 속하는 집안에 위치한 환문총벽화 에서도 나타난다(그림 14). 따라서 고대 한민족 복식에 보이는 달개 혹은 장식 단추양식에 대한 비교 분석과 통시적 전승을 검토한 결과, 고구려의 금관과 금동관양식에 주로 나타나는 절풍양식의 모자와 달개 혹은 장식단추양식 등 의 기법은 고조선 이전시기부터 시작되어 고구려로 계승되어진 오랜 발달사를 가지는 조형적 전통임을 주목해야 할 것이다.

---

97 梅原末治, 「慶州金鈴塚飾履發掘調査報告」, 『大正十三年度古蹟調査報告』, 朝鮮總督府, 1932, 216~217쪽 ; 濱田耕作・梅原末治, 「慶州金冠塚と其遺寶」, 『古蹟調査特別報告』 第3冊, 朝鮮總督府, 1924 ; 吉林省文物考古研究所・集安市博物館, 『集安高句麗王陵-1990~2003年 集安高句麗王陵調査報告』, 文物出版社, 2004 ; 충남역사문화원, 『공주수촌리유적 현장설명회자료』, 충남역사문화 원, 2003.

자세히 들여다보면 고구려에서는 왕의 복식으로 일반적인 관모를 서열이 높은 금속인 금으로 바꾸었을 뿐이다. 그러므로 우리 금관을 만든 장인이 시베리아 샤먼의 관모 또는 아프가니스탄 관모 더 나아가 중앙아시아의 관모양식을 본떠서 만들었다는 모방설은 모순이다. 상투만을 가리는 머리양식과 절풍모자 그리고 원형과 나뭇잎양식 등의 달개 혹은 장식단추 양식은 생명력 있는 조형의지와 역동적이며 생동하는 한민족의 정서를 줄곧 표현

그림 14 환문총벽화에 보이는 나뭇잎문양

해 온 고유한 문화 인소로서 그 정체성을 올바르게 해석해야 할 것이다 그리고 그 바탕위에서 우리 금관문화의 독창성이 역사적으로 올바르게 해명되어야 할 것이다.

그러면 한반도와 만주지역의 한민족은 왜 장식단추 혹은 달개장식의 전통을 오랫동안 지켜나갔을까? 달개장식은 다양한 양식으로 둥근 것 이외에 네모와 세모, 마름모, 나뭇잎모양 등이 있다. 그 가운데 둥근 양식이 가장 많이 사용되었다. 또한 관모에는 웃옷이나 아래옷 또는 겉옷에서와 달리 주로 둥근 양식의 것만 주로 사용된 것이 특징적이다.[98] 둥근 양식의 달개사용이 고조선 영역에 전반적으로 확산된 것은 이 시기 복식문화의 시대적인 조형적 특징으로 볼 수도 있다. 하지만 달개장식의 사용이 고조선 이후 시기 고구려 금관에

---

98 박선희, 『고조선 복식문화의 발견』, 319~414쪽.

이르기까지 지속적으로 나타나는 양상은 제1장에서 서술했듯이 태양신을 섬기는 천신신앙의 문화적인 전통이 계승되어진 것으로 해석되어야 할 것이다.

고구려 사람들은 고조선을 계승하여 태양을 숭배하는 전통을 원형의 달개장식을 매개체로 하여 태양열과 빛의 현상을 관모에 표현했다. 그러므로 고구려 무덤들에서는 달개장식이 일정하게 출토되어지는데 이는 불꽃과 열, 빛을 한꺼번에 나타낸 것으로 해석된다. 즉, 신라 금관 세움장식의 달개장식은 세움장식이 나무로 해석되어 가지에 달린 나뭇잎으로 볼 수 있지만, 이 나무는 신성한 나무이므로 빛을 발하는 모습을 형상화하기 위한 장식의 의미로 해석되어도 자연스러울 것이다.

이처럼 원형의 달개장식은 한반도와 만주지역에서 신석기시대부터 태양빛을 상징하는 매개체로서 오랜 지속성을 가지며 발전해온 우리 민족의 표지문화인 것이다. 따라서 틸리아—테페 금관과 사르마트 금관에 보이는 원형과 나뭇잎양식의 장식은 이들 금관에서 보여지는 세워진 나무양식의 무성한 나뭇잎을 표현하고 있을 뿐이다. 한반도와 만주지역의 달개양식처럼 오랜 연원과 변천사를 이루는 통시적인 발달사가 없다.

따라서 고구려 금관이 이른 시기에 만들어졌을 요인은 고구려 금관의 기본양식인 절풍과 그 위에 장식했던 달개와 장식단추 등의 역사가 매우 이른 고조선 이전시기부터 지속적으로 통시적인 발달사를 가진다는 점에 있다고 할 수 있다. 또한 고구려 금관이 신라 금관보다 앞서 만들어졌다는 분명한 사실 등으로부터 신라 금관의 원류를 시베리아에서 찾는 상투적인 전파설 혹은 전래설은 마땅히 극복되어져야 할 것이다. 그래야만 고대에 금관이 전혀 만들어지지 않았던 중국의 역사왜곡에 고구려 금관은 시각적인 정체성을 뚜렷하게 보여줄 수 있는 대응논리의 중요한 근거로서 세계사에서 우뚝하게 제자리를 찾아가게 될 것이다. 또한 한국은 세계적인 금관의 종주국으로서 우리 금관문화의 정체성을 올바르게 자리매김 할 수 있을 것이다.

2. 금관으로 본 고구려의 천하질서

고구려는 건국부터 멸망할 때까지 주변의 국가들과 줄곧 전쟁을 했다. 그러나 일반적인 해석처럼 고구려의 대외전쟁사가 영토 확장으로 경제적인 기반을 확보하기 위한 것만은 아니었다. 앞의 여러 장들에서 서술했듯이 상식적으로 중국이 혼란한 시기에 고구려는 한반도를 향해서 전쟁을 하는 것보다는 오히려 중국을 침공하는 편이 훨씬 수월했을 것이다. 그러나 고구려는 요서지역을 수복한 후 전쟁의 방향을 한반도의 남쪽으로 향했다. 이러한 사실은 고구려 대외전쟁의 목적이 영토 확장에만 있는 것이 아니라, 과거 고조선의 영토인 한반도와 만주 전 지역을 수복하여 고조선의 천하질서를 회복하고자 한데 있었다고 해석될 수밖에 없다.

그러면 고구려가 추구하던 고조선의 천하질서 즉 고조선의 강역은 어디까지 일까? 다시 말해 고조선문명권[99]의 통합을 위해 전쟁을 진행하는 과정에서 금관은 어떠한 양식으로 변화를 가지며 왕권을 상징했을까?

---

99 愼鏞廈, 「고조선 '아사달'문양이 새겨진 산동 대문구문화 유물」, 『韓國學報』, 第102輯, 一志社, 2001, 2~23쪽 ; 愼鏞廈, 「고조선문명권의 삼족오태양 상징과 조양 원태자벽화묘의 삼족오태양」, 『韓國 原民族 形成과 歷史的 傳統』, 나남출판, 2005, 89~111쪽 ; 박선희, 「복식으로 본 고조선문명과 고대사 체계의 재정립」, 『고조선단군학』 제 26호, 2012, 81~158쪽.

먼저 고조선의 문명권, 즉 고조선의 강역을 서술하고 정치변화에 따른 금관양식의 변화양상을 정리하고자 한다. 필자는 한국 고대복식연구를 통해 그동안 새로운 연구가 진전되고 또한 새로운 연구 자료들이 증가할 때 마다 이를 보완하여 고조선의 강역을 고찰해왔다.[100]

고조선의 강역을 밝히는 작업은 한국사는 물론 금관연구를 비롯한 복식문화 연구에서 선행되어져야 할 부분으로 출발점이 된다. 우리 민족은 이 시기에 형성되어 우리 민족의 특징적인 사회와 문화를 출현시켰다. 그러므로 고조선의 지리범위가 결정되어야만 이에 포함된 문헌기록과 고고자료를 고조선 관모와 관식 연구의 사료로 삼을 수 있고 이를 토대로 우리나라 금관사의 원형을 찾는 연구도 가능하기 때문이다. 특히 고조선의 강역을 명확히 해야만 하는 것은 고구려가 전쟁을 계속 진행한 것이 '다물' 즉, 고토회복을 위한 것이었는데 그 고토가 바로 고조선의 강역이기 때문이다.

해방 이후 남북한 학계에서는 한국 고대사에 대한 연구가 활발히 진행되면서 고조선에 대한 연구도 병행되기 시작하였다. 북한 역사학계에서는 해방 후 일시적으로 고조선의 평양위치설이 통설로 자리 잡고 있었으나 1960년대에 문헌자료에 근거하여 고조선은 만주 요령성 일대에 위치하고 있었다는 주장[101]이 제출되어 1990년대 초까지 그 입장이 유지되었다. 북한학계는 문헌자료와 고고학자료, 즉 비파형동검문화에 대한 해석을 통하여 고조선문화의 출발지와 중심지를 요동으로 보면서 요령성과 길림성 일부 및 한반도 서북지방

100 박선희, 『한국고대복식-그 원형과 정체』, 지식산업사, 2002 ; 윤내현·박선희·하문식, 『고조선의 강역을 밝힌다』, 지식산업사, 2006 ; 박선희, 『우리 금관의 역사를 밝힌다』, 지식산업사, 2008 ; 박선희, 『고조선 복식문화의 발견』, 지식산업사, 2011.
101 리지린, 『고조선연구』, 과학원출판사, 1963.

의 비파형동검문화 지역을 고조선의 영역으로 설명하였다. 그 후 1993년 단군릉이 발견되면서 고조선의 전성기 영역은 이전과 마찬가지로 요령성과 길림성 일부로 보면서도 중심지는 평양이었다고 주장하였다.

해방 후 남한학계에서는 고조선의 평양중심설이 주장되었고 그 강역은 한반도로 국한하여 보았다.[102] 이 견해는 남한학계의 통설로 자리잡았다. 그런데 1980년대 중반에 이르러 고조선은 북경 근처에 있는 난하 유역과 갈석산지역을 중국과의 경계로하여 지금의 하북성 동북부로부터 내몽고자치구 동부·요령성·길림성·흑룡강성 및 한반도 전부를 그 강역으로 하고 있었으며 여러 차례 그 도읍을 이동하였다는 견해가 제출되었다.[103]

1980년대 후반에 이르러 북한학계에서는 고고학자료가 증가함에 따라 이를 토대로 고조선의 북쪽과 동북쪽 경계를 요령성 동부 경계 지역으로 주장하는 견해들이 제출되었다. 이는 1960년대부터 연구되어 오던 미송리형 질그릇이 주목받기 시작하면서 그 출토지역을 기준으로 한 것이었다.[104] 이는 그간의 비파형동검이 출토된 지리범위가 한반도와 만주 전 지역이므로 이 지역이 고대 한민족 전체의 문화권이었다고 주장하면서도 고조선의 영역은 그 가운데 미송리형 질그릇이 출토되는 한반도 서북지역과 지금의 요동지역만으로 본 것이었다. 이에 영향을 받아 1990년대 남한학계에서도 이 미송리형 질그릇이 청동기시대 고조선의 전형적인 유물로 언급되었고,[105] 미송리형 질그릇이

---

102 李丙燾, 「衛氏朝鮮興亡考」, 『韓國古代史研究』, 博英社, 1976.

103 윤내현, 「고조선의 강역과 국경」, 『고조선 연구』, 一志社, 1994, 170~306쪽.

104 박진욱, 「비파형단검문화의 발원지와 창조자에 대하여」, 『비파형단검문화에 대한 연구』, 과학·백과사전출판사, 1987, 5~92쪽.

105 盧泰敦, 「古朝鮮 중심지의 변천에 대한 연구」, 『韓國史論』 23, 1990, 36~49쪽.

출토되는 지리범위에 근거하여 고조선의 북쪽 경계는 지금의 요령성 북쪽 경계선 지역이었다는 주장이 제기되었다.[106] 또한 미송리형 질그릇이 출토되는 황해도 북부로부터 요하 동쪽의 요령성 지역과 팽이형 질그릇이 주로 출토되는 한반도 서북지방의 거주민들이 서로 밀접한 영향을 주고받은 동일한 종족계통일 것으로 보았다. 이 지역에서는 석관묘가 출현하고 이른 시기의 전형적인 비파형동검이 많이 출토된다. 따라서 이 지역이 일찍이 고조선문화가 발달했던 지역이고 고조선의 강역일 것이라고 보았던 것이다.[107]

이상의 주장들에서 제시되는 고고학자료의 근거는 크게 두 가지로 구분된다. 하나는 지배계층의 독점물이었던 비파형동검문화의 분포범위이고 다른 하나는 지배계층과 피지배계층이 모두 사용하였던 질그릇 가운데 지역적 특징을 갖는 일부 질그릇의 분포범위이다.

그러나 이 가운데 질그릇으로 강역 설정의 기준을 삼는 것은 문제가 있다고 생각된다. 질그릇은 동일한 국가 안에서도 지역에 따라 그것이 만들어진 토양이 다르고 그것을 만든 사람들의 지역문화에 따른 차이가 있을 것이기 때문이다. 신석기시대가 아닌 청동기시대 즉 국가단계의 사회에 이르면 여러 씨족이나 종족이 통합되어 하나의 정치세력을 이루게 된다. 따라서 하나의 국가 안에는 여러 형태의 특징을 갖는 질그릇이 하나의 정치권을 형성하게 된다. 중국의 경우 商나라 질그릇에는 신석기시대에 같은 황하유역에서 발생되었으나 전혀 다른 특징을 갖는 彩陶와 黑陶외에 山東지역의 大汶口문화와 밀접한 관계를 갖은 白陶[108]가 포함되어 있다. 그러나 학자들은 이 세 개의 서로

---

106 宋鎬晸, 「遼東地域 靑銅器文化와 美松里型土器에 관한 考察」, 『韓國史論』24, 1991, 73~95쪽.

107 宋鎬晸, 『古朝鮮 國家形成 過程 硏究』, 서울대학교 대학원 박사학위논문, 1999.

108 張光直, 「殷商文明起源硏究上的一個關鍵問題」, 『中國史學論集』 第3輯, 幼獅文化事業公司,

다른 질그릇의 형태나 특징을 기준하여 商나라의 강역을 나누어 설명하지는 않는다. 단지 商나라 안에서의 씨족이나 종족의 생활문화권으로서 구분할 뿐이다.[109]

반면에 복식문화와 관련한 유물자료를 토대로 한 고조선의 강역은 복식자료 가운데 지배층과 피지배층이 사용하던 생활용품 모두를 근거로 하여 분석할 수 있기 때문에 객관성과 구체성을 지닐 수 있을 것이다. 특히 중국이나 북방지역과 구별되는 한민족 복식의 고유한 특징으로 머리양식에 따른 홍산문화의 옥고와 고조선의 변이나 절풍양식은 이후 고구려를 비롯한 동부여와 백제, 신라, 가야 등의 표지유물로 고조선문명권을 잘 드러낸다. 고구려가 금관을 만들어 왕권을 상징하면서 추구했던 천하질서는 바로 이 고조선문명권을 통합하는 것이었다.

고조선에서는 모든 복식에 달개장식이 주된 장식기법으로 다양한 재료와 양식, 문양, 형태, 기법 등의 독창성을 가지며 한민족 복식의 고유한 복식 갖춤새로로 지속적인 발달사를 가진다. 같은 시기 이웃나라에는 이 같은 복식 양식이 보이지 않아 고조선 복식의 장식기법과 크게 차별화된다. 또한 고조선의 장식기법은 신분과 계층의 구분 없이 의복에 널리 적용되어 자유로운 생활상을 엿볼 수 있게 하며, 이러한 특징들은 한민족의 고유성과 정체성으로 정리된다.

그리고 복식유물 가운데 가장 양적으로 풍부하고 고유양식과 문양을 잘 나타내주는 대표적인 복식유물은 달개장식과 가락바퀴이고, 달개장식과 자

1979, 176쪽.
109 박선희, 『고조선 복식문화의 발견』, 466~471쪽 참조.

그림 15 홍산문화 유적 출토 곡옥

주 동반되어 출토되어지는 옥장식도 고유한 특성을 지녀 두드러진다. 달개장식과 곡옥은 중국이나 북방지역에서 거의 나타나지 않고 한반도와 만주지역에서처럼 지속적인 발전양상을 보이지도 않아[110] 분포지역도 거의 없다.

이처럼 달개장식과 함께 옷에 달았을 옥으로 만든 장식양식은 한민족의 특징적인 표지문화인 것이다. 한반도와 만주의 대부분 지역에서는 고조선시대에 옥과 청동, 철을 재료로 하여 만든 장식들이 복식에 적극적으로 사용되기 시작했다. 한반도와 만주지역 고조선 초기의 유적들에서 둥근 모양의 옥으로 만든 단추가 출토되어지는 것도 장식단추의 종류가 다양해지고 고급화되었음을 의미하는 것이다. 실제로 한반도[111]와 만주지역 신석기시대 초기 유적들에서는 곡옥(그림 15),[112] 옥으로 만든 옥패, 구멍이 있는 옥구슬 등의 조각품들이 다량 출토되어 고조선의 장식단추가 신석기시대로부터 지속적으로 발달해 왔음을 알 수 있다.

이들 조각품은 대부분 구멍이 뚫려 있어 옷에 달거나 걸었던 장식품 또는 장식단추의 용도로 쓰였을 것이다. 만주지역의 이른 신석기시대 유적들에서는 많은 양의 옥기가 출토되었는데 특히 홍산문화 유적들에서 정교하게 만들

---

110 박선희, 위의 책, 65~126쪽 참조.

111 위와 같음.

112 何 明,「吉林省新石器時代的考古發現與認識」,『中國考古集成』東北卷 新石器時代(二), 北京出版社, 1997, 1704쪽.

113 孫守道·劉淑娟,『紅山文化 玉器新品新鑒』, 吉林文史出版社, 2007, 90쪽의 그림 29·40·45.

어진 장식품으로 사용되었을 옥기가 다량 출토
되었다.[113] 이들 옥기 가운데는 실제 단추(그림 16)
로 분류되는 양식이 다수 출토되었다.[114]

만주지역에서 뿐만 아니라 옥기의 발전은 한
반도 전역에서도 마찬가지로 나타난다. 서기전
16세기에 속하는 진주 남강 옥방지구에서 곡옥
들이 출토되었다.[115] 청동기시대의 유적들에서도
곡옥양식의 장식품이 고루 출토되었다. 이러한
옥장식들은 고조선시대 청동장식단추와 함께

그림 16 홍산문화 유적 출토
옥장식단추

복식에 장식되어 조화를 이루며 화려한 조형미를 나타낸다. 중국이나 북방지
역에서는 곡옥의 발전양상이 보이지 않고 분포지역도 거의 없다.[116]

고구려 왕관의 기본양식인 절풍이외의 관모관련유물 가운데는 청동장식
단추와 달개장식, 곡옥 등의 출토지역이 가장 양적으로 풍부한데, 난하를 서
쪽경계로 하여 한반도와 만주의 전 지역으로 나타난다. 이러한 출토범위는 문
헌 자료의 분석과 함께 비파형동검·세형동검·청동거울·새김무늬 질그릇, 고
인돌이 출토되는 지역에 근거하여 고조선의 문화권을 설정하는 견해[117]에 관
모자료는 또 하나의 좋은 근거가 될 것이다. 이로부터 고대 우리 민족이 신석
기시대로부터 한반도와 만주 전 지역에서 거주하면서 하나의 관모문화권을

114 遼寧省文物考古研究所, 앞의 글, 1580~1596쪽.

115 李亨求, 『晉州 大坪里 玉房 5地區 先史遺蹟』-南江댐 水沒地區 遺蹟發掘調査報告書 第6冊, 鮮
文大學校·慶尙南道, 2001.

116 박선희, 위의 책, 478~482쪽.

117 윤내현·박선희·하문식, 『고조선의 강역을 밝힌다』, 지식산업사, 2006 ; 윤내현, 『고조선 연구』,
170~306쪽 참조.

형성해 왔고, 청동기시대에는 고조선이라는 국가를 세워 하나의 민족을 이루었음을 알 수 있다. 이러한 상황은 동일한 양식의 관모를 생산하고 사용했던 사람들이 동일한 정치체제를 가지는 하나의 국가에 속한 거주민들이었음을 보여주는 것이라 생각된다. 이들에게 공통의 귀속의식이 없었다면 오랫동안 공통성을 지닌 관모를 비롯한 복식문화를 만들어 낼 수 없었을 것이기 때문이다.[118]

필자는 지난 연구에서 한반도와 만주지역에서 출토된 복식자료 가운데 새 김무늬의 특징을 지닌 가락바퀴, 원형과 나뭇잎모양의 장식, 긴 고리모양의 허리띠장식, 갑옷조각 등이 그 문양이나 양식에서 공통성을 지니면서도 중국이나 북방지역의 것과는 다른 차이점을 가지고 있음을 발견하였다. 또한 한반도와 만주지역에서 사용한 가죽과 모피, 모직물, 마직물, 누에천, 면직물 등의 종류가 지역마다 조금씩 특성을 달리 하지만, 기본적으로는 같은 종류였음을 확인하였다. 또한 이것을 재료로 하여 만든 모자, 웃옷과 겉옷, 아래옷, 허리띠, 신 등의 복식양식에서도 공통성을 확인하였다.

이처럼 한반도와 만주 지역에서 출토된 다양한 복식 자료들을 분석하여 그 특징과 공통성을 확인했을 뿐만 아니라 이를 중국 및 북방 지역의 복식 자료와 비교하여 그 차이점을 밝혔다. 그리고 한반도와 만주에서 출토된 공통성을 지닌 복식 유물의 분포범위를 근거로 하여 이들의 출토지를 각 내용별로 지도에 표기하여 고조선의 영역을 확인하였다. 이후 새로이 연구된 내용으로 중국이나 북방지역과 구별되는 고조선 복식의 고유한 특징으로 머리양식에 따른 옥고와 변이나 절풍양식이 나타나는 지역, 의복에 곡옥과 옥장식을

---

118 위와 같음.

사용했던 지역연구가 더해졌다. 또한 달개장식 사용지역 장식기법 및 염색기법의 특성이 동일하게 나타나는 지역이 보완되었고, 그동안 새로이 발굴이 진행되어 추가된 내용들을 더하여 〈지도 1〉로 밝힌 바 있다.[119]

이 연구에서는 복식자료 가운데 지배층과 피지배층이 사용하던 생활용품 모두를 근거로 하여 분석했기 때문에 객관성과 구체성을 지닐 수 있었다. 복식유물 가운데 가장 양적으로 풍부하고 고유양식과 문양을 잘 나타내주는 대표적인 복식유물은 가락바퀴와 청동장식단추이고, 청동장식단추와 동반되어 출토되어지는 옥장식도 고유한 특성을 지녀 두드러진다. 곡옥은 중국이나 북방지역에서 거의 나타나지 않고 한반도와 만주지역에서 처럼 지속적인 발전 양상을 보이지도 않는다.

위의 지도에서 액이고납하유역과 흑룡강성 북부지역에서는 유물들이 거의 출토되지 않고 있는데, 이는 액이고납하 아래에는 대흥안령산맥이 있고 흑룡강 아래에는 소흥안령산맥이 가로놓여 있는 고산지대이므로 사람들이 거주하기에 적합하지 않았던 지역이기 때문일 것이다. 그리고 흑룡강성 지역에서는 다른 지역에 견주어 고고학적 발굴이 적었다는 점도 이유가 될 수 있을 것이다.

이처럼 복식의 특성 연구는 곧 민족문화의 정체성을 밝히고, 복식양식과 자료의 고유성에 관한 분포 연구는 민족국가의 지리적 경계를 파악하는 데까지 이를 수 있다. 복식관련 유물을 자료로 고구려 문화의 국가 정체성을 새롭게 밝힐 수 있는 것은 복식이 고고학적 유물로서 문화적 정체성을 시각적으로 보여주는 결정적 자료이기 때문이다.

---

119 박선희, 『고조선 복식문화의 발견』, 471쪽.

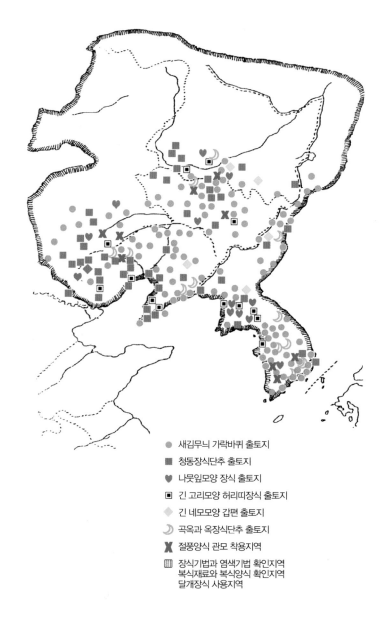

● 새김무늬 가락바퀴 출토지

■ 청동장식단추 출토지

♥ 나뭇잎모양 장식 출토지

▣ 긴 고리모양 허리띠장식 출토지

◆ 긴 네모모양 갑편 출토지

☽ 곡옥과 옥장식단추 출토지

✗ 절풍양식 관모 착용지역

▥ 장식기법과 염색기법 확인지역
복식재료와 복식양식 확인지역
달개장식 사용지역

〈지도 1〉 고조선 고유양식의 복식유물 출토지와 복식재료, 복식양식 확인지역

〈지도 1〉에 고조선을 이은 고구려 고유양식의 달개장식과 관식, 금관 등이 출토된 지역을 더하여 분포도로 나타내면 〈지도 2〉의 내용이다. 고구려가 추구했던 정치이념을 실현하고자 했던 공간범위는 바로 ▨의 '고조선을 이은 고구려의 원형과 나뭇잎양식의 금제관식 및 금동제관식 출토범위' 였던 것이다. 다시 말해 고구려가 전쟁사를 통해 추구했던 고조선의 천하질서는 바로 위 지도에 표기된 강역을 목표로 삼았던 것이다.

왕관은 곧 왕권을 상징하는 까닭에 왕관양식은 그것이 만들어진 시기 왕권의 성격을 보여주며 당시대를 반영하는 실질적인 구조물이다. 그러므로 왕권과 밀접한 왕관의 양식변화를 고찰하는 것은 왕관이 대내외적으로 발휘하고자 했을 정치적 기능을 밝히는 일이 된다. 현재까지의 출토유물로 보아 서천왕시기 고구려는 금동관테둘레에 세움장식을 세운 왕관을 만들기 시작했다.

고구려는 영토 확장과 함께 국력을 튼튼히 하여 서천왕시기부터 적극적으로 서방을 향해 진출하기 시작했다. 이 시기에 고구려는 남쪽의 신라나 백제와는 거의 충돌이 없었다. 신라와는 신하나라의 관계를 맺어 충돌을 피하였고, 백제와는 동족이라는 논리를 내세워서 평화적인 상태를 유지하였다. 이러한 고구려의 정세로 부터 서천왕시기의 왕관은 건국초기부터 토대가 마련된 대내외적 기반으로 요서지역에 본격적으로 진출하고자 하는 고구려 왕권의 강력한 의지를 보여주는 실질적인 구조물이었던 것이다.

미천왕은 초기부터 현도성 공격을 시작으로 요동군의 서안평현을 점령하였고, 낙랑군을 침공하였으며, 대방군과 현도군을 차지하여, 결과적으로 지금의 난하유역에 이르는 고조선에 속해있던 옛 지역을 완전히 수복했다. 반면에 한반도에 있었던 백제나 신라와는 충돌하지 않았다. 따라서 미천왕시기에

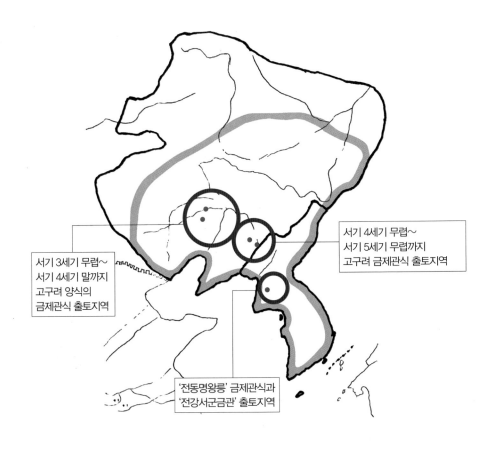

서기 4세기 무렵~
서기 5세기 무렵까지
고구려 금제관식 출토지역

서기 3세기 무렵~
서기 4세기 말까지
고구려 양식의
금제관식 출토지역

'전동명왕릉' 금제관식과
'전강서군금관' 출토지역

〈지도 2〉

■ 고조선을 이은 고구려의 원형과 나뭇잎양식의 금제관식 및
금동제관식과 같은 양식의 관식 출토범위

◉ 고구려 금관과 금제관식 및 금동제관식 출토지역

만들어졌을 금관은 금제관식 몇 개만을 남기고 모두 손실되어 그 양식을 가름할 수 없지만 고조선 서쪽 지역을 되찾고자 한 의미를 상징했을 것으로 생각된다. 그러나 慕容 皝이 미천왕릉을 크게 훼손하여 고국원왕시기 前燕에 稱臣하는 조건으로 미천왕의 유골은 돌려받았다.[120] 따라서 고국원왕이 돌려받은 미천왕의 유골을 예를 갖추어 다시 안치하였을 것으로 여겨지는 우산 992호 무덤을 주목하게 된다. 이러한 추정이 옳다면, 미천왕의 본래 무덤일 것으로 여겨지는 서대 무덤과 2번째 무덤인 우산 992호 무덤에서 출토된 금으로 만든 관식이 유사성을 보이는 까닭이 설명될 수 있을 것이다.

집안지역에 있는 대부분의 왕릉이 크게 훼손되고 도굴상태도 심각하여 현재까지의 출토물로는 고구려에서 금제관식이 출토된 것은 미천왕의 무덤일 것으로 여겨지는 우산 992호 무덤이 가장 이르다. 이 금제관식은 금동제관테 둘레와 금동제관식들과 함께 출토되어졌다. 그러나 금동제관식과 금으로 된 관식을 함께 조합하여 왕관을 만들었을 것으로는 생각되지 않는다. 따라서 우산 992호 무덤에서 금제관식들이 출토되어진 점으로 보아 당시 금관이 존재했다고 생각되어진다.

고구려의 관테둘레에 세움장식을 세운 금관으로 비교적 구성물들이 온전하게 출토되어진 것은 소수림왕의 금관과 광개토대왕의 왕관 및 '전강서군금관'을 들 수 있다. 이 가운데 '전강서군금관'은 세움장식이 가장 화려하고 발달된 양상을 보이고 있어 광개토대왕의 왕관보다 후에 만들어진 것으로 생각된다. 광개토대왕 무덤에서도 금제관식들이 많이 출토되어 절풍양식 왕관과

---

120 『三國史記』 卷18 「高句麗本紀」 故國原王條. "十三年, 春二月, 王遣其弟稱臣入朝於燕, 貢珍異以千數, 燕王皝, 乃還其父尸, 猶留其母爲質."

별도로 금관이 존재했을 가능성을 추정하게 한다.

소수림왕시기 왕관은 왕의 신성한 출현과정을 세움장식에 형상화하여 왕권의 신성성을 강화하며 국가의 기틀을 다지려 했다. 이와 달리 광개토대왕시기의 왕관은 고조선시기로부터 한반도와 만주지역에서 일반적으로 널리 사용되었던 관모인 절풍양식이다. 이러한 왕관양식의 변화요인은 당시 고구려 사람들이 추구했던 대내외적인 정치와 사회의 변화양상과 맞물려 왕의 통치력이 추구했던 목적의 차이에서 찾아질 수 있다.

소수림왕시기는 영토 확장에 따른 중앙집권적 국가제도를 정비한 시기로 왕권을 줄기차게 강화시켜나가며 남진정책의 기반을 마련하는 시기이다. 따라서 이 시기 왕권의 기반을 더욱 공고히 하기위한 목적으로 시조신화를 상징적으로 형상화한 왕관을 만들어 상징물로 삼았을 것이며, 이를 통해 고구려 중심의 국가 정체성과 왕권의 신성성을 강화하는 정치적 기능을 마련하고자했을 것이다.

소수림왕을 이어 즉위한 고국양왕시기 고구려는 모용씨와 계속 충돌하였었다. 고구려는 이러한 상황에서도 남진정책을 중단하지 않았다. 한편으로 고국양왕은 백제를 침공하였는데,[121] 이에 대응하여 백제는 두 차례에 걸쳐 고구려를 침공하였다. 그 결과 도압성을 격파하였다.[122] 이와 달리 고구려는 392년에 신라에 사신을 보내 수호관계를 맺었는데, 신라의 내물마립간은 그의 조카인 실성을 고구려에 볼모로 보내는 등[123] 신라가 완전히 고구려의 통제 아래

---

121 『三國史記』卷18「高句麗本紀」故國壤王條. "三年, …… 秋八月, 王發兵南伐百濟."
122 『三國史記』卷18「高句麗本紀」故國壤王條. "六年, …… 秋九月, 百濟來侵掠南鄙部落而歸." "七年, 秋九月, 百濟遣達率眞嘉謨, 攻破都押城, 虜二百人以歸."
123 『三國史記』卷18「高句麗本紀」故國壤王條. "九年, 春, 遣使新羅修好, 新羅王遣姪實聖爲質."

놓였다. 고국양왕시기의 이러한 국제정세는 소수림왕시기의 금관보다 강력한 왕권을 상징하는 모습이었을 것으로 넓은 관테둘레와 화려한 달개장식들이 이를 반영해 주고 있다.

반면에 광개토대왕시기에는 일반 관모인 절풍양식의 왕관을 만들었는데 이 또한 당시의 대내외정책과 밀접한 관련이 있다. 고구려는 이 시기 한반도 와 만주 전 지역과 일본지역까지를 형식적이긴 하지만 통치권 안에 넣어 신하 나라로서 조공을 바치도록 하여, 고조선의 강역인 한반도와 만주를 전 지역 으로 하는 천하질서를 확립했다. 이처럼 고구려가 고조선의 계승자로서 고구 려 중심의 천하질서를 확립해 나간 것은 건국초기부터의 국가시책으로 광개 토대왕시기에 명분상으로 일단 완성되었다고 해석된다. 따라서 이러한 상황은 광개토대왕시기 왕관양식으로 고조선의 여러나라들이 공통적으로 썼던 절풍 양식을 택하게 된 까닭이 될 것이다. 왕관이 고구려 왕의 권위를 강화하는 상 징물일 뿐만 아니라 고조선을 계승한 나라로서의 통치적 기능을 발휘할 수 있는 구실도 담당하고자 했을 것이다.

고구려에서는 신라와 백제 및 가야에서와 마찬가지로 금관뿐만 아니라 금 동관 등도 대부분 변과 절풍양식을 기본으로 하였다. 변모양으로는 평양부 근 출토 금동관(제1장의 그림 4 참조)을 들 수 있다. 절풍양식의 관으로 평양 시 력포구역 룡산리 7호 무덤에서 출토된 금동관(제1장의 그림 1 참조), 평양 시 대성구역에서 출토된 불꽃뚫음무늬 금동관과 함께 절풍모양이었을 것으 로 생각되는 꽃잎모양 뚫음무늬 금동제장식, 평양시 력포구역 룡산 무진리 16 호 무덤에서 출토된 금동절풍(제1장의 그림 3 참조), 평양 청암리 토성부근에 서 출토된 금동절풍 등이 있다.

소수림왕과 광개토대왕시기의 금관보다 발전된 양식이 '전강서군금관'이다. 이 금관은 꽃문양 관테둘레에 불꽃문양의 세움장식이 세워진 매우 화려한 양식의 금관이다. 이 금관은 4~5세기 무렵에 속할 것으로 추정된 평양시 대성구역 청암리 토성부근에서 출토된 금동관과 같은 불꽃양식으로 비슷한 시기에 만들어졌을 것으로 생각된다. 불꽃문양은 일반적으로 태양을 상징하는 것으로 해석된다.

고구려는 장수왕시기로 오면 한반도와 만주 전 지역을 직접지배 영역으로 만들고자 전쟁에 주력하면서 왕권을 강화하고 국가의 정통성을 확립하여 고조선시기의 천하질서를 재건하는데 주력했다. 그러한 왕권의 상징적인 의미와 목적 즉, 정치이념이 반영된 것이 '전강서군금관'으로 해의 아들인 고조선의 단군을 타오르는 불꽃문양의 세움장식으로 형상화했다고 여겨진다. 이처럼 고구려 금관양식은 대내외적인 정치와 사회의 변화양상과 맞물려 새로운 조형의지와 장식기법을 발달시켜 나갔다고 하겠다.

위에서 제시한 여러 금관과 금동관의 양식에서 주로 삼족오문양과 불꽃뚫음문양 또는 불꽃문양이 외관을 장식하고 있는 점에서 공통점을 보인다. 즉 삼족오는 이 금동절풍에서 뿐만 아니라 고구려 고분벽화의 여러 곳에서 보이고 있다. 따라서 이들 관모에 보이는 삼족오문양과 불꽃뚫음문양 또는 화염문양 등은 새깃장식과 함께 고구려 건국신화인 주몽신화 가운데 특히 해모수의 출현을 상징하고 있는 모습이다.

앞의 제11장에서 밝혔듯이 해모수의 解는 하늘의 해, 慕漱는 '머슴애'를 뜻하는 것으로 해모수는 해의 아들 즉 日子를 의미한다.[124] 즉 고조선의 단군

---

124 金庠基, 「國史上에 나타난 建國說話의 檢討」 『東方史論叢』, 서울대학교출판부, 1984, 6~7쪽의

은 해의 아들이라고 불리었으며 태양신을 상징한다. 따라서 '전강서군금관'과 평양시 대성구역에서 출토된 금동관에 표현된 태양의 불꽃이 활활 타오르는 듯한 모습의 세움장식은 해모수 곧 태양신을 반영하고 있는 것이다. 해모수신화의 상징성이 고구려 왕관에 그대로 형상화되어 고구려가 고조선의 전통을 계승하고 있음을 알 수 있다.

그러므로 고대 한국에서 금속으로 만든 관모나 관장식, 금관이 북방지역의 영향을 받아 만들어지기 시작한 것이라던가 북방적 성격과 인도적 성격이 복합되어 만들어진 것이라고 보는 것은 옳지 않다고 생각한다. 이러한 연구의 결과는 지금까지 고구려는 금관이 아예 없는 것으로 간주되었던 탓에 신라 금관이 유일하게 우리나라 금관 연구에 기준이 되었기 때문이었다.

따라서 지금까지의 금관연구에서는 모두 신라 금관을 기준하여 우리나라에서 금관이 5세기 후반부터 6세기 전반까지의 시간에 만들어진 것으로 편년되었다. 그러나 고구려를 제외하고도 신라 금관의 편년도 잘못되었을 가능성이 있다.

필자는 지난연구에서 서봉총에서 출토된 은합우에 새겨진 명문에 대한 새로운 해석을 통해 서봉총의 정체를 해명한 것은 물론 서봉총 금관의 주인과 성격, 그리고 신라 금관과 적석목곽분의 하한연대를 새롭게 추론할 수 있었다.

은합 겉면 바닥에 새겨진 '延壽元年太歲在辛'을 해석하면, 延壽는 高昌國의 연호이며 연수원년은 고창국 麴文泰왕이 즉위한지 5년이 되는 해에 重光에서 延壽로 연호를 바꾼 원년이 된다. 즉 연수원년은 고창국 국문태왕 5년

주7 참조.

으로 624년에 해당한다.[125] '太歲在辛'은 『爾雅』「釋天」에 의하면 '太歲在辛曰 重光'이라고 하였다. '重光'은 바로 德이 있어 많은 것을 이룬 明君이 계속하여 재위했다는 뜻이다.[126] 따라서 위의 명문은 연수원년에 麴文泰 왕이 계속 명 군으로 재위하였다는 뜻으로 해석할 수 있다.[127]

이러한 명문의 해석 내용으로 볼 때, 서봉총 은합우는 624년에 고창국에 서 만들어져 신라에 예물로 보내진 것이라 추정된다. 당시 신라의 고분에서 는 서역의 물건들이 다수 출토된 바 있다. 신라와 서역의 관계는 문헌기록에 서 볼 때, 내물왕 26(381)년에 위두가 전진에 파견됨으로써[128] 그 나라 수도에 서 서역인과의 교류가 가능했을 것으로 보인다. 그러나 신라와 서역의 교류는 서기전 2세기 무렵 장건의 서역 경영이후 개척된 비단길 등을 통하여 더 이른 시기부터 진행되었을 것으로 짐작된다. 실제로 지금의 신강자치구 낙보현에 위치한 노인-울라(Noin-ula)의 산보랍 무덤에서 신라에서 만들어졌을 것으 로 추정되는 두터운 실크바지가 출토된 바 있다.[129] 이 무덤의 시기에 대하여 발굴자들은 서기전 1~1세기 무렵에 속할 것으로 추정하고 있다. 노인-울라 는 고대 실크로드 南道에 있었던 于闐國이 위치했던 곳으로 우전국의 위쪽에 고창국과 龜玆國 등이 위치하며, 현재의 新疆과 和闐지역이다.[130] 고대 이 지

---

125 林 幹·陸峻岭 合編,『中國歷代各族紀年表』, 內蒙古人民出版社, 1980, 404쪽.

126 『書經』顧命에서 "昔君文王·武王宣重光"이라했고 이에 대해『孔傳』에서 "言昔先君文·武, 布其 重光累聖之德"이라했다 ;『淮南子』天文에서 "酉在辛曰重光"이라 했고 이에 대한 주석에서 "言 萬物就成就, 其光煌煌, 故曰重光"이라 했다.

127 朴仙姬,「銀合杅명문의 연대 재검토에 따른 서봉총금관의 주체해명」,『白山學報』74호, 白山學會, 2006, 83~116쪽 ; 박선희,『우리 금관의 역사를 밝힌다』, 지식산업사, 2008, 243~278 참조.

128 『三國史記』卷3 新羅本紀 奈勿尼師今 26年條. "遣衛頭入荷秦, 貢方物."

129 박선희,『한국고대복식-그 원형과 정체』, 424~431쪽.

130 箭內亙 編著·和田淸 增補·李毓澍編譯,『中國歷史地圖』九思叢書3, 九思出版社, 1977, 第5圖~ 第15圖 참조.

역은 서쪽으로는 파미르 고원과 카슈미르지역을 넘어 중앙아시아와 서남아시아 및 유럽과 통했으며, 동쪽으로는 타림분지와 인접하고 그 남쪽으로는 돈황을 거쳐 중국으로 통했다.

이 같은 고창국의 지리적 환경은 여러 민족의 물건들이 모이는 등 문화적으로 다양한 인소를 갖게 했다. 그리고 언제부터인지 확인할 수 없지만, 신라에서는 우전국의 탈춤을 밤새도록 즐겼고 최치원은 이를 시[131]로 남기기도 했다. 이로보아 신라는 서역과의 교류를 통하여 우전국과 고창국 등에 대해서 잘 알고 있었고 그곳의 문화와 문물도 상당한 정도 수입되었다고 하겠다.[132]

중국은 위진남북조시대부터 서역과 교류가 매우 활발해지기 시작하여 서역사람들의 귀화자가 늘어나고, 수나라 때는 서역 출신의 3대 기술자인 우문개, 염비, 하조가 대흥성, 낙양성, 인수궁 등 규모가 큰 걸작들을 두루 남겼다.[133] 당나라 때에는 李唐황실 자체가 북조의 胡化한 漢人으로부터 성립되었기 때문에 夷夏관념이 상당히 약해졌다. 이하관념은 건국초기부터 있었던 여러 차례의 주변국들에 대한 정벌과 항복이 반복되면서 더욱 약해졌다. 그런 까닭에 이민족의 중국 거주자가 늘어나기 시작하였다. 구체적인 자료를 보면, 정관 초기부터 현종 천보년간까지 120여 년 동안 적어도 170만 이상이나 되었다. 이주자들은 국적도 매우 다양하여 서역을 비롯하여 페르시아, 아라비아,

---

131 『三國史記』卷32「雜志」樂條. 月顚: 肩高項縮髮崔嵬, 攘臂群儒鬪酒杯, 聽得歌聲人盡笑, 夜頭旗幟曉頭催(우전의 탈춤 ; 어깬 으쓱 목은 움츠리고 머리털은 삐죽, 팔을 걷은 선비들 술잔을 다 툰다네, 노래를 듣는 사람들 맘껏 웃으니, 밤의 깃발 날 밝기를 재촉한다네). 月顚은 于闐 또는 于田의 音譯이다.

132 주 127과 같음.

133 『隋書』卷68 列傳, 宇文愷傳·閻毗傳·何稠傳 참조.

134 傅樂成,「中國民族與外來文化」,『漢唐史論集』, 聯經出版社業公司, 1977, 383~428쪽 참조.

고창, 신라, 고구려, 곤륜, 돌궐, 토번 등이다.[134]

이러한 현상은 숙위학생 수에서도 나타나는데, 태종 정관 초기부터 장안에 고구려·백제·신라·고창·토번 등 주변국가에서 숙위학생들이 많이 모이기 시작하여 태종 13년에는 동궁에 숭문관을 세우기도 했다. 이 숭문관에 모인 숙위학생 수가 8천여 명에 달하였다고 한다.[135] 이처럼 고구려와 백제, 신라 학생들이 많았다고 하는 것은 이들 나라와 중국의 교류가 빈번했음을 시사하는 것이다. 따라서 신라와 고창국의 교류도 상당히 활발했던 것으로 짐작된다. 신라와 고창국간의 교류는 고창국과의 직접교류와, 중국을 통한 간접교류 등의 형태로 진행되었을 것으로 생각된다. 따라서 신라의 무덤에서 고창국에서 만들어진 물건이 발견되는 것은 매우 자연스러운 일이라 하겠다.

다음으로 '三月□太王敬造合杅'에 보이는 太王은 大王과 같은 뜻으로 국문태 왕을 가리키는 것으로 해석된다. 은합 덮개 안쪽에 새겨진 명문인 '延壽元年太歲在卯三月中'의 의미도 같은 방식으로 해석할 수 있다. 『爾雅』「釋天」에 의하면 '太歲在卯三月中' 가운데 '太歲在卯'는 '言萬物茂也'라 하여 만물이 무성함을 말한다'고 하였다. 따라서 '延壽元年太歲在卯三月中'은 새롭게 해석하지 않을 수 없다. 즉 麴文泰 왕이 즉위한지 5년되는 연수원년은 만물이 무성하기 시작하는 3월에 해당한다는 뜻으로 고창국의 정치와 경제가 안정되어 번영하기 시작한다는 사실을 나타낸 것으로 해석해야 할 것이다.

실제로 고창국은 수나라 양제때 처음으로 중국에 입조하기 시작했다. 당 고조 2(619)년에 국문태의 아버지인 국백아가 죽자 국문태가 즉위하였는데 이때 당 고조가 사신을 파견하여 조문하였다. 이후 국문태는 당나라 고조 7년

---

135 『新唐書』 卷44 志, 選擧志 참조.

에 당에 예물을 보내었고, 당나라 태종이 계위한 후에도 줄곧 조공하였다. 정관 7(630)년에는 국문태가 직접 당나라에 내조하여 서역 여러 나라의 동정을 알리기도 하는 등 중국과 가까워지면서 차츰 서역의 여러 나라들 사이에서 세력이 강해지기 시작했다. 당나라 사람들이 돌궐족에게 투항하다 고창국으로 도망하였는데 이를 돌려보내지 않았을 뿐 아니라, 당 태종 13(639)년경에 이르면 조공도 하지 않는다. 그러자, 중국은 국문태가 '藩臣禮'를 지키지 않는다고 하였다.[136]

고창국의 이러한 대외교류 정황으로 보아 국문태가 왕좌에 올라 연수 연호를 쓰기 시작하던 시기에 가장 세력이 강성하였음을 알 수 있다. 따라서 고창국이 신라에 예물로 보내는 그릇을 만들면서 그 융성함을 알리고자 '延壽元年太歲在卯'라는 글귀를 새긴 것은 자연스러운 일이라 하겠다.

이처럼 '延壽'라는 연호는 고창국의 연호이며, 연수원년은 624년임이 분석되었다. 따라서 624년은 신라 진평왕(579~632년) 46년으로 甲申年이 된다. 그러므로 연수원년의 연호 해석을 근거로 볼 때, 서봉총의 무덤주인은 진평왕일 가능성이 크다고 생각된다.[137] 그러나 지금까지의 연구에서 금관이 출토된 무덤은 5세기 후반부터 6세기 전반 무렵으로 편년되어 있다. 자연히 금관 또한 5세기 후반에서 6세기 전반 무렵에 만들어진 것으로 비정된 것이다.

연수원년인 624년에 만들어진 은합우는 적어도 624년 이전에 조성된 무덤에는 묻힐 수 없을 것이라는 사실로 본다면, 지금까지 편년에서 금관이 사용되었던 하한연대가 6세기 전반 무렵이라는 비정은 받아들이기 어렵게 된다.

---

136 『舊唐書』卷198 列傳 高昌傳 참조.
137 박선희, 『우리 금관의 역사를 밝힌다』, 243~278쪽 참조.

금관은 적어도 진평왕이 재위했던 632년까지를 잠정적인 하한연대로 삼아야 할 것이기 때문이다. 여기서 금관이 사용된 하한연대를 7세기까지 내려 볼 수 있는 문제의 이해를 돕기 위해 신라의 복식제도를 살펴보고자 한다.

신라는 법흥왕 때부터 신분에 따른 복식의 차이를 제도화했으나 신라 고유의 것을 고수했다. 경주 백률사 석당기에 양각되어 있는 이차돈의 순교 당시 입은 의복과 모자가(제7장의 그림 8 참조) 그 좋은 증거가 된다.[138] 그런데 신라는 진덕여왕 2년에 김춘추가 당에 가서 당의 복식제도를 따르겠다고 말하고 돌아온 뒤인 진덕여왕 3(649)년부터 당의 복제를 받아들였다. 그리고 문무왕 4(664)년에는 부인들까지도 중국의 복식제도를 따르도록 했다.[139] 실제로 신라초기 토우는 우리민족 고유의 복식을 그대로 보여준다. 관모의 경우에는 변이나 절풍을 쓰고 있고, 웃옷은 긴 겉옷을 입고 아래에는 밑을 댄 통이 넓은 바지인 궁고와 주름 잡힌 바지나 치마 등을 입었다. 신발도 목이 없는 履를 주로 신었다. 그러나 후대에 만들어진 토우들은 중국 복식의 영향을 그대로 보여주듯이 관모는 복두를 쓰고 원령의 긴 겉옷을 입었으며 신발도 목이 긴 靴나 짧은 鞾를 신은 모습이다.[140] 따라서 진덕여왕 이후 우리민족의 고유한 양식을 갖는 복식이 사라지지 않을 수 없었다.

이러한 신라 복식제도의 변화 시기를 고려하면, 신라 금관은 진덕왕 2(648)년에 김춘추가 당에서 돌아와서, 신라 고유의 복식을 중국의 복식으로 바꾸기 시작하기 이전까지 사용되었던 것으로 볼 수 있다. 진덕왕 3년부터 관모는 모두 중국의 관모인 복두로 바꾸었기 때문에 이 시기부터 왕이 사용했

---

138 국사편찬위원회 소장, 『慶州栢栗寺石幢記』.

139 『三國史記』卷33 雜志 色服 條 참조.

140 박선희, 『한국고대복식-그 원형과 정체』, 제2부 참조.

던 금관도 더 이상 만들지 않게 되었고, 금관은 사라져갔던 것으로 추론된다. 그러므로 금관이 사용되었던 하한 연대를 7세기 초기까지로 보는 것이 타당할 것이다.[141]

앞에서 분석하였듯이 현재까지 출토된 고구려의 금제관식 가운데 제작시기를 정확히 알 수 없는 동명왕릉 출토 금제관식을 제외하면, 우산 992호 무덤에서 출토된 금제관식이 가장 이른 것으로 보아 고구려는 적어도 4세기 말에 이미 금관을 만들었음을 알 수 있다. 그리고 고구려의 영향을 받은 신라는 대체로 5세기 초기부터 금관을 만들기 시작한 것으로 추정된다. 고구려 금관에 보이는 절풍의 형태나 그 위에 달려있는 원형과 나뭇잎모양의 관식 등이 신라 금관에 모두 그대로 나타나고 있어 더욱 그러하다. 단지 고구려 지역에서 출토된 금동관들이 고구려 건국신화를 형상화하고 있듯이 신라의 금관도 건국신화의 하나인 김알지 신화를 형상화하고 있는 점에[142] 차이가 있을 뿐이다.

신라가 금관을 만들기 시작한 5세기 무렵은 고구려에서 광개토대왕 말기에서 장수왕시기에 해당한다. 광개토대왕시기는 앞에서 서술했듯이 고구려가 형식적이지만 고조선의 천하질서를 회복한 고조선의 계승자라는 의미를 구체적으로 보이고자 했던 시기였다. 또한 장수왕시기로 오면 한반도와 만주 전 지역을 직접지배 영역으로 만들고자 전쟁에 주력하면서 왕권을 강화하던 시기였다. 이러한 상황에서 신라는 대외적으로는 왕권을 강화하여 고구려의 남하정책에 맞서고자 했을 것이다. 신라는 당시까지 내정에 깊이 간여하고 있던 고구려의 영향권으로부터 벗어나고자 하였다. 즉 눌지 마립간 11년(427년, 고

---

141 주 127과 같음.
142 임재해, 『신라 금관의 기원을 밝힌다』, 지식산업사, 2008 참조.

구려 장수왕 15년)에 고구려가 지금의 평양으로 도읍을 옮기고,[143] 본격적으로 남진정책을 취하자 신라는 433년에 백제와 동맹관계를 맺어[144] 고구려의 남진에 대항하였다. 455년에는 고구려가 백제를 침범하자 군사를 보내 백제를 구원하기도 했다.[145] 이 같은 결과 외부적으로도 자주적인 태도를 취할 수 있는 발판을 마련한 시기였다. 이 시기 고구려는 이미 금관을 사용하고 있었다. 이러한 고구려와의 대립에서 자주적인 태도를 취하기 시작한 신라는 당연히 금관을 만들기 시작했을 정황이 포착된다.

즉 이 시기 신라가 처한 대내외적인 요인들로는 눌지마립간시기 김씨족은 한편으로 왕위계승을 독점하면서 왕권을 강화시켜 나가기 시작하는 시기이며, 다른 한편으로는 영토 확장에 따른 중앙집권적 국가제도의 정비기였음을 들 수 있다. 눌지마립간시기에 왕관이 독특한 양식으로 변화된 것은 김씨로서 왕위계승권을 확립시키려는 의도를 가지고 김씨 시조인 김알지 신화의 내용을 금관에 표현한 것이라 할 수 있다.

이처럼 신라 금관은 고구려의 영향으로 만들어졌음을 알 수 있으며, 고구려에서 금관이 사용되었던 사실로부터 우리는 신라에서 5세기부터 만들기 시작했던 금관이 적어도 진평왕 재위기간까지 그대로 사용되었던 요인을 파악할 수 있게 된다. 진평왕은 중국에 통일국가가 출현하기 전부터 대 중국 외교를 벌여왔고, 통일국가인 수나라와 당나라가 들어선 뒤에는 이를 한층 발전시켜 고구려를 협공하는 방향으로 이용하였다. 중국세력을 이용하여 고구려를 치고자 하는 전략은 이미 이 시기부터 진행되고 있었던 것이다. 그 결과 중국

---

143 『三國史記』 卷18 「高句麗本紀」 長壽王 15年條.
144 『三國史記』 卷3 「新羅本紀」 訥祗麻立干 17年. "秋七月, 百濟遣使請和, 從之."
145 『三國史記』 卷3 「新羅本紀」 訥祗麻立干 39年條. "冬十月, 高句麗侵百濟, 王遣兵救之."

과의 외교에 성공을 거두어 고구려를 협공하는 형세를 이루었다. 이러한 일련의 상황은 진평왕 때까지 신라에서 고구려 왕이 쓰는 금관보다 훨씬 화려하고 독특한 양식의 신라인 고유의 가치관이 담긴 금관을 그대로 사용했으리라고 보아도 무리가 없을 것이다. 따라서 신라 금관의 편년은 5세기 후반에서 7세기 초기까지로 보아야 할 것이다. 그리고 앞의 1장·2장·3장·4장·12장 등에서 분석된 내용을 종합하여 보면, 우리나라 금관 편년의 상한선은 고조선으로 역급될 가능성을 고대사와 고조선문화의 복합성에서 총체적으로 해명할 수 있으며, 고구려 초기부터 관테둘레양식의 금관이 만들어져 신라 진덕여왕 2년인 7세기 초기를 하한선으로 했다고 추론된다.

지금까지 길게 고구려 금관의 정치사를 검토한 결과, 고구려는 우리나라에서 가장 일찍이 금관을 만들었음을 알 수 있다. 신라 금관에 선행한 고구려의 세움장식을 세우는 금관양식과 달개장식, 문양, 금속을 다루는 정교한 세공기법 등은 일찍부터 독자적인 발달과정을 거쳤고 이러한 특징들이 신라 금관에 고스란히 이어져 한민족의 중요한 문화적 정체성을 이루어 나갔다고 하겠다. 그러므로 우리나라 금관의 원류가 통설에서처럼 전파론적 관점에서 시베리아 샤먼을 비롯한 유라시아 여러 종족들의 문화적 전통에서 비롯되었다고 해석되는 것은 마땅히 비판적으로 극복되어져할 것이다. 그래야만 우리는 금관의 종주국다운 면모를 올바르게 갖추고 민족문화의 미래를 창조적으로 가꾸어 나갈 수 있을 것이다.

고구려 금관이 고조선시대부터 사용해 왔던 관모와 관식의 고유양식이 계승되어 만들어진 자생적 관모라는 사실로부터 한민족 금관문화의 독창성과 주체성을 재인식하고 중국의 동북공정에 맞서는 실증적 연구 기능을 발휘할 수 있을 것이다. 아울러 이웃나라의 역사침탈에 대비하는 민족사관의 수립과 민족문화 해석의 이론적 근거도 제시할 수 있게 될 것이다. 고구려 금관의 기원은 물론 우리민족의 북방기원설이나 남방문화전래설에 매몰되어 민족문화의 창조력을 부정해온 식민사관을 극복하고 한민족 문화는 우리 땅에서 자생적으로 창조되었다는 민족문화의 정체성을 새롭게 재인식해야 할 것이다.

부록

참고문헌
찾아보기

1. 기본 사료

(1) 문헌자료

『嘉禮都監儀軌』　　　『本草綱目』　　　『日本書紀』

『江東郡誌』　　　　　『北史』　　　　　『逸周書』

『古今注』　　　　　　『北齊書』　　　　『資治通鑑』

『高麗史』　　　　　　『史記』　　　　　『潛夫論』

『高麗史節要』　　　　『史記索隱』　　　『戰國策』

『古事記』　　　　　　『史記正義』　　　『齊民要術』

『管子』　　　　　　　『史記集解』　　　『諸蕃志』

『括地志』　　　　　　『山海經』　　　　『帝王韻紀』

『舊唐書』　　　　　　『三國史記』　　　『朝鮮王朝實錄』

『國語』　　　　　　　『三國遺事』　　　『周禮』

『今本竹書紀年』　　　『三國志』　　　　『周書』

『南史』　　　　　　　『尚書』　　　　　『竹書紀年』

『南齊書』　　　　　　『西漢會要』　　　『晉書』

『論衡』　　　　　　　『釋名』　　　　　『秦會要』

『唐會要』　　　　　　『宣和奉使高麗圖經』　『冊府元龜』

『大東地誌』　　　　　『說文解字』　　　『天工開物』

『大明一統志』　　　　『續日本紀』　　　『春秋左氏傳』

『大戴禮記』　　　　　『宋書』　　　　　『春秋左傳』

『東觀漢記』　　　　　『水經注』　　　　『太平御覽』

『東明王編』   『隋書』   『太平寰宇記』

『東史綱目』   『詩經』   『通典』

『東史輯略』   『新唐書』   『平壤誌』

『梁書』   『新增東國輿地勝覽』 『風俗通儀』

『論語』   『十二經注疏』   『漢官六種』

『孟子』   『呂氏春秋』   『漢書』

『牟頭婁墓誌』   『鹽鐵論』   『漢書新證』

『文獻通考』   『魏略』   『翰苑』

『渤海國志長編』 『魏書』   『後漢書』

『方言』   『爾雅』

(2) 고고학자료

경상대학교 박물관, 『합천 옥전고분 1차 발굴조사개보』, 1986.

경상대학교 박물관, 『합천 옥전고분군 III-M1·M2호분』, 1992.

慶州 斷石山 神仙寺 石窟의 磨崖 供養 人物像.

경주 사적 관리사무소, 「銀製 冠飾」, 『경주 황남동 제98호 고분 발굴 약보고』, 1974.

고고학연구소, 「서포항 원시유적 발굴보고」, 『고고민속론문집』4, 사회과학원출판사, 1972.

『廣開土王陵碑文』.

『廣開土王壺杅銘文』.

고동순, 「양양 오산리유적 발굴조사 개보」, 『韓國新石器硏究』 第13號, 한국신석기학회, 2007.

국립김해박물관, 『국립김해박물관』, 통천문화사, 1998.

국립경주박물관, 『국립경주박물관』, 통천문화사, 1995.

국립광주박물관, 『국립광주박물관』, 통천문화사, 1994.

국립문화재연구소, 『고성문암리유적』, 2004.

국립문화재연구소, 『풍납토성』I, 국립문화재연구소, 2001.

國立夫餘文化財研究所, 『綾山里百濟古墳發掘調查報告書』, 1988.

국립중앙박물관, 『국립중앙박물관』, 통천문화사, 1991.

국사편찬위원회소장, 『慶州 栢栗寺 石幢記』.

金基雄, 『韓國의 壁畫古墳』－韓國史選書, 同和出版公社, 1982.

金東鎬, 「咸陽上栢里古墳群發掘調查報告」, 『東亞大學校博物館 1972年度古蹟調查報告』, 1972.

金元龍, 『韓國美術全集』I－原始美術, 同和出版公社, 1973.

金鐘徹, 『高靈池山洞古墳群』, 啓明大學校博物館 學術調查報告 第1輯, 1981.

檀國大學校史學會, 『史學志』12－丹陽新羅赤城碑特輯號, 檀國大學校史學會, 1978.

리순진·김재용, 『락랑구역일대의 고분발굴보고』, 사회과학출판사, 백산자료원, 2002.

문화공보부·문화재관리국, 『慶州皇南洞第98號 古墳(南墳) 發掘 略報告』, 1976.

文化財管理局, 『武寧王陵 發掘調查報告書』, 文化公報部 文化財管理局, 1973.

문화재관리국, 『天馬塚 發掘調查報告書』, 1974.

文化財管理局 文化財研究所, 『黃南大塚』, 慶州市 黃南洞 第98號古墳 北墳發掘調查報告書, 文化財管理局, 1985.

『牟頭婁墓誌銘』.

朴玧貞, 「高城文岩里 先史遺蹟 發掘調查」, 『韓國新石器研究』 第5號, 한국신석기학회, 2003.

北濟州郡·濟州大學校博物館, 『濟州高山里遺蹟』, 濟州大學校博物館, 1998.

사회과학원 고고학연구소 전야고고대, 「나무곽무덤－정백동 37호무덤」, 『고고학자료집』 제5집, 과학·백과사전출판사, 1978.

『瑞鳳塚 銀盒杅銘文』.

서울대학교박물관, 『서울대학교박물관 발굴유물도록』, 서울대학교박물관, 1977.

李亨求, 『晉州 大坪里 玉房 5地區 先史遺蹟』, 鮮文大學校·慶尙南道, 2001.

任孝宰·李俊貞, 『鰲山里遺蹟 III』, 서울대학교박물관, 1988.

장호수 엮음, 「범의구석유적 청동기시대층(2~4기)」, 『북한의 선사고고학』-청동기시대와 문화, 백산문화, 1992.

장호수 엮음, 「서포항유적 청동기문화층」, 『북한의 선사고고학』 3-청동기시대와 문화, 백산문화, 1992.

『中原高句麗碑』.

조선유적유물도감편찬위원회, 『조선유적유물도감』 1-원시편, 조선유적유물도감편찬위원회, 1988.

조선유적유물도감편찬위원회, 『조선유적유물도감』 2-고조선·부여·진국편, 조선유적유물도감편찬위원회, 1989.

朝鮮畫報社, 『高句麗古墳壁畫』, 朝鮮畫報社出版部, 1985.

조중공동고고학발굴대, 『중국 동북지방의 유적발굴보고』, 사회과학원출판사, 1966.

韓國古代社會研究所 編, 『韓國古代金石文』 제1권, 駕洛國史蹟開發研究院, 1992.

許興植 編, 『韓國金石全文』 中世下, 亞細亞文化社, 1984.

황기덕, 「무산범의구석유적 발굴보고」, 『고고민속론문집』 6, 사회과학원출판사, 1975.

喀左縣文化館·朝陽地區博物館·遼寧省博物館, 「遼寧省喀左縣山灣子出土商周靑銅器」, 『文物』, 1977年 12期.

郭大順·張克擧, 「遼寧省喀左縣東山嘴紅山文化建築群址發掘簡報」, 『文物』, 1984年 11期.

吉林省文物考古硏究所·集安市博物館, 『集安高句麗王陵-1990~2003年 集安高句麗王陵調査 報告』, 文物出版社, 2004.

文物編輯委員會, 『文物考古工作三十年』, 文物出版社, 1979.

睡虎地秦墓竹簡整理小組, 『睡虎地秦墓竹簡』, 文物出版社, 1978.

新疆維吾爾自治區博物館, 「新疆民豊縣北大沙漠中古遺址墓葬區東漢合葬墓淸理簡報」, 『文物』, 1960年 第6期.

沈陽古宮博物館·沈陽市文物管理辨公室, 「沈陽鄭家洼子的兩座靑銅時代墓葬」, 『考古學報』, 1975年 第1期.

孫守道, 「匈奴西岔溝文化古墓群的發現」, 『文物』, 1960年 第8·9期.

孫進己·干志耿, 「漢眞番郡考」, 『黑龍江文物叢刊』, 1984년 제3기.

楊　虎, 「內蒙古敖漢旗興隆洼遺址發掘簡報」, 『考古』, 1985年 10期.

王增新, 「遼寧撫順市蓮花堡遺址發掘簡報」, 『考古』, 1964年 6期.

遼寧省文物干部培訓班, 「遼寧北票縣豊下遺址1972年春發掘報告」, 『考古』, 1976年 第3期.

遼寧省文物調査訓練班, 「1979年朝陽地區文物調査發掘的主要收獲」, 『遼寧文物』, 1989年 1期.

李建材, 「玄菟郡的 建立與遷移」, 『東北地方史研究』, 1991年 1期.

李建材, 「關于古朝鮮和樂浪郡在遼東等地的記載和問題」, 『博物館研究』 3, 1997.

李建材, 「平壤地區是否只有後漢而無前漢時代的遺跡遺物」, 『中國邊疆史地研究』 4, 1998.

李健才, 「眞番郡考評述」, 『中朝邊界研究文集』, 吉林省社會科學院, 1998.

李健才, 「關于漢代遼東, 樂浪兩郡地理位置問題的探討」, 『中朝邊界研究文集』, 吉林省社會科學院, 1998.

楊昭全, 「漢四郡位置與漢東北長城」, 『中朝邊界研究文集』, 吉林省社會科學院, 1998.

李恭篤, 「本溪發現多處洞穴墓地域遺址」, 『中國文物報』, 1988年 12月 9日 3版.

楊　虎, 「內蒙古敖漢旗興隆洼遺址發掘簡報」, 『考古』, 1985年 10期.

浙江省文管會·浙江省博物館, 「河姆渡發現原始社會重要遺址」, 『文物』, 1976年 8期.

中國科學院考古研究所內蒙古工作隊, 「寧城南山根遺址發掘報告」, 『考古學報』, 1975年 第1期.

中國科學院考古研究所, 『新中國的考古收獲』, 文物出版社, 1962.

中國社會科學院考古研究所, 『新中國的考古發現和研究』, 文物出版社, 1984.

中國社會科學院考古研究所 編著, 『中國考古學中碳14年代數據集』, 文物出版社, 1983.

中國社會科學院考古研究所實驗室, 「放射性碳素測定年代報告(一五)」, 『考古』, 1988年 7期.

中國社會科學院考古研究所東北工作隊, 「內蒙古寧城縣南山根102號石棺墓」, 『考古』, 1981年 4期.

中國社會科學院考古研究所內蒙古工作隊, 「內蒙古敖漢旗興隆洼遺址發掘簡報」, 『考古』, 1985年 10期.

河姆渡遺址考古隊, 「浙江河姆渡遺址第二期發掘的主要收獲」, 『文物』, 1980年 5期.

『泉男生 墓誌銘』.

『泉男産 墓誌銘』.

『泉獻誠 墓誌銘』.

網干善教,『五條猫塚古墳』, 奈良縣史跡名勝天然記念物調査報告, 1962.

關野貞 等,『樂浪郡時代の遺蹟』-古蹟調査特別報告 第4冊, 朝鮮總督府, 昭和2(1927).

關野貞,「平壤附近に於ける樂浪時代の墳墓 一」,『古蹟調査特別報告』第一冊, 朝鮮總督府, 大正 11년(1922).

奈良國立博物館,『正倉院展圖錄』, 1975.

東京國立博物館,『日本古美術展 圖錄』, 1964.

東京國立博物館,『黃河文明展 圖錄』, 1986.

東京國立博物館,『高松塚などからの新發見の考古品 圖錄』, 1977.

東京國立博物館・京都國立博物館・朝日新聞社,『Central Asian Art from the Museum of Indian ART, Berlin, SMPK』, 朝日新聞社, 1991.

馬場是一郎・小川敬吉,「梁山夫婦塚と其遺物」,『古蹟調査特別報告』第5冊, 朝鮮總督府, 1926.

梅原末治,「羅州潘南里の寶冠」,『朝鮮學報』第14輯 高橋先生頌壽紀念號, 1959.

梅原末治,「慶州金鈴塚飾履塚發掘調査報告」,『大正十三年度古蹟調査報告』第1冊, 朝鮮總督府, 1924.

濱田耕作・梅原末治,「慶州金冠塚と其遺寶」,『古蹟調査特別報告』第3冊, 朝鮮總督府, 1924.

濱田靑陵,『慶州の金冠塚』,「第6, 金銅冠其他の帽幘」, 慶州古蹟保存會, 1932.

西田弘・鈴木博司・金關恕,『新開古墳』, 滋賀縣史跡調査報告 第12冊, 1961.

小場恒吉・榧本龜次郎,『樂浪王光墓』, 朝鮮古蹟研究會, 昭和 10(1935).

小泉顯夫・梅原末治・藤田亮策,「慶尙南北道忠淸南道古蹟調査報告」,『大正11年度古蹟調査報告』第1冊, 朝鮮總督府, 1922.

有光敎一,「皇吾里第54號墳甲塚」,『古蹟調査槪報 慶州古墳昭和八年』, 1934.

日本經濟新聞社,『中華人民共和國古代靑銅器展 圖錄』, 1976.

直良信夫,「朝鮮 潼關鎭 發掘 舊石器時代の遺物」,『滿蒙學術調査研究報告』6-3, 1940.

齋藤忠,「慶州皇南里第109號墳皇吾里第14號墳調査報告」,『昭和九年度古蹟調査報告』1, 1937.

朝鮮古蹟研究會,「慶尙北道 達成郡 遠西面 古蹟調査報告」,『1923年度古蹟調査報告』第1冊, 1923.

朝鮮總督府,「慶州金冠塚と其遺寶」,『古蹟調査特別報告 第3冊』, 似玉堂, 1924.

河北新報社·日本對外文化協會,『河北新報創刊85周年·十字屋仙台店開店10周年記念 草原のシルクロド展 圖錄』, 1982.

2. 논저

(1) 단행본

고조선사연구회·동북아역사재단,『고조선의 역사를 찾아서』, 학연문화사, 2007.

권덕수,『古代 韓中外交史』, 일조각, 1997.

權兒遠,『古代韓民族文化史研究』, 일조각, 2000.

강인구,『考古學으로 본 韓國古代史』, 학연문화사, 1997.

강인구,『韓半島의 古墳』, 아르케, 2000.

기수연,『후한서 동이열전연구―삼국지 동이전과의 비교를 중심으로』, 백산자료원, 2005.

金東旭,『百濟의 服飾』, 百濟文化開發研究院, 1985.

金東旭,『增補 韓國服飾史研究』, 亞細亞文化社, 1979.

金東旭,『新羅의 服飾』, 新羅文化宣揚會, 1979.

金文子,『韓國服飾文化의 源流』, 민족문화사, 1994.

김병모,『금관의 비밀』, 푸른역사, 1998.

김석형,『초기조일관계사』, 사회과학원출판사, 1988.

김열규,『한국 고대문화와 인접문화와의 관계』, 정화인쇄문화사, 1981.

김용준,『고구려 고분벽화 연구』, 사회과학원출판사, 1958.

김종서, 『한사군의 실제 위치』, 한국학연구원, 2005.

김정학, 『韓國上古史硏究』, 범우사, 1990.

金載元, 『檀君神話의 신연구』, 정음사, 1947.

金貞培, 『韓國民族文化의 起源』, 高麗大學校出版部, 1973.

김원룡, 『한국미술사』, 汎文社, 1968.

金元龍, 『韓國壁畵古墳』, 一志社, 1983.

金元龍, 『韓國考古學硏究』第3版, 一志社, 1992.

金元龍, 『韓國美術全集』 I-原始美術, 同和出版公社, 1973.

김영수 편, 『고대 동북아시아의 민족과 문화』, 여강출판사, 1994.

김용섭, 『동아시아 역사 속의 한국문명의 전환』, 지식산업사, 2008.

金哲埈, 『韓國古代社會硏究』, 知識産業社, 1976.

金哲埈, 『韓國古代史硏究』, 서울대학교 출판부, 1990.

金泰植, 『伽倻聯盟史』, 一潮閣, 1993.

高福男, 『韓國傳統服飾史硏究』, 一潮閣, 1991.

노태돈, 『단군과 고조선사』, 사계절, 2000.

도유호, 『조선 원시 고고학』, 백산자료원 영인본, 1994.

단군학회 엮음, 『남북 학자들이 함께 쓴 단군과 고조선 연구』, 지식산업사, 2005.

리순진·장주협 편집, 『고조선문제 연구』, 사회과학원출판사, 1973.

리지린, 『고조선 연구』, 학우서방, 1964.

리태영, 『조선광업사』, 공업종합출판사, 1991.

무함마드 깐수, 『新羅 西域交流史』, 檀國大學校出版部, 1992.

박선희, 『한국고대복식;그 원형과 정체』, 지식산업사, 2002.

박선희, 『우리 금관의 역사를 밝힌다』, 지식산업사, 2008.

박선희, 『고조선 복식문화의 발견』, 지식산업사, 2011.

박진욱, 『조선고고학전서』-고대편, 과학·백과사전종합출판사, 1997.

朴眞奭·姜孟山 외 공저, 『中國境內 高句麗遺蹟研究』, 예하출판주식회사, 1991.

박진석·강맹산, 『고구려 유적과 유물연구』, 東北朝鮮民族敎育出版社, 1999.

복기대, 『요서 지역 청동기시대 문화연구』, 백산자료원, 2002.

사회과학원 고고학연구소, 『고조선문제연구론문집』, 사회과학원출판사, 1977.

사회과학원 고고학연구소, 『조선고고학개요』, 과학·백과사전출판사, 1977.

사회과학원력사연구소, 『조선고대사』, 과학·백과사전출판사, 1979.

사회과학원력사연구소, 『조선문화사』, 과학·백과사전출판사, 1988.

사회과학원력사연구소, 『고조선사·부여사·구려사·진국사』, 과학·백과사전출판사, 1991.

사회과학원 력사연구소, 『조선전사』 1-원시편, 과학·백과사전출판사, 1979.

사회과학원 력사연구소, 『조선전사』 2-고대편, 과학·백과사전출판사, 1979.

사회과학원 력사연구소, 『고구려사』, 과학·백과사전출판사, 1991.

사회과학원 력사연구소 고고학연구소, 『원시사』, 과학·백과사전출판사, 1997.

손영종, 『고구려사』 2, 과학·백과사전출판사, 1997.

손영종, 『고구려사』 3, 과학·백과사전출판사, 1999.

성삼제, 『고조선, 사라진 역사』, 동아일보사, 2005.

손진태, 『朝鮮民族文化의 硏究』, 을유문화사, 1948.

송호정, 『한국 고대사속의 고조선사』, 푸른역사, 2003.

신채호, 『讀史新論』(『大韓每日申報』 연재), 1908.

신채호, 『朝鮮史硏究草』, 朝鮮圖書, 1929.

신채호, 『朝鮮上古文化史』(『朝鮮日報』 연재), 1931.

신채호, 『改訂版丹齋申采浩全集』, 단재신채호선생기념사업회, 1977.

申采浩, 『朝鮮上古史』, 丹齋 申采浩全集 上, 丹齋 申采浩先生記念事業會, 1978.

申采浩, 『朝鮮上古史』, 人物硏究所, 1982.

申瀅植, 『新羅史』, 이화여자대학교 출판부, 1985.

신형식, 『高句麗史』, 이화여자대학교 출판부, 2003.

신용하, 『韓國民族의 形成과 民族社會學』, 지식산업사, 2001.

愼鏞廈, 『增補 申采浩의 社會思想硏究』, 나남출판, 2004.

愼鏞廈, 『韓國 原民族 形成과 歷史的 傳統』, 나남출판, 2005.

신용하, 『古朝鮮 國家形成의 社會史』, 지식산업사, 2010

安在鴻, 『朝鮮上古史鑑』, 民友社, 1947.

유 엠 부찐 씀, 이항제·이병두 옮김, 『고조선』, 소나무, 1990.

尹乃鉉, 『商王朝史의 硏究』, 景仁文化社, 1978.

尹乃鉉, 『中國의 原始時代』, 檀國大學校 出版部, 1982.

尹乃鉉, 『商周史』, 民音社, 1984.

尹乃鉉, 『韓國古代史新論』, 一志社, 1986.

尹乃鉉, 『윤내현교수의 한국고대사』, 三光出版社, 1989.

尹乃鉉·朴成壽·李炫熙, 『새로운 한국사』, 三光出版社, 1989.

윤내현, 『고조선 연구』, 一志社, 1994.

윤내현, 『한국 열국사 연구』, 지식산업사, 1998.

윤내현·박선희·하문식, 『고조선의 강역을 밝힌다』, 지식산업사, 2007.

윤명철, 『바닷길은 문화의 고속도로였다』, 사계절, 2001.

윤명철, 『한민족의 해양활동과 동아지중해』, 학연문화사, 2002.

윤명철, 『한국 해양사』, 학연문화사, 2003.

李基白, 『韓國史新論』, 一潮閣, 1977.

이난영, 『한국고대의 금속공예』, 서울대학교 출판부, 2000.

이도학, 『새로 쓰는 백제사』, 푸른역사, 1997.

李如星, 『朝鮮服飾考』, 白楊堂, 1947.

이종수, 『松花江유역 초기 철기문화와 夫餘의 문화 기원』, 주류성, 2009.

李鐘宣, 『古新羅王陵研究』, 學研文化史, 2000.

李鍾旭, 『古朝鮮史研究』, 일조각, 1993.

이한상, 『황금의 나라 신라』, 김영사, 2004.

李亨求, 『韓國古代文化의 起源』, 까치, 1991.

이형구, 『단군과 단군조선』, 살림터, 1999.

이형구, 『발해연안에서 찾은 한국 고대문화의 비밀』, 김영사, 2004.

임재해 외, 『고대에도 한류가 있었다』, 지식산업사, 2007.

임재해, 『신라 금관의 기원을 밝힌다』, 지식산업사, 2008.

임재해 외, 『한국신화의 정체성을 밝힌다』, 지식산업사, 2008.

오강원, 『서단산문화와 길림지역의 청동기문화』, 학연문화사, 2008.

우실하, 『전통문화의 구성 원리』, 소나무, 1998.

우실하, 『동북공정의 선행 작업과 중국의 국가 전략』, 울력, 2004.

우실하, 『동북공정 너머 요하문명론』, 소나무, 2007.

우실하, 『고조선의 강역과 요하문명』, 동아지도, 2007.

오영찬, 『낙랑군연구』, 사계절, 2006.

鄭寅普, 『朝鮮史研究』, 서울신문사, 1946.

張光直 지음·尹乃鉉 옮김, 『商文明(Shang Civilization)』, 民音社, 1988.

秦弘燮, 『한국금속공예』, 一志社, 1980.

조동일, 『동아시아 문명론』, 지식산업사, 2010.

조법종, 『고조선·고구려사 연구』, 신서원, 2006.

전호태, 『고구려 고분벽화 연구』, 사계절, 2000.

정수일, 『고대 문명 교류사』, 사계절, 2002.

鄭寅普, 『朝鮮史研究』, 서울신문사, 1946.

조선기술발전사편찬위원회, 『조선기술발전사』 원시·고대편, 과학백과사전종합출판사, 1997.

조희승, 『가야사연구』, 사회과학원출판사, 1994.

조희승, 『조선의 비단과 비단길』, 사회과학출판사, 2001.

조희승, 『일본에서 조선소국의 형성과 발전』, 과학백과사전종합출판사, 1990.

채희국, 『고구려 역사 연구』―평양 천도와 고구려의 강성, 김일성종합대학출판사, 1982.

최무장·임연철, 『高句麗壁畫古墳』, 신서원, 1990.

최몽룡·최성락, 『한국 고대국가 형성론』, 서울대 출판부, 1997.

최몽룡·이형구·조유전·심봉근, 『고조선문화 연구』, 한국정신문화연구원, 1999.

崔夢龍·李憲宗·姜仁旭, 『시베리아의 선사고고학』, 주류성, 2003.

崔秉鉉, 『新羅古墳研究』, 一志社, 1991.

최상준 등, 『조선기술발전사』2―삼국시기·발해·후기신라편, 과학백과사전종합출판사, 1996.

千寬宇, 『古朝鮮史·三韓史研究』, 一潮閣, 1991.

韓國考古學研究會, 『韓國考古學地圖』, 서울대학교 고고미술사학과, 1984.

황기덕, 『조선 원시 및 고대 사회의 기술발전』, 과학백과사전출판사, 1997.

郭大順, 『龍出遼河源』, 百花文藝出版社, 2001.

郭大順, 『紅山文化』, 文物出版社, 2005.

金毓黻, 『東北通史』, 五十年代出版社, 1943.

國立故宮博物院, 『故宮書畫錄』增訂本一, 國立故宮博物院, 1956.

吉林省文物考古研究所·集安市博物館, 『集安高句麗王陵―1990~2003年 集安高句麗王陵調査報告』, 文物出版社, 2004.

吉林省集安市文物局, 『高句麗王城王陵及貴族墓葬』, 上海學界圖書出版公司, 2008.

段 拭, 『漢畫』, 中國古典藝術出版社, 1958.

覃旦冏, 『中華藝術史綱』上册, 光復書局, 1972.

覃旦冏, 『中華藝術史論』, 光復書局, 1980.

譚其驤,『中國歷史地圖集』第2冊—秦·西漢·東漢時期, 1982.

佟　冬,『中國東北史』, 吉林文史出版社, 1987.

董粉和,『中國秦漢科技史』, 人民出版社, 1994.

杜石然·范楚玉·陳美東·金秋鵬·周世德·曹婉如 編著, 川原秀城·日原傳·長谷部英一·藤井
　　隆·近藤浩之譯,『中國科學技術史』上, 東京大學出版會, 1997

勞　榦,『秦漢史』, 華岡出版有限公司, 1975.

勞　榦,『勞榦學術論文集』甲編 上册, 藝文印書館, 1976.

北京鋼鐵學院·中國冶金簡史編寫小組,『中國冶金簡史』, 科學出版社, 1978.

馬曼麗,『中國西北邊疆發展史研究』, 黑龍江敎育出版社, 2001.

馬承源 主編,『中國靑銅器』, 上海古籍出版社, 1990.

孟昭凱·陳瑞周 主編,『古今朝陽千題』, 朝陽市文化局, 1993.

苗　威,『古朝鮮研究』, 香港亞洲出版社, 2006.

逄振鎬,『東夷文化研究』, 齊魯書社, 2007.

尙秉和,『歷代社會風俗事物考』, 臺灣商務印書館, 1975.

上海市戲曲學校中國服裝史研究組編著, 周 迅·高春明撰文,『中國服飾五千年』, 商務印書館香
　　港分館, 1984.

昭國田,『敖漢旗文物精華』, 內蒙古文化出版社, 2004

徐　强,『紅山文化古玉鑑定』北京：華藝出版社, 2007.

徐　英,『中國北方遊牧民族造型藝術』, 內蒙古大學出版社, 2006.

蘇秉琦,『華人·龍的傳人·中國人』, 遼寧大學出版社, 1994.

邵國田 主編,『敖漢文物精華』, 內蒙古文化出版社, 2004.

孫　機,『漢代物質文化紫蔘圖說』, 文物出版社, 1991.

孫進己,『東北歷史地理』제1권, 黑龍江人民出版社, 1989.

孫守道·劉淑娟 著,『紅山文化 玉器新品新鑒』, 吉林文史出版社, 2007.

徐秉珉·孫守道,『東北文化』, 上海遠東出版社·商務印書館, 1998.

沈從文,『中國古代服飾研究』, 商務印書館, 香港, 1992.

林　沄,『林沄學術文集』Ⅱ, 科學出版社, 2008.

岳慶平,『中國秦漢習俗史』, 人民出版社, 1994.

楊　寬,『中國古代冶鐵技術發展史』, 上海人民出版社, 1982.

吳　洛,『中國度量衡史』, 臺灣商務印書館, 1937.

遼寧省博物館 遼寧省文物考古研究所,『遼河文明展』, 2006.

遼寧省文物考古研究所,『牛河梁紅山文化遺址與玉器精粹』, 文物出版社, 1997.

遼寧省博物館·遼寧省文物考古研究所,『遼河文明展文物集萃』, 2006.

遼寧省文物考古研究所 編,『遼東半島石棚』, 遼寧科學技術出版社, 1994.

王綿厚,『秦漢東北史』, 遼寧人民出版社, 1994.

王伯敏,『中國美術通史』, 山東教育出版社, 1987.

王　迅,『東夷文化與淮夷文化研究』, 北京大學出版社, 1994.

王　肯·隋書金·宮欽科·耿　瑛·宋德胤·任光偉,『東北俗文化史』, 春風文藝出版社, 1992.

王冬力,『紅山石器』, 華藝出版社, 2007.

王永强·史衛民·謝建猷,『中國少數民族文化史』, 東北卷 壹, 廣西教育出版社, 1999

王宇淸,『中國服裝史綱』, 中華大典編印會, 1978.

王禹浪·王宏北,『高句麗·渤海古城址研究滙編』(上), 哈爾濱出版社, 1994.

王孝通,『中國商業史』, 商務印書館, 1974.

王　恢,『中國歷史地理』上下冊, 學生書局, 1976.

容　鎔,『中國上古時期科學技術史話』, 中國環境科學出版社, 1990.

劉慶孝·諸葛鎧,『敦煌裝飾圖案』, 山東人民出版社, 1982.

李德潤·張志立,『古民俗研究』, 吉林文史出版社, 1990.

李福順·劉曉路,『中國春秋戰國藝術史』, 人民出版社, 1994.

李　浴·劉中澄·凌瑞蘭·李　震·可　平·王乃功,『東北藝術史』, 春風文藝出版社, 1992.

李肖冰, 『中國西域民族服飾研究』, 新疆人民出版社, 1995.

李天鳴, 『中國疆域的變遷』上册, 國立故宮博物院, 1997.

李學勤, 『東周與秦代文明』, 文物出版社, 1984.

蔣孔陽 主編, 『中國古代美學藝術史論文集』, 上海古籍出版社, 1981.

田昌五, 『古代社會形態研究』, 天津人民出版社, 1980.

箭內亘 編著·和田淸 增補·李毓澍 編譯, 『中國歷史地圖』, 九思叢書 3, 九思出版社, 1977.

鄭若葵, 『中國遠古暨三代習俗史』, 人民出版社, 1994.

陳秉新·李立芳, 『出土夷族史料輯考』, 安徽大學出版社, 2005.

周振鶴, 『西漢政區地理』, 人民出版社, 1987.

周 迅·高春明, 『中國古代服飾大觀』, 重慶出版社, 1995.

中國社會科學院 考古研究所, 『大甸子—中國田野考古報告集』, 考古學傳刊 丁種 第48號, 科學
　出版社, 1996.

中國社會科學院邊疆考古研究中心 編, 『新疆石器時代與靑銅時代』, 文物出版社, 2008.

中國鋼鐵學院·中國冶金簡史編寫小組, 『中國冶金簡史』, 科學出版社, 1978.

朝陽市文化局·遼寧省文物考古研究所, 『牛河梁遺址』, 學苑出版社, 2004.

趙 宇·學 信·閻海淸·衛 中·營文華 編, 『今古朝陽』, 遼寧大學出版社, 1986.

張富祥, 『東夷文化通考』, 上海古籍出版社, 2008.

張星德, 『紅山文化研究』, 中國社會科學出版社, 2005.

張渭蓮, 『商文明的形成』, 文物出版社, 2008.

張博泉·魏存成, 『東北古代民族·考古與疆域』, 吉林大學出版社, 1998.

張仲立, 『秦陵銅車馬與車馬文化』, 陝西人民教育出版社, 1994.

張曉凌, 『中國原始藝術精神』, 重慶出版社, 1992.

湖南省博物館·中國科學院考古研究所, 『長沙馬王堆一號漢墓』, 文物出版社, 1973.

河姆渡遺址博物館, 『河姆渡文化精粹』, 文物出版社, 2002.

黃能馥·陳娟娟,『中華服飾藝術源流』, 高等敎育出版社, 1994.

黃　斌·黃　瑞,『走進東北古國』, 遠方出版社, 2006.

黃鳳岐 主編,『朝陽史話』, 遼寧人民出版社, 1986.

黃　斌·劉厚生,『箕氏朝鮮史話』, 遠方出版社, 2007.

侯外盧,『漢代社會與漢代思想』, 嵩華出版事業公司, 1978.

江上波夫,『ユテンの古代北方文化の硏究』, 山川出版社, 1951.

關野貞,『朝鮮の建築と美術』, 岩波書店, 1941.

關野貞 外,『樂浪郡時代の遺蹟』, 朝鮮總督府, 1927.

高久 健二 著,『樂浪古墳文化硏究』, 學硏文化社, 1996.

今西龍,「眞番郡考」,『朝鮮古史の硏究』, 國書刊行會, 昭和 45(1970).

駒井和愛,「スキタイの社會と文化－武器」,『考古學槪說』, 講談社, 1972.

駒井和愛,『樂浪』, 中央公論社, 昭和 47(1972).

奈良縣立橿原考古學硏究所附屬博物館,『新澤千塚の遺宝とその源流』, 明新印刷株式會社, 1992.

杜石然·范楚玉·陳美東·金秋鵬·周世德·曹婉如 編著, 川原秀城·日原傳·長谷部英一·藤井隆·近藤浩之譯,『中國科學技術史』上, 東京大學出版會, 1997.

渡邊素舟,『中國古代文樣史(上)』, 雄山閣, 昭和 51(1976).

東京國立博物館,『黃河文明展』, 中日新聞社, 1986.

文化廳·東京國立博物館,『高松塚 新發見る考古品』, 東京國立博物館, 昭和52年(1977).

末永雅雄,『日本上代の甲冑』, 創元社, 1944.

末永雅雄·伊東信雄,『挂甲の系譜』, 雄山閣, 1979.

末永雅雄,『增補 日本上代の甲冑』, 創元社, 1981.

梅原末治,『蒙古ノイン·ウテ發見の遺物』, 平凡社, 1960.

小場恒吉·榧本龜次郎,『樂浪王光墓』, 朝鮮古蹟硏究會, 昭和 10(1935).

岩村忍,『中央アジアの遊牧民族』, 講談社, 1970.

李成市,『古代東アヅアの民族と國家』, 岩波書店, 1998.

全浩天,『樂浪文化と古代日本』, 東京, 雄山閣, 1998.

朝鮮總督府,『樂浪郡時代ノ遺蹟』, 上編 民族文化, 1995.

朝鮮總督府,『樂浪郡時代の遺蹟－古蹟調査特別報告』第4册, 昭和2(1927).

林 巳奈夫,『中國玉器總說』, 吉川弘文館, 1999.

町田章,『古代東アヅアの裝飾墓』, 同朋舍, 1987.

齊藤 忠,『北朝鮮考古學の新發見』, 雄山閣, 1996.

齊藤 忠,『古墳文化と壁畵』, 雄山閣, 1997.

朝鮮古墳硏究會,『樂浪王光墓』, 民族文化, 1935.

香山陽坪,『騎馬民族の遺産』, 新潮社, 1970.

Akishev. K. A.,『Issyk Mound』, Moscow, 1978.

Anthony, David W.,『The Horse, the Wheel and Language』, Princeton and Oxford, Princeton University Press, 2007.

Artamonov. M. I,『Treasures from Scythian Tombs』, trans Kupriyanova, Thames & Hudson, 1969.

Chang, Kwang-chih,『The Archaeology of Ancient China』, Yale University, Fourth edition, Yale University Press, 1986.

Jettmar. K,『Art of the Stepps』, Heidlberg, 1966.

Elman R. Service,『Origin of State and Civilization : Process of Cultural Evolution』, New York : Norton&Co. INC., 1975.

Elman R. Service,『Primitive Social Organization : An Evolutionary Perspective』, New York: Random House, 1971.

Rice, T. T,『The Scythians』, London, Thames and Hudson, 1957.

Sergei I, Rudeuko,『Frozen Tombs of Siberia－The Pazyryk Burials of Iron-Age Horsemen』, University of California, 1970.

Sullivan, Michael,『The Arts of China』, Revised Edition, Univ. of California Press,

1979.

Service, Elman R., 『Origin of State and Civilization : Process of Cultural Evolution』, New York: Norton & Co. INC., 1975.

Service, Elman R., 『Primitive Social Organization : An Evolutionary Perspective』, New York: Random House, 1971.

W. H. Morgan, 『Ancient Society』, Chicago: H. Charles & Kerr, 1909.

(2) 연구논문

강경구, 「高句麗 東明王廟의 成立過程」, 『한국고대사연구』18, 한국고대사학회, 2000.

姜在光, 「高句麗 廣開土王의 遼東確保에 관한 新考察」, 『한국고대사탐구』2, 한국고대사탐구학회, 2009.

강종훈, 「4세기 백제의 遼西 지역 진출과 그 배경」, 『한국고대사연구』30, 한국고대사학회, 2003.

강진원, 「고구려(高句麗) 시조묘(始祖廟) 제사(祭祀) 연구(研究)-친사(親祀)의 성립과 변천을 중심으로-」, 『한국사론』, 한국사학회, 2008.

강승남, 「우리나라 고대 청동가공기술에 관한 연구」, 『조선고고연구』, 1990년 제3호, 사회과학원 고고학연구소.

강승남, 「기원전 1000년기 후반기 우리나라 청동야금기술의 특징에 대하여」, 『조선고고연구』, 1990년 제7기, 사회과학원 고고학연구소.

강승남, 「우리나라 원시 및 고대 유색금 속의 이용에 대한 고찰」, 『조선고고연구』, 1992년 제4호, 사회과학원 고고학연구소.

강승남, 「고조선시기의 청동 및 철 가공기술」, 『조선고고연구』, 1995년 2기, 사회과학원 고고학연구소.

강승남, 「락랑유적의 금속 유물에 대하여」, 『조선고고연구』, 1996년 제2호, 사회과학원 고고학연구소.

姜仁求, 「中國東北地方의 古墳」, 『韓國 上古史의 諸問題』, 韓國精神文化研究院, 1987.

강인숙, 「고구려에 선행한 고대국가 구려에 대하여」, 『력사과학』, 과학·백과사전출판사, 1991

년 2기.

고고학연구소, 「두만강 류역의 청동기시대 문화」, 『고고민속론문집』2, 사회과학원출판사, 1970.

고동순, 「양양 오산리유적 발굴조사 개보」, 『韓國新石器硏究』 第13號, 한국신석기연구회, 2007.

姜在光, 「高句麗 廣開土王의 遼東確保에 관한 新考察」, 『한국고대사탐구』2, 한국고대사탐구학회, 2009.

강진원, 「고구려(高句麗) 시조묘(始祖廟) 제사(祭祀) 연구(硏究)—친사(親祀)의 성립과 변천을 중심으로—」, 『한국사론』, 한국사학회, 2008.

高寬敏·梁承熹, 「고구려의 編史事業과 백제·신라·왜」, 『고구려발해연구』21, 고구려발해학회, 2005.

孔錫龜, 「廣開土王陵碑의 東夫餘에 대한 考察」, 『한국사연구』70, 한국사연구회, 1990.

孔錫龜, 「安岳3號墳 主人公의 冠帽에 대하여」, 『高句麗硏究』 第5輯, 高句麗硏究會, 1998.

權五曄, 「廣開土王碑文의 천하구성」, 『일본문화학보』9, 한국일본문화학회, 2000.

권오엽, 「한일건국신화의 세계관—광개토왕비문신화의 천하사상—」, 『일본문화연구』3, 한국일본문화학회, 2000.

권희경, 「高句麗 古墳壁畵에 나타난 仙人·仙女像 및 奏樂天에 관한 硏究」, 『한국고대사연구』20, 한국고대사연구회, 2000.

권도경, 「고구려 신화의 성립과 소서노 배제의 정치사회학」, 『선도문화』9, 선도문화연구원, 2010.

琴京淑, 「高句麗 國內城 遷都의 歷史的 意味」, 『고구려발해연구』15, 고구려발해학회, 2003.

기수연, 「中國 文獻에 보이는 '東夷'와 '朝鮮'」, 『고조선단군학』4, 고조선단군학회, 2001.

기수연, 「『後漢書』 「東夷列傳」에 나타난 韓國古代史의 인식」, 『고조선단군학』7, 고조선단군학회, 2002.

奇修延, 「中國學界의 漢四郡 硏究 동향과 분석」, 『문화사학』27, 한국문화사학회, 2007.

기수연, 「중국학계의 고조선, 한사군 인식에 대한 비판적 검토」, 『고조선단군학』23, 고조선단군학회, 2010.

金基興, 「高句麗 建國神話의 검토」, 『한국사연구』 113, 한국사연구회, 2001.

김교경, 「평양일대의 단군 및 고조선 유적유물에 대한 연대 측정」, 『조선고고연구』, 1995년 제1호, 사회과학원 고고학연구소.

김신규, 「무산 범의 구석 원시 유적에서 나온 짐승 뼈에 대하여」, 『고고민속』, 1963년 4호, 사회과학원출판사.

金裕哲·金鐸敏, 「中國 史書에 나타난 高句麗의 國家的 正體性」, 『고구려발해연구』 18, 고구려발해학회, 2004.

김남중, 「衛滿朝鮮의 領域과 王儉城」, 『한국고대사연구』 22, 한국고대사연구회, 2001.

金東旭, 「新羅의 祭典」, 『新羅文化祭學術發表會論文集』 4, 1983.

김성환, 「단군신화의 기원과 고구려의 전승」, 『고조선단군학』 3, 고조선단군학회, 2000.

김용준, 「안악 제3호분(하무덤)의 연대와 그 주인공에 대하여」, 『문화유산』, 고고학 및 민속학연구소, 1957.

金榮珉, 「嶺南地域 板甲에 대한 一考察」, 『古文化』 第46輯, 韓國大學博物館協會, 1995.

金希燦·韓昌均·최광식·양기석, 「北韓의 高句麗 遺蹟 發掘과 그 成果」, 『고구려발해연구』 12, 고구려발해학회, 2001.

김희찬, 「고구려 귀면문 와당의 형식과 변천」, 『고구려발해연구』 34, 고구려발해학회, 2009.

盧泰敦, 「한국인의 기원과 국가형성」, 『한국사특강』, 서울대학교출판부, 1990.

盧泰敦, 「古朝鮮 중심지의 변천에 대한 연구」, 『韓國史論』 23, 국사편찬위원회, 1990.

노태돈, 「고조선 중심지, 만주인가 평양인가」, 『역사비평』 16, 역사비평사, 1991.

도유호, 「왕검성의 위치」, 『문화유산』, 1962년 제5호, 고고학 및 민속학연구소.

리순진, 「강원도 철령유적에서 발굴된 고구려기마모형에 대하여」, 『조선고고연구』, 1994년 제2호, 사회과학원 고고학연구소.

리지린, 「고조선과 3한 사람들의 해상활동」, 『력사과학』, 1962년 제1호, 과학·백과사전출판사.

리지린, 「진한대 료동군의 위치」, 『력사과학』, 과학·백과사전출판사, 1963년 1호.

리태형, 「고구려의 철광업과 제철야금기술의 발전」, 『력사과학』, 1990년 제2호, 과학·백과사전출판사.

리화선, 「안악궁의 터자리 복원을 위한 몇가지 문제」, 『력사과학』, 1980년 제1호, 과학·백과사 전출판사.

복기대, 「하가점 하층문화의 기원과 사회성격에 관한 시론」, 『한국상고사학보』 19호, 한국상고 사학회, 1995.

복기대, 「중국 요서지역 청동기시대문화의 역사적 이해」, 『단군학연구』 제5호, 단군학회, 2001.

복기대, 「臨屯太守章 封泥를 통해본 漢四郡의 위치」, 『白山學報』 61호, 白山學會, 2001.

朴仙姬, 「고조선의 갑옷종류와 특징 (1)·(2)」, 『白山學報』 56·57호, 白山學會, 2000.

朴仙姬, 「복식의 비교연구에 의한 안악 3호 고분 묘주의 국적」, 『白山學報』 76호, 白山學會, 2006.

朴仙姬, 「銀盒盂 명문의 연대 재검토에 따른 서봉총 금관의 주체해명」, 『白山學報』 74호, 白山 學會, 2006.

朴仙姬, 「고대한국 갑옷의 원류와 동아시아에 미친영향」, 『比較民俗學』 33호, 比較民俗學會, 2007.

朴仙姬, 「백제 금관의 유형추론과 관모장식」, 『比較民俗學』 35호, 比較民俗學會, 2008.

朴仙姬, 「고조선 복식양식의 형성과 장식기법의 고유성」, 『白山學報』 84호, 白山學會, 2009.

朴仙姬, 「평양 낙랑유적 복식유물의 문화성격과 고조선」, 『고조선단군학』 20호, 고조선단군학 회, 2009.

朴仙姬, 「고조선 관모양식을 이은 고구려 금관의 출현과 발전 재검토」, 『고조선단군학』 25호, 고조선단군학회, 2011.

朴仙姬, 「신라 금관에 선행한 고구려 금관의 발전양상과 금관의 주체」, 『白山學報』 90호, 白山 學會, 2011.

朴玧貞, 「'02 高城文岩里 先史遺蹟發掘調査」, 『韓國新石器硏究』 第5號, 한국신석기연구회, 2003.

박영초, 「고조선에서의 제철 및 철재 가공기술의 발전」, 『조선고고연구』, 1989년 1기, 사회과학 원 고고학연구소.

박진욱, 「3국시기의 갑옷과 투구」, 『고고민속』 3, 사회과학원출판사, 1963.

백련행, 「부조예군의 도장에 대하여」, 『문화유산』 1962년 4호, 사회과학원출판사.

사회과학원 고고학 및 민속학 연구소, 「고조선의 무기」, 『고고민속』, 1966년 1기, 사회과학원출판사.

徐永大, 「高句麗 貴族家門의 族祖傳承」, 『한국고대사연구』8, 한국고대사학회, 1995.

徐永大, 「韓國古代의 宗敎職能者」, 『한국고대사연구』12, 한국고대사학회, 1997.

徐永大, 「신화 이해의 역사적 변천」, 『정신문화연구』78, 한국학중앙연구원, 2000.

徐永大, 「高句麗의 國家祭祀」, 『한국사연구』120, 한국사연구회, 2003.

徐永大·寄修延, 「韓國 史書에 나타난 高句麗의 正體性」, 『고구려발해연구』18, 고구려발해학회, 2004.

손영종, 「덕흥리벽화무덤의 주인공의 국적문제에 대하여」, 『력사과학』, 1987년 제1호, 과학·백과사전출판사.

손영종, 「락랑문화의 유적유물에 대하여」, 『력사과학』, 2005년 제4호, 과학백과사전출판사.

孫永鐘, 「高句麗壁畵古墳の墨書銘と被葬者」, 『고구려발해연구』4, 고구려발해학회, 1997.

宋鎬晸, 『古朝鮮 國家形成 過程 研究』, 서울대학교 대학원 박사학위논문, 1999.

송호정, 「高句麗의 族源과 滅貊」, 『고구려발해연구』27, 고구려발해학회, 2007.

宋鎬晸, 「遼東地域 靑銅器文化와 美松里型土器에 관한 考察」, 『韓國史論』24, 국사편찬위원회, 1991.

신용하, 「고조선 '아사달 문양'이 새겨진 山東 大汶口문화유물」, 『韓國學報』102, 일지사, 2001.

신용하, 「고조선 국가의 형성-3부족 결합에 의한 고조선 개국과 아사달」, 『사회와 역사』, 80, 한국사회사학회, 2008.

신용하, 「古朝鮮文明圈의 三足烏太陽 상징과 朝陽 袁台子壁畵墓의 三足烏太陽」, 『한국학보』105, 일지사, 2001.

신용하, 「고조선문명권 형성의 기본구조」, 『단군학연구』23, 단군학회, 2010.

신용하, 「고조선의 국가형성과 고조선 금속문화」, 『단군학연구』21, 단군학회, 2009.

신용하, 「고조선의 통치체제」, 『고조선연구』1, 고조선학회, 지식산업사, 2008.

신용하, 「檀君說話의 사회학적 해석」, 『한국사회사학회논문집』47, 한국사회사학회, 1995.

신용하, 「한국민족의 기원과 형성」, 『韓國學報』100, 일지사, 2000.

신형식·이종호, 「中華 5천 년, 紅山文明의 再照明」, 『白山學報』 77호, 白山學會, 2007.

신정훈, 「高句麗의 瑞祥物이 지닌 性格」, 『중앙사론』 21, 중앙사학연구소, 2005

안병찬, 「장수산일대의 고구려유적유물에 대하여」, 『조선고고연구』, 1990년 제2호, 사회과학원 고고학연구소.

柳在學, 『樂浪瓦博銘文의 書藝史的 考察』, 홍익대학교 대학원 석사학위논문, 1988.

윤광수, 「토성동 486호 나무곽무덤 발굴보고」, 『조선고고』, 1994년 4기. 사회과학출판사.

尹乃鉉, 「古朝鮮과 三韓의 관계」, 『韓國學報』 第52輯, 一志社, 1988.

尹乃鉉, 「古代朝鮮考」, 『中齋張忠植博士 華甲紀念論叢』, 中齋張忠植博士 華甲紀念論叢刊行委員會, 1992.

尹乃鉉, 「古朝鮮의 宗敎와 그 思想」, 『東洋學』 第23輯, 檀國大學校附設 東洋學硏究所, 1993.

尹乃鉉, 「人類社會 進化上의 古朝鮮 位置」, 『史學志』 第26輯, 檀國史學會, 1993.

尹乃鉉, 「扶餘의 분열과 變遷」, 『祥明史學』 第三·四合輯, 祥明史學會, 1995.

尹乃鉉, 「高句麗의 移動과 建國」, 『白山學報』 45호, 白山學會, 1995.

尹乃鉉, 「백제의 중국 동부 지배」, 『傳統과 現實』 第7號, 高峰學術院, 1996.

尹乃鉉, 「고구려의 多勿理念 실천」, 『竹堂 李炫熙敎授 華甲紀念韓國史論叢』, 東方圖書, 1997.

李丙燾, 「樂浪郡考」, 『韓國古代史研究』, 박영사, 1976.

李仁淑, 「신라와 가야의 裝身具」, 『한국고대사논총』 제3집, 한국고대사회연구소, 1992.

李殷昌, 「三國時代武具」, 『韓國の考古學』, 河出書房, 1972.

이용조, 「編年」, 『韓國史論』 12, 國史編纂委員會, 1986.

임진숙, 「고대 및 중세초기 우리나라의 동합금기술」, 『력사과학』 1991년 제4호, 과학·백과사전출판사.

임재해, 「단군신화에 갈무리된 문화적 원형과 민족문화의 정체성」, 『단군학연구 16호, 단군학회, 2007.

임재해, 「한국신화의 주체적 인식과 민족문화의 전체성」, 『단군학연구』 17호, 단군학회, 2007.

임재해, 「단군신화로 본 고조선 문화의 기원 재인식」, 『단군학연구』 19호, 단군학회, 2008.

임재해, 「'신시본풀이'로 본 고조선문화의 형성과 홍산문화」, 『단군학연구』 20호, 단군학회, 2009.

임재해, 「고조선 '본풀이'의 역사인식과 본풀이사관의 수립」, 『단군학연구』 21호, 단군학회, 2009.

우실하, 「'요하문명론'의 초기 전개 과정에 대한 연구」, 『단군학연구』 21호, 단군학회, 2009.

우실하, 「최근 중국의 역사관련 국가 공정들과 한국의 과제」, 『단군학연구』 12호, 단군학회, 2005.

우실하, 「동북공정의 최종판 '요하문명론'」, 『단군학연구』 15호, 단군학회, 2006.

오강원, 「春秋末東夷系萊族木槨墓 출토 비파형동검」, 『韓國古代史研究』 23, 서경문화사, 2001.

尹明喆, 「高句麗의 古朝鮮 繼承性에 關한 研究」 1, 『고구려발해연구』 13, 고구려발해학회, 2002.

윤명철, 「壇君神話와 고구려 建國神話가 지닌 正體性(IDENTITY) 탐구」, 『단군학연구』 6호, 단군학회, 2002.

윤명철, 「고구려의 고조선 계승성에 관한 연구」 2, 『고조선단군학』 14호, 고조선단군학회, 2006.

윤명철, 「단군신화의 해석을 통한 장군총의 성격 이해」, 『단군학연구』 19호, 단군학회, 2008.

윤병모, 「A.D. 2세기 이전 고구려의 요서원정」, 『국학연구』 17, 국학연구소, 2010.

윤상열, 「고구려 中期 天下觀의 推移」, 『고구려발해연구』 30, 고구려발해학회, 2008.

윤성용, 「고구려 建國神話와 祭儀」, 『한국고대사연구』 39, 한국고대사연구회, 2005.

윤용구, 「三韓과 樂浪의 교섭」, 『한국고대사연구』 34, 한국고대사연구회, 2004.

李健才·琴京淑, 「好太王碑에 나타난 下平壤과 東夫餘」, 『고구려연구회학술총서』 3, 고구려연구회, 2002.

윤용구, 「낙랑군의 성격문제 : 낙랑군의 낙랑국 계승 문제를 중심으로」, 『한국고대사연구』 제32집 2003.

이도학, 「삼국에 관한 주변 국가의 인식에 관한 연구」, 『고구려발해연구』 29, 고구려발해학회, 2007.

이도학, 「高句麗의 夫餘 出源에 관한 認識의 變遷」, 『고구려발해연구』 27, 고구려발해학회, 2007.

李道學, 「集安地域高句麗王陵에 관한 新考察」, 『고구려발해연구』 30, 고구려발해학회, 2008.

李松蘭, 「高句麗 古墳壁畵의 天上表現에 나타난 火焰文의 意味와 展開」, 『미술사학연구』 220, 미술사학연구회, 1998.

李永植, 「가야와 고구려의 교류사 연구」, 『한국사학보』 25, 한국사학회, 2006.

이용현, 「광개토왕비에 보이는 고구려의 동아시아 인식」, 『고구려발해연구』 22, 고구려발해학회, 2006.

이원배, 「고구려 시조명 '東明'의 성립과정」, 『한국사연구』 146, 한국사연구회, 2009.

이은봉, 「단군신화 연구의 경향과 과제—종교적 측면에서—」, 『단군학연구』 1, 단군학회, 1999.

이정빈, 「고구려 東盟의 정치의례적 성격과 기능」, 『한국고대사연구』 41, 한국고대사연구회, 2

李松蘭, 「新羅冠의 成立과 始祖廟 祭祀」, 『미술사학연구』 235, 미술사학회, 2002.

이용현, 「광개토왕비에 보이는 고구려의 동아시아 인식」, 『고구려발해연구』 22, 2006.

이기백, 「高句麗王妃族考」, 『震檀學報』 20, 진단학회, 1959.

이기백, 「古朝鮮의 國家形成」, 『한국사시민강좌』 12, 일조각, 1988.

全相運, 「韓國古代金屬技術의 科學史的 硏究」, 『傳統科學』 第1輯, 漢陽大學校 韓國傳統科學 硏究所, 1980.

전주농, 「고구려 시기의 무기와 무장(I)」, 『문화유산』, 사회과학원출판사, 1958.

전주농, 「고구려시기의 무기와 무장(II)」, 『문화유산』, 사회과학원출판사, 1959.

전주농, 「안악 하무덤(3호분)에 대하여」, 『문화유산』, 사회과학원출판사, 1959.

전주농, 「고조선의 공예」, 『문화유산』, 사회과학원출판사, 1961.

정찬영, 「기원 4세기까지의 고구려 묘제에 관한 연구」, 『고고민속론문집』 5, 사회과학원출판사, 1973.

全虎兒·崔光植, 「高句麗 古墳壁畵와 동아시아 古代 葬儀美術」, 『고구려발해연구』 16, 고구려발해학회, 2003.

全虎兒·朴雅林, 「4~5세기 고구려 고분벽화와 동아시아 문화」, 『고구려발해연구』 21, 고구려발해학회, 2005.

鄭守一, 「高句麗와 西域 關係 試考」, 『고구려발해연구』 14, 고구려발해학회, 2002.

정원주, 「高句麗건국신화의 전개와 변용」, 『고구려발해연구』 33, 고구려발해학회, 2009.

정호섭, 「高句麗壁畵古墳에 나타난 信仰과 祭儀양상」, 『고문화』 74, 한국대학박물관협회, 2009.

정찬영, 「기원 4세기까지의 고구려 묘제에 관한 연구」, 『고고민속론문집』 5, 사회과학원출판사, 1973.

趙法鍾, 「衛滿朝鮮의 崩壞時點과 王險城·樂浪郡의 位置」, 『한국사연구』 110, 한국사연구회, 2000.

조법종, 「고구려 고분벽화에 나타난 단군 인식 검토-한국 고대 동물숭배전통과의 관련성을 중심으로-」, 『고조선단군학』 12호, 고조선단군학회, 2005.

조법종, 「한국 고대사회의 고조선, 단군인식 연구-고조선, 고구려시기 단군인식의 계승성을 중심으로-」, 『선사와 고대』 23, 한국고대학회, 2005 .

조희승, 「평양 락랑유적에서 드러난 고대 비단에 대하여」, 『조선고고연구』, 1996년 제1호, 사회과학원 고고학연구소.

趙宇然, 「4~5세기 고구려 정치체제」, 『고구려발해연구』 28, 고구려발해학회, 2007.

조우연, 「고구려의 왕실조상제사」, 『한국고대사연구』 60, 한국고대사연구회, 2010.

지병목, 「高句麗 起源의 考古學的 考察」, 『고구려발해연구』 27, 고구려발해학회, 2007.

全虎兌·崔光植, 「高句麗 古墳壁畵와 동아시아 古代 葬儀美術」, 『고구려발해연구』 16, 고구려발해학회, 2003.

鄭守一, 「高句麗와 西域 關係 試考」, 『고구려발해연구』 14, 고구려발해학회, 2002.

정원주, 「高句麗건국신화의 전개와 변용」, 『고구려발해연구』 33, 고구려발해학회, 2009.

주영헌, 「약수리 고분을 통한 고구려 벽화분의 연대에 관한 연구」, 『문화유산』 3, 사회과학원출판사, 1959.

주영헌, 「고구려의 유주에 대하여」, 『역사과학』, 1980년 제4호, 과학백과사전 출판사.

秦弘燮, 「百濟·新羅의 冠帽·冠飾에 關한 二三의 問題」, 『史學志』, 檀國大學校 史學會, 1973.

천석근, 「고구려옷의 기본형태와 일본 고분시대옷의 변천」, 『력사과학』, 1981년 제1호, 과학·백과사전출판사.

천석근, 「안악 제3호 무덤벽화의 복식에 대하여」, 『조선고고연구』, 1986년 제3호, 사회과학원 고고학연구소.

崔孟植, 「陵山里 百濟古墳 出土 裝飾具에 관한 一考」, 『百濟文化』 第27輯, 1998.

최택선, 「고구려 벽화무덤의 주인공 문제에 대하여」, 『력사과학』, 1985년 4호, 과학·백과사전출 판사.

최택선, 「고구려의 인물풍속도무덤과 인물풍속 및 사신도 무덤 주인공들의 벼슬등급에 대하 여」, 『력사과학』, 1988년 제1호, 과학·백과사전출판사.

최원희, 「고구려 녀자 옷에 관한 연구」, 『문화유산』2, 사회과학원출판사, 1962.

하문식, 「고인돌의 장제에 대한 연구(I)-화장(火葬)을 중심으로」, 『白山學보』51, 백산학회, 1998.

하문식, 「고조선 시기의 장제와 껴묻거리 연구」, 『백산학보』83, 백산학회, 2009.

한인호, 「고조선초기의 금제품에 대한 고찰」, 『조선고고연구』, 1995년 제1호, 사회과학원출판사.

허순산, 「고구려 금귀걸이」, 『력사과학』, 1985년 4호, 과학·백과사전출판사.

황기덕·김섭연, 「우리나라 고대 야금기술」, 『고고민속론문집』, 과학·백과사전출판사, 1983.

高美璇, 「試論紅山文化墓葬」, 『北方文物』8, 1989.

曲　岩, 「長白山文化與東北地區經濟發展」, 『長白學刊』, 2006年 第3期.

郭大順, 「試論魏營子類型」, 『考古學文化論集』1, 1987.

郭大順, 「遼河流域的原始文明與龍的起源」, 『文物』, 1984年 第8期.

郭大順, 「玉器的起源與漁獵文化」, 『北方文物』, 1996年 第4期.

郭大順, 「遼河文明的提出與對傳統史學的衝擊」, 『尋根』, 1995年 第6期.

郭大順, 「赤峰地區早期冶銅考古隨想」, 『內蒙古文物考古文集』, 中國大百科全書出版社, 1994.

郭大順·張克擧, 「遼寧喀左東山嘴紅山文化遺址第一, 二次發掘簡介」, 『中國考古集成』 東北卷 新石器時代(二), 北京出版社, 1997.

耿鐵華, 「高句麗兵器初論」, 『中國考古集成』 東北卷 兩晋至隋唐(二), 北京出版社, 1992.

耿鐵華, 「高句麗文物古蹟四題」, 『中國考古集成』 東北卷 兩晋至隋唐(二), 北京出版社, 1992.

曲　石, 「略論東北新石器時代文化」, 『中國考古集成』 東北卷 新石器時代(一), 北京出版社, 1997.

曲貴春, 「古代穢貊研究」, 『中國考古集成』 東北卷 靑銅時代(一), 北京出版社, 1997.

靳楓毅, 「夏家店上層文化及其族屬問題」, 『中國考古集成』 東北卷 靑銅時代(一), 北京出版社, 1997.

吉林省博物館, 「吉林江北土城子古文化遺址及石棺墓」, 『中國考古集成』 東北卷 靑銅時代(三), 北京出版社, 1997.

吉林地區考古短訓班, 「吉林猴石山遺址發掘簡報」, 『考古』, 1980年 第2期.

吉林省文物工作隊后崗組, 「鎏金靑銅飛馬牌飾」, 『中國考古集成』 東北卷 秦漢至三國(二), 北京出版社, 1997.

吉林省文物工作隊·長春市文管會·楡樹縣博物館, 「吉林楡樹縣老河深鮮卑墓群部分墓葬發掘簡報」, 『文物』, 1985年 第2期.

吉林省博物館文物工作隊, 「吉林集安的兩座高句麗墓」, 『中國考古集成』 東北卷 兩晋至隋唐(二), 1992, 北京出版社, 1997.

吉林省文物工作隊·集安文管所, 「1976年集安洞溝高句麗墓淸理」, 『中國考古集成』 東北卷 兩秦至隋唐(二), 北京出版社, 1997.

丹化沙, 「黑龍江肇源望海屯新石器時代遺址」, 『考古』, 1961年 第10期.

丹東市文化局文物普查隊, 「丹東市東溝縣新石器時代遺址調査和試掘」, 『中國考古集成』 東北卷 新石器時代(二), 北京出版社, 1997.

東北考古發掘團, 「吉林西團山石棺墓發掘報告」, 『中國考古集成』 東北卷 靑銅時代(三), 北京 出版社, 1997.

譚其驤, 「歷史上的中國和中國歷代疆域」, 『中國邊疆史地硏究所』, 1991年 第5期.

大冶鋼歷·冶　軍, 「銅綠山古礦井遺址出土鐵制及銅制工具的初步鑒定」, 『文物』, 1975年 第2期.

佟柱臣, 「赤峰東八家石城址勘査記」, 『考古通迅』, 1957年 6期.

佟柱臣, 「郭家村下層新石器的考察」, 『中國考古集成』 東北卷 新石器時代(二), 北京出版社, 1997.

董學增, 「試論西團山文化的裝飾品」, 『中國考古集成』 東北卷 靑銅時代(三), 北京出版社, 1997.

董學增·翟立偉,「西團山文化遺存所反映的穢貊族習俗考略」,『中國考古集成』東北卷 青銅時代(三), 北京出版社, 1997.

董學增,「關于我國東北系觸角式劍的探討」,『中國考古集成』東北卷 青銅時代(一), 北京出版社, 1997.

董學增,「吉林蛟河發現'對頭雙鳥首'銅劍」,『中國考古集成』東北卷, 青銅時代(三), 北京出版社, 1997.

木　易,「東北先秦火葬習俗試析」,『北方文物』1, 1991.

馬德謙,「談談吉林龍潭山·東團山一帶的漢代遺物」,『中國考古集成』東北卷 秦漢之三國(二), 北京出版社, 1997.

撫順市博物館,「撫順小甲邦東漢墓」,『中國考古集成』東北卷 秦漢至三國(二), 北京出版社, 1997.

方殿春·劉葆華,「遼寧阜新縣胡頭溝紅山文化玉器墓的發現」,『文物』, 1984年 第6期.

范恩實,「遼東石棚淵源研究」,『北方文物』1, 2010.

傅斯年,「箕子·明夷的故事」,『古史辨』第3册 上編, 1931.

撫順市博物館,「撫順小甲邦東漢墓」,『中國考古集成』東北卷 秦漢至三國(二), 北京出版社, 1997.

武家昌,「遼東半島石棚初探」,『北方文物』4, 1994.

武家昌,「撫順山龍石棚與積石墓」,『遼海文物學刊』1, 1997.

苗　威,「樂浪郡綜述」,『中國邊疆史地研究』16-3, 2006.

方起東,「吉林輯安高句麗霸王朝山城」,『考古』, 1962年 第11期.

徐家國·孫　力,「遼寧撫順高爾山城發掘簡報」,『中國考古集成』東北卷 兩晉至隋唐(二), 北京出版社, 1997.

沈陽市文物工作組,「沈陽伯官屯漢魏墓葬」,『考古』, 1964年 第11期.

邵國田,「草帽山祭祀遺址群」,『敖漢文物精華』, 內蒙古文化出版社, 2004.

楊　虎,「內蒙古敖漢旗興隆洼遺址發掘簡報」,『考古』, 1985年 10期.

楊　泓,「關于鐵甲·馬鎧和馬鐙問題」,『考古』, 1961年 第12期.

楊　泓, 「戰車與車戰-中國古代軍事裝備禮記之一」, 『文物』, 1977年 第5期.

楊　泓, 「甲和鎧」, 『文物』, 1978年 第5期.

楊　泓, 「中國古代的甲冑」上篇, 『考古學報』, 1976年 1期.

楊　泓, 「中國古代的甲冑」下篇, 『考古學報』, 1976年 2期.

楊　泓, 「中國古代馬具的發展和對外影響」, 『文物』, 1984年 第9期.

沈陽市文物工作組, 「沈陽伯官屯漢魏墓葬」, 『考古』, 1964年 第11期.

沈陽市文物管理辨公室, 「沈陽新樂遺址試掘報告」, 『中國考古集成』 東北卷 新石器時代(二), 北京出版社, 1997.

瀋陽故宮博物院·瀋陽市文物管理辨公室, 「瀋陽鄭家窪子的兩座靑銅時代墓葬」, 『考古學報』, 1975年 第1期.

孫守道, 「匈奴西岔溝文化古墓群的發現」, 『文物』, 1960年 第8·9期.

孫守道·郭大順, 「牛河梁紅山文化女神頭像的發現與硏究」, 『文物』, 1986年 第8期.

孫長慶·殷德明·干志耿, 「黑龍江古代玉器文化問題的提出與硏究」, 『中國考古集成』 東北卷新石器時代(二), 北京出版社, 2007.

林　沄, 「說 '貊」, 『林沄學術文集』 2, 科學出版社, 2008.

嚴文明, 「黃河流域新石器時代早期文化的新發現」, 『考古』, 1979年 第1期.

黎瑤渤, 「遼寧北票縣西官營子北燕馮素弗墓」, 『文物』, 1973年 第3期.

敖漢旗博物館, 「敖漢旗南台地趙寶溝文化遺址調査」, 『內蒙古文物考古』 1, 1991.

姚　鑒, 「河北望都隸漢墓的墓室結構和壁畫」, 『文物參考資料』, 1954年 第12期.

李　濟, 「跪坐蹲居與箕踞」, 『李濟考古學論文集 上』, 聯經出版事業公司, 臺北, 1977.

李　濟, 「民國十八年秋季發掘殷墟之經過及其重要發現」, 『安陽發掘報告』 第2期.

殷志强, 「紅山·良渚文化玉器的比較硏究」, 『北方文物』, 1988年 1期.

容觀琼, 「關于我國南方棉紡織歷史硏究的一些問題」, 『文物』, 1979年 第8期.

于臨祥, 「考古簡訊-旅順老鐵山發現古墓」, 『考古通訊』, 1956年 3期.

于臨祥, 「營城子貝墓」, 『中國考古集成』 東北卷 秦漢至三國(二), 北京出版社, 1997.

魏運亨·卜昭文,「阜新査海出土七八千年前的玉器」,『中國考古集成』東北卷 新石器時代(二), 北京出版社, 1997.

王禹浪·王宏北,「高句麗·渤海古城址研究滙編」(上), 哈爾濱出版社, 1994.

王承禮·韓淑華,「吉林輯安通溝第12號高句麗壁畵墓」,『考古』, 1964年 第2期.

王永强·史衛民·謝建猷,『中國小數民族文化史 北方卷』上貳, 廣西教育出版社, 1999.

遼寧省博物館 外,「長海縣廣鹿島大長山島貝丘遺址」,『考古學報』, 1981年 第1期.

遼寧省文物考古研究所·朝陽市博物館,「朝陽十二台鄉磚歷88M1發掘簡報」,『文物』, 1997年 第11期.

遼寧省文物考古研究所·吉林大學考古學系,「遼寧彰武平安堡遺址」,『中國考古集成』東北卷 靑銅時代(二), 北京出版社, 1997.

遼寧省文物考古研究所·朝陽市博物館·朝陽縣文物管理所,「遼寧朝陽田草溝晋墓」,『文物』, 1997年 第11期.

遼寧省文物考古研究所,「遼寧牛河梁紅山文化"女神廟"與積石塚群發掘簡報」,『中國考古集成』東北卷 新石器時代(二), 北京出版社, 1997.

遼寧省文物干部培訓班,「遼寧北票豊下遺址 1972年 春發掘簡報」,『考古』, 1976年 3期.

遼寧省文物考古研究所,「遼寧凌源縣五道河子戰國墓發掘簡報」,『中國考古集成』東北卷 靑銅時代(二), 北京出版社, 1997.

遼寧省博物館·昭鳥達盟文物工作站·敖漢旗文化館,「遼寧敖漢旗小河沿三種原始文化的發現」,『文物』, 1977年 12期.

遼寧省博物館·旅順博物館,「大連市郭家村新石器時代遺址」,『中國考古集成』東北卷 新石器時代(二), 北京出版社, 1997.

劉 謙,「錦州山河營子遺址發掘報告」,『中國考古集成』東北卷 新石器時代(二), 北京出版社, 1997.

劉景文,「從出土文物簡析古代夫餘族的審美觀和美的裝飾」,『中國考古集成』東北卷 秦漢至三國(二), 北京出版社, 1997.

劉俊勇·曲傳林,「大連新石器時代社會形態初探」,『中國考古集成』東北卷 新石器時代(二), 北京出版社, 1997.

劉振華,「吉林省原始文化中的幾種新石器時代遺存」,『中國考古集成』東北卷 新石器時代(二),

北京出版社, 1997.

劉振華, 「內蒙古奈曼旗滿德圖遺址」, 『社會科學輯刊』, 1994 增刊, 1994.

劉晉祥, 「趙宝溝文化初論」, 『中國考古集成』 東北卷 新石器時代(一), 北京出版社, 1977.

劉 祥·孫文麗, 「西遼河水系變遷」, 『內夢古水利』 4, 2001.

陸思賢, 「翁牛特旗石崩山原始文字釋義」, 『中國考古集成』 東北卷 新石器時代(一), 北京出版社, 1997.

陸思賢·陳棠棟, 「達茂旗出土的古代北方民族金飾件」, 『文物』, 1984年 第1期.

王國范, 「吉林通榆新石器時代遺址調查」, 『中國考古集成』 東北卷 新石器時代(二), 北京出版社, 1997.

越振東, 「遼寧阜新胡頭溝新石器時代紅山文化積石塚二次淸理硏究探索」, 『中國考古集成』 東北 卷 新石器時代(二), 北京出版社, 1997.

李恭篤, 「昭鳥達盟石棚山考古新發現」, 『中國考古集成』 東北卷 新石器時代(一), 北京出版社, 1997.

李恭篤·高美璇, 「紅山文化玉雕藝術初析」, 『史前硏究』, 1987年 3期.

李恭篤·高美璇, 「試論小河沿文化」, 『中國考古集成』 東北卷 新石器時代(一), 北京出版社, 1997.

李恭篤, 「本溪發現多處洞穴墓地域遺址」, 『中國文物報』, 1988年 12月 9日 3版.

李恭篤, 「試論遼西地區兩種彩陶文化的特征及其關係」, 『中國考古集成』 東北卷 新石器時代(二), 北京出版社, 1997.

李恭篤·高美璇, 「內蒙古鳥漢旗四陵山紅山文化窟址」, 『中國考古集成』 東北卷 新石器時代(一), 北京出版社, 1997.

伊克昭盟文物工作站, 「內蒙古準格爾旗寶亥社發現靑銅器」, 『文物』, 1987年 12期.

李文信, 「遼陽發現的三座壁畫古墓」, 『文物參考資料』, 1955年 第5期.

李文信, 「吉林市附近之史迹及遺物」, 『中國考古集成』 東北卷 綜述(二), 北京出版社, 1997.

李 蓮, 「吉林安廣縣永合屯細石器遺址調查簡報」, 『中國考古集成』 東北卷 新石器時代(二), 北京出版社, 1997.

李殿福, 「1962年春季吉林輯安考古調查簡報」, 『中國考古集成』 東北卷 兩晋至隋唐(二), 北京出版社, 1997.

李殷福,「建平孤山子·榆樹林子靑銅時代墓葬」,『中國考古集成』東北卷 靑銅時代(二), 北京出版社, 1997.

李殿福,「集安洞溝三座壁畵墓」,『考古』, 1983年 第4期.

李 衆,「中國封建社會前期鋼鐵冶煉技術發展的探討」,『考古學報』, 1975年 第2期.

李曉鍾,「沈陽北陵地區發現新石器時代遺物」,『中國考古集成』東北卷 新石器時代(二), 北京出版社, 1997.

李曉鐘·劉長江·伦俊岩,「沈陽石台子高句麗山城試掘報告」,『中國考古集成』東北卷 兩晋至隋唐(二), 北京出版社, 1997.

李華東·王傳朴·祝延學,「略談東溝境內新石器文化」,『中國考古集成』東北卷 新石器時代(二), 北京出版社, 1997.

魏運亨·卜昭文,「阜新査海出土七八千年前的玉器」,『中國考古集成』東北卷 新石器時代(二), 北京出版社, 1997.

陽 虎,「關于紅山文化的幾個問題」,『中國考古集成』東北卷 新石器時代(一), 北京出版社, 1997.

林 沄,「中國東北系銅劍初論」,『考古學報』, 1980年 第2期.

張 靜·田子義·李道升,「朝陽小波赤靑銅短劍墓」,『中國考古集成』東北卷 靑銅時代(二), 北京出版社, 1997.

張柏忠,「內蒙古科左中旗六家子鮮卑墓群」,『考古』, 1989年 第5期.

張雪岩,「吉林集安東大坡高句麗墓葬發掘簡報」,『考古』, 1991年 第7期.

張錫瑛,「東北地區鏡形器之管見」,『中國考古集成』東北卷 靑銅時代(一), 北京出版社, 1997.

田廣生,「通榆出土金馬牌飾」,『文物』, 1987年 第3期.

浙江省文物管理委員會,「吳興錢山漾遺址第一·二次發掘報告」,『考古學報』, 1960年 第2期.

朱 貴,「遼寧朝陽十二臺營子靑銅短劍墓」,『中國考古集成』東北卷 靑銅時代(一), 北京出版社, 1997.

中國社會科學院考古研究所實驗室,「放射性碳素測定年代報告(六)」,『考古』, 1979年 第1期.

中國社會科學院考古研究所,『中國考古學中碳十四年代數据集』1965~1991, 文物出版社, 1992.

中國社會科學院考古研究所內蒙古工作隊, 「內蒙古敖漢旗趙宝溝一號遺址發掘簡報」, 『中國考古集成』 東北卷 新石器時代(一), 北京出版社, 1977.

中國科學院考古研究所安陽工作隊, 「安陽殷墟五號墓的發掘」, 『考古學報』, 1977年 第2期.

中國社會科學院考古研究所東北工作隊, 「沈陽肇工街和鄭家洼子遺址的發掘」, 『中國考古集成』 東北卷 靑銅時代(二), 北京出版社, 1997.

中國科學院考古研究所內蒙古工作隊, 「赤峰藥王廟・夏家店遺址試掘報告」, 『中國考古集成』 東北卷 靑銅時代(一), 北京出版社, 1997.

中國科學院考古研究所洛陽發掘隊, 「洛陽西郊漢墓發掘報告」, 『考古學報』, 1963年 2期.

中國社會科學院考古研究所內蒙古工作隊, 「內蒙古敖漢旗周家地墓地發掘簡報」, 『考古』, 1984年 5期.

陳大爲, 「遼寧北票房身村晉墓發掘簡報」, 『考古』, 1960年 1期.

陳大爲, 「試論遼寧"石棚"的性質及其演變」, 『遼海文物學刊』1, 1991.

陳大章, 「河南鄧縣綵現北朝七色彩繪畵象磚墓」, 『文物』, 1958年 第6期.

集安縣文物保管所, 「集安高句麗墓葬發掘簡報」, 『考古』, 1983年 第4期.

陳相偉, 「吉林輯安渾江中遊的三處新石器時代遺址」, 『中國考古集成』 東北卷 新石器時代(二), 北京出版社, 1997.

崔双來, 「從考古學角度談丹東地區鼈業的起源與發展」, 『中國考古集成』 東北卷 綜述(二), 北京出版社, 1997.

巴林右旗博物館, 「內蒙古巴林右旗那斯台遺址調査」, 『考古』, 1987年 第6期.

夏　鼐, 「碳一14測定年代和中國史前考古學」, 『考古』, 1977年 第4期.

河姆渡遺址考古隊, 「浙江河姆渡遺址第二期發掘的主要收獲」, 『文物』, 1980年 第5期.

項春松, 「小黑石溝發現的靑銅器」, 『中國考古集成』 東北卷 靑銅時代(一), 北京出版社, 1997.

許明綱, 「旅大市長海縣新石器時代貝丘遺址調査」, 『中國考古集成』 東北卷 新石器時代(二), 北京出版社, 1997.

許玉林・蘇小幸, 「略談郭家村新石器時代遺址」, 『中國考古集成』 東北卷 新石器時代(二), 北京出版社, 1997.

許玉林, 「遼寧蓋縣東漢墓」, 『文物』, 1993年 第4期.

許玉林, 「東北地區新石器時代文化槪述」, 『東北考古集成』 東北卷 新石器時代(一), 北京出版社, 1997.

許玉林·傅仁義·王傳普, 「遼寧東溝縣后洼遺址發掘槪要」, 『中國考古集成』 東北卷, 新石器時代(二), 北京出版社, 1997.

許玉林·楊永芳, 「遼寧岫岩北溝西山遺址發掘簡報」, 『中國考古集成』 東北卷 新石器時代(二), 北京出版社, 1997.

許玉林·金石柱, 「遼寧丹東地區鴨綠江右岸及其支流的新石器時代遺存」, 『中國考古集成』 東北卷 新石器時代(二), 北京出版社, 1997.

許玉林, 「后洼遺址考古新發現與硏究」, 『中國考古集成』 東北卷, 新石器時代(二), 北京出版社, 1997.

黃展岳, 「關于中國開始冶鐵和使用鐵器的問題」, 『文物』, 1976年 第8期.

項春松, 「小黑石溝發現的靑銅器」, 『中國考古集成』 東北卷 靑銅時代(一), 北京出版社, 1997.

湖南省文物管理委員會, 「長沙出土的三座大型木槨墓」, 『考古學報』, 1957年 第1期.

黑龍江省文物考古硏究所, 「黑龍江賓縣慶華遺址發掘簡報」, 『考古』, 1988年 第7期.

黑龍江省文物考古硏究所, 「黑龍江小登科墓葬及相關問題」, 『中國考古集成』 東北卷 靑銅時代(三), 北京出版社, 1997.

黑龍江省博物館, 「黑龍江寧安大牧丹屯發掘報告」, 『中國考古集成』 東北卷 新石器時代(二), 北京出版社, 1997.

甲元眞之, 『東北アジアの靑銅器文化と社會』, 同成社, 2006.

高瀨重雄, 「越の海岸に着いた高句麗使」, 『東アジアと日本海文化』, 森浩一 編, 小學館, 1985.

駒井和愛, 「スキタイの社會と文化－武器」, 『考古學槪說』, 講談社, 1972.

梅原末治, 「羅州潘南面の寶冠」, 『朝鮮學報』 第14輯, 朝鮮學會, 1959.

北野耕平, 「中期古墳の副葬品とその技術史的意義」－鐵製甲冑における新技術の出現, 『武具』, 學生社, 1991.

小野山節, 「古墳時代の裝身具と武器」, 『日本原始美術大系』5, 誹談社, 1978.

小林謙一, 「甲冑製作技術の變遷と工人の系統」, 『武具』, 學生社, 1991.

深津行德, 「臺灣故宮博物院所藏 '梁職貢圖'模本について」, 『朝鮮半島に流入した諸文化要素の

研究(2)』,學習院大學東洋文化研究所 調査研究報告 No.44, 1999.

野上丈助,「甲冑製作技法と系譜をめぐる問題點(上)」,『考古學研究』第21卷 第4號, 1975.

野上伏助,「古墳時代における甲冑の變遷とその技術史的意義」,『武具』, 學生社, 1991.

永島暉臣愼,「樂浪遺蹟の發掘と研究の現狀」,『彌生人の見た樂浪文化』, 大阪府立彌生文化博物館, 1993.

石田英一郎·江上波夫·岡正雄·八幡一郎,「朝鮮半島との關係」,『日本民族の起源』, 平凡社, 1969.

池內宏,「公孫氏の帶方郡設置と曹魏の樂浪帶方二郡」,『滿鮮史研究』上世篇, 吉川弘文館, 1951.

池內宏,「樂浪郡考」,『滿鮮地理歷史研究報告』16, 1941(『滿鮮史研究』上世 第1冊, 吉川弘文館, 1951, 재수록).

池內宏,「眞番郡の位置について」上,『史學雜誌』第57編 第3號, 1948.

池內宏,「玄菟郡の屬縣高顯の遺址」,『考古學雜誌』31-2, 1941(滿鮮史研究 上世篇, 吉川弘文館, 1951, 재수록).

池內宏,「漢魏晉の玄菟郡と高句麗」,『史苑』14-3, 1942(滿鮮史研究 吉川弘文館, 1951, 재수록).

朝鮮總督府,「梁山夫婦と其遺物」,『古蹟調査特別報告』第5冊, 1927.

增田精一,「武器·武裝－騎馬戰鬪と札甲」,『考古學講座』5 原史文化 下, 雄山閣, 1965.

增田精一,「馬面と馬甲」,『國家の起源』, 日本 角川新書, 1966.

荒竹淸光,「古代 環東シナ海文化圈と對馬海流」,『東アジアの 古代文化』29號, 大和書房, 1981.

布目順郎,「樂浪土城出土の絹織物について」,『彌生文化博物館研究報告』1, 大阪府立彌生文化博物館, 1992.

穴澤和光·馬目順一,「南部朝鮮出土の鐵製鋲留甲冑」,『朝鮮學報』第78輯, 1976.

고구려
금관의
정치사

2013년 11월 19일 초판 1쇄 인쇄
2013년 11월 29일 초판 1쇄 발행

저　자 I 박선희
발행인 I 한정희
발행처 I 경인문화사
등록번호 I 제 10-18호.(1973년 11월 8일)
주　소 I 서울특별시 마포구 마포동 324-3 경인빌딩
전　화 I 02) 718-4831-2 팩　스 I 02) 703-9711
홈페이지 I http://kyungin.mkstudy.com
E-mail I kyunginp@chol.com

ISBN 978-89-499-0998-1 93910
값 38,000원